Constituição, Sistemas Sociais e Hermenêutica

Programa de Pós-Graduação em Direito da UNISINOS

MESTRADO E DOUTORADO
Anuário 2006
n. 3

Centro de Ciências Jurídicas
Anuário do Programa de Pós-Graduação em Direito
UNIVERSIDADE DO VALE DO RIO DOS SINOS

Reitor: Pe. Aloysio Bohnen, S.J.
Vice-Reitor: Pe. Marcelo Fernandes Aquino, S.J.

Unidade Acadêmica de Pesquisa e Pós-Graduação
Ione Maria Ghislene Bentz

Coordenador do Programa de Pós-Graduação
Leonel Severo Rocha

Corpo Docente PPGDIREITO
Albano Marcos Bastos Pepe, Álvaro Filipe Oxley da Rocha
André Leonardo Copetti Santos, Darci Guimarães Ribeiro,
Ielbo Marcus Lobo de Souza, Fábio Roberto D'Avila,
José Carlos Moreira da Silva Filho, José Luis Bolzan de Morais,
Lenio Luiz Streck, Leonel Pires Ohlweiler, Leonel Severo Rocha,
Maria Cristina Cereser Pezzella, Ovídio Araújo Baptista da Silva,
Rodrigo Stumpf Gonzáles e Vicente de Paulo Barretto.

C758   Constituição, sistemas sociais e hermenêutica: programa de pós-graduação em Direito da UNISINOS: mestrado e doutorado / orgs. André Leonardo Copetti Santos, Lenio Luiz Streck, Leonel Severo Rocha; Albano Marcos Bastos Pêpe ... [et al.]. Porto Alegre: Livraria do Advogado Ed.; São Leopoldo: UNISINOS, 2007.
247 p.; 16x23cm.

ISBN 978-85-7348-466-3

1. Direito. 2. Teoria do Direito. I. Santos, André Leonardo Copetti, org. II. Rocha, Leonel Severo, org. III. Streck, Lenio Luiz, org.

CDU 34

Índices para o catálogo sistemático:
Direito
Teoria do Direito

(Bibliotecária Responsável: Marta Roberto, CRB-10/652)

Constituição, Sistemas Sociais e Hermenêutica

Programa de Pós-Graduação
em Direito da UNISINOS

MESTRADO E DOUTORADO
Anuário 2006
n. 3

André Leonardo Copetti Santos
Lenio Luiz Streck
Leonel Severo Rocha
Organizadores

Porto Alegre, 2007

© dos autores, 2007

Capa, projeto gráfico e diagramação de
Livraria do Advogado Editora

Revisão
Rosane Marques Borba

Direitos desta edição reservados por
Livraria do Advogado Editora Ltda.
Rua Riachuelo, 1338
90010-273 Porto Alegre RS
Fone/fax: 0800-51-7522
editora@livrariadoadvogado.com.br
www.doadvogado.com.br

Centro de Ciências Jurídicas
Programa de Pós-Graduação em Direito
Universidade do Vale do Rio dos Sinos
Av. Unisinos, 950
93022-000 São Leopoldo RS
Fone/fax (51) 590-8148
ppgd@unisinos.br
www.unisinos.br

Impresso no Brasil / Printed in Brazil

Sumário

Apresentação
André Leonardo Copetti Santos, Lenio Luiz Streck e Leonel Severo Rocha 7

I – O JUSNATURALISMO E O JUSPOSITIVISMO MODERNOS
Albano Marcos Bastos Pêpe 9

II – JUDICIÁRIO: cidadania e reforma
Álvaro Filipe Oxley da Rocha 27

III – O ENSINO DO DIREITO COMO CONDIÇÃO DE POSSIBILIDADE PARA A CONCRETIZAÇÃO DE UM PROJETO DE FELICIDADE PRESENTE NA CONSTITUIÇÃO FEDERAL BRASILEIRA
André Leonardo Copetti Santos 47

IV – DIREITO PENAL E CONSTITUIÇÃO: condições e possibilidades de uma adequada aplicação da pena
André Luís Callegari 61

V – A CONCRETIZAÇÃO DA TUTELA ESPECÍFICA NO DIREITO COMPARADO
Darci Guimarães Ribeiro 73

VI – A JURISPRUDENCIALIZAÇÃO DA CONSTITUIÇÃO. Qual a "norma" contida na "texto": o caso das contratações temporárias no serviço público
José Luis Bolzan de Morais 93

VII – HERMENÊUTICA E APLICAÇÃO DO DIREITO: os limites da modulação dos efeitos em controle difuso de constitucionalidade – o caso da lei dos crimes hediondos
Lenio Luiz Streck 107

VIII – POLICONTEXTURALIDADE JURÍDICA E ESTADO AMBIENTAL
Leonel Severo Rocha
Delton Winter de Carvalho 129

IX – "QUESTÃO DE FATO" EM RECURSO EXTRAORDINÁRIO
Ovídio Araújo Baptista da Silva 147

X – A RETÓRICA DOS DIREITOS HUMANOS
Rodrigo Stumpf González 165

XI – SOCIEDADE COMPLEXA E O DIREITO FRATERNO
Sandra Regina Martini Vial 181

XII – AS NOVAS TECNOLOGIAS E A TRANSPARÊNCIA NA ADMINISTRAÇÃO PÚBLICA: uma alternativa eficaz na crise dos controles clássicos do Estado, a fim de viabilizar a concretização de direitos
Têmis Limberger 203

XIII – RESPONSABILIDADE E TEORIA DA JUSTIÇA CONTEMPORÂNEA
Vicente de Paulo Barretto 219

XIV – A FILOSOFIA CIVIL EM THOMAS HOBBES
Wladimir Barreto Lisboa 233

Apresentação

A publicação do terceiro volume do anuário do Programa de Pós-Graduação em Direito da Unisinos, assim como os conteúdos das investigações de seus pesquisadores que ora são publicizados, devem ser percebidos não unicamente dentro desse lapso trienal de existência dessa publicação científica ou do período de nove anos compreendido entre o surgimento do curso e os dias atuais. A sua historicidade remete ao surgimento de um modo-de-ser e pensar o Direito que remonta ao acontecimento de um movimento acadêmico contradogmático, cujo cerne de seus acordos significativos teve e ainda tem o objetivo fundamental de refletir acerca das insuficiências de posturas acadêmicas e forenses positivistas e legalistas que, sob muitos aspectos, têm impedido a ocorrência de um novo fenômeno jurídico, mais adequado às novas demandas sociais; mais conformado a novas exigências humanistas deste início de século.

O PPGD/UNISINOS, alimentando-se, comportamentalmente, no contradogmatismo dos anos setenta do século passado, buscou consolidar suas raízes, ainda mais remotamente, em inúmeras construções filosóficas e políticas que, por um processo de interseção com o mundo jurídico, têm possibilitado aos integrantes de seu corpo docente realizar trabalhos de ponta no mundo científico das ciências sociais aplicadas.

O caminho científico que tem sido trilhado no PPGD/UNISINOS jamais poderá ser considerado uma persistência de idéias filosóficas, políticas ou jurídicas que carregam unicamente os leitores ao passado, mas, com um outro olhar, deve ser perspectivado como um cultivo justificado e cuidadoso de argumentações que fundem estes horizontes do conhecimento, de uma forma multifacetada e complexa, permitindo a instituição de novos momentos de liberdade e de história nas ciências do espírito.

O registro das investigações aqui realizado pode ser já considerado como a conservação e a apresentação de uma tradição, de construções teóricas desenvolvidas ao longo do tempo, através das quais acordos fundamentais de tradições científicas divergentes são definidos e redefinidos em novos moldes, que jamais perdem o que Gadamer conceitua como a "consciência da eficácia histórica", ou, parafraseando-o, que jamais perdem a "consciência da ineficácia histórica do positivismo".

A tradição que cremos estar construindo no pensamento jurídico brasileiro cunhou-se caleidoscópica ao longo do tempo. A partir de uma pluralidade de referências teóricas que tem lançado nossos pesquisadores em processos inéditos de construção significativa, que hoje já marcam definitivamente um novo cenário não só na filosofia ou na teoria do direito, mas também, na própria dogmática jurídica, vemos, passo a passo, o avanço de novas razões práticas que começam a mudar os percursos decisórios da vida jurídica nacional, tanto no âmbito forense quanto no da academia. Espalham-se pelo País egressos de nosso Programa que carregam em sua bagagem cultural novas possibilidades reflexivas e operativas, emergentes do seu processo de formação.

Já superamos quaisquer recalques panfletários, e temos a certeza de que inúmeras teses e argumentações elaboradas em nosso Programa gozam dos efeitos de respeitabilidade que as colocam em posições de autoridade acadêmica, adjetivadas fundamentalmente pela sua excelência e responsabilidade, e não pelo simples fato político da autoridade.

Os trabalhos que seguem nas próximas páginas, apesar dos distanciamentos que os marcam, em função das peculiaridades formativas de seus autores e da faticidade de cada um, possuem um fio condutor que marca a organicidade do Programa, qual seja, a inexorabilidade de um olhar crítico e reflexivo sobre o mundo, sobre a sociedade, sobre o Direito e sobre o Estado.

Os organizadores

— I —

O Jusnaturalismo e o Juspositivismo Modernos

ALBANO MARCOS BASTOS PÊPE[1]

Sumário: CAPÍTULO 1; 1.1. Algumas fronteiras conceituais; 1.2. A laicização do Direito: o advento da sociedade civil; 1.3. A filosofia política clássica e a moderna filosofia social; CAPÍTULO 2 – AS BASES DO CONTRATUALISMO; 2.1. A fundamentação hobbesiana da nova filosofia social; 2.2. Considerações sobre o positivismo jurídico.

> *A lei civil é, para todo súdito, constituída por regras que o Estado lhe impõe, oralmente ou por escrito, ou por outro sinal suficiente de sua vontade, para usar como critério de distinção entre o bem e o mal, quer dizer, do que é contrário ou não ao sistema. Definição evidente, nada trazendo de novo. [...] As leis são as regras do justo e do injusto, nada havendo que seja considerado justo e contrário a alguma lei. E mais, que ninguém pode fazer leis a não ser o Estado, já que nossa sujeição é unicamente para com o Estado.*
> (Thomas Hobbes)

CAPÍTULO 1
1.1. Algumas fronteiras conceituais

A modernidade acarretou, dentre outras coisas, transformações da herança da filosofia prática clássica, bem como o fato de serem estabelecidas algumas fronteiras conceituais entre o Direito e a moral (ética), quer pelos argumentos kantianos da razão pura aplicada, a partir das leis da liberdade, por ele denominadas de *morais*, e que passam a se chamar (1) de *jurídicas* quando se restringem a ações externas e de conformidade com a lei, e (2) de *éticas* quando estas mesmas leis devam ser os fundamentos de determi-

---
[1] Doutor em Direito pela Universidade Federal do Paraná. Professor Titular da UNISINOS.

nação das ações; quer no exercício interno ou externo da liberdade, conforme está desenvolvido no capítulo anterior deste trabalho.

Kant se diferencia do positivismo jurídico em geral, quanto ao reconhecimento de um estatuto de racionalidade para a ética. Conseqüentemente para as normas morais, que, conforme o positivismo jurídico, nada mais seriam que disposições puramente subjetivas e irracionais, cabendo apenas ao Direito o estatuto da racionalidade científica. Neste processo de cientificização do Direito, encontramos os postulados de Hans Kelsen, que ao desenvolver sua *Teoria Pura do Direito*, propõe-se metodologicamente a delimitar as fronteiras da ciência do Direito em relação às questões tanto da ética, como da moral e da política. Já no início desta obra afirma ele acerca da sua "teoria pura do Direito" que:

> Como teoria, quer única e exclusivamente conhecer o seu próprio objeto. Procura responder a esta questão: o que é e como é o Direito? Mas já não lhe importa a questão de saber como deve ser o Direito, ou como deve ele ser feito. É ciência do Direito e não política do Direito.[2]

Justifica tal procedimento por entender ser este o princípio metodológico fundamental que impede que a jurisprudência continue se confundindo com "a psicologia e a sociologia, com a ética e a teoria política". Mas esta posição é de certo modo amenizada por outros filósofos do Direito, como no caso de Lozano, ao considerar que "Hans Kelsen propõe delimitar o Direito no que diz respeito ao valor, não eliminar toda e qualquer consideração ética do Direito: ele apenas sustenta que a valoração ética do Direito não é função da ciência do Direito".[3]

Este modelo inaugurado pelo jusnaturalismo moderno, quando do processo de racionalização do Direito, aponta para uma maior sistematização lógica e dedutiva do pensamento jurídico; contudo não faz o discurso jurídico abandonar as questões típicas da ética, tais como as noções de justiça, de liberdade, de bem-estar geral, de vontade, onde o Direito e a ética não se excluem mutuamente. Sobre esta questão, Laporta, em seus estudos sobre as relações entre o Direito e a ética, lembra uma curiosa advertência feita em 1897 por Oliver Wendell Holmes, juiz da Suprema Corte dos Estados Unidos, que dizia:

> O Direito está repleto de fraseologia tomada por empréstimo da Moral, e pela simples força da linguagem nos convida continuamente a passar de um domínio a outro sem percebê-lo, convite a que não saberemos resistir a menos que tenhamos permanentemente em conta a linha fronteiriça entre ambos os conceitos.[4]

Passado mais de um século deste depoimento, quando, ao largo destes anos o mundo jurídico tornou-se cada vez mais técnico, mais operacional

---

[2] Kelsen, Hans. *Teoria Pura do Direito*. Tradução de João Baptista Machado. Coimbra: Armênio Amado Editor, p. 17. 1979.

[3] Kelsen, Hans. *O problema da justiça*. Tradução de João Baptista Machado. Editora Martins Fontes. São Paulo. In introdução, p. XIV. 1998.

[4] Laporta, Francisco. Ética y Derecho en el pensamiento contemporáneo. In *Historia de la Ética*. Vol. 3. Editorial Crítica. Barcelona, 1989, p. 221 et seq.

no sentido de manejar tão-somente com elementos da racionalidade técnico-instrumental, onde os juristas se autodenominam de "operadores do Direito", termos típicos da linguagem moral continuam atravessando a prática discursiva dos que legislam, dos que aplicam e dos que ensinam o Direito. Curiosamente, tais conceitos, oriundos da tradição ético-moral, normalmente emergem desprovidos de seus conteúdos histórico-sociais legados pela tradição greco-medieval, e constantemente retomados pela própria modernidade, como vimos especificamente em Kant. Muito das vezes, o uso de preceitos éticos tem o caráter instrumental e estratégico de uma pretensa legitimidade do mero uso legaliforme da norma jurídica face às exigências de justificação oriundas do mundo da vida.

Acompanho o raciocínio de Laporta, que provocativamente nos obriga a refletir acerca da suposta "pureza metodológica" da linguagem jurídica moderna, ao afirmar que:

> Esta linguagem, esta apelação a grandes valores, esta colocação de cena, são familiares para todos. O que surpreende na advertência de Holmes é que de fato nos provoque a rechaçar tudo isto e a ter bom cuidado em deslindar com claridade uma presumível "linha fronteiriça" entre a ética e o Direito.[5]

E Laporta continua a provocação, aprofundando a questão que a maioria dos discursos jurídicos silencia estrategicamente, provavelmente em nome de uma cientificidade técnico-operacional já consagrada. Diz ele:

> As coincidências terminológicas ou a liturgia judicial nos convidam, com efeito, a atribuir um certo valor ou uma certa importância moral ao mundo do Direito, porém, por que resistir a tal convite? Trata-se realmente de um "convite"? É esta linguagem um "empréstimo terminológico" ou é, pelo contrário, algo consubstancial ao Direito? Está o Direito constituído por componentes morais que lhe servem de fundamento e dos quais nem sua linguagem nem seu mesmo fim podem prescindir?

1.2. A laicização do Direito: o advento da sociedade civil

O projeto da Modernidade trouxe para o Direito uma forma de "positivação" estruturada sob a égide de um racionalismo científico que criou um tipo de ordem normativa compatível com um modelo de compreensão do mundo que se instaurava. A formação do Estado devidamente "laicizado", o advento da sociedade civil, o individualismo, assim como a institucionalização de uma "visão cientificista" que atravessaram a tudo e a todos, modificou fortemente papéis sociais já "consagrados" pela tradição. O Direito enquanto compreensão normativa dos sistemas de organização social pré-modernos (mundo grego clássico, mundo medieval) fazia parte de um "amálgama normativo" vinculante, no qual ele não era distinto de outros sistemas normativos tais como moral e a religião. E este amálgama abrangia tanto o mundo natural como o mundo social. Neste mundo, o Direito natural oferecia os fundamentos das leis eternas e imutáveis, ou seja, conforme

---
[5] Idem, ibidem, 1989, p. 222.

também assevera Bobbio (cf.)[6] daquilo que é por natureza, cabendo ao Direito positivo tratar das leis convencionais postas pelos homens, mas ambos referidos a uma justiça civil. E neste contexto o Direito tem um significado dual indicando ao mesmo tempo a idéia de "Direito" e de "justiça", tanto em sua origem grega *díkaion* quanto na latina *jus*. No pensamento medieval, esta distinção entre o Direito natural e o Direito positivo se mantém, mas não por oposição, mas por derivação, podendo ser, conforme Tomás de Aquino, a lei humana derivada *per conclusionem* quando retira a sua validade também da lei natural da qual provém; e a lei humana derivada *per determinationem* que tem sua validade proveniente tão-somente da lei humana. Lembrando que para ser válida, a lei positiva deve também ser justa.

Na *polis,* o ordenamento jurídico se apresentava como um fenômeno social, e as normas jurídicas tinham sua elaboração na evolução da sociedade, cabendo ao juiz, nomeado pelo governante ou escolhido pelas partes litigantes, acolher regras ditadas pelo órgão legislativo da *polis* ou deduzi-las das regras consuetudinárias até mesmo aquelas elaboradas pelos juristas, ou do caso em questão, observados os princípios da razão natural.

> Todas estas regras, portanto todas, na mesma proporção, constituíam "fontes de Direito". O que permitia aos juristas falarem de duas espécies de Direito, natural e positivo, e o juiz podia obter a norma a aplicar tanto de regras preexistentes na sociedade (Direito positivo) quanto de princípios eqüitativos e de razão (Direito natural).[7]

Pensando a partir da doutrina jusnaturalista tradicional, a obediência às leis naturais precede a obediência às leis civis. Sendo assim, fica compreensível a existência do estado de natureza, fundado nas relações interpessoais, de onde emana o Direito natural, fruto da própria organização social de uma época onde as relações sociais eram reguladas por normas jurídicas ainda não monopolizadas pelo Estado.

Ainda conforme Bobbio, as questões relativas aos valores sempre estiveram presentes na doutrina jusnaturalista, visto que as normas morais são denominadas em função desses valores fundamentais. Mencionando, como morais são: a ética da liberdade, a ética da justiça, a ética da solidariedade entre tantas outras. Mas ele faz questão de ressalvar que isto não significa ser o jusnaturalismo uma moral, mas sim uma teoria da moral. À diferença das morais possíveis, a teoria da moral deve ser aprendida como "um conjunto de argumentos elaborados sistematicamente com o objetivo de dar a uma moral, qualquer que seja, uma justificação racional que deve convencer os outros a aceitá-la". Nesta linha de pensamento, apresenta algumas questões bastante ilustrativas quando se refere ao Direito natural, levando em conta algumas possíveis dúvidas, afirmando que a expressão "Direito natural" não vincula nenhum conteúdo prescritivo. Isto porque a única má-

---
[6] Norberto Bobbio. *O Positivismo Jurídico: lições de filosofia do Direito*. Tradução de Márcio Pugliesi, Edson Bini e Carlos E. Rodrigues. Ícone Editora. São Paulo, 1995, p. 15 et seq.
[7] Idem, ibidem, p. 27-28, 1995.

xima passível de ser deduzida da natureza, enquanto princípio da ação, é: "deve-se agir de acordo com a natureza". Uma máxima ausente de conteúdos, o que permite tanto se pensar na "natureza instintiva" quanto numa "natureza racional".

E assim ele complementa este raciocínio:

Na expressão "Direito natural", o termo "natural" pode indicar duas coisas: a *fonte* ou o *fundamento* do Direito. Nada sugere o esclarecimento deste ponto. Expressões como "Direito individualista", "socialista", "fascista" fazem referência ao conteúdo ideológico do Direito; outras expressões se referem à matéria, ao segmento do Direito: "Direito privado", "público", "penal".

Mas "Direito natural é expressão usada quase exclusivamente nestas duas seqüências":
1) Direito natural, consuetudinário, legislativo;
2) Direito natural, divino, humano.
A primeira caracteriza a fonte das regras; a segunda, o seu fundamento. Nenhuma das duas séries dá qualquer indicação a respeito de conteúdo.[8]

A concepção de justiça, de ações consideradas justas, estava constituída a partir de um solo comum onde a ordem normativa fazia parte intrinsecamente do cotidiano dos sujeitos envolvidos nas relações sociais, sem o monopólio explícito do Estado. Conforme Bobbio:[9]

Com a formação do Estado moderno, ao contrário, a sociedade assume uma estrutura monista, no sentido de que o Estado concentra em si todos os poderes, em primeiro lugar aquele de *criar o Direito*: não se contenta em concorrer para esta criação, mas quer ser o único a estabelecer o Direito, ou diretamente através da lei, ou indiretamente através do reconhecimento e controle das normas de formação consuetudinária. Assiste-se assim (ao que) chamamos de *processo de monopolização da produção jurídica por parte do Estado*.

1.3. A filosofia política clássica e a moderna filosofia social

As estruturas fundacionais que garantiam a existência da *polis* grega – e que serviram de referência para a *societas* medieval tal como Tomás de Aquino a desenvolveu na sua "filosofia do social" –, enquanto um sofisticado modelo compreensivo de organização social apresentada na filosofia política de Aristóteles, tinham seu sentido teleológico orientado, como já foi visto anteriormente, para o entendimento da política como a doutrina da vida boa e justa e conseqüentemente vinculada à ética. Neste sentido, Habermas[10] apresenta três perspectivas características da filosofia política antiga que são estranhas ao mundo moderno, que encontrou em Hobbes o autor de um giro paradigmático que abandona as idéias da filosofia política em nome de uma filosofia social voltada para o modelo das ciências de sua época, principalmente a geometria e a mecânica. Tais seriam elas:

---

[8] Bobbio, Norberto. *Locke e o Direito Natural*. Tradução de Sérgio Bath. Brasília: Editora da UNB, p. 41 *et seq*, 1997.
[9] Idem, ibidem, p. 27, 1995. (grifo meu)
[10] Habermas, Jürgen, p. 49-50. 1987a.

1. A política se entendia como a doutrina da vida boa e justa; é continuação da ética. Pois Aristóteles não via nenhuma oposição entre a constituição vigente no *nomoi* e o *ethos* da vida cotidiana; tampouco cabia separar a eticidade da ação do costume e da lei. Só a *Politéia* habilita o cidadão para a vida boa; o homem é, em geral, *zoon politikon* no sentido de que para a realização de sua natureza depende da cidade. (...)

2. A antiga doutrina da política se referia exclusivamente à *praxis* no sentido estrito, no sentido grego. Não tem nada que ver com a *techné*, que consiste na fabricação habilidosa de obras e no domínio firme de tarefas objetualizadas. Em última instância, a política sempre se orienta para a formação do caráter; procede pedagogicamente, e não tecnicamente. Para Hobbes, pelo contrário, (...) o gênero humano tem que agradecer os maiores impulsos à técnica, e, certamente, em primeiro termo, à técnica política da organização correta do Estado.

3. Aristóteles destaca que a política, a filosofia prática em geral, não pode comparar-se em sua pretensão cognitiva com a ciência estrita, a *episteme* apodítica. Pois seu objeto, o justo e o excelente, necessita, no contexto da praxis mutável e imprevisível, tanto da permanência ontológica como da necessidade lógica. A capacidade da filosofia política é *phronesis*, uma sábia compreensão da situação. (...) Hobbes, ao contrário, quer criar ele mesmo a política com vistas ao conhecimento da essência da justiça, a saber, leis e pactos.(cf. Habermas)[11]

Os vínculos existentes na política clássica entre o contexto ético da *polis* e da *societas* e a estrutura de domínio político são rompidos a partir de um "giro copernicano" da nova filosofia social, que substitui as grandes questões levantadas pelo mundo antigo voltadas para a vida boa de seus cidadãos de acordo com as leis da cidade e o cultivo de suas virtudes, numa unidade indissolúvel entre a ética, o Direito e a justiça (por sinal, a maior das virtudes). Com este "giro", o pensamento político que se institui na Modernidade impõe novas questões que, resultantes de uma realidade histórica que traz consigo novas demandas, que não podem mais reproduzir os princípios da tradição. O que emerge se refere à própria vida no seu sentido mais elementar: quais as condições reais para a sobrevivência de todos? como conservar a vida? O ponto de partida dos modernos seria buscar uma conformidade com a natureza, não mais enquanto pura contemplação, e nesta conformidade encontrar respostas práticas (técnicas) frente ao mal natural que os ameaçava, fosse a morte violenta nas mãos do inimigo, fosse a morte pela fome e pela miséria. Vale a pena ressaltar que aceitar o desafio de responder estas questões, torna-se o solo propício para filosofia social desenvolvida por Hobbes.

---

[11] Habermas, Jürgen, 1987a, p. 49ss.

Enquanto para a filosofia política clássica o Direito servia para a produção das leis da cidade que garantiam a vida boa de seus cidadãos na unidade *nomói-ethos*, na filosofia social do pensamento moderno as leis passam a ser tomadas a partir de sua utilidade instrumental: conservar a vida e melhorar sua qualidade. Portanto, uma técnica, um conhecimento técnico com vistas a fins práticos e objetivos. Desta forma, o saber técnico, tanto na sua dimensão teórica quanto na sua dimensão prática, modela as novas formas estruturais da vida humana que deixa de ser contemplativa e passa a ser ativa, um olhar que intervem, que altera. Pontuando esta realidade, Habermas ao analisar tal mudança estrutural, diz que:

Para os antigos, a capacidade de comportamento teleológico, a destreza, a *techné*, assim como as sabedorias da atuação racionais eram *phronesis*, um saber que remete constantemente à teoria como ao fim supremo e como a meta mais elevada, porém que nunca pode derivar-se dela, nem se justificar a partir dela. Precisamente por causa desta auto-suficiência da contemplação, ficam (à parte) capacidades cognoscitivas "mais elementares". A esfera do fazer e da ação, o mundo da vida dos homens e dos cidadãos ocupados na sua conservação ou em sua vida comum, tudo isto, ficava a margem da teoria em sentido estrito. Isto se modificou pela primeira vez quando a moderna investigação da natureza começou a manejar a teoria a partir da atitude de um técnico.[12]

A medida do conhecimento passa a ser tomada a partir da capacidade de fazer, mas não fazer no sentido da *poiesis*, enquanto prexeologicamente, mas no sentido instrumental e estratégico, numa verdadeira ação racional com respeito a fins. Sendo neste sentido que é construído o Direito natural racional, com a intenção de produzir uma teoria que cumpra uma função precípua de organizar racionalmente as instituições responsáveis pelos novos problemas que se colocam diante dos homens. Eis a pedra fundamental sobre a qual se sustenta o projeto da Modernidade: a Razão. A Razão que ilumina as trevas deixadas pelo passado; ela ilumina e esclarece. Nela, as verdades já não existem desde sempre, elas são construídas, neste sentido a Razão da Modernidade é cálculo, calculabilidade. E o Direito que daí emerge, assim como a Política e a Ética, já não são partes de um todo, de um "amálgama normativo". A filosofia social, agora tomada enquanto ciência, pretende que tais saberes se constituam em ciências demonstrativas, autônomas umas em relação às outras e construídas com rigor geométrico, como pretendia Hobbes.

CAPÍTULO 2 – AS BASES DO CONTRATUALISMO
2.1. A fundamentação hobbesiana da nova filosofia social

A compreensão moderna do mundo ocidental está sedimentada em nova compreensão da racionalidade. Surge uma teoria da racionalidade que abandona a idéia da fundamentação última da razão através de conceitos ontológicos ou transcendentes. Portanto, elabora-se a partir da desconstru-

---
[12] Idem, ibidem, 1987b. p. 66-67.

ção sistemática das colunas de sustentação da antiguidade clássica e medieval. No mundo grego, a reta razão está a serviço da felicidade, do bem comum, inspirada primordialmente na *physis,* lugar originário para o surgimento do *ethos,* da morada do homem, da formação cultural que possibilita o surgimento da *polis* concomitante ao surgimento do cidadão. Em Aristóteles, lembremos, o homem é por natureza um animal político (*zoon politikon*). E, através da criação tipicamente humana, do fazer (*poiesis*), do agir intencional (*prássein*), emergem a liberdade e a autonomia do homem face à natureza, reino da necessidade e das "leis que o homem não formulou e não pode alterar". O mundo grego não abandona a idéia do finalismo do Bem alcançável na natureza a partir de sua contemplação, ou seja, da *theoria* (razão teórica). Mas ao mesmo tempo constrói uma razão prática manifesta na *práxis* e orientada pela ciência do *ethos*, ou seja, a Ética.

Na Modernidade, a natureza também se faz presente. Seguindo a tradição dos contratualistas, também em Hobbes o estado de natureza existe, não como lugar originário do surgimento da cultura política humana, mas como ficção, como bem salienta Marques Neto ao afirmar que:

> O estado de natureza é uma idéia-limite, uma hipótese filosófica, uma ficção teórica que, entretanto uma vez admitida como se as coisas se tivessem passado da maneira nela suposta, pode iluminar a compreensão de todo um campo do conhecimento ou redimensionar, às vezes com caráter de novidade radical certas questões cruciais. Uma dessas questões cruciais no pensamento de Hobbes consiste na indagação acerca do que leva o homem a viver em sociedade; que tipo de motivo conduz o homem a tecer-se social.[13]

Tal questão não pode estar no pensamento aristotélico, pois nele o *zoon politikon* é constituinte da condição natural humana. No entanto, para Hobbes e os demais contratualistas, a sociabilidade só ocorre a partir da vontade racional do homem, ela não está no homem, é construída, sendo, portanto uma convenção.

A existência histórica no mundo grego está vinculada ao *ethos* enquanto tradição ética. Elaborando sua existência autônoma, o *ethos* sobrepõe-se à *physis* e recria numa ordem própria o que se observa na natureza, a sua continuidade e constância, mas o faz a partir de uma necessidade instituída que se constrói a partir da tradição. Assim o *ethos* encontra na tradição a garantia de sua permanência. Sendo assim, a tradição ética, enquanto dever-ser supera a contingência dos indivíduos empíricos que no *ethos* elaboram dialeticamente suas singularidades e constroem a história permanentemente visando a sua condição universal para além da vida efêmera e momentânea. Neste sentido, a história se constrói incessantemente, numa circularidade dialética do *ethos,* e sendo assim:

> Na estrutura do tempo histórico do *ethos*, o passado, portanto, se faz presente pela *tradição*, e o presente retorna ao passado pelo reconhecimento da sua exemplaridade. Mas é evidente

---

[13] Marques Neto, Agostinho Ramalho. Hobbes e as paixões. *In* Tuiuti: *Ciência e Cultura. Curitiba.* Publicação das Faculdades Integradas da Sociedade Educacional Tuiuti, 1996, p. 60.

que, nesse caso, passado e presente não são segmentos de uma sucessão linear no tempo quantitativo. São componentes estruturais de um tempo qualitativo, que se articulam dialeticamente para construir o tempo histórico propriamente dito, o tempo do *ethos* ou da tradição ética.[14]

Nesta dimensão, a lei é inscrita sempre como anterioridade ao fato, visto que o mesmo tem sua existência permeada pela tradição normativa do *ethos*, e quando se manifesta ela o faz a partir da tradição ética. Portanto, se um fato é reprovável eticamente, ele se encontra em oposição à lei. No entanto, quando se trata da Modernidade, a compreensão que se estabelece da história deixa de ser *qualitativa* para ser *quantitativa*, ou seja, o tempo quantitativo "esquece" o passado e projeta-se para o futuro. E esta "primazia do futuro na concepção do tempo é homóloga à primazia do fazer técnico na concepção da ação, do qual procede o pressuposto utilitarista que, sob várias denominações e formas, subjaz a todo o desenvolvimento da ética moderna",[15] conforme Lima Vaz. Desvinculado da ética na Modernidade, o Direito é constitutivamente um saber técnico a ser utilizado, a despeito de seu passado, na construção do Estado.

Em Hobbes, encontramos uma compreensão da história bastante singular e oposta à tradição antiga. Ele denomina a história como:

(...) o registro do conhecimento dos fatos. Da história há duas espécies: uma chamada história natural, que é a história daqueles fatos, ou efeitos da natureza, que não dependem da vontade do homem. Assim são as histórias dos metais, plantas, animais, regiões e assim por diante. A outra é a história civil, que é a história das ações voluntárias praticados pelos homens nos Estados.[16]

Assim como os gregos, Hobbes também admite que o que advém da natureza não depende da vontade do homem, mas ao mesmo tempo demonstra que a natureza deve ser vista apenas enquanto história natural. A sociabilidade humana só pode ser encontrada na história civil, nas relações voluntárias do homem nos Estados.

Algumas conseqüências podem ser retiradas desta firme demarcação posta por Hobbes, como por exemplo, no que se refere às características das virtudes, que seguem um caminho diametralmente oposto às definições aristotélicas. Para ele, existem duas espécies de virtudes: as naturais e as adquiridas. Quanto às virtudes naturais, dirá: "Por naturais não entendo as que um homem possui de nascença, pois isso é apenas sensação, pela qual os homens diferem tão pouco um dos outros, assim como dos animais, que não merece ser incluída entre as virtudes".[17] Com isto, ele demarca o que vem a denominar como "natural" na perspectiva do homem. Vejamos:

---

[14] Lima Vaz, Henrique, 1988, p. 19-20.
[15] Idem, ibidem, 1988, p. 21.
[16] Hobbes, Thomas. *Leviatã ou matéria, forma e poder de um Estado eclesiástico e civil.* Tradução de Alex Marins. São Paulo: Martin Claret, 2002, p. 68.
[17] Idem, ibidem, 2002, p. 58-62.

> Quero referir-me àquele talento que se adquire apenas através da prática e da experiência, sem método, cultura ou instrução. Este talento natural consiste principalmente em duas coisas: celeridade de imaginação (...) e firmeza de direção para um fim escolhido.

Sendo este o talento "natural", onde a imaginação associada ao juízo remete à prudência, um talento que permite a uma melhor condução para o alcance de objetivos, onde a memória e a experiência são fundamentais. Mas por outro lado, segundo Hobbes, a prudência pode vincular-se ao uso de meios injustos ou desonestos, fazendo emergir um talento perverso que ele denomina de astúcia que indica a pusilanimidade. Já em Aristóteles, a prudência (*phrónesis*) constitui-se na sabedoria prática, sendo assim a virtude da razão prática e portanto a virtude que conduz às demais virtudes. A ação fronética em Aristóteles implica o bem agir de acordo com a comunidade e, conseqüentemente com o conhecimento das normas éticas e jurídicas típicas da ação ética e jurídica.

Por outro lado, quanto à virtude adquirida ou talento adquirido, Hobbes[18] dirá que o mesmo é obtido, à diferença dos talentos naturais, "por método e instrução" e que "o único (talento) que existe é a razão que assenta no uso correto da linguagem, e da qual derivam as ciências". E razão para Hobbes é resultado de uma estrutura silogística, lógica, onde as afirmações remetem aos silogismos e estes à demonstração, portanto cálculo "adição e subtração, das conseqüências de nomes gerais estabelecidos para marcar e significar nossos pensamentos". E neste sentido:

> Os escritores de política adicionam em conjunto pactos para descobrir os deveres dos homens. Os juristas somam leis e fatos para descobrir o que é certo e errado nas ações dos homens privados. (...) "em resumo, seja em que matéria for que houver lugar para adição e para subtração, há também lugar para a razão. Onde aquelas não tiverem o seu lugar, também a razão nada tem a fazer".[19]

E isto serve como argumento conclusivo quanto aos limites do conhecimento racional.

A natureza não traz consigo nenhum indicador para a sociabilidade humana e, conseqüentemente, no hipotético estado de natureza aventado por Hobbes, está implícito que no mesmo impera o individualismo, o sujeito na sua condição pré-social, sem vínculos contratuais com o outro, sem pactos sociais estabelecidos. Nesta condição, todos podem tudo contra todos, movidos pelas suas paixões, como diria Hobbes. O desejo para estes homens em estado de natureza é infinito, direcionando-se para todos os lados, seja o controle e submissão uns dos outros, seja dos seus bens, das suas propriedades, o que viria a ensejar um permanente estado de agressividade recíproca entre eles. E as alianças que possam surgir serão sempre provisórias, sem nenhuma garantia de permanência, ao sabor de novos desejos deste ou daquele grupo. No desenvolvimento deste quadro, Hobbes percebe que to-

---
[18] Idem, ibidem, 2002, p. 61.
[19] Idem, ibidem, 2002, p. 39.

dos passam a viver uma paixão negativa, que é o medo, não o medo da morte natural, mas o medo da morte violenta, daquela morte que interrompe o ciclo natural da expectativa de vida. Em sua apreciação sobre esta questão, Marques Neto, afirma:

> Justamente a partir desta paixão, desse *medo da morte violenta* (que é razoável supor grassando avassaladoramente no estado de natureza), que os homens podem, enfim, encontrar uma saída desse estado. O medo da morte violenta é a mola propulsora que leva os homens a desejarem superar a miserável condição em que se encontram por obra da natureza. É pois, desse medo intenso, dessa intensa aversão, que brota o desejo de superar o estado natural. (...) E a razão vai desempenhar um importantíssimo papel na superação do estado de natureza: o de indicar os meios eficazes para esta superação, em torno dos quais os homens possam finalmente chegar a um acordo.[20]

Eis o cenário armado por Hobbes para demonstrar a necessidade de um pacto diferenciado entre os homens que desejam a paz, uma paz construída como resultado de um artifício criado pela razão. E tal artifício encontra sua base de sustentação nas normas de paz que instituem a sociedade humana moderna, as quais, conforme nos lembra Marques Neto:

> São para Hobbes as *leis de natureza,* que, nele e em outros importantes contratualistas, são essencialmente *regras da razão*. É a Razão que impõe a lei da paz como a primeira e mais fundamental das leis de natureza, da qual todas as outras leis decorrem.[21]

A partir do "ponto arquimédico" do contrato enquanto ficção teórica, esta Razão articula toda a arquitetônica que assegura ao homem sua passagem do estado de natureza, inseguro e ameaçador, para o estado civil verdadeiro construtor da paz social e que passa a oferecer a todos as garantias pressupostas em um pacto a ser estabelecido.

Hobbes elabora sua compreensão do estado de natureza, que se constitui na base de sua visão pré-contratual, fazendo uma exposição clara e precisa:

> Demonstro em primeiro lugar que a condição dos homens fora da sociedade civil (condição esta que podemos adequadamente chamar de estado de natureza) nada mais é que uma simples guerra de todos contra todos, na qual todos os homens têm Direitos a todas as coisas.[22]

E como conseqüência, resta um estado de anarquia permanente, onde as leis do Direito natural não se faziam obrigatórias, prevalecendo um "bellum omnium contra omnes". A partir de tal premissa, ele assevera a necessidade de que os homens estabeleçam um pacto que caracterize a renúncia daqueles Direitos que pensam ter sobre todas as coisas. Só assim poderia ser instituído um poder comum construído artificialmente que a todos protegeria, tanto das invasões dos estrangeiros como das violências que cometeriam uns contra os outros, proporcionando a paz e a segurança

---

20 Marques Neto, Agostinho Ramalho, 1996, p. 64-65.
21 Idem, ibidem, 1996, p. 64.
22 Hobbes, Thomas. *Do Cidadão*. Tradução de Renato Janine Ribeiro. São Paulo: Martins Fontes, 1992, p. 11-23.

necessárias. Como dirá Hobbes ao tratar das causas, geração e definição de um Estado:

> Uma pessoa de cujos atos uma grande multidão, mediante pactos recíprocos uns com os outros, foi instituída por cada um como autora, de modo a ela poder usar a força e os recursos de todos, da maneira que considerar conveniente, para assegurar a paz e a defesa comum.[23]

Desta forma, tendo os homens aceito ver as suas vontades reduzidas a uma só vontade, numa renúncia recíproca que permite a passagem do estado de natureza para a sociedade civil, limitada pelo poder soberano, estão postas condições para a realização deste pacto fundante. E neste sentido, a idéia de justiça toma uma outra dimensão em Hobbes, visto que para ele a origem da justiça está fundamentada no cumprimento das normas criadas pelo pacto. Ou seja, a sujeição às leis é condição precípua da paz na vida em sociedade. Convém salientar que contemporaneamente este princípio hobbesiano continua extremamente atual no denominado "senso comum teórico dos juristas", que entendem que a realização da justiça só é possível a partir do mero cumprimento das leis que estão contidas no sistema legal. Sendo, portanto o conceito de justiça, área de domínio exclusiva de uma ordem normativa "válida" e eficaz" a despeito do que se pense historicamente sobre a mesma no mundo da vida. A justiça "é" instituída pelo discurso jurídico oriundo dos órgãos jurídicos "competentes" criados pelo Estado em nome do garantismo da "paz social".

O que merece destaque nesta arquitetônica que começa a se constituir a partir dos precursores da Modernidade (como em Thomas Morus e Maquiavel, conforme assevera Habermas) e que passa a ser fonte obrigatória da filosofia prática é a novidade de que o monopólio do poder coercitivo, constitutivo do poder soberano, implica também o controle do poder normativo. A legalidade impõe-se como fonte da legitimidade. O resultado desta unidade entre o Estado e o Direito conduz a ruptura radical que passa a ocorrer entre os fundamentos do Direito natural clássico, as formas compreensivas de Estado herdadas da cultura greco-medieval e o e Estado moderno. Neste sentido, Bobbio dirá que:

> De fato, por um lado o Estado possui o poder de pôr normas regulamentadoras das relações sociais porque surgiu para esta finalidade; por outro lado, somente as normas postas pelo Estado são normas jurídicas porque são as únicas que são respeitadas graças à coação do Estado. A partir do momento em que se constitui o Estado, deixa, portanto de ter valor o Direito natural (...) e o único Direito que vale é o civil ou do Estado.[24]

Hobbes articula sua filosofia social tendo como referencial o modelo da ciência moderna, fundamentalmente racionalista e demonstrativa, como a geometria. Conforme Habermas:

---
[23] Hobbes, Thomas, 2002, p. 141 et seq.
[24] Bobbio, Norberto, 1995, p. 35.

É Hobbes quem estuda pela primeira vez as da vida cidadã com a intenção expressa de colocar a ação política sobre a base insuperavelmente certa daquela técnica dirigida cientificamente, que ele conhecia a partir da mecânica contemporânea.[25]

A partir desta visão mecanicista, importa para Hobbes determinar como a natureza humana funciona, em que medida é adequada ou não para a formação do Estado, e como têm os homens que se aliar se é que desejam converter-se em uma unidade, como reafirma Habermas em sua abordagem sobre a filosofia social hobbesiana.

Tal concepção estrutura-se a partir da construção de um tipo de contrato que não só regula as relações interpessoais, como impõe uma obediência à lei, que por sua vez é correlata da justiça posta pelo soberano, pois apenas a ele cabe determinar o que justo ou injusto. Hobbes estabelece uma rigorosa linha de pensamento acerca desta questão crucial, no seu entendimento, para justificar a construção do Estado ao afirmar que:

> Daí, para que as palavras "justo" e "injusto" possam ter sentido, é necessário alguma espécie de poder coercitivo, capaz de obrigar igualmente os homens ao cumprimento dos pactos, mediante o medo de algum castigo que seja superior ao benefício que esperam tirar do rompimento do pacto, e capaz de fortalecer aquela propriedade que os homens adquirem por contrato mútuo, como recompensa do Direito universal a que renunciaram. *Não pode haver tal poder antes de erigir-se um Estado.*[26]

E neste sentido, o Estado que aí se institui é um Estado absolutista, onde as leis da razão natural estruturam não apenas a livre adesão dos indivíduos, mas que os obriga através do contrato social. Habermas vê nesta concepção de Estado as formas características do liberalismo, e que neste sentido Hobbes se constitui como o seu autêntico fundador.

Assim como Habermas percebe nos argumentos hobbesianos elementos fundacionais do liberalismo, Bobbio, ao fazer a leitura do *Diálogo entre um filósofo e um estudioso do Direito comum da Inglaterra*, escrito por Hobbes já na sua velhice, encontra uma definição de Direito como típica da concepção positivista a ser consagrada pelo Direito moderno. Nesta definição, Hobbes afirma: "Direito é o que aquele ou aqueles que detêm o poder soberano ordenam a seus súditos, proclamando em público e em claras palavras que coisas eles podem fazer e quais não podem" (Hobbes, *apud* Bobbio, Op. cit. p. 37).

Conforme Bobbio, nesta definição, estariam contidos dois aspectos típicos da concepção positivista do Direito, que seriam o formalismo e o imperativismo. No que se refere ao formalismo, ele diz:

> Como se vê, na definição não se faz referência nem ao conteúdo, nem ao fim do Direito: não se define o Direito nem com referência às ações que estão disciplinadas ao conteúdo de tal disciplina (não se diz, por exemplo, que o Direito regulamenta as relações externas, ou as intersubjetivas), nem com referência aos resultados que o Direito deseja conseguir (*não se diz que ele é constituído pelas normas postas para realizar a paz, ou a justiça, ou o "bonum*

---

[25] Habermas, Jürgen, 1987a, p. 68 *et seq.*
[26] Hobbes, Thomas, 2002, p. 111. (grifo meu).

commune"). Vice-versa, a definição do Direito é dada apenas com base na autoridade que põe as normas e, portanto com base num elemento puramente formal.[27]

E ao tratar do imperativismo, ele dirá: "o Direito é definido como o conjunto de normas com as quais o soberano ordena ou proíbe dados comportamentos aos seus súditos".[28] Bobbio percebe nesta definição hobbesiana os vínculos existentes entre uma concepção positivista do Direito e uma concepção absolutista do Estado.

A dessacralização da tradição jurídica significou efetivamente um "salto de qualidade" para a constituição do Estado civil moderno, visto que seus pressupostos racionais e científicos não tinham como assimilar a herança metafísico-religiosa do "amálgama normativo" do período greco-medieval. O que se torna problemático a partir daí é o surgimento de uma concepção de Direito monolítica, que o coloca numa "epoché" permanente, num estado de suspensão sem fim, retirando-o por um lado: a) de suas raízes com a *polis,* e por outro lado: b) retirando da sociedade civil, agora refém do soberano, a possibilidade da mesma de manter seus vínculos com a ordem normativa em suas articulações no campo da política, da moral, da justiça, dentre tantos co-partícipes dos conceitos constituintes da idéia de um sistema jurídico comprometido com a permanente construção da democracia. Neste sentido, deixa de existir uma razão capaz de contemplar a ordem dos cosmos e passa a existir uma racionalidade instauradora de uma ordem que a tudo instrumentaliza.

A ciência moderna, na sua determinação de produzir os seus objetos de conhecimento, substituindo a função contemplativa da *theória* grega por um "olhar" fundamentado numa razão técnico-científica, não só tecnifica e instrumentaliza a criação e a aplicação da ordem normativa, como retira do discurso jurídico de sua base ética, visto que a norma formal é desprovida de fins (justiça, bem comum, Direitos humanos); como também de suas relações com a política, concebida nos moldes da *polis* grega, posto que a determinação dos rumos políticos das decisões judiciais fica limitada em suas repercussões no mundo da vida, ao controle do Estado e tão-somente dele. E no que se refere à ciência política moderna de inspiração nitidamente positivista:

> Enquanto momento e determinação específica do desenvolvimento das ciências sociais, (seu) nascimento (...) se processa através do distanciamento dos estudos políticos da matriz tradicional do Direito (particularmente do Direito público).[29]

E com a nova característica, ela pode ser definida em sentido estrito e técnico como correspondente "à 'ciência empírica da política' ou à 'ciência da política' tratada com base na metodologia das ciências empíricas

---

[27] Bobbio, Norberto, 1995, p. 36-37 (grifo meu).
[28] Idem, ibidem, 1995, p. 37.
[29] Bobbio, Norberto, Nicola Matteucci e Gianfranco Pasquino. *Dicionário de Política*. Tradução de Carmen C. Varriale... (et.al.) 4ª ed. Brasília: Editora Universidade de Brasília, 1998, p. 165.

mais desenvolvidas, como a física, a biologia, etc".[30] Alguns destes conceitos perderam o estatuto de saberes racionais, muito principalmente no que se refere aos princípios éticos e aos valores morais. Outros passaram a ser tratados e reconhecidos como objetos da razão cognitiva, apenas no âmbito das ciências jurídicas, da ciência política e na perspectiva das estratégias políticas do Estado.

2.2. Considerações sobre o positivismo jurídico

O positivismo jurídico tem-se constituído num tema recorrente e constantemente abordado a partir de uma vasta literatura que discute o Direito de modo crítico e reflexivo. Esta recepção ocorre muito em função dos estreitos laços que existem entre seu campo discursivo e a compreensão da formação do Estado moderno, notadamente do Estado Liberal.[31] Poder-se-ia até dizer que o advento da ordem normativa moderna encontra suas raízes mais profundas no processo de conhecimento racional criado pelo positivismo científico (a visão cientificista da ciência) em sentido estrito e, pelo positivismo jurídico (a filosofia do Direito, a sociologia jurídica) em sentido amplo. No campo jurídico, ele desenvolve as mais diversas formas de apresentação, ampliando e reforçando uma idéia de cientificização do Direito em seus diversos momentos constitutivos, para além de uma ciência do Direito *stricto sensu*. Como nos lembra Marques Neto:

> Que o termo *positivismo jurídico* nem sempre é empregado na acepção que lhe atribui o positivismo filosófico de COMTE, ou o neopositivismo do Círculo de Viena. Ele pode indicar, por exemplo, uma ênfase conferida ao Direito Positivo, ou seja, ao conjunto normativo vigente, em oposição aos princípios ideais do Direito Natural. Neste caso, ele engloba todas aquelas correntes que vêem na *norma jurídica* o fundamento principal senão exclusivo do Direito. Por outro lado, ele pode designar aquelas correntes de pensamento que enxergam no Direito antes de tudo um *fato* que se gera e se transforma dentro do espaço social e – o que é mais importante – que pode ser captado em sua realidade objetiva, ou seja, tal qual ele efetivamente é. Neste caso, a expressão *positivismo jurídico* traduz os princípios do positivismo filosófico.[32]

O positivismo é o modelo de conhecimento mais típico da modernidade, atingindo as grandes esferas do saber científico que conhecemos e que afetam profundamente a própria organização do Estado moderno, pensado

---

[30] Idem, ibidem, 1998, p. 164.
[31] "As origens do Liberalismo coincidem, com a própria formação da 'civilização moderna' (européia), que se constitui na vitória do imanentismo sobre o transcendalismo, a liberdade sobre a revelação, da razão sobre a autoridade, da ciência sobre o mito". "O liberalismo seria filho do Estado moderno ou, em sentido mais amplo, seria conseqüência ou resposta à nova estruturação oganizacional do poder". Com estes dois pequenos enunciados retirados do *Dicionário de Política*, esclareço que a idéia de Estado Liberal a qual me remeto diz respeito a duas dimensões citadas e que destaco: razão e ciência e o vínculo do liberalismo com o Estado moderno. (textos retirados de: Bobbio, Norberto, Nicola Matteuci e Gianfranco Pasquino. Coordenação de tradução de João Ferreira. *Dicionário de Política*, 4ª edição. Vol. 2. Brasília: Editora UNB, 1998, p. 686-705.
[32] Marques Neto, Agostinho Ramalho. *A ciência do Direito: conceito, objeto, método*, 2ª ed. Rio de Janeiro: Renovar, 2001, p. 150.

cientificamente desde Hobbes; portanto, muito antes de o mesmo ser anunciado por Comte, em sua *Teoria dos três Estádios*. A visão "cientificista" do mundo elabora uma concepção de racionalidade que restringe a circulação do conhecimento ao âmbito de uma razão única, deixando de lado outras concepções de conhecimentos elaboradas no mundo vivido. De um modo geral, instaura-se um "olhar pan-optico" e totalitário, que denega a reflexão, que exclui todos os saberes que não cumprem o "ritual metodológico" prescrito no método demonstrativo afeito às ciências empíricas, esquecendo toda uma tradição gnoseológica. Um único método, empírico-analítico, que se dissimula em muitas formas, todas desprovidas de quaisquer vínculos com as teorias do conhecimento e de toda tradição crítico-reflexiva em nome de uma teoria das ciências, de uma epistemologia geral.

As teorias do conhecimento, convém salientar, nunca estiveram reduzidas a uma mera teoria das ciências (metodologia das ciências), nem tampouco ficaram restritas aos procedimentos demonstrativos do método científico. De acordo com Habermas:

> A teoria da ciência, que a partir da metade do século XIX assume a herança da teoria do conhecimento, é uma metodologia exercitada desde a auto-compreensão cientificista da ciência. O "cientificismo" significa a fé da ciência em si mesma, ou dito de outra maneira, o convencimento de que já não se pode entender a ciência como *uma* forma de conhecimento possível, senão que devemos identificar o conhecimento com a ciência.[33]

Tal identificação permite o surgimento de uma comunidade específica, a comunidade científica, apartada dos saberes constitutivos da cotidianidade, que se faz auto-referente na capacidade de criar, aplicar e falar o conhecimento científico. É nesta comunidade, que Weber caracteriza como típica do racionalismo ocidental, que se desenvolve um pensamento operacional-formal, de onde surge um tipo de racionalização que permite a formalização, sistematização científica e especialização profissional do saber jurídico, como veremos adiante.[34] Neste sentido, passa a ser de competência exclusiva das universidades a formação de especialistas em Direito. Aos atores sociais, resta tão-somente cumprir "respeitosamente" e com "obediência devida", as "verdades" oriundas do mundo positivista-científico. Ao salientar esta auto-referência, Habermas acrescenta:

> O positivismo, que aparece em primeiro plano com Comte, utiliza os elementos tanto da tradição empirista como racionalista para reforçar *a posteriori*, em vez de para submeter a exame, a fé da ciência em sua própria validez exclusiva e para dar conta, apoiando-se nesta fé, da estrutura das ciências. O positivismo moderno tem cumprido com esta tarefa com notável sutileza e indiscutível êxito.[35]

---

[33] Habermas, Jürgen. *Conocimiento e interés*. Tradução de Manuel Jimenez, José F. Ivars e Luis Martín Santos. Madrid: Taurus Ediciones, 1990, p. 11-13.

[34] Esta abordagem feita por Weber, posteriormente trabalhada mais profundamente por Habermas em sua obra.

[35] Idem, ibidem, 1990, p. 12.

Um dos êxitos do positivismo moderno ocorre no mundo jurídico, que se organiza em torno de uma visão cientificista do Direito e elabora uma crença que resulta na formação de um senso comum teórico instalado nas diversas concepções acerca do Direito, que impede jurista de desenvolver atitudes críticas e reflexivas que marcam a tradição gnoseológica clássica. A crença que se estabelece no discurso jurídico é a de que seus enunciados são verdadeiros, pois fundamentados cientificamente.

Quando refletimos acerca da existência de uma ciência jurídica a partir de uma base positivista, apercebemo-nos de como esta, através de seu estatuto formal, se faz presente na formação dos juristas, enquanto fundamento da razão e da realidade do Direito, notadamente em suas manifestações discursivas de autojustificação. O positivismo jurídico representa, assim, um espaço de interdiscursividade "cientificista", que impregna os discursos, as idéias e as ações dos juristas. A visão positivista do Direito, aqui tomada enquanto caracterização de um sistema normativo formal, estende-se para além da produção racional sistêmica e atravessa todas as idéias normativas já existentes e compreendidas pelos atores sociais no mundo da vida. Uma das marcas do positivismo jurídico é a descaracterização das demais ordens normativas que foram e que são produzidas tradicionalmente, silenciando as normas morais, religiosas e habituais que contêm fortemente conteúdos normativos próximos daqueles que o sistema jurídico trata com pretensa exlusividade. Segundo Warat:

> O positivismo pretende estabelecer critérios relevantes para a identificação e delimitação excludente do sistema jurídico em relação aos outros membros da família dos sistemas normativos. Os elementos que apontam como critérios são: a coerção, a existência de certas regras que indicam como a sanção pode ser operacionalizada (...); o caráter monopólico da coerção por parte do Estado e o caráter normativamente condicionado da sucessão e das decisões. Surge assim, uma identidade muito peculiar entre as normas e os órgãos, com o que ficam à margem do sistema, o homem e seu cotidiano.[36]

Como os sistemas jurídicos detêm o monopólio da criação e aplicação de ações coercitivas, os demais sistemas deixam de gozar do estatuto de racionalidades necessárias, sendo conseqüentemente tomados como ineficazes e desprovidos de sentido. Warat assevera que:

> Com efeito, para o positivismo, se as pautas não são coercitivamente garantidas, poderão ser livremente silenciadas e ignoradas, colocando a sociedade à beira da barbárie. Esta é uma tese bastante autoritária, que exclui a racionalidade jurídico-moral de nosso cotidiano, simplesmente porque não tem força para se impor.[37]

Impedidos de pensar cientificamente, visto não pertencerem "desde sempre" à comunidade científica, os indivíduos reproduzem incessantemente o pacto de submissão determinado pelo contrato originário da modernidade. Sob esta dimensão, a esfera normativa fica cada vez mais restrita

---

[36] Warat, Luis Alberto. *Introdução Geral ao Direito. A Epistemologia Jurídica da Modernidade.* Volume II. Porto Alegre: Sérgio Antonio Fabris Editor, 1995, p. 119-121.
[37] Idem, ibidem, 1995, p. 122.

aos dispositivos reconhecidos e consagrados pelas ciências jurídicas, que impossibilitam qualquer experiência comunicativa e a conseqüente compreensão de seus fundamentos e das condições de legitimidade de suas práticas intervencionistas.

Assim como a recepção da Razão operada pela Modernidade, implica, por um lado, a redução desta mesma Razão ao plano da racionalidade técnico-instrumental – caracterizada por uma conduta metodológica tipicamente positivista e monológica –, remetendo ao obscurantismo tanto a razão prático-moral quanto a razão estético-expressiva; por outro lado, as ciências jurídicas positivistamente instituídas assumem o monopólio da ordem normativa sob a égide técnico-operacional, criando duas conseqüências no pensamento moderno. Terminam assim por se distanciarem do "amálgama normativo", rompendo os vínculos do Direito com seus fundamentos éticos pressupostos na tradição clássica, descaracterizando princípios éticos que sedimentariam os demais sistemas normativos, notadamente àqueles relativos à moral.

— II —

Judiciário:
cidadania e reforma

ÁLVARO FILIPE OXLEY DA ROCHA[1]

Sumário: 1. Introdução; 2. Qual cidadania?; 3. Cidadania e democracia; 4. Cidadania na Constituição; 5. Algumas observações sobre a Emenda Constitucional n° 45/04; 6. Os "novos direitos" de cidadania; Conclusão.

1. Introdução

No presente trabalho, propomos a expor o tema que se vem desenvolvendo em pesquisa, sobre o problema da realização da cidadania no Brasil, com destaque para a reforma do Judiciário,[2] e o modo como podem se relacionar as modificações propostas pela Emenda Constitucional n° 45 com a necessidade de implementação dos chamados "novos direitos"[3] de cidadania, vistos aqui como instrumentos legais na tarefa judicial de equilibrar interesses individuais e coletivos na dinâmica social, implícita no objetivo republicano da promoção do bem de todos, em acordo com a primeira parte do inciso IV do artigo terceiro da Constituição Federal de 1988. Preliminarmente, é preciso lembrar que a partir da entrada em vigor da Constituição Federal de 1988, a jurisdição constitucional ganha proeminência. Muitos grupos sociais brasileiros passaram a ver no Judiciário uma saída para concretizar direitos sociais, buscando desde então essa via, pelo mecanismo do controle abstrato e/ou concreto da constitucionalidade das

---

[1] Professor e pesquisador da UNISINOS. Doutor em Direito do Estado (UFPR), Mestre em Ciência Política (UFRGS).
[2] AGRA, Walber de Moura (Coord.) *et al., Comentários à Reforma do Poder Judiciário*. Rio de Janeiro: Forense, 2005.
[3] Ver WOLKMER, Antonio Carlos e LEITE, José Rubens Morato (Orgs.) *Os "Novos Direitos" no Brasil:* natureza e perspectivas: uma visão básica das novas conflituosidades jurídicas. São Paulo: Saraiva, 2003. OLIVEIRA JÚNIOR, José Alcebíades (Org.). *O novo em direito e política*. Porto Alegre: Livraria do Advogado, 1997.

leis. Observaram-se os sindicatos, organizações não-governamentais, partidos políticos e até mesmo o cidadão individual, esgotando ou não a via da luta política legislativa, buscando pelo ingresso de ações judiciais, um posicionamento do Judiciário, como instância final idealizada, tanto para deslocar a disputas políticas de seu lugar legítimo para uma arena mais estável, ainda que inadequada, como para garantir a realização de direitos sociais à revelia dos caminhos institucionais já desacreditados. Esse movimento social foi denominado "judicialização da política", e assim tem sido tratado por diversos autores.[4] Observe-se que o mesmo representou também, inversamente, uma "politização" do Judiciário, pois embora tenham surgido movimentos internos politizados da magistratura, como o chamado "Direito Alternativo",[5] a maioria dos magistrados resistia, e muitos ainda resistem, a adotar uma concepção menos "dogmática"[6] do Direito. Ao mesmo tempo, e aliadas a fatores políticos nacionais e internacionais,[7] essas novas posturas aprofundaram a crise[8] do Estado brasileiro, em especial no Judiciário, cujos agentes não mais dispõem dos mecanismos sociais e jurídicos tradicionais que os furtavam do embate político.

A partir da nova postura constitucional do Judiciário, surge uma expectativa quanto ao posicionamento de seus agentes quanto à efetivação de uma cidadania brasileira. Com a reforma do Judiciário, efetivada pela Emenda Constitucional nº 45, instrumentalizam-se melhor esse agentes, para essa tarefa. A face mais visível dessa mudança seria, em nossa concepção, a busca de uma efetiva concretização dos chamados "novos direitos", visto representarem os mesmos alguns dos pontos mais sensíveis das demandas sociais de nossa coletividade.

Entretanto, preliminarmente, o que vem a ser cidadania? Como adiante veremos, o conceito tem sido nublado pela concepção tradicional, que o restringe ao exercício de direitos políticos.[9] Essa noção, entretanto, exclui o direito a tomar parte na formação da agenda pública no âmbito da sociedade civil, que inclui todos os direitos[10] estabelecidos nos artigos 5º e 6º

---

[4] Por exemplo, VIANNA, Luiz Werneck (*et al.*) *A judicialização da política* e das relações sociais no Brasil. Rio de janeiro: REVAN, 1999.

[5] Ver BARCELLONA, Pietro *L'uso alternativo del diritto*. Ed. Laterza, Roma-Bari, 1973, e IBAÑEZ, "Para uma practica judicial alternativa" in *Annales de la Cátedra*. F. Suárez, 1976, 16, p.155, e CARVALHO, A.B. *A lei. O Juiz. O justo*. AJURIS: Porto Alegre, v. 39, p. 132, mar. 1987.

[6] Ver ROCHA, A.F.O. e SILVEIRA, Gabriel E. *O trabalho jurídico como violência simbólica* in Estudos Jurídicos, UNISINOS. São Leopoldo: v. 38, nº 2, maio-agosto 2005, p. 66.

[7] GARCIA PELAYO, Manuel. *Las transformaciones del Estado contemporáneo*, 4 ed. Madrid: Alianza, 1996.

[8] MORAIS, José Luis Bolzan. *As crises do Estado e da Constituição e a transformação espacial dos Direitos Humanos*. Porto Alegre, Livraria do Advogado, 2002.

[9] Cfe. FERREIRA FILHO, Manoel Gonçalves. *Curso de Direito Constitucional*. 22 ed. Atual. São Paulo, Saraiva, 1995, p. 99.

[10] O conjunto desses direitos pode também ser referido como "direitos de cidadania".

da Constituição Federal.[11] Por todos os interesses que representa, e pelos privilégios que eventualmente ameaça, em nosso contexto social, a cidadania tem uma difícil conceituação, que merece não apenas ser ampliada, mas também estabelecida como parte da cultura jurídica e social, visto que esse conceito é possível apenas em ambiente político de democracia.[12] É nesse sentido que nos interessa conhecer o teor da Emenda Constitucional nº 45, que promoveu modificações extremamente importantes na estrutura do Judiciário, que se refletirão necessariamente no modo como deverão os juízes pautar suas ações em futuro próximo. Para os limites desse trabalho,[13] propomos apresentar e tecer considerações sobre apenas alguns dos pontos da Emenda 45, aqueles que consideramos mais diretamente relevantes para a realização da cidadania em seu sentido amplo. Os pontos que destacamos são: a) a razoável duração do processo, b) a instituição do Conselho Nacional de Justiça – CNJ, c) a obrigatoriedade de comprovação de três anos de atividades jurídicas aos candidatos aos cargos de juiz, d) o efeito vinculante nas Ações Diretas de Inconstitucionalidade, e) a Justiça Itinerante, f) o deslocamento de competência para a Justiça Federal dos crimes contra os Direitos Humanos, g) a criação de varas especializadas nas questões fundiárias, e h) a autonomia das Defensorias Públicas. Em conseqüência disso, visto que a concretização da cidadania ampla inclui os "novos direitos", ou "direitos de cidadania", os quais instrumentalizam o equilíbrio entre os interesses individuais e coletivos, os quais se impõem como tarefa constitucional ao Judiciário, propomos também apontar e comentar esses direitos, em especial os direitos da criança e do adolescente, os direitos das mulheres, os direitos indígenas, o problema do racismo, os direitos dos idosos, o direito do consumidor, o direito ambiental, o biodireito e os reflexos da difusão da informática e da dinâmica de uma nova sociedade de informação sobre os novos direitos. Finalmente, propomo-nos a fazer uma breve reflexão sobre o sentido da realização dos direitos de cidadania pela via judiciária, com suas vantagens e limitações, já que um dos pressupostos de senso comum a respeito da realização desses direitos, típico da dinâmica de transição da concepção de Estado liberal para o Estado social, é o da fuga ao complexo problema da transformação social, transferindo-se ou impondo-se a completa responsabilidade na realização desses direitos ao Judiciário, como um quase monopólio. Isto surge como problema,[14] na medida em que apenas contribui para que se reforce a antiga idéia de uma autonomia sis-

---

[11] Cfe. VIEIRA, Oscar Vilhena. *Direitos Fundamentais:* uma leitura da jurisprudência do STF. São Paulo: Malheiros, 2006, p. 628.

[12] Ver KELSEN, Hans. *Essência e Valor da Democracia*. São Paulo: Martins Fontes, 1993.

[13] Para uma completa visão comentada da EC 45, ver AGRA, Walber de Moura, *et al.* (Op. cit., nota 3).

[14] Ver SAAVEDRA, Giovani A. *Jurisdição e Democracia*: uma análise a partir das teorias de Jürgen Habermas, Robert Alexy, Ronal Dworkin e Niklas Luhman. Porto Alegre: Livraria do Advogado, 2006, p. 67.

têmica do direito,¹⁵ resultando nas tradicionais respostas imobilistas – o Judiciário não é o local da inovação, e sim o Legislativo – e também num desnecessário efeito de legitimação dos juízes e juristas, passando-se ao largo de efetivas mudanças na ação desses agentes, no sentido da concretização dos direitos de cidadania.¹⁶

2. Qual cidadania?

O conceito de cidadania, do ponto de vista jurídico tradicional, está ligado em primeiro lugar à condição de morador da cidade, e por extensão, do país, demonstrando a efetividade de residência. Desse modo, possui *cidadania natural* o indivíduo nascido em território nacional, que pode participar da vida política do país, em oposição ao indivíduo estrangeiro, em situação especial no território, mas também detentor de direitos embora mais limitados, inclusive o de obter a cidadania brasileira, denominada então *cidadania legal*, embora muitos cargos e direitos permaneçam reservados aos chamados cidadãos natos. Esse sentido da palavra *cidadania* está, pois, ligado ao exercício de direitos políticos, como votar e ser votado.¹⁷ Nesse sentido, bastante limitado, costuma-se citar o caso dos analfabetos, que se tornariam cidadãos ativos quando inscritos como eleitores, mas não podendo se tornar cidadãos passivos por não possuírem elegibilidade, quer dizer, por não poderem os mesmos se candidatar a mandatos políticos eletivos. Muitas conceituações jurídicas encerram estritamente nesse ponto o debate, deixando a desejar uma discussão mais ampla do conceito.

Como chegar, porém, a um conceito amplo de cidadania? Hoje é voz corrente o uso dessa expressão quando se fala da participação nos processos de tomada de decisões que se refletem na coletividade, em especial diante das grandes mobilizações populares. Parece estar se difundindo, especialmente via mídia,¹⁸ a noção de que a cidadania é uma espécie de direito de imunidade contra as ações autoritárias. Ao mesmo tempo, esse conceito remete ao problema da distribuição de renda, estabelecendo por critério meramente econômico uma idéia de "classes" sociais hierarquizadas, na verdade apenas duas, uma detentora da renda, do poder político, e da vida boa ligada a essas condições, e outra "classe", alienada de não apenas a esse dois fatores, mas também tudo o que está afeto à posse de recursos financeiros, como moradia, saúde, etc., mas fundamentalmente, sem

---

15 LUHMAN, Niklas. *Legitimação pelo Procedimento*. Brasília: Editora da UnB, 1980, 202 p.

16 Ver FLICKINGER, Hans-Georg. Direitos de Cidadania: uma faca de dois gumes. In: *Em nome da Liberdade*: uma crítica ao liberalismo contemporâneo. Porto Alegre: EDIPUCRS, 2003, p. 153.

17 Cfe. FERREIRA FILHO, Manoel Gonçalves (op. cit., nota 10).

18 O papel social e político da mídia é, entretanto, bastante questionável. Ver ROCHA, Álvaro F. O. Direito e Mídia: uma convivência difícil. In: *Revista da AJURIS* – Associação dos Juízes do Rio Grande do Sul. N°93, março de 2004, p. 25.

acesso a uma educação adequada e, pois, sem acesso à vida social como cidadão.[19]

Guardadas as devidas proporções, a discussão desse conceito está presente desde a formação das raízes do pensamento ocidental. Lembrando que o sentido da democracia grega não era da mesma natureza do que hoje atribuímos a essa palavra,[20] podemos citar a obra de Aristóteles,[21] na qual o mesmo questiona quem vem a ser o cidadão, e afirmando que "cidadão é aquele que tem uma parte legal na autoridade deliberativa e na autoridade judiciária da cidade", visto que a Assembléia da qual o cidadão participava tinha poderes tanto para decidir, como para legislar e julgar. Participar da assembléia significava ser visto pelos demais como um entre iguais, podendo o participante fazer uso da palavra para criticar, propor, opinar, externando por todos os meios o seu interesse pelo presente e pelo futuro da cidade. Poderia também, nesse sentido, assumir cargos na administração pública, como parte de sua condição de participante, não significando, na verdade, que o mesmo dispusesse de direitos que limitassem o poder da Assembléia, mas apenas que, ao aceitar participar, também aceitaria o dever de submissão às decisões, em qualquer sentido, que viessem a ser tomadas pela coletividade.[22] Entre os romanos, o conceito de cidadania (*civitas*) será bastante ampliado, partindo do reconhecimento pelos pares e todos os demais direitos da vida civil, incluindo, na esfera privada, os direitos de propriedade, família, contratos e, na esfera pública, o direito de participação política.[23] A partir do século XVIII, entretanto, a definição de uma cidadania passa novamente a se tornar importante, pois como frutos do Iluminismo, a Revolução Francesa e a Declaração de Independência dos Estados Unidos da América reconhecem a igualdade de direitos a todos os homens, estabelecendo o ideal de liberdade como o conceito básico sobre o qual se estabelecem os demais direitos, como mais tarde vem a expressar Kant[24] em sua obra. Esse autor procura fundamentar o Direito sobre a liberdade, propondo o problema da harmonização entre a liberdade individual e a dos demais, que continua, porém, em discussão. Habermas[25] retoma a discussão, ao afirmar que não é possível realizar os direitos de cidadania sem uma esfera de liberdade, objetando porém que esta só se pode objetivar a partir

---

[19] BENEVIDES, Maria Victória M. *Reforma Política e Cidadania*. São Paulo: Ed. Perseu Abramo, 2003, p. 91.
[20] FINLEY, Moses I. *Democracia antiga e moderna*. Rio de Janeiro: Graal, 1988.
[21] ARISTÓTELES. *A Política*. Trad. Roberto Leal Ferreira. São Paulo: Livraria Martins Fontes Editora, 1991.
[22] Cfe. HABERMAS, Jürgen. *A Inclusão do Outro*. São Paulo, Edições Loyola, 2002, p. 272.
[23] Ver GILISSEN, John. *Introdução Histórica ao Direito*. Lisboa: Calouste Gulbenkian, 1995, p. 82.
[24] KANT, Immanuel. *Fundamentação da Metafísica dos Costumes*. Lisboa: Edições 70, 1995.
[25] HABERMAS, Jürgen. *Direito e Democracia: entre faticidade e validade*. Rio de Janeiro: Tempo Brasileiro, 1997, p. 124.

da existência de uma comunidade que detenha mecanismos de participação política.

O conceito amplo de cidadania só vem a adquirir os contornos que hoje conhecemos a partir do estabelecimento de um novo paradigma: a idéia de que há um elemento social[26] inserido nesse conceito, que se origina da transição do modelo de Estado liberal para o Estado Social, ocorrida na Europa do século XIX e início do século XX. Esse elemento inclui desde o bem-estar econômico mínimo até a participação na herança social, e especialmente a ter a vida de um ser civilizado, em acordo com os padrões da sociedade atual; e aponta as instituições mais ligadas a esse elemento como sendo o sistema de ensino e o serviço social. O efeito dessa noção sobre o pensamento social foi tornar evidente que não há cidadania em sentido amplo sem que exista um conjunto de mecanismos democráticos, amparados num sólido ordenamento jurídico, que permita ao indivíduo, ou sujeito, ser incluído em todas as esferas da vida social.

É preciso destacar, porém, que o direito brasileiro mantém formalmente sua tradicional conceituação estrita e, embora muitos juristas reconheçam uma maior amplitude na interpretação dos direitos de cidadania,[27] fica evidente que a discussão do conceito amplo não modificou até aqui a letra da lei, que segue associando o termo *cidadania* principalmente à participação política. Essa limitação de natureza terminológica, entretanto, não tem o poder de encerrar a discussão. Ao contrário, uma abordagem sociológica[28] permite observar que, generalizando-se o conceito amplo, é muito provável que os texto de lei, e até mesmo a norma constitucional venham a se adaptar no futuro, já que a resistência é muito mais devida às particularidades do campo jurídico,[29] que até para fins de manutenção de sua legitimidade, encontrará formas de se adaptar, apropriando-se dos resultados dessa dinâmica social em seu discurso,[30] passando assim a impô-los, "normalizando-os" e fazendo-os compreender implicitamente como seus, desde sempre.[31]

3. Cidadania e democracia

Partindo da relação entre cidadania e política, assumimos a necessidade de estabelecer sua relação com as diversas formas da democracia. Preliminarmente, é preciso ver a Democracia não como proposta instalada,

---

[26] MARSHALL, T. H. *Cidadania, Classe Social e "Status"*. Rio de Janeiro: Zahar, 1969, p. 64.
[27] Ver, por exemplo, VIEIRA, Oscar Vilhena. *Direitos Fundamentais.* (op.cit., nota 12).
[28] Ver ROCHA, Álvaro F. O. O Direito na obra de Pierre Bourdieu: os campos jurídico e político. In: *Revista Estudos Jurídicos* – UNISINOS. V. 38, nº 1, janeiro-abril 2005, p. 46.
[29] Ver ROCHA, Álvaro F. O. A linguagem jurídica. In: *Sociologia do Direito: a magistratura no espelho.* São Leopoldo, Unisinos, 2002, p. 42.
[29] Idem, ibidem.
[31] BOURDIEU, Pierre. A força do Direito. *In: O Poder Simbólico.* Lisboa: DIFEL, 1983, p. 209.

mas como luta constante por sua realização. Norberto Bobbio[32] observa que democracia é hoje vista como um conceito elástico, mas que mantém a idéia de um governo de muitos ou todos contra o governo de um ou de poucos. O autor contesta, porém, essa noção, dizendo que a democracia tem, ao contrário, contornos precisos. Desse modo "democrático é um sistema de poder no qual as decisões coletivas, isto é, as decisões que interessam a toda a coletividade (grande ou pequena que seja) são tomadas por todos os membros que a compõem".

Buscando fazer uma breve referência à tradição, o mesmo autor destaca que a teoria da democracia moderna resulta de três tradições do pensamento político ocidental: uma teoria clássica, uma teoria medieval e uma teoria moderna. A primeira é também conhecida como aristotélica,[33] que define a democracia como o governo de todos, em oposição ao governo de um e ao governo de alguns. Em seguida, a teoria medieval ou romana se apóia na soberania popular, na qual essa soberania ascende ou descende, conforme o poder se origine do povo por representação, ou soberano, por delegação. E finalmente, a teoria moderna ou maquiaveliana, da "razão de Estado",[34] concebida em torno das grandes monarquias, para as quais a democracia é uma forma de república, oscilando entre ideais republicanos ou democráticos.

Em razão dos limites desse trabalho, e sem pretender esgotar as taxionomias existentes, adotamos uma forma sintética e sistematizada de classificação da democracia em três formas:[35] deliberativa, plebiscitária e procedimental, referindo que, nesse sentido, o sujeito da democracia seria o governo do povo, sua mecânica se rege por um ideal de governo pelo povo, com a finalidade de governar para o povo. Fundada na tradição aristotélica, a democracia deliberativa pode ser definida pela aplicação prática da razão teleológica à vida política. Firmemente apoiada em mecanismos legais, é garantida a participação do cidadão nas decisões, pois nesse sentido todo cidadão estaria investido dos poderes deliberativo e judiciário. O nível de exigência quanto ao cidadão passa a ser muito alto, pois as virtudes necessárias para a vida política não podem ser afastadas. Desse modo, por meio do voto nas assembléias e julgamentos nos tribunais populares, o cidadão realiza-se na vida pública, cujos objetivos são o bem comum (público) e a vida boa (individual). A democracia plebiscitária (ou participativa) se radica na concepção de Rousseau,[36] baseada em uma idéia de realização da

---

[32] BOBBIO, Norberto. *Qual Socialismo?* São Paulo: Paz e Terra, 1983.

[33] É preciso ter presente a já referida distinção entre a democracia antiga e a moderna, abordada na obra de FINLEY, Moses (op. cit., nota 20).

[34] SKINNER, Quentin. *As Fundações do Pensamento Político Moderno.* São Paulo: Companhia das Letras, 1996.

[35] BARZOTTO, L.F. *A Democracia na Constituição.* São Leopoldo: Unisinos, 2003.

[36] ROUSSEAU, Jean-Jacques. *O Contrato Social.* São Paulo: Martins Fontes, 1999.

"vontade geral". Não havendo o autor definido com clareza seu conceito de vontade geral, resta a idéia de que adota o voluntarismo, assumido pelo cidadão. Ao estabelecer as próprias leis, o cidadão obedeceria apenas a si mesmo, e desse modo, as leis expressariam essa vontade geral. As questões controvertidas dependeriam da manifestação, ou plebiscito, dos cidadãos. Esse sistema teria o dom de afastar a opressão das formas de governo tradicionais, em favor da liberdade do cidadão. Mas falha ao não definir com clareza suas bases institucionais. Ao depender constantemente da manifestação dessa vontade, o sistema político se torna excessivamente instável. Esse decisionismo torna o Estado de Direito, a legalidade e a igualdade objetos de constante questionamento, sem a referência a uma justicialidade, e sem garantias contra o arbítrio da vontade geral. A forma democrática procedimental, trazida por Kelsen,[37] procura evitar o voluntarismo relativizando-o pelo estabelecimento de um procedimento que expresse a vontade do maior número de cidadãos, sobre o que estes consideram justo. A idéia é de que os cidadãos se orientam pelo individualismo racional, e desse modo devem organizar juridicamente a vida pública. Preserva-se desse modo a liberdade da maioria, admitindo-se certo grau de contrariedade entre os cidadãos. Desse modo elegem-se os governantes, que devem dispor de instrumentos jurídicos e institucionais para garantir a paz. A democracia passa a ser, desse modo, um mecanismo de criação da ordem social, no sentido hobbesiano, tornando-se um acordo de interesses para a manutenção da ordem jurídica, apoiada na legitimidade que lhe concede a participação dos cidadãos nela envolvidos.

As formas da democracia antes expostas estão evidentemente sujeitas a intensas discussões e críticas. Observamos, porém, que a forma democrática moderna se impõe como o ambiente ideal para o exercício da cidadania, em sua forma ampla. Hoje muitas outras vias de participação e interferência nas discussões e tomadas de decisões estão presentes, e não apenas o mecanismo da eleição de representantes,[38] como os conselhos de comunidade, os plebiscitos, referendos, a iniciativa que se origina dos movimentos populares, os debates via televisão e internet. Há que dedicar especial atenção, entretanto, às questões relacionadas ao papel social da mídia,[39] em especial a televisão,[40] pois os interesses da mídia privada,[41] legitimados em uma

---

[37] Cfe. KELSEN, Hans. *Essência e valor da Democracia* (op. cit., nota 13).

[38] Ver BENEVIDES, Maria Victória M. *A Cidadania Ativa*: referendo, plebiscito e iniciativa popular. São Paulo: Ática, 2003.

[39] Esse é, portanto, o tema de nossa nova pesquisa. Importa pensar a mídia *sem usar* as categorias criadas, difundidas e controladas pela mesma: assim, a relação desta com o Estado (especialmente o Judiciário) e as conseqüências dessa interação para a realização cidadania, assumem grande relevância.

[40] Ver BOURDIEU, Pierre. *Sobre a Televisão*. Rio de janeiro: Jorge Zahar, 1997.

[41] Ver THOMPSON, J. B. *O escândalo político:* poder e visibilidade na era da mídia. Petrópolis: Vozes, 2002.

suposta "opinião pública",[42] não podem se confundir com o interesse público. Entretanto, todos esses mecanismos permitem vislumbrar as possibilidades de introduzir na cultura da vida do cidadão a consciência da importância da sua participação, e na formação e solidificação dos mecanismos políticos e legais que a viabilizam. Trata-se de estabelecer, por essa via, a forma política e jurídica do bem comum e, pois, da vida digna para todos os cidadãos.

4. Cidadania na Constituição

A Constituição Federal brasileira não adota um sentido unívoco para o termo "cidadania". O sentido dado pode ser estrito, como antes citado, ou amplo, como se procurou expor. No primeiro sentido, restringe a participação à condição do eleitor, pelo exercício do voto, ou pela candidatura a mandato eletivo, político. A se adotar unicamente esse sentido, não fica sem sentido a afirmação cética de alguns estudiosos da política, segundo os quais hoje só há democracia no dia da eleição. Esse instrumento é chamado sufrágio, ou voto. É preciso supor a crença, pelos cidadãos, de que a representação política será exercida, quer dizer, que o representante eleito irá sempre sobrepor o interesse de seus representados a quaisquer pressões contrárias, incluindo as suas próprias. Essa crença é a base da legitimidade desse sistema, que hierarquiza os cargos de representação, desde os Prefeitos e Vereadores, que devem atuar nas câmaras municipais, passando pelos Governadores e Deputados Estaduais nas Assembléias Legislativas, e chegando à Presidência da República, Senadores e Deputados Federais, no Congresso Nacional. O voto, pois, é a "jurisdicização" da cidadania, que desse modo legitima o Estado, por seu sistema de representação política[43] democrática, que de outra forma não seria possível. Esse sistema é adotado pela Constituição brasileira, que assim também busca um efeito "pedagógico" junto à população, dada a nossa tradição autoritária e pouco afeita ao debate democrático. O exercício do voto tem requisitos legais, como a nacionalidade brasileira, o serviço militar, a idade mínima de 16 anos facultativamente, e obrigatoriamente aos 18 anos. Já surge uma polêmica quanto a uma possível não-obrigatoriedade do voto, cujos riscos, entretanto, ainda não foram suficientemente esclarecidos. Ao mesmo tempo, o valor do voto se relativiza, pois em razão da limitação na representação política por estado no Congresso Nacional (mínimo de 8 e máximo de 70 deputados), os estados mais populosos e desenvolvidos resultam artificialmente igualados

---

[42] Ver BOURDIEU, Pierre. A opinião pública não existe. In *Questões de sociologia*. Rio de Janeiro: Marco Zero, 1983, p. 173.
[43] Para uma visão nada idealista desse sistema, ver BOURDIEU, Pierre. A representação política: elementos para uma sociologia do campo político. In: BOURDIEU, Pierre. *O Poder Simbólico*. Lisboa: DIFEL, 1989, p. 163.

aos estados menos populosos e desenvolvidos, razão de muitos entraves e problemas enfrentados pelo Legislativo nacional. A lei também estabelece as condições para a candidatura aos mandatos políticos antes citados, excluindo os analfabetos, e as candidaturas independentes. Isso significa que todo candidato deverá, obrigatoriamente, estar filiado a um partido político. Os partidos políticos se estabelecem, desse modo, como agentes da concentração das forças sociais, tendo o dever de, à parte suas ideologias peculiares, fazer o papel de porta-voz dos interesses sociais. No segundo sentido, o conceito amplo de cidadania pode ser visto como a titularidade dos direitos fundamentais, preservação da dignidade como pessoa humana, e a participação nos processos políticos, respaldada nos deveres de reciprocidade para com os demais cidadãos. Esses termos não estão, porém, referidos no texto constitucional, o qual deixa em aberto o conceito de cidadania, no inciso II do artigo primeiro da Constituição Federal, sem condicioná-lo a quaisquer requisitos anteriores. É preciso também observar que, além dos direitos fundamentais previstos no art. 5° da Constituição, e das condições materiais para o exercício da cidadania, esta também depende de outros direitos e obrigações que, como antes citados, buscam promover o equilíbrio entre os interesses de cada cidadão individual com os interesses da coletividade de cidadãos: os "novos direitos", que adiante abordaremos.

5. Algumas observações sobre a Emenda Constitucional n° 45/04

Há muito a proposta de uma reforma geral do Judiciário é referida no país, tendo o tema sido, inclusive, considerado como pauta obrigatória a ser enfrentada pela Assembléia Nacional Constituinte, encarregada de propor e aprovar a então nova Constituição Federal de 1988, fato que não ocorreu. Ao contrário, as mudanças mais urgentes foram tratadas pontualmente, como pontos de consenso, protelando-se algumas das principais controvérsias sobre a reforma, como o estabelecimento de um mecanismo de controle administrativo externo a esse Poder, e o enfrentamento dos problemas éticos, administrativos e processuais relacionados à lentidão ou morosidade dos serviços judiciais, com destaque para a proposta da vinculação jurisprudencial, a chamada súmula vinculante. Em 2004, foi finalmente aprovada a Emenda Constitucional n°45, promovendo um grande número de alterações, especialmente sobre o Judiciário e sobre as instituições relacionadas à administração da Justiça.

Desde então, é legítimo questionar os reflexos de tais modificações para a realização dos "novos direitos" e, pois, para a realização da cidadania em seu sentido amplo, embora seja fácil constatar que decorreu ainda pouco tempo, em termos jurídicos e sociais, desde a implementação jurídica das modificações acima referidas. Ao mesmo tempo, em razão dos muitos interesses atingidos, têm sido estabelecidos diversos pontos de vista a respeito da reforma do Judiciário, e o modo como podem se relacionar as modificações propostas pela Emenda Constitucional n° 45/04 com as necessidades de implementação dos chamados "novos direitos".[44]

Procuraremos aqui fazer algumas observações sobre as modificações que consideramos mais relevantes para a realização dos direitos de cidadania, ressalvando que não se pretende esgotar a discussão, e também o fato de que não é possível explorar completamente o tema, no âmbito de um trabalho como o presente.[45]

O primeiro desses temas diz respeito à razoável duração do processo, que se estabeleceu no inciso LXXVIII da referida CF/88. Embora não se estabeleçam prazos, por impossibilidade prática, a razoabilidade diz respeito à idéia de que não pode haver a perda do sentido ou do objeto do processo pela demora excessiva em seu processamento. Muitas controvérsias podem ser estabelecidas, dado que o tempo do direito,[46] e suas necessidades de entendimento e maturação de idéias, não se coaduna com a percepção do mundo acelerada que hoje vivemos. Há também as necessidades de legitimação do campo jurídico e, portanto, da força de seus agentes,[47] que por essa mecânica tendem a repelir qualquer pressão externa, esquecendo-se de que a legitimação desse grupo não se dá mais apenas entre agentes públicos, mas está agora em grande parte condicionada à realização da cidadania. Isso significa uma prestação jurisdicional de qualidade, realizada em tempo hábil. As demais medidas contidas nas EC 45/04, como a justiça itinerante, a descentralização dos Tribunais Regionais Federais e Tribunais de Justiça, além da criação de varas especializadas para as questões fundiárias e a autonomia das Defensorias Públicas, vão todas nesse sentido.

A criação do Conselho Nacional de Justiça, no inciso I-A do artigo 92 da CF/88, representou grande avanço em termos institucionais, dado que a fiscalização do Judiciário estava, até aquele momento, entregue ao próprio Judiciário, com todos os riscos inerentes a esse tipo de escolha. Muito se resistiu internamente à instituição desse órgão, alegando que atentaria contra a autonomia do Judiciário, e se revelaria controle político das decisões judiciais. O corporativismo contido nesse discurso, entretanto, não prevaleceu, dado o contexto político que incluiu alguns escândalos de corrupção envolvendo magistrados, o que permitiu que essa medida de racionalização administrativa e financeira fosse estatuída. Não é demais frisar que o CNJ não tem função de interferir na função jurisdicional dos juízes, mas de

---

[44] Ver WOLKMER, Antonio Carlos e LEITE, José Rubens Morato (Op. cit., nota 4).

[45] Para maiores e mais completas observações sobre esse tema específico, ver AGRA, Walber de Moura (Coord.) *et al.*, *Comentários à Reforma do Poder Judiciário*.(op. cit., nota 3).

[46] Ver OST, François. O *Tempo do Direito*. Bauru, SP: EDUSC, 2005.

[47] Ver BOURDIEU, Pierre. A força do Direito (op. cit., nota 29).

acompanhar, por assim dizer, o cumprimento dos deveres funcionais dos juízes, e pois assegurar que seja mantido um padrão ético. Embora a idéia exata do que venha a ser uma ética própria aos magistrados ainda seja objeto de discussão na América Latina,[48] e não seja essa a principal função do CNJ, revela o mesmo funções nesse sentido. Suas atribuições incluem zelar pela legalidade dos atos administrativos e finanças do Judiciário brasileiro, além de fiscalizar o desempenho dos juízes.

A exigência de comprovação de três anos de atividade jurídica, constante do inciso I do art. 93 da CF/88, para o ingresso na magistratura, é medida saudável que, embora bastante comedida e atrasada, vem corroborar o sentido democrático da reforma do Judiciário. As considerações a respeito da "experiência"[49] necessária para o exercício das funções de juiz são antigas entre nós, e repetidas à exaustão entre advogados, procuradores e membros do Ministério Público, e contam com pesquisas detalhadas.[50] A falta desse requisito não era notada antes da massificação do ensino brasileiro, a partir dos anos 60, pois o pequeno número de bacharéis em Direito a cada ano, e o altíssimo nível das exigências para a aprovação, nas poucas faculdades, garantiam um perfil mais amadurecido dos candidatos. Mas com o espantoso crescimento populacional no país, nessa mesma década, a demanda sobre o Judiciário naturalmente cresceu, e com ela a demanda por um número maior de magistrados. Ao mesmo tempo, essa massificação produziu a queda do nível no ensino superior, dificultando ainda mais a aprovação de candidatos com o nível mínimo de desempenho exigido. As sucessivas crises econômicas enfrentadas pelo país ao longo dos anos 70 e 80 restringiram o leque de opções dos recém-egressos dos bancos universitários, que passaram a se preparar para concursos desde mais jovens, a fim de garantir uma vaga em posto com boa respostas sociais,[51] logo depois da formatura, e assim a magistratura passou a apresentar um perfil excessivamente jovem,[52] inexperiente e, pois, incompatível com a função,[53] consoante

---

[48] Ver ZAN, Julio de. *La ética, los derechos y la justicia*. Montevideo: Fundación Konrad-Adenauer Uruguay, 2004.

[49] Seria preciso resgatar a esquecida virtude da sabedoria, tão valorizada pelo gregos no passado, e que hoje está completamente fora de moda: ela consistia no conhecimento amadurecido pela experiência ao longo do tempo, e não no mero preenchimento da memória.

[50] Ver VIANNA, Luiz Werneck *et al. Corpo e alma da magistratura brasileira*. Rio de janeiro: REVAN, 1997.

[51] A resposta simbólica, nesse caso é o *status* social, e a resposta material, dinheiro. Ver BOURDIEU, Pierre. *As razões práticas*: sobre a teoria da ação. Campinas – SP: Papirus, 1996, p. 91.

[52] Ver FARIA, José E., "Ordem legal *x* mudança social: a crise do Judiciário e a formação dos magistrados". In FARIA, José E. (org.)In: *Direito e justiça – a função social do Judiciário*. São Paulo: USP, 1997. Observe-se, ainda, que há outros problemas para a legitimidade: entre alguns grupos de juristas essa geração de juízes passou a ser referida, informalmente, como "magistratura de fraldas".

[53] Essa "novidade" já tinha sido observada no século V a.C. por Platão, para quem "O juiz não seve ser jovem, mas ancião". Ver PLATÃO. *República*. Lisboa: Calouste Gulbenkian, 1990, III, 409 b.

os padrões da tradição jurídica ocidental.[54] Paralelamente ao problema do "nepotismo"[55] no Judiciário,[56] é preciso destacar que a ocupação dos postos de juiz, por gerações da mesma família,[57] também representa uma estratégia social destinada a proteger especialmente filhos, mas também parentes e pessoas indicadas[58] da feroz concorrência no restrito mercado de trabalho do país. Fruto da visão medieval do Estado como patrimônio privado,[59] esta ainda é uma prática corrente, contrária à democracia e à realização da cidadania, pautadas pelo princípio da igualdade de oportunidades entre os cidadãos. É preciso observar que somente uma sólida educação para a democracia[60] mas, principalmente, o ingresso de uma economia de mercado no país, a qual torne mais compensadora a atividade privada do que os cargos no Estado, poderão, talvez, modificar essa maneira de conceber as relações sociais e, pois, o uso do patrimônio público. Um dos indicadores pelos quais essa mudança será percebida, caso venha a ocorrer, será uma drástica extinção dos cargos em comissão na administração pública brasileira, nos níveis municipal, estadual e federal, e a adoção da concepção altruísta da ocupação dos postos públicos, a qual nunca se instalou entre nós, na forma original.[61]

O estabelecimento de efeito vinculante nas Súmulas do Supremo Tribunal Federal, no artigo 103-a da CF/88, decorreu de muitas pressões sobre o Judiciário, em razão da lentidão de seus serviços, e elevados custos de sua estrutura administrativa, entre outros problemas. Muitos juristas passaram a sugerir como solução a vinculação das decisões de instância inferior às decisões sumuladas dos Tribunais superiores. Houve muita controvérsia nos meios legislativos e judiciários, pois a referida instituição não consta da tradição judicial brasileira, mas pareceu simpática por sua promessa de "desafogar" o Judiciário, incluindo os Tribunais superiores, do excessivo número de processos sobre temas já definidos pelos mesmos em súmula. Aprovada como parte da Emenda Constitucional nº 45/04, cabe lembrar, porém, que a mesma não se coaduna necessariamente com a doutrina da

---

[54] Ver CAPPELLETTI, Mauro. *Juízes Legisladores?* Porto Alegre: Fabris, 1988.

[55] Esse termo é utilizado entre aspas por sua significação pejorativa e pois nada adequada metodologicamente à pesquisa científica. Para mais esclarecimentos, ver ROCHA, Álvaro F. O. O Judiciário e o nepotismo. In: *Sociologia do Direito: a magistratura no espelho.* São Leopoldo, Ed. UNISINOS, 2002, p. 87.

[56] Idem, nota 52.

[57] Ver DA MATTA, Roberto. A família como valor: considerações não-familiares sobre a família à brasileira. In: ALMEIDA, A.M. et al. (org.) *Pensando a Família no Brasil: da colônia à modernidade.* Rio de Janeiro: Espaço e Tempo/Editora da UFRJ, 1987.

[58] Ver BOURDIEU, Pierre E PASSERON, Jean-Claude. La elección de los elegidos. In: *Los herederos: los estudiantes y la cultura.* Buenos Aires: Siglo XXI Editores Argentina, 2003, p. 11.

[59] Ver BADIE, Bertrand e HERMET, Guy. *Política Comparada,* México: Fondo de Cultura Economica, 1993.

[60] Ver AVRITZER, Leonardo. *A moralidade da democracia.* São Paulo: Perspectiva, 1996.

[61] Ver BADIE, Bertrand. *L'État Importé.* Paris: Fayard, 1992.

stare decisis norte-americana, e parece representar um retrocesso à metafísica clássica.⁶² Extremamente controvertida, essa medida poderá representar, nesse sentido, ameaça para a efetivação dos direitos de cidadania, o que ainda não está claro, entretanto, pelo pouco tempo de sua vigência.

A Justiça Itinerante e a descentralização dos Tribunais Regionais Federais das medidas práticas adotadas pela EC n° 45/04 é uma das mais interessantes para a realização da cidadania, pois promete romper a tradicional inércia do Poder Judiciário, permitindo ao cidadão acessar mais facilmente os serviços judiciários, ao mesmo tempo em que permite aos integrantes do Judiciário um maior contato com aqueles que legitimam suas funções, em suas reais necessidades. Não significa entretanto, apenas uma política de aproximação do Judiciário a comunidades isoladas, mas também a criação de um "efeito pedagógico" sobre a população, que permitirá romper os laços de uma tradição de isolamento social, passando a mesma a estar consciente de seus direitos e, espera-se, de seus deveres como cidadão.

O deslocamento de competência para a Justiça Federal de violações contra os Direitos Humanos, do § 5° do artigo 109 da CF/88, visa a concretizar os compromissos constitucionais do Estado quando houver grave violação de direitos humanos, atendendo ao cumprimento de obrigações decorrentes de tratados internacionais de direitos humanos, pelos quais o país é muito criticado e prejudicado em sua imagem externa e conseqüentes interesses econômicos e políticos. Essa medida repercute muito positivamente no interesse da cidadania, pois possibilita agilizar e acompanhar os processos de modo mais neutro, evitando influências e pressões políticas regionais.

A criação de varas especializadas nas questões fundiárias, estabelecida no artigo 126 da CF/88, também representa grande avanço institucional para a realização da cidadania, dado que o problema de reforma agrária se arrasta sem solução há muitas décadas no país. Livre das demais demandas, o magistrado atuante nesta área poderá ter consciência de toda a problemática histórica e social que se coloca no conflito em torno da questão agrária, e que se impôs a partir da entrada no texto constitucional da concepção de "função social da propriedade", que relativiza a concepção tradicional de propriedade e, portanto, obriga a que a mesma seja repensada em termos completamente diferentes, ou seja, no sentido da realização do Estado Democrático de Direito, que supõe necessariamente a realização da cidadania, em seu sentido amplo.

A autonomia das Defensorias Públicas, constante do § 2° do artigo 134 da CF/88, é das medidas mais salutares para a realização da cidadania em

---

⁶² Para uma análise aprofundada e completa, ver: STRECK, Lenio. O efeito vinculante e a busca da efetividade da prestação jurisdicional – da revisão constitucional de 1993 à reforma do Judiciário (EC n° 45/04). In: AGRA, Walber de Moura (Coord.) et al., *Comentários à Reforma do Poder Judiciário* (op.cit. nota 3).

seu sentido amplo. O cidadão sem recursos financeiros é normalmente o mais penalizado pelo descaso da ação estatal, e com freqüência sofre prejuízos ou mesmo injustiças em processos judiciais por não poder pagar advogados privados. A instituição da Defensoria permite a esse cidadão romper essa barreira, e com a autonomia, devem aumentar os recursos financeiros disponíveis e, portanto, o alcance e a força de ação desse órgão. Além disso, fica o mesmo mais protegido de ingerências diretas ou indiretas de agentes de outros órgãos do Estado, em razão da antiga fragilidade de recursos.

As alterações acima foram abordadas no sentido de apontar aquelas cujos mecanismos mais colaboram, em nosso ponto de vista, para a realização de uma cidadania em seu sentido amplo. Não é demais destacar, entretanto, que toda a reforma do Judiciário vai ao encontro desse objetivo, na medida em que o mesmo passa a dispor de mais elementos que permitam manter seus agentes focados em sua função social. Para a complementação desse tema, porém, ainda se faz necessário apontar os "novos direitos", cujo desenvolvimento tem vindo a complementar os constantes dos artigos 5º e 6º da CF/88, permitindo, como já dito, equilibrar os interesses individuais de cada cidadão com os interesses da coletividade. Não é nossa proposta analisá-los inteiramente, por óbvias razões de espaço, e pelo fato de que cada um deles se constitui em toda uma nova área de estudos não apenas jurídicos, mas em todas as ciências sociais.

6. Os "novos direitos"[63] de cidadania

Os direitos que passamos a referir são os que surgem a partir da Constituição Federal de 1988, tendo sido elaborados e propostos a partir de uma nova visão do Estado, que surge a partir da superação do Estado Liberal, pelo Estado Social. Embora essa transição entre nós encontre muitos obstáculos reais, além daqueles propriamente jurídicos,[64] a luta pela introdução desses direitos na cultura social brasileira é parte fundamental da realização da cidadania, possuindo o Judiciário participação central no cuidado com o direcionamento dessa dinâmica. Por essa razão, referiremos os "novos direitos" que julgamos mais relevantes, que são: os direitos da criança e do adolescente, os direitos das mulheres, os direitos indígenas, o problema do racismo, os direitos dos idosos, o direito do consumidor, o direito ambiental, o biodireito e os reflexos da difusão da informática e da dinâmica de uma nova sociedade de informação sobre os novos direitos. É fato que uma

---

[63] Referimos esse direitos entre aspas pelo fato de muitos deles serem reivindicações antigas, e já estarem presentes no ordenamento jurídico nacional há anos, o que não significa, necessariamente, que tenham sido plenamente implementados.
[64] Ver CARVALHO, José Murilo de. *Cidadania no Brasil: o longo caminho*. Rio de Janeiro: Civilização Brasileira, 2002.

melhor abordagem dos mesmos pela dogmática jurídica requer uma revisão da teoria do direito,⁶⁵ cuja discussão, entretanto, não cabe nos limites do presente trabalho.

Referimos, portanto, em primeiro lugar, os direitos da criança e do adolescente, observando que não se trata de um direito novo, visto que desde a independência há legislação, órgãos e agentes públicos dedicados ao tema. A relevância do tema para a realização da cidadania está explicitada na Lei 8.069/90, elaborada a partir da principiologia adotada pela CF/88, destacamos a doutrina da proteção integral,⁶⁶ que significa a opção pela manutenção de direitos próprios e especial, dado se tratar de cidadãos em desenvolvimento e, portanto, merecedores de atenção especializada não apenas pelo Judiciário, mas em todas as suas dimensões.

Os direitos das mulheres decorrem da busca da efetivação do princípio constitucional da igualdade de direitos. Em termos históricos e sociológicos, observa-se que é muito difícil a ruptura da tradicional divisão dos papéis sociais herdados pela tradição das civilizações ocidentais, judaico-cristãs. A legislação constitucional e infraconstitucional brasileira só muito lentamente adotou modificações que culminaram na igualdade hoje existente no ordenamento jurídico,⁶⁷ e determina a preocupação do Judiciário com o tema. É preciso destacar, entretanto, que o comportamento social não se altera pela modificação da lei, e muito ainda é preciso fazer pela real efetivação dos direitos da mulher no país.

O tema dos direitos indígenas é também bastante conhecido no país, pois desde a colonização portuguesa há a preocupação de disciplinar as relações com esses povos, mas no sentido da organização da sociedade colonial, sem interesse no estabelecimento de direitos ou nas especificidades das culturas desses povos.⁶⁸ A legislação posterior, até a CF/88, preocupou-se em tratar do tema, mas sempre com a visão do índio em posição de inferioridade. Com a nova Constituição, entretanto, modificam-se essas perspectivas, em especial com o fim da pretensão de assimilar os indígenas, reconhecendo-se-lhes o direito à alteridade, ou ao "ser diferente",⁶⁹ aspecto relevante para o Judiciário. Entretanto, a tradição no trato com esses povos impede a efetivação dessa nova postura, que depende também do amadure-

---

⁶⁵ Ver WOLKMER, Antonio Carlos e LEITE, José Rubens Morato (Orgs.) Introdução aos fundamentos de uma nova teoria dos "novos direitos" In: WOLKMER, Antonio Carlos e LEITE, José Rubens Morato (Orgs.) Os "Novos Direitos" no Brasil... (op. cit., nota 4).

⁶⁶ Ver VERONESE, Joseane R. P. Os Direitos da Criança e do Adolescente. São Paulo: LTr, 1999.

⁶⁷ Ver TABAK, Fanny, e VERUCCI, Florisa. (Orgs.) A difícil igualdade – os direitos da mulher como direitos humanos. Rio de Janeiro: Relume-Dumará, 1994.

⁶⁸ Ver CUNHA, Manuela Carneiro (Org.) História dos Índios no Brasil. São Paulo: Companhia das Letras, 1992.

⁶⁹ Ver SOUZA FILHO, Carlos Frederico. O renascer dos povos indígenas para o direito. Curitiba, Juruá, 1999.

cimento social e da prioridade na educação para uma cidadania que destaque o reconhecimento do indígena com seus direitos e suas diferenças.

Entretanto, o problema do racismo encontra dificuldades semelhantes, em sua especificidade, também ligado à tradição social brasileira, até recentemente escravagista, portanto afeita à noção de diferenciação e privilégios de grupos sociais, também pelo aspecto racial.[70] A partir da CF/88, a tentativa da implementação de ações afirmativas, como a política de cotas,[71] têm gerado forte polêmica, com argumentos radicais em ambos os lados. Parece haver, entretanto, preocupação em não repetir propostas pouco sustentáveis juridicamente, e que já fracassaram em outros países,[72] não parecendo prometer melhores resultados no país. Observa-se, porém, que o tema não é simples, e necessita de estudos produzidos para a nossa realidade específica:[73] dentro da tradição brasileira de importação cultural, e possivelmente devido à falta de literatura nacional sobre o tema, é possível identificar na produção existente traços de influência das categorias de pensamento de autores norte-americanos. Essas leituras parecem conduzir à importação do discurso do ódio racial, implícito nessas obras, pois decorre da intolerância característica daquela sociedade, não apenas em relação aos afro-americanos. Juristas e intelectuais devem pois estar atentos, pois a falta de uma ampla produção analítica nacional sobre o tema, parece-nos, pode dificultar o aperfeiçoamento das relações sociais e jurídicas em termos raciais no país.

Destaca-se a seguir o tema dos direitos dos idosos, que se inauguram a partir de sua adoção no texto da CF/88. O comportamento social brasileiro com relação aos idosos ainda é pouco civilizado, consideração que levou, na esteira da orientação constitucional, à aprovação de um Estatuto dos Idosos, a fim de objetivar a orientação constitucional a respeito.[74] É de relevo notar que, entretanto, a população brasileira está se reproduzindo menos,[75] e envelhecendo mais. Isso faz desse direito importante tema para a reflexão do Judiciário, e ponto relevante a ser desenvolvido e introduzido na cultura jurídica e social do país.

---

[70] Ver SKIDMORE, Thomas E. *Raça e nacionalidade no pensamento brasileiro*. Trad. Raul de Sá Barbosa. Rio de Janeiro: Paz e Terra, 1976.
[71] Ver SILVA JR. Hédio. *Anti-racismo*: coletânea de leis brasileiras: federais, estaduais e municipais. São Paulo: Editora Oliveira Mendes, 1998.
[72] Ver BARZOTTO, Luis Fernando. Justiça social: gênese, estrutura e aplicação de um conceito. In: *Direito e Justiça* – Revista da Faculdade de Direito da PUCRS. V. 28 – ano XXV – 2003/2, p. 109.
[73] Ver BERTULIO, Dora Lucia de Lima. O "novo" direito velho: racismo e direito. In: WOLKMER, Antonio Carlos e LEITE, José Rubens Morato (Orgs.) *Os "Novos Direitos" no Brasil...* (op. cit., nota 4).
[74] Ver RAMOS, Paulo Roberto Barbosa. *Fundamentos Constitucionais do direito à velhice*. Florianópolis: Letras Contemporâneas, 2002.
[75] Ver BERQUÓ, Elza. *Algumas considerações demográficas sobre o envelhecimento da população no Brasil*. In: Anais do I Seminário Internacional Envelhecimento Populacional: uma agenda para o final do século. Brasília: MPAS/SAS, 1996, p. 16-34.

Um dos principais direitos surgidos com a Constituição Federal de 1988, bastante trabalhado pela doutrina e pela jurisprudência nacionais, o Direito do Consumidor tem se consolidado, pela Lei 8.078/90, como instrumento de aperfeiçoamento das relações sociais e jurídicas de consumo, que caracteriza as sociedades modernas complexas, e se constitui em tema exigente, mas cuja compreensão se faz necessária. Muitos autores observam que hoje a população considera o consumo como o principal fator de inclusão social.[76] Ser cidadão, portanto, seria ter acesso ao consumo, à satisfação da nova patologia da sociedade capitalista o consumismo.[77] É nesse sentido que a necessidade de compreender as relações de consumo e o seu sentido para o Estado tem levado ao desenvolvimento de novas áreas de pesquisa relacionadas ao tema, não apenas entre juristas, mas também entre antropólogos, psicólogos, sociólogos e economistas, além do desenvolvimento de pesquisas transdiciplinares. Destaca-se hoje, um dos novos temas, a Educação para o Consumo,[78] que enfrenta o problema da conscientização do cidadão consumidor, não apenas sobre seus direitos, mas a respeito da formação de sua consciência quanto às suas reais necessidades, em oposição ao discurso da mídia de consumo, na direção do favorecimento do consumismo lucrativo às empresas e ao recolhimento de impostos, mas muitas vezes extremamente danoso ao cidadão.

O Direito ambiental tornou-se também tema de extrema importância entre os "novos direitos", em razão de ter tornado prática e necessária a consciência social sobre a conservação do patrimônio ambiental do país. Não é discussão nova, mas é também destacada na CF/88. O surgimento dessa discussão e, pois, da sua objetivação jurídica está também ligado ao desencanto das novas gerações com as tradicionais saídas estatais e religiosas para a condução da dinâmica social.[79] Nesse sentido, preservar o meio ambiente é também preservar a nossa parcela de humanidade, em especial contra a voragem capitalista que justifica a destruição do humano e do ambiente pela realização de lucros financeiros e políticos.[80] Evitar que o direito se torne instrumento de travamento ou retrocesso na questão ambiental é, portanto, tarefa fundamental do Judiciário.[81] Portanto, é de relevo o seu desenvolvimento entre nós, por sua grande capacidade de formar cidadãos conscientes.

---

[76] Ver HIRSCHMAN, Albert. *De consumidor a cidadão*. São Paulo: Brasiliense, 1983.

[77] Ver CANCLINI, Nestor Garcia. *Consumidores e cidadãos: conflitos multiculturais da globalização*. Rio de Janeiro; Ed. Da UFRJ, 1996.

[78] SENGER, Viviane. *Educação e Cidadania no consumo*: na busca de saberes docentes. UNISINOS, dissertação de mestrado, 2005, mimeo.

[79] Ver OST, François. *A natureza à margem da lei*: a ecologia à prova do direito. Lisboa: Piaget, 1997.

[80] CAUBET, Christian Guy. A irresistível ascensão do comércio internacional: o meio ambiente fora da lei? *Revista Seqüência*, v.39, dez. 1999, p. 58.

[81] SANCHES, Sydney. *O Poder Judiciário e a tutela do meio ambiente*. Arquivos do Ministério da Justiça. Brasília: Subsecretaria de Edições Técnicas, n° 47, jan/jun 1994, p. 171.

O chamado biodireito inaugura a visão ética da vida humana,[82] em razão dos problemas surgidos com o desenvolvimento das pesquisas genéticas e o avanço das técnicas de saúde para a preservação da vida. Esse novo ramo procura desenvolver uma nova avaliação do papel social da ciência e da tecnologia,[83] colocando em discussão as regras básicas da democracia, ao procurar enfrentar a regra de maioria, no caso concreto.[84] Questões como a eutanásia, o uso de células de embriões humanos em pesquisa e outros temas extremamente controversos merecem sua atenção, pois sua discussão instrumentaliza o Judiciário, permitindo avançar na direção da realização da cidadania em sentido amplo.

Finalmente, os reflexos da difusão da informática e da dinâmica de uma nova sociedade de informação sobre os novos direitos se destacam. A noção da rede de informação, hoje conhecida como internet, já é de domínio público,[85] mas seus reflexos jurídicos e suas conseqüências para a cidadania ainda não estão claras.[86] Fala-se em inclusão digital, pois seria fundamental ao cidadão ter acesso à rede, por seu poder de informação e esclarecimento. Por outro lado, a mesma rede é instrumento e fonte de incitação à prática de crimes, o que a torna ambígua nesse sentido,[87] necessitando de muita atenção por parte do Judiciário, de modo que sua característica de serviço seja colocada sempre a favor da realização da cidadania.

Conclusão

Propusemo-nos, no presente trabalho, apresentar a problemática da realização da cidadania em seu sentido amplo, pela perspectiva do novo papel constitucional do Judiciário, partindo de sua reforma, pela realização dos "novos direitos". Esse é um tema bastante amplo, pois a pesquisa que o origina se destina a produzir diversos trabalhos, pois surgem, como cremos ter demonstrado, muitas discussões se alta complexidade, para as quais é necessário investir muito tempo e dedicação. Partimos da necessidade de se ter presente, no mundo jurídico, a noção de que não é mais possível limitar a cidadania ao seu conceito estrito, no texto de lei, mas é fundamental a compreensão da realização da mesma em seu sentido amplo, o que implica a compreensão de seus fundamentos constitucionais, e também as conseqüências sociais da ação do Estado por suas políticas públicas, e pela ação esclarecida de seus agentes, no caso, os integrantes do Judiciário. Para tanto, destacou-se o papel fundamental de um ambiente político de-

---

[82] BERNARD, Jean. *Da biologia à ética*. Campinas: Psy II, 1994.
[83] BUNGE, Mario. *Ética, Ciencia y Técnica*. Buenos Aires; Editorial Sudamericana, 1996.
[84] OLIVEIRA, Fátima. *Bioética: uma face da cidadania*. São Paulo: Moderna, 1997.
[85] CASTELS, Manuel. *A Sociedade em rede*. São Paulo: Paz e Terra, 1999.
[86] FILHO, Adalberto. (Coord.) *Direito e Internet: aspectos jurídicos relevantes*. São Paulo: Edipro, 2000.
[87] HINDLE, John. *A internet como paradigma: fenômeno e paradoxo*. Rio de Janeiro: Expressão e Cultura, 1997.

mocrático, sem o qual esse objetivo se torna impossível. Impõe-se a necessidade de compreender o alcance da vida democrática em todas as suas dimensões, entre as quais a dimensão jurídica é central. Por essa razão, o aspecto constitucional da cidadania deve ser tomado como programa de realização social. Procura-se firmar, especialmente entre os juristas, a noção de que a realização dos direitos no papel nada significa: o que se grafa em papel ou arquivos eletrônicos como texto de lei são apenas idéias para padrões de comportamento. Mas é preciso ter consciência de que somente a ação humana, social, modifica a realidade em todos os seus aspectos. O papel do Judiciário, então, se torna de extremo relevo. É necessário afastar os mecanismos de acomodação de seus agentes, que permitiram no passado que muitos deles se furtassem ao seu papel social. Nesse sentido é que se buscou analisar a Emenda Constitucional n°45, nos aspectos que mais pertinem á realização da cidadania, não sem observar que toda a reforma do Judiciário caminha nesse sentido. Entretanto, o foco desse novo instrumental do Judiciário se dirige, nesse primeiro momento da dinâmica da construção da cidadania em sentido amplo no país, à realização dos direitos de cidadania, aqui chamados "novos direitos". Acreditamos ter deixado claro que esse objetivo não se esgota na realização desses direitos, mas pressupõe uma ampla transformação social, no sentido do amadurecimento dos seus cidadãos, entre os quais os juristas se encontram. Gostaríamos de observar, entretanto, que não faz sentido, procurar o desenvolvimento social sem destacar que o mesmo só é possível a partir de um desenvolvimento econômico que signifique justiça social, especialmente distribuição de renda. Reformar a economia significa afastar o Estado da função de fornecedor dos melhores cargos e remunerações do mercado, permitindo assim um real desenvolvimento da população, que passa a ter condições de amadurecer suas necessidades, sem a tutela permanente de um corpo de agentes que pode e deve se preocupar com os níveis mais altos da dinâmica social, que não são possíveis de realizar entre pessoas sem nenhuma cultura, apenas aspirantes ao básico da cidadania. É preciso lembrar, ainda, que confiar a realização da cidadania apenas ao Judiciário é limitar suas possibilidades de desenvolvimento, pois como antes observado, o Judiciário é principalmente instância de composição de conflitos e conservação de direitos, com muito pouco espaço para a inovação, cujo espaço é o do Legislativo, em nome da população. A ação do Judiciário para a realização da cidadania é fundamental. Mas esse processo demanda também o amadurecimento da sociedade como um todo, e resulta da elevação do nível de consciência de seus cidadãos, principalmente a partir de melhores condições econômicas e educacionais. Hoje é, portanto, dever de todos os cidadãos conscientes, e principalmente dos juristas, colaborar, no máximo de suas forças de produção intelectual e de ação social, para a realização desse objetivo.

— III —

O ensino do direito como condição de possibilidade para a concretização de um projeto de felicidade presente na Constituição Federal brasileira

ANDRÉ LEONARDO COPETTI SANTOS[1]

Sumário: 1. Felicidade e formação intelectual; 2. Felicidade e ensino jurídico; 3. Os projetos políticos de felicidade constitucionalizados e as origens da inclusão da educação nos textos constitucionais.

> *Na reivindicação do caráter indeterminado das funções constitucionais, o saber jurídico aparece como um componente de máximo peso. Por certo, não estou falando do saber dominante que impregna o imaginário dos juristas. Estou pensando em um saber insatisfeito com as garantias e ficções do juridicismo. Penso em um saber, apto para transformar-se em uma das idéias fortes da democracia. Um saber que exercita por ele mesmo funções constitucionais substantivas. Certamente, ao desaparecer a realidade ficcional que cobria com certezas as relações entre os homens, precisa-se de um novo saber jurídico – que possa revelar-se como uma nova matriz simbólica que permita o jogo aberto e indeterminado das decisões substantivas que vão socialmente produzindo-se. Enfim, acredito que o saber jurídico cumprirá na sociedade política suas funções constitucionais, reforçando simbolicamente o princípio de que o Direito deve estar a serviço da idéia de que a democracia é um pacto de incertezas possíveis.*
>
> (WARAT, Luis Alberto. *Nas funções constitucionais do saber jurídico e os caminhos da transição democrática*. In: Epistemologia e Ensino do Direito: o sonho acabou, p. 340.)

---

[1] Professor da disciplina de Teoria Constitucional do PPGD/UNISNOS e da disciplina de Teoria da Constituição na graduação em Direito/UNISNOS. Advogado. Consultor "Ad Hoc" da SESu/MEC. Membro do IHJ.

1. Felicidade e formação intelectual

A humanidade é um fenômeno profundamente dinâmico, marcado por uma constante busca pela fruição de uma vida boa. A permanente procura por uma existência feliz é, sem dúvida alguma, o grande objetivo dos seres humanos. Buscamos prazer, riqueza, honra, poder e uma infindável série de outras coisas que nos trazem boas sensações quando vivenciadas. Entretanto, é preciso que nos questionemos se essas coisas "valorosas" representam o(s) grande(s) fim(ns) da existência humana, ou, numa perspectiva mais atomizada, o grande fim de cada um de nós, se é que é possível pensarmos assim.

Aristóteles irá responder negativamente a tal questionamento. Se, por um lado, esses objetivos têm valor, por outro, nenhum deles tem as qualidades últimas e auto-suficientes – "aquilo que é sempre desejável em si mesmo, e nunca em nome de outra coisa qualquer" –, qualidades alcançáveis pela razão, que dela fariam o verdadeiro fim da ação humana. A felicidade é o fim que, por si só, satisfaz todas as exigências do fim último da ação humana; na verdade, só optamos pelo prazer, pela riqueza e pela honra porque pensamos que "através da sua instrumentalidade seremos felizes". "A felicidade, acima de tudo, parece ser absolutamente conclusiva nesse sentido, uma vez que sempre a procuramos por si mesma, e nunca como meio para se chegar a outra coisa qualquer".[2]

Em primeiro lugar, é preciso pontuarmos que a felicidade, utilizando as palavras de Monique Canto-Sperber, "é um bem propriamente humano, que só é concebível em função de recursos propriamente humanos e só tem sentido na escala da vida humana".[3] Talvez amarrando um pouco mais a idéia de vida humana e felicidade, seja inarredável dizermos que uma vida infeliz é um contra-senso com o próprio vigor imperante em qualquer indício de vida humana. A vida, em sua eroticidade, está umbilicalmente ligada à idéia de felicidade, enquanto ser infeliz conduz a existência humana a espaços e tempos tanáticos.

Mas se buscamos constantemente sermos felizes, e temos certeza que queremos ser, não raro temos imensas dificuldades em encontrar ou construir tal bem. Talvez isto ocorra porque temos insuficiências próprias da humanidade para responder a nós mesmos, em nossa individualidade mais recôndita, a pergunta fundamental: o que é a felicidade?

Do que isso se trata? O que é efetivamente a felicidade? Quais as coisas ou estados que possuem alguma relação com este elemento essencial da vida humana? Será, como bem questiona Alice Germain, um objeto (o dinheiro?), um lugar (o paraíso?), um tempo (os dias vindouros?), uma

---
[2] Cfe. ARISTÓTELES. *Ética à Nicômaco*. 4. ed. Brasília: UnB, 1985, 1097b.
[3] Cfe. CANTO-SPERBER, Monique. Felicidade. In: *Dicionário de Ética e Filosofia Moral*. 2. V. São Leopoldo: Editora Unisinos, v. 1, p. 613.

pessoa (Deus, os outros, nós mesmos?), O sucesso, o amor, a saúde, os prazeres, a beleza?[4]

Trazendo esta temática mais proximamente ao objeto do presente trabalho, também precisamos questionar se há alguma relação entre a educação e a felicidade. Se há alguma conexão do Direito ou da política com isto. Será que o ensino jurídico tem algo a dar em termos de construção de felicidade?

Para desvencilharmo-nos dessas provocações, talvez seja prudente, mais uma vez, utilizarmos Aristóteles, para sabermos que a felicidade não é algo que pode ser verificado momentaneamente, em escassos lapsos sincrônicos, pequenos momentos da existência em outras palavras, mas noutro sentido, é algo diacrônico, que só pode ser aferido ao longo de uma vida. Para o Estagirita, "a felicidade pressupõe não somente excelência perfeita, mas também uma existência completa, pois muitas mudanças e vicissitudes de todos os tipos ocorrem no curso da vida, e as pessoas mais prósperas podem ser vítimas de grandes infortúnios na velhice, como se conta de Príamo na poesia heróica".[5]

Avançando por esse caminho, Canto-Sperber entende que "o traço mais característico da felicidade é o sentimento de satisfação experimentado em relação à vida inteira e o desejo que essa vida prossiga do mesmos modo", acrescentando ainda que "tal sentimento de satisfação deve ser relacionado com os desejos e projetos que uma pessoa alimenta em relação à sua vida".[6] Desta colocação, para o nosso propósito, duas palavras precisam ser destacadas: desejos e projetos. E qual a razão de tal ênfase?

Uma significativa parte, senão a maior parcela, dos desejos e projetos dos seres humanos têm sua satisfação profundamente arraigada à educação – como condição de possibilidade de construção da própria idéia de humanidade –, e ao ensino jurídico e suas decorrências práticas, num plano de realização político-jurídico de uma vida boa. A educação representa, dentre outras coisas, uma possibilidade de integração geracional às novas condições de um mundo que se configura em processos exponenciais de mutação. Ela é o principal instrumento de adaptação às novas situações de um meio social violentamente dinâmico e que, por isso, exige constantes e ininterruptas conformações dos seres humanos, sob pena de, assim não agindo, corrermos o risco de não percebermos espaços e situações de vida boa existentes no mundo contemporâneo. Neste sentido, a educação é tão relevante que ao seu sucesso ou insucesso está ligado e dependente o crescimento ou a ruína de uma civilização.

---
[4] Cfe. GERMAIN, Alice. Prólogo. In: COMTE-SPONVILLE, André, DELUMEAU, Jean, FARGE, Arlette. *A mais bela história da felicidade. A recuperação da existência humana diante da desordem do mundo*. Rio de Janeiro: Difel, 2006, p. 7.
[5] Cfe. ARISTÓTELES. *Étcia à Nicômaco*, 1100 a, 7.
[6] Cfe. CANTO-SPERBER, Monique. *Felicidade*, p. 613.

Ilustrativamente, retrocedamos à Grécia Antiga para compreendermos a relevância da educação na construção da racionalidade ocidental e a importância do lugar dos gregos na história da educação, a partir da superação da idéia de adestramento e submissão pela noção traduzida pela palavra *Paidéia*, que abrangia, num mesmo campo, expressões modernas como civilização, cultura, tradição, literatura ou educação.[7] A *Paidéia* representa o grande salto civilizatório dos helênicos em relação ao fundo histórico do antigo Oriente. Os gregos chegaram a tal grau de desenvolvimento que a prática cultural foi uma conseqüência sem maiores percalços. A educação consciente mudou a natureza física do homem grego e suas qualidades, elevando-lhe a capacidade a um nível superior.

A *Paidéia* não foi uma propriedade individual, mas foi gestada comunitariamente, com a impressão do caráter da comunidade em cada um de seus membros, sendo fonte de toda a ação e de todo o comportamento social. Foi esse processo civilizatório que determinou o crescimento e a imortalização da sociedade grega antiga, tanto no seu destino exterior como na sua estruturação interna, além de precisar um desenvolvimento espiritual individual totalmente diferenciado em relação aos povos pré-helênicos.

Esse processo cultural vivido na Grécia antiga também foi determinante para o estabelecimento de uma idéia de felicidade correlata, denominada *eudaimonia*. Tal concepção opôs-se radicalmente a qualquer postura que considerasse a felicidade a partir de prismas subjetivos de prazer. Nesse sentido, vinculou a percepção da felicidade à moralidade, identificando a vida feliz com a vida moral, onde a virtude realizaria a capacidade mais propriamente humana, a saber, a racionalidade, e a felicidade consiste principalmente no cumprimento dessa função.[8]

O que é preciso reter da *Paidéia* é a idéia do influxo cultural comunitário determinante não só de uma concepção de felicidade estabelecida a partir da virtude, da contemplação e da vida política ativa, mas, fundamentalmente, de ações e comportamentos sociais voltados para a perpetuação de uma civilização que se afastou da barbárie. Jaeger chega ao extremo de afirmar que a diferença dos gregos é tão profunda em relação aos povos do Oriente antigo que parecem fundir-se numa unidade com o mundo europeu dos tempos modernos.[9]

Queremos aqui dizer que o projeto comunitário grego e os desejos e projetos individuais dos cidadãos helênicos, que compunham a arquitetura de suas felicidades, só tornaram-se possíveis graças ao desenvolvimento de um processo civilizatório baseado na cultura e na educação. Sem isso, tal-

---

[7] Ver a respeito JAEGER, Werner. *Paidéia. A formação do homem grego*. São Paulo: Martins Fontes, 2003.
[8] Cfe. CANTO-SPERBER, Monique. *Felicidade*, p. 616.
[9] Cfe. JAEGER, Werner. *Paidéia*, p. 9.

vez, ou melhor, muito provavelmente, todo o Ocidente estivesse, nos dias de hoje, buscando níveis de progresso ou retrocesso próximos ao medievo.

A vinculação entre felicidade e educação, entre felicidade e racionalidade é uma idéia consolidada historicamente por inúmeros filósofos. Em toda a filosofia helenística, a felicidade é concebida como autonomia racional e independência, tanto em relação às vicissitudes externas quanto em relação aos desejos e à busca dos prazeres, como bem afirma Canto-Sperber.[10] Aristóteles, ao mencionar três vidas possíveis para os humanos, refere que a vida contemplativa é a mais feliz, porque apresenta no mais alto grau todas as características da *eudaimonia*: é uma atividade conforme à virtude, voltado ao conhecimento das realidades belas e divinas, e é a vida mais contínua, dotada da maior auto-suficiência e fonte da maior alegria, pois permite ao homem cumprir da melhor maneira sua função. Epicuro, por exemplo, costumava afirmar que "a filosofia é uma atividade cujo objetivo é assegurar uma vida feliz".

No século XVII, Spinoza, em seu *Tratado da Reforma do Entendimento*, diz buscar esse objeto que fosse um bem verdadeiro, capaz de ser comunicado, e por meio do qual a alma, renunciando a qualquer outro bem, fosse afetada de maneira única, um bem cuja descoberta e posse tivessem como fruto uma eternidade de alegria contínua e soberana. Na medida em que o homem, por seu esforço, quer perseverar em seu ser e atualizá-lo o máximo possível, esse bem representa o maior desenvolvimento ou a plena atualização de sua potência de ser. Ora, desenvolver sua potência de ser é desenvolver sua perfeição, essa "natureza superior" cujo gozo é beatitude, pois a alegria é "passagem de uma menor a uma maior perfeição". Spinoza define o estado de espírito mais elevado a que os seres humanos podem chegar como *acquiescentia*, ou um estado de espírito no qual, seja qual for seu quinhão de mal relativo, eles aceitam Deus como absolutamente bom. O gozo da maior perfeição é a beatitude ou o conhecimento que a alma pensante possui de sua união com a natureza inteira: esse é o conhecimento de Deus, que Spinoza designará como o "amor intelectual de Deus". Essa estruturação teórica de Spinoza revela, mais uma vez, a estreita ligação entre o conhecimento – nesse caso no campo teológico – e a obtenção da felicidade.

Contemporaneamente, seja a concepção de felicidade ligada ou não à moralidade, mais ou menos arraigada a uma perspectiva subjetiva de prazer, determinada materialmente de modo mais ou menos expressivo, ou, numa perspectiva política, mais ou menos egoística, coletiva ou individualizada, o certo é que, mais do que nunca, possui uma estreita correlação com a formação espiritual e intelectual dos indivíduos, processo que somente pode ser alcançado pela educação.

---

[10] Cfe. CANTO-SPERBER, Monique. *Felicidade*, p. 617.

2. Felicidade e ensino jurídico

E como tem sido tratada a temática da felicidade nos campos político e jurídico? As discussões e decisões políticas que precedem o fenômeno da positivação normativa e o próprio fenômeno jurídico em sua perspectiva objetiva têm se ocupado do bem maior aristotélico, constantemente buscado pelos seres humanos?

No campo político, mais particularmente no âmbito da política real, a problemática da felicidade, pelo menos numa esfera não-individualista, parece ter caído num completo esquecimento, pois, como temos observado, as discussões e decisões que norteiam as ações sociais dos ocupantes do poder dirigidas aos representados políticos não estão nem um pouco orientadas à efetivação de projetos políticos de felicidade. Há um significativo distanciamento entre as ações reais perpetradas pela política real e os projetos de felicidade em suas mais diferentes matizes.

Se a problemática da felicidade tem sido pouco considerada no plano da política real, não muito distante está a situação de tal temática no campo jurídico. Bastante ou quase que totalmente esquecida pelos juristas em seus labores cotidianos, talvez por estarem muito preocupados com questões dogmáticas, com cotidianidades processuais ou com sucessos profissionais no âmbito individual, não menos olvidadas têm sido as múltiplas questões que compõem a complexidade do que se chama felicidade, quando se fala em termos de ensino jurídico.

Nas preocupações presentes nas construções científicas da imensa maioria dos juristas e também na maior parte dos projetos pedagógicos que, em tese, deveriam orientar a execução dos cursos de Direito, revela-se um total descaso com discussões e digressões dirigidas ao papel do Direito e à produção de felicidade. Tal temática, na melhor da hipóteses, é algo a ser explorado pelos filósofos. Sequer dentre os jusfilósofos encontramos um razoável número de expressões que se ocupam de enfrentar tal conteúdo. Será isso ainda decorrência de uma continuidade da contaminação racionalista-positivista do modo-de-ser dos juristas ou, noutro sentido, um esquecimento do plano ético-moral que deva permear as aproximações que os juristas fazem dos fenômenos que compõem o campo da juridicidade social?

Para tornar um pouco mais palpável essa abordagem, basta que vejamos como é tratado um dos mais relevantes problemas que hoje em dia se ocupa a teoria jurídica, problema este com sérias e profundas repercussões em relação a todas as demais construções teóricas que são feitas no plano dogmático acerca do ordenamento normativo, bem como com graves reflexos na operatividade do sistema jurídico. Coloca-se aqui o problema de como tem a teoria jurídica concebido, contemporaneamente, o que seja uma

Constituição, espaço político-normativo fundante de todo o ordenamento jurídico e de toda a organização institucional de um país.

Tal delimitação é de extrema relevância para o que está sendo objeto do texto, uma vez que ao falarmos em concepções de Constituição estamos falando em diferentes alternativas de realização, ou não, de direitos fundamentais e, portanto de cidadania; em diferentes concepções de Estado, de Direito e de sociedade. Uma ou outra concepção de Constituição pode importar ou não em uma ruptura paradigmática em relação ao modo-de-fazer Direito e, por conseqüência, em concebermos o Direito como instrumento de manutenção de *status quo*, ou de transformação e equalização social. Diferentes concepções de Constituição induzem a dessemelhantes projetos político-pedagógicos de cursos de Direito, mais ou menos comprometidos com a formação de indivíduos empenhados com a efetivação de ideais de justiça pautados pela concretização da qualidade de vida de todos os cidadãos que estejam sujeitos a um determinado sistema jurídico-político. E o que temos contemporaneamente em termos de concepções teóricas acerca do que seja uma Constituição?

Visualiza-se, dentre as mais importantes: a) numa perspectiva liberal, a Constituição como garantia do *status quo* econômico e social, em Forsthoff; b) também liberal, a Constituição como instrumento de governo, como em Hennis; c) com uma perspectiva mais democrática, Peter Häberle concebe a Constituição como processo público, como resultado de um processo de interpretação conduzido à luz da publicidade; d) em Bäumlin, numa visão mais programática, a Constituição é percebida como conjunto de normas constitutivas para a identidade de uma ordem político-social e do seu processo de realização; e) com uma ótica sistêmico-funcionalista, como em Luhmann, a Constituição como elemento regulativo do sistema político da sociedade; f) com Krüger, a Constituição como programa de integração e de representação nacional; g) em Hesse, a Constituição é ordem jurídica fundamental e aberta de uma comunidade; h) a Constituição como legitimação do poder soberano segundo a idéia de Direito está presente na obra do francês Burdeau; i) de origem na literatura americana, a noção de *procedural constitution*, considerada como mero instrumento de solução de problemas; j) e, por fim, num sentido radicalmente diverso, enfatizando a natureza classista do documento constitucional e o seu âmbito material, apresenta-se a teoria marxista-leninista.[11]

---

[11] Sobre essas diferentes concepções de Constituição, ver: CANOTILHO, José Joaquim Gomes. *Constituição Dirigente e Vinculação do Legislador*. Coimbra: Coimbra Editora, 1994; MOREIRA, Vital. *Economia e Constituição. Para o conceito de constituição económica*. 2. ed. Coimbra, 1979; MODUGNO, F. *Il concetto di constituzione*. In: Scritti in onore di C. Mortati. Vol. 1. Milano, 1977; POSSONY, S. *The Procedural Constitution*. In: Festscrift für Ferdinand Hermens. Berlim, 1976; HESSE, Konrad. *A força normativa da Constituição*. Porto Alegre: SAFE, 1991; HÄBERLE, Peter. *Hermenêutica Constitucional*. Porto Alegre: SAFE, 1997.

Se a Constituição pode ser tudo o que acima se elencou, sem discutir o mérito ou as críticas que mereçam cada uma das concepções antes expostas, antes de tudo, a Constituição é, numa perspectiva filosófico-política, um projeto de felicidade. E aqui se usa o termo *projeto* considerando-o etimologicamente como algo em estado de lançamento para o futuro. Constituição também, e antes de tudo, é isto: uma concepção de felicidade, estruturada objetivamente através de enunciados postulatórios, principiológicos ou regradores de determinadas situações que traduzem uma visão presente e futura de um modelo de sociedade, de um modelo de Estado e de um paradigma de Direito, todos voltados para a efetivação histórica de melhores condições de vida para toda a população em comparação com modelos concretos experimentados anteriormente.

É neste quadro que devemos inscrever qualquer proposta de ensino jurídico que se pretenda adequado a um projeto de felicidade embasado sobre os pilares da cidadania, da dignidade humana, do bem comum, da tolerância, da pluralidade, do respeito aos interesses individuais e coletivos.

A educação, numa perspectiva mais ampla, e o ensino jurídico, num campo mais restrito, devem estar compromissados com a liberdade, com a justiça social, com a solidadriedade, com a erradicação da pobreza e da marginalização e com a redução das desigualdades sociais. Este é o sentido ecológico de um ensino jurídico que, muito mais do que compromissos dogmáticos, deve tomar consciência profunda de sua tarefa de transformação social, de ser ele mesmo condição de possibilidade de um acontecer humanista. É pensando nesta atribuição para o ensino jurídico que Warat afirma que "o ensino do Direito tem que se reconhecer comprometido com as atransformações da linguagem, aceitar-se como prática genuinamente transgressora da discursividade instituída, como exercício da resistência a todas as formas de violência simbólica, isto é, como uma prática política dos direitos do homem à sua própria existência".[12]

3. Os projetos políticos de felicidade constitucionalizados e as origens da inclusão da educação nos textos constitucionais

O grande salto civilizatório dado pelo Direito moderno em relação aos paradigmas antigo, medieval e absolutista consistiu na criação de uma série de técnicas destinadas ao enfrentamento dos mais diversos problemas decorrentes do exercício monopolizado do poder e da utilização injustificada da força por instâncias superiores que não reconheciam nenhuma outra em plano algum. Tal processo marcou o surgimento do constitucionalismo, movimento histórico que alterou os fundamentos culturais, políticos e jurídicos da sociedade européia, modificando, conseqüentemente, o seu mode-

---

[12] WARAT, Luis Alberto. *Epistemologia e ensino do direito: o sonho acabou.* Florianópolis: Fundação Boiteux, p. 375-376.

lo de organização institucional e reposicionando social e simbolicamente os indivíduos, os quais deixaram a condição de súditos para ocuparem os espaços da cidadania.[13]

Ao longo da história da humanidade, com raríssimas exceções, o exercício monopolizado do poder, ainda hoje presente em muitas sociedades, foi e continua sendo uma fonte inesgotável de vida qualitativamente ruim, de infelicidade, em razão do distanciamento das ações sociais efetivadas pelo ocupantes dos espaços de poder em relação às necessidades existenciais básicas dos indivíduos, para o gozo de uma vida minimamente boa.

O que hoje conhecemos como direitos fundamentais, coisas e estados indispensáveis para uma vida boa, são conquistas que percorrem o imaginário e ocupam as esferas de demandas dos indivíduos há aproximadamente duzentos e cinqüenta anos. Antes disso, os indivíduos praticamente só tinham deveres e obrigações para com os detentores do poder.

Contra as mazelas do exercício monopolizado do poder em relação à qualidade de vida e à felicidade é que surgiram as lutas que culminaram com a construção de uma série de técnicas políticas e jurídicas contra impérios autoritários. Tais técnicas, como bem demonstra Mateucci em seu "Organización del Poder y Libertad",[14] consistiram em alternativas de organização e limitação do poder e concessão de liberdades em diferentes momentos históricos ao longo da modernidade.

Mas onde entra nesse processo civilizatório a educação e, mais especificamente, o ensino jurídico na construção de alternativas de progresso no tocante à melhoria da qualidade de vida dos seres humanos?

É preciso entender a evolução do constitucionalismo como um progresso na construção civilizatória moderna de diferentes concepções de felicidade, que têm um marco inicial com a superação de idéias de felicidade totalmente fragmentadas que marcavam a configuração do imaginário social europeu que precedeu o século XVIII. Enquanto antes da consolidação de um ideal revolucionário de felicidade, num mundo real – onde os princípios igualitários orientam modelagens de justiça e virtude –, vislumbravam-se projetos de felicidades particularizados e diferenciados para a aristocracia, para a burguesia, para o pequenos artesãos e para os campesinos, dentro do espírito revolucionário. Neste quadro fragmentado, o não-assujeitamento a um monarca já era considerado um avanço em direção a um projeto mais universalizado de felicidade. Ilustrativas, neste sentido, são as palavras de Arlette Farge, para quem "a partir do momento em que se tornou soberano, o povo passa a ser sujeito de si mesmo, o que limita

---

[13] Ver a respeito CAPELLA, Juán Ramón. *Fruto Proibido. Uma aproximação histórico-teórica ao estudo do Direito e do Estado*. Porto Alegre: Livraria do Advogado, 2002; FLEINER-GERSTER, Thomas. *Teoria Geral do Estado*. São Paulo: Martins Fontes, 2006.

[14] Ver MATEUCCI, Nicola. *Organización del Poder y Libertad*. Madrid: Trotta, 1998.

consideravelmente as ocasiões de infelicidade ou de injustiça". E complementa a historiadora francesa, Diretora de Pesquisa do CNRS, dizendo que "'A felicidade é uma idéia nova', afirmava Saint-Just. Ele sabia que no passado, sob o Antigo Regime, qualquer situação social ou econômica dependia primeiramente da boa vontade do rei, depois do direito comum e da vontade dos senhores. Para homens e mulheres, o fato de terem eliminado o rei indica uma felicidade possível, capaz de permear a vida cotidiana".[15]

Num primeiro momento, o constitucionalismo liberal, através da consolidação do espaço público, buscou a proteção dos indivíduos contra os abusos por parte dos ocupantes do poder. Nesse percurso de inspiração individualista, mas de instrumentalização coletiva, vamos observar a criação de técnicas de limitação da atuação estatal, tais como modelos constitucionais parlamentaristas ou presidencialistas, separação e cooperação de poderes, sistemas de freios e contrapesos, concessão de direitos políticos, estabelecimento diferenciado de atribuições e competências a cada um dos poderes, vinculação à lei, *writs* constitucionais, além de todo um sistema positivo de direitos fundamentais que fortaleceram o espaço da individualidade frente às potestades.

Tais conquistas tiveram um primeiro momento já no século XVII, prosseguiram pelo século XVIII e encontram-se positivadas historicamente nos mais destacados textos constitucionais contemporâneos. Representaram e ainda representam uma parte fundamental em qualquer projeto de felicidade, pois é impossível falarmos em vida boa sem as mais diferentes formas de manifestação da liberdade, sem igualdade, sem autonomia, sem poderes públicos limitados, enfim, sem todas as garantias que compõem a esfera jurídico-constitucional de proteção dos indivíduos.

O projeto de felicidade liberal-individualista pode ser caracterizado como um projeto absenteísta, uma vez que impunha e impõe, nas partes que se perpetuaram nas Constituições contemporâneas, negações de ação para o Estado e *erga omnes*, em relação ao titular do direito fundamental. O que se pode dizer, em suma, do projeto Ilustrado de felicidade é que o mesmo se constitui a partir da consideração da felicidade como um objetivo político a ser perseguido, inclusive com a utilização de técnicas jurídicas que garantissem a tutela das coisas importantes para a concretização deste desiderato.

Para a execução histórica desse projeto constitucional de felicidade, construiu-se um conjunto teórico adequado, de cariz racionalista-individualista-positivista-normativista, que deu sustentação ao processo de consolidação de uma cultura político-jurídica liberal-iluminista. Tal cultura ainda permanece fortemente incrustrada no imaginário jurídico da maior parte dos operadores, funcionando como pré-juízos inautênticos que não se con-

---

15 Cfe. FARGE, Arlette e outros. *A mais bela história da felicidade*, p. 143-144.

firmam na reelaboração de uma teoria jurídica que se pretende conformada ao Estado Democrático de Direito, impedindo, assim, a concretização, pela via jurídica, de boa parte de uma série de novos direitos fundamentais positivados no novo paradigma constitucional.

Num segundo momento, compreendido pelo último quarto do século XIX e pelo início do século XX, em decorrência, no campo fático-social, de um processo de lutas perpetrado pelos proletários, e no campo teórico, pelas inspirações socialistas, construiu-se, no ambiente constitucional, a idéia do Estado social, como um propósito de bem-estar calcado em satisfações de necessidades materiais, cuja responsabilidade, em sua maior medida, tocava ao Estado. Pois é neste momento que a educação, historicamente considerada como algo extremamente importante para uma vida boa dos indivíduos, é positivada constitucionalmente como bem merecedor de tutela.

Assim, à proteção estatal da liberdade e da propriedade acrescentou-se logo a tarefa de educação. O princípio da educação geral do povo foi um dos postulados essenciais do Iluminismo e da Revolução Francesa, como anota Thomas Fleiner-Gerster. Para este autor, no final do século XIX e sobretudo no século XX, o Estado se encarregou de cumprir outras tarefas no âmbito da educação: cuidou da escola primária, da formação profissional, da preparação para os estudos universitários e criou universidades públicas. Universidades, desde os tempos remotos, eram financiadas pelos reis. Entretanto, o princípio de uma formação universitária acessível ao maior número possível de pessoas não se realizou senão no século XX.[16]

Primeiramente, na Constituição Mexicana de 1917 e, posteriormente, na Constituição de Weimar de 1919, a educação mereceu um lugar de destaque na parte social do sistema positivo de direitos fundamentais. A Constituição Mexicana refere-se à educação, em seus artigos 3º e 31, nos seguintes termos:

Artigo 3º. A educação ministrada pelo Estado – federação, estados, municípios – tenderá a desenvolver harmonicamente todas as faculdades do ser humano e a fomentar nele o amor à Pátria e a consciência da solidariedade internacional na independência e na justiça.

I – Garantida a liberdade religiosa pelo artigo 24º, o critério que orientará a educação manter-se-á alheio a qualquer doutrina religiosa e, baseado nos resultados do progresso científico, lutará contra a ignorância e os seus efeitos e contra qualquer espécie de servidão, fanatismo e preconceitos.

Além disso será:

a) Democrático, considerando a democracia não somente uma estrutura jurídica e um regime político, mas também um sistema de vida fundado na constante promoção econômica, social e cultural do povo;

b) Nacional, na medida em que – sem hostilidades nem exclusivismos – procurará a compreensão dos nossos problemas, o aproveitamento dos nossos recursos, a defesa da nossa independência política.

VI – A educação primária será obrigatória;

---

[16] Cfe. FLEINER-GERSTER, Thomas. *Teoria Geral do Estado*, p. 602.

VII – Toda a educação ministrada pelo Estado será gratuíta.
Artigo 31. São deveres dos Mexicanos:
I – Fazer com que seus filhos ou pupilos, menores de 15 anos, freqüentem escolas públicas ou privadas para obter a educação primária elementar e militar pelo tempo determinado pela lei de instrução pública de cada Estado.

A Constituição de Weimar dedica toda uma seção, composta por oito artigos, para a positivação da tutela do direito à educação, destacando-se as seguintes disposições:

Artigo. 142. As artes, as ciências e o seu ensino são livres. Incumbe ao Estado protegê-las e contribuir para o seu desenvolvimento.
Artigo. 143. Para a educação da juventude existem estabelecimentos públicos. O Império, os estados e as comunas colaboram na sua organização.
Artigo 148. O ensino ministrado em todas as escolas visa o desenvolvimento da formação moral, do espírito cívico e da capacidade individual e profissional, em conformidade com o caráter nacional alemão e com a reconciliação dos povos.
O ensino dado nas escolas públicas não deve ofender os sentimentos dos que têm opiniões diferentes.[17]

Do conteúdo desses dois textos constitucionais que se constituem nas principais referências secularizadas em termos de positivação da proteção ao direito fundamental à educação, algumas conclusões surgem como inevitáveis, especialmente no que toca a uma guinada histórica em termos de concepções de vida boa, de cidadania, de democracia e de funções cometidas ao Estado, particularmente em relação à concretização da educação de seus cidadãos.

Em primeiro lugar, a concepção de vida boa, de felicidade que era lastreada unicamente em possibilidades de exercício de uma autonomia individual, atomizada, a partir da imposição de exigências de abstenção, em relação ao Estado e a todos os demais cidadãos, de prática de ações que pudessem macular direitos individuais, foi suplantada historicamente por uma compreensão coletiva de qualidade de vida que passou a demandar a satisfação de necessidades materiais, dentre as quais estava a educação. Tal mudança teve reflexos imediatos em relação às funções do Estado, que não mais apenas devia garantir espaços de segurança e certeza que permitissem o mais amplo gozo de direitos individuais, mas devia agir para, por exemplo, proporcionar a educação aos seus cidadãos.

Em segundo lugar, a cidadania já não mais estava restrita a direitos de participação política ou ao âmbito dos direitos individuais de origem burguesa, mas, noutro sentido, orientava-se por uma concepção mais substancialista, onde a educação passou a assumir um papel fundamental na formação do indivíduo, na estabilidade social e no equilíbrio das instituições. Esculpiu-se, assim, conseqüentemente, um novo modelo democrático,

---

[17] *Textos Históricos do Direito Constitucional*. Organização e Tradução de Jorge Miranda. Lisboa: Imprensa Nacional – Casa da Moeda, 1990.

onde a educação assumiu uma função primordial, criadora de múltiplas e inesgotáveis possibilidades de inclusão efetiva.

Contemporaneamente, nos projetos de felicidade constitucionalizados, denominados democráticos e sociais de Direito, a educação, juntamente com a saúde, assume um lugar ainda mais destacado em relação ao que já assumira nos projetos de Estado social do começo do século passado. Talvez nos tempos hodiernos a grande democratização que se busque seja a da educação, como fator imprescindível para a concretização de todas as demais demandas para uma vida boa.

Um bom sistema educacional que possibilite a inclusão democrática de todos os cidadãos no ambiente da escola e que permita a construção da autonomia individual constitui-se em fator determinante de enfrentamento de injustiças sociais, de arrostamento das mais inúmeras violências de que cotidianamente são vítimas os seres mais complexos e singulares da universo.

A educação assume, assim, nas democracias sociais, uma atribuição de efetivação de uma justiça ecológica, a partir de uma visão holística e libertadora de vida boa. Não podemos mais pensar em felicidade unicamente na perspectiva libertária-iluminista, ou igualitária-social, mas devemos conjeturar a felicidade contendo tudo isto e ainda mais: devemos reflexionar acerca da felicidade desde uma concepção antropológica que nos permita visualizar os seres humanos como parte de um imenso equilíbrio que a todo momento se desfaz e que precisa constantemente ser refeito, numa permanente consulta a uma ética vital. E, para tanto, a educação e o ensino jurídico são fundamentais.

Por fim, é preciso que tenhamos presente que todo e qualquer projeto democrático tem suas bases assentadas num processo de culturalização do povo. Talvez mais do que qualquer outra função, a educação e um ensino jurídico humanista tenham como objetivo fundamental a consolidação de uma cultura democrática marcada por constitui-se em condição de possibilidade para a construção de espaços de autonomia.

— IV —
Direito Penal e Constituição:
condições e possibilidades de uma adequada aplicação da pena

ANDRÉ LUÍS CALLEGARI[1]

Sumário: 1. Introdução; 2. Proporcionalidade e reflexo nos Direitos Fundamentais; 3. O principio da ofensividade.

1. Introdução

Talvez um dos maiores problemas enfrentados até hoje na Europa e na América Latina seja a crise de legitimação do Direito Penal, principalmente no que diz respeito à proteção de determinados bens jurídicos, segundo a doutrina majoritária,[2] verdadeira missão do Direito Penal.[3] Isso ocorre com a amplitude de bens jurídicos que o legislador abarca na esfera de proteção penal,[4] quando muitos deles deveriam ficar somente na esfera de proteção administrativa.

---

[1] Doutor em Direito Penal pela Universidad Autónoma de Madrid – Professor nos cursos de graduação e pós-graduação da Unisinos – Advogado.

[2] Ver por todos, ROXIN, Claus. ROXIN, Claus. *Derecho Penal. Parte General. Tomo I*. Traducción de Diego-Manuel Luzón Peña, Miguel Díaz y García Conlledo y Javier de Vicente Remesal. Madrid: Civitas, 1997, p. 52 e ss.

[3] Em sentido contrário, WELZEL, Hans. *Derecho Penal Alemán*. Traducción de Juan Bustos Raírez y Sergio Yáñez Pérez. Santiago: Editorial Jurídica de Chile, 1993, p. 3, defende que a missão do Direito Penal, antes de proteger bens jurídicos, é a de assegurar a real vigência (observância) dos valores do ato da consciência jurídica, no sentido de fortalecimento de permanente fidelidade jurídica. Também em sentido contrário, JAKOBS, Günther. *Derecho Penal. Parte General. Fundamentos y Teoría de la Imputación*. Traducción de Joaquin Cuello Contreras y Jose Luis Serrano de Murillo. 2ª. ed. Madrid: Marcial Pons, 1997, p. 45 e ss., quando argumenta que a função do Direito Penal é a de manter as expectativas normativas, ou seja, a vigência da norma. No mesmo sentido de Jakobs, MONTEALEGRE LYNETT, Eduardo. "Intrução à obra de Günther Jakobs". *Direito Penal e Funcionalismo*. Tradução de André Luís Callegari. Porto Alegre: Livraria do Advogado Editora, 2005, p. 15, assinala que o que protege o direito penal são os mecanismos que permitem manter a identidade de uma sociedade, é dizer, as expectativas fundamentais para sua constituição. Ver também, PEÑARANDA RAMOS, Enrique, SUÁREZ GONZÁLEZ, Carlos, CANCIO MELIÁ, Manuel. *Um Novo Sistema do Direito Penal*. Tradução de André Luís Callegari e Nereu José Giacomolli. Barueri: Manole, 2003, p. 9.

[4] Sobre uma nova concepção de bem jurídico constitucional, STRECK, Lenio Luiz e FELDENS, Luciano. *Crime e Constituição*. Rio de Janeiro: Forense, 2005, p. 22 e ss.

Aceitando-se que o Direito Penal tem como missão a proteção de bens jurídicos,[5] sobrevém outro problema, qual seja, o da ponderação da respectiva sanção em relação à conduta realizada e à ofensa ao bem jurídico tutelado. Nesse aspecto é que centraremos este pequeno trabalho.

Portanto, devemos esclarecer, segundo a doutrina, o que significa o princípio da proporcionalidade. O princípio da proporcionalidade, em sentido estrito, obriga a ponderar a gravidade da conduta, o objeto de tutela e a conseqüência jurídica. Assim, trata-se de não aplicar um preço excessivo para obter um benefício inferior: se se trata de obter o máximo de liberdade, não poderão prever-se penas que resultem desproporcionais com a gravidade da conduta.[6] Não se pode olvidar também que o princípio da proporcionalidade, além de caracterizar a idéia geral de justiça, constitui, de fato, um critério-guia que preside o mesmo funcionamento do Estado de Direito: é por esta razão que o princípio em comento constitui um parâmetro essencial de qualquer teoria racional e moderna sobre a função da pena.[7]

Diante dessa argumentação, a primeira ponderação é se a intervenção do Direito Penal resulta rentável para obter a tutela do bem jurídico: se a matéria é própria do Direito Penal e se compensa a utilização do poder punitivo do Estado. É que, em relação à dignidade dos bens jurídicos, se depreende, de um lado a necessidade de um reconhecimento constitucional e, de outro, uma materialidade suficiente no bem jurídico. Precisamente do princípio da proporcionalidade se depreende a necessidade de que o bem jurídico tenha a suficiente relevância para justificar um ameaça de privação de liberdade em geral, e uma efetiva limitação da mesma em concreto.[8]

Também deve-se levar em consideração a gravidade da conduta, isto é, o grau de lesão ou perigo em que se expõe o bem jurídico, pois este tem que ser suficientemente importante para justificar a intervenção do Direito Penal. Assim, por importante que seja o bem jurídico, um ataque ínfimo a ele não pode justificar a intervenção do Direito Penal.[9] Portanto, deve-se deixar de lado as políticas populistas de intervenção estatal quando criminalizam determinadas condutas, sob a falsa idéia de que se estaria protegendo um bem jurídico, quando, de fato, somente se estaria satisfazendo os anseios populares e políticos, sem qualquer valor significante de proteção em jogo.

---

[5] ROXIN, Claus. *A proteção de bens jurídicos como função do Direito Penal*. Tradução de André Luís Callegari e Nereu José Giacomolli. Porto Alegre: Livraria do Advogado Editora, 2006, p. 16.

[6] CARBONELL MATEU, Juan Carlos. *Derecho penal: concepto y princípios fundamentales*. 3ª ed. Valencia: Tirant lo blanch, 1999, p. 210.

[7] GIOVANNI, Fiandaca e MUSCO, Enzo. *Diritto penale. Parte generale*. Bologna: Zanichelli Editore, 2004, p. 654.

[8] CARBONELL MATEU, Juan Carlos, p. 210.

[9] Idem, p. 211.

De acordo com Mourullo, o princípio da proporcionalidade orienta para o ordenamento jurídico-penal a vigência do valor "liberdade", entendido genericamente como autonomia pessoal. Se tal autonomia se constitui, senão no principal, em um dos principais eixos axiológicos fundamentais do sistema democrático de organização e de convivência social, resultará que as normas penais, enquanto singularmente restritivas da liberdade, só encontraram legitimação em sua funcionalidade para gerar mais liberdade da que sacrificam. Em outro caso, elas serão qualificadas de normas injustificadas por desproporcionadas. Tal desproporção poderá provir da falta de necessidade da pena, no sentido de que uma pena menor ou uma medida não-punitiva podem alcançar os mesmos fins de proteção com similar eficácia.[10]

O segundo foco de desproporção não radica no excesso da pena em comparação com medidas de menor intensidade coativa, mas no excesso derivado da comparação direta da pena com a lesividade da conduta. A este segundo tipo de análise interna da proporcionalidade normalmente denomina-se juízo de proporcionalidade em sentido estrito. Pressuposto, em qualquer caso, de ambos os juízos de proporcionalidade é que o bem jurídico-penal seja uma condição de liberdade – que a norma aporte, ademais de inconvenientes, vantagens em termos de liberdade – e que a pena seja qualitativamente idônea – que seja instrumental – para alcançar os fins de proteção perseguidos. Sem estes dois pressupostos não pode haver ganhos em termos de liberdade que compensem as perdas de autonomia pessoal que inexoravelmente acarreta a intervenção penal.[11]

Diante desses argumentos, já é possível extrair que algumas condutas tipificadas no Código Penal não possam guardar o mesmo apenamento, ao menos para atos que não reflitam condutas graves de ataque ao bem jurídico protegido. Isso porque um ataque mínimo ou ínfimo a um determinado bem jurídico não pode, muitas vezes, guardar a mesma sanção do que outro bem similar, porém, sem a mesma magnitude. Além disso, a pena deve alcançar o fim de proteção perseguido e, quando desproporcional, não alcança este fim.

Roxin, seguindo um critério similar, fala de danosidade social e comenta que uma conduta só pode estar proibida mediante imposição de uma pena quando resulta de todo incompatível com os pressupostos de uma vida em comum pacífica, livre e materialmente segura,[12] e, acrescentamos que esta conduta só pode estar proibida, ainda, mediante uma pena justa em face do que se protege.

---

[10] RODRÍGUEZ MOURULLO, Gonzalo. *Delito y Pena en al Jurisprudencia Constitucional*. Madrid: Civitas, 2002, p. 74.
[11] Idem, p. 74/75.
[12] ROXIN, Claus; *Introducción al Derecho Penal y al Derecho Penal Procesal*. Barcelona: Ariel Derecho, 1989, p. 21.

É que o moderno Direito Penal não se vincula hoje à imoralidade da conduta,[13] mas à danosidade social, é dizer, a sua incompatibilidade com as regras de uma próspera vida em comum. Disso se segue, ao contrário, que uma conduta imoral deve permanecer impune quando não altera a pacífica convivência.[14]

Sob o argumento da danosidade social, também se extrai do que leciona Roxin que uma conduta só deve estar incriminada quando for incompatível com a vida pacífica e isso significa que não se podem igualar as sanções penais de condutas que, do ponto de vista da danosidade, não atingam, de forma idêntica, o mesmo bem jurídico, ainda que estejam no mesmo capítulo do Código Penal, ou que, em tese, protejam o mesmo bem jurídico.

Por sua vez, Mir Puig refere que a importância social do bem merecedor de tutela jurídico-penal deve estar em consonância com a gravidade das conseqüências próprias do Direito Penal. Assim, o uso de uma sanção tão grave como a pena requer o pressuposto de uma infração igualmente grave. E ainda quando se mostra de acordo que os bens jurídicos protegidos devam ser os reconhecidos constitucionalmente, menciona que seria evidentemente contrário ao princípio da proporcionalidade protegê-los de todo ataque, inclusive ínfimo, sem requerer um mínimo de afetação do bem.[15]

Ocorre que hoje é possível que se note uma expansão do Direito Penal, no sentido não só de abarcar novos bens jurídicos, mas também de aumentar as penas de condutas que atingem bens jurídicos já protegidos por este ramo do direito. Esse fenômeno expansivista não leva em consideração o princípio da proporcionalidade porque desconsidera que o aumento de pena não está relacionado, na maioria das vezes, com o efetivo aumento de lesão ao bem jurídico tutelado. Trata-se mais bem de uma política populista ou promocional do legislador para aplacar a síndrome do medo que aparece entre os cidadãos.

No que se refere à proporcionalidade, Carbonell Mateu assinala que esta também pode ser posta em relação com o princípio da igualdade: assim, resulta contrário a ambos os princípios a previsão da mesma pena para condutas de diferente transcendência.[16]

Os argumentos acima expendidos já nos proporcionam claramente a idéia que deve nortear o legislador no momento da incriminação da conduta com a respectiva sanção, verificando, sempre, a conduta praticada em rela-

---

[13] ROXIN, Claus. *A proteção de bens jurídicos como missão do Direito Penal?*. Livro no prelo, refere que "os simples atentados contra a moral não são suficientes para a justificação de uma norma penal. Sempre que eles não diminuam a liberdade e segurança de alguém, não lesionam um bem jurídico".

[14] ROXIN, Claus, *Introducción al Derecho Penal y al Derecho Penal Procesal*. Barcelona: Ariel Derecho, 1989, p. 21.

[15] MIR PUIG, Santiago. *El Derecho penal en el Estado social y democrático de derecho*. Barcelona: Ariel Derecho, 1994, p. 162 e ss.

[16] CARBONELL MATEU, Juan Carlos, ob. cit., p. 213.

ção ao bem jurídico protegido, é dizer, a magnitude da lesão ou exposição de lesão que sofre o bem jurídico e de acordo com isso, mensurar a necessidade da pena.

2. Proporcionalidade e reflexo nos Direitos Fundamentais

É verdade que pouco se fala do princípio da proporcionalidade em Direito Penal e, ainda que não se encontre explícito na Constituição Federal brasileira, o princípio da proporcionalidade encontra-se implicitamente previsto quando nos referimos a proibição de penas desumanas ou degradantes.[17]

A exigência da proporcionalidade (que as Constituições atuais habitualmente não proclamam de modo expresso) deve ser determinada mediante um juízo de ponderação entre a "carga coativa" da pena e o fim perseguido pela cominação penal. A ponderação deve ser efetuada "desde a perspectiva do direito fundamental e do bem jurídico que veio a limitar seu exercício", determinando se as medidas adotadas são ou não proporcionais à defesa do bem que dá origem à restrição.[18]

De acordo com Zulgadía Espinar, ainda que o princípio da proporcionalidade das penas não apareça expressamente na Constituição Espanhola, a doutrina entende que a exigência da proporcionalidade *abstrata* entre a gravidade do delito e a gravidade da pena com a que o mesmo se comina e a exigência de proporcionalidade *concreta* entre a pena aplicada ao autor e a gravidade do fato cometido possuem categoria constitucional, de acordo com o art. 15 da Constituição Espanhola.[19] [20]

Nesse sentido afirmou-se que a proibição constitucional de penas desumanas e degradantes contém implicitamente um princípio de proporcionalidade das penas, já que só a pena proporcional à gravidade do fato cometido é humana e respeita a dignidade da pessoa, é dizer, não degradante. A história da humanização das penas é, em grande medida, a de sua progressiva adequação a uma proporcionalidade que não resulte lesiva do sentimento jurídico de cada época.[21]

Assim, ainda que o princípio da proporcionalidade se manifeste dentro do marco da culpabilidade, também tem transcendência na medida em que

---

[17] Constituição Federal, art. 5º, III.
[18] COBO DEL ROSAL, Manuel e VIVES ANTÓN, Tomás. *Derecho Penal*. Parte General. 5ª. edición. Valencia: Tirant lo blanch, 1999, p. 88.
[19] ZULGADÍA ESPINAR, José Miguel. *Fundamentos de Derecho Penal*. 3ª. edición. Valencia: Tirant lo blanch, 1993, p. 263.
[20] O artigo 15 da Constituição da Espanha diz o seguinte: "Todos tem direito à vida e a integridade física e moral, sem que, em nenhum caso, possam ser submetidos a tortura nem a penas ou tratos desumanos ou degradantes. Fica abolida a pena de morte, salvo o que possam dispor as leis militares para tempos de guerra".
[21] ZULGADÍA ESPINAR, José Miguel, ob. cit., p. 263.

O Direito Penal constitui uma limitação de direitos fundamentais: entre as condições sob as quais é legítima a limitação de um direito fundamental, encontra-se também a proporcionalidade que deve existir entre a limitação e a importância do direito afetado. Portanto, o princípio da proporcionalidade obriga ao legislador a não ameaçar com imposição de penas de excessiva gravidade em relação ao bem jurídico protegido. Desta forma, o legislador está duplamente limitado com respeito à gravidade das penas: por um lado, não pode impor penas desumanas ou degradantes, por império da inviolabilidade da dignidade da pessoa e, por outro, deve estabelecer penas proporcionais à gravidade do delito que se sanciona.[22]

Essa orientação deve ter aplicação na interpretação dos tipos penais, principalmente quando protegem o mesmo bem jurídico e estabelecem sanções idênticas, porém desproporcionais à conduta realizada. Também deve ser seguida quando se verifica tão-somente um cunho promocional dessa "efetiva" proteção que se quer emprestar ao bem jurídico, quando, na realidade, ela seria desnecessária.

Segundo Mourullo, a doutrina da proporcionalidade da jurisprudência constitucional tem dois pontos de partida. O primeiro no sentido de que não constitui no ordenamento constitucional espanhol um cânon de constitucionalidade autônomo cuja alegação possa produzir-se de forma isolada a respeito de outros preceitos constitucionais, mas, no essencial, uma regra de tratamento dos direitos fundamentais: "é o dos direitos fundamentais o âmbito em que normalmente e de forma particular resulta aplicável o princípio de proporcionalidade" (STC 136/1999). "Assim este Tribunal vem reconhecendo em numerosos acórdãos em que se declarou que a desproporção entre o fim perseguido e os meios empregados para consegui-lo pode dar lugar a um ajuizamento desde a perspectiva constitucional quando essa falta de proporção implica um sacrifício excessivo e desnecessário dos direitos que a Constituição garante" (SSTC 62/1982).[23]

Citando ainda os acórdãos do Tribunal Constitucional espanhol, Mourullo refere que concretamente "em matéria penal, esse sacrifício desnecessário ou excessivo dos direitos pode produzir-se bem por resultar desnecessária uma reação de tipo penal ou por ser excessiva a quantia ou extensão da pena em relação com a entidade do delito (desproporção em sentido estrito). Nesta matéria, em que a previsão e aplicação das normas supõe a proibição de certo tipo de condutas através da ameaça da privação de certos bens – e, singularmente, no que é a pena mais tradicional e paradigmática, através da ameaça de privação da liberdade pessoal –, a despro-

---
[22] BACIGALUPO, Enrique. *Justicia Penal y Derechos Fundamentales*. Madrid: Marcial Pons, 2002, p. 96.
[23] RODRÍGUEZ MOURULLO, Gonzalo, ob. cit., p. 76.

porção afetará ao tratamento do direito cujo exercício fica privado ou restrito com a sanção" (STC 136/1999)[24]

O segundo ponto de partida, que conduz a um juízo de constitucionalidade extremadamente cauteloso, está construído "pela potestade exclusiva do legislador para configurar os bens penalmente protegidos, os comportamentos penalmente repreensíveis, o tipo e a quantia das sanções penais, e a proteção entre as condutas que pretende evitar e as penas com as quais tenta consegui-lo. No exercício de dita potestade, o legislador goza, dentro dos limites estabelecidos na Constituição, de uma ampla margem de liberdade que deriva de sua posição constitucional e, em última instância, de sua específica liberdade democrática. De acordo com isso que, em concreto, a relação de proporção que deva guardar um comportamento penalmente típico com a sanção que lhe corresponde será o fruto de um complexo juízo de oportunidade que não supõe uma mera execução ou aplicação da Constituição, e para o que deve atender não só ao fim essencial e direto de proteção ao que responde a norma, mas também a outros fins legítimos que possa perseguir com a pena e as diversas formas em que a cominação abstrata da pena e sua aplicação influem no comportamento dos destinatários da norma – intimidação, eliminação da vingança privada, consolidação das convicções éticas gerais, reforço do sentimento de fidelidade ao ordenamento, ressocialização, etc. – e que se classificam doutrinariamente sob as denominações de prevenção geral e de prevenção especial. Estes efeitos da pena dependem, por sua vez, de fatores tais como a gravidade do comportamento que se pretende dissuadir, as possibilidades fáticas de sua detecção e sanção e as percepções sociais relativas à adequação ente delito e pena" (STC 136/1999; SSTC 5/1996).[25]

Sintetizando este tópico e de acordo com o Tribunal Constitucional espanhol, o juízo de proporcionalidade tem o seguinte conteúdo: "devemos indagar, em primeiro lugar se o bem jurídico pela norma questionada, ou melhor, se os fins imediatos e mediatos de proteção da mesma, são suficientemente relevantes, posto que a vulneração da proporcionalidade podia declarar-se já num primeiro momento de análise "se o sacrifício da liberdade que impõe a norma persegue a prevenção de bens ou interesses não só, por suposto, constitucionalmente proscritos, mas já, também, socialmente irrelevantes".[26]

Em segundo lugar, deverá indagar-se se a medida era idônea e necessária para alcançar os fins de proteção que constituem o objetivo do preceito em questão. E, finalmente, se o preceito é desproporcionado desde a perspectiva da comparação entre a entidade do delito e a entidade da pena.

---

[24] RODRÍGUEZ MOURULLO, Gonzalo, ob. cit., p. 76.
[25] Idem, p. 77.
[26] Idem, p. 78.

Desde a perspectiva constitucional, só caberá qualificar a norma penal ou a sanção penal como desnecessária quando, "a luz da razão lógica, de dados empíricos não controvertidos e do conjunto de sanções que o mesmo legislador estimou necessárias para alcançar fins de proteção análogos, resulta evidente a manifesta suficiência de um meio alternativo menos restritivo de direitos para a consecução igualmente eficaz das finalidades desejadas pelo legislador" (STC 55/1996). E só caberá catalogar a norma penal ou a sanção penal que inclui como estritamente desproporcionada "quando concorra um desequilíbrio patente e excessivo ou não razoável entre a sanção e a finalidade da norma a partir das pautas axiológicas constitucionalmente indiscutíveis e de sua concreção na própria atividade legislativa" (STC 161/1997; STC 55/1996; STC 136/1999).[27]

De acordo com o exposto e, baseado nas decisões do Tribunal Constitucional espanhol, parece claro que as penas impostas devem guardar proporção com os fins de proteção a que se propõem. Como já mencionado, implicitamente, a Constituição brasileira também tem esta regra e, portanto, na hora de verificar a aplicação dos preceitos penais e suas respectivas sanções em relação às condutas realizadas, dever-se-á levar em conta o princípio da proporcionalidade.

Do exposto supra, depreende-se que o princípio da proporcionalidade das penas deve operar em duplo âmbito: no Legislativo (mandato dirigido ao legislador para que as penas abstratamente cominadas sejam proporcionais à gravidade dos delitos) e no judicial (mandato dirigido aos juízes e Tribunais para que as penas concretamente impostas aos autores dos delitos guardem também proporcionalidade com a gravidade do fato em concreto).[28] Neste ponto, fica claro que os juízes e os Tribunais deverão guardar a devida proporção ao aplicar a sanção em relação ao delito cometido, mensurando a gravidade do delito, a conduta realizada e o bem jurídico protegido, porque somente assim teremos uma aplicação legítima e constitucional do Direito Penal, ou, dito de outro modo, a verdadeira concretização constitucional do Direito Penal.

Assim, o princípio da proporcionalidade, como princípio independente dentro dos princípios da sanção, recolhe a crença de que a entidade da pena, isto é, a aflição que ela origina por sua natureza e intensidade ou pelos efeitos sociopessoais que desencadeia, deve acomodar-se à importância da afetação ao objeto tutelado e à intensidade da responsabilidade concorrente. Trata-se de um princípio que assegura a coerência com os outros dos blocos de princípios éticos e, deste modo, aporta um conteúdo de legitimação significativo à decisão político-criminal de haver acudido ao controle social jurídico-penal. Se o primeiro princípio da sanção estabelece

---
[27] RODRÍGUEZ MOURULLO, Gonzalo, ob. cit., p. 78.
[28] ZULGADÍA ESPINAR, José Miguel, ob. cit., p. 264.

exigências incondicionadas e o segundo descobre a utilidade da pena, o terceiro quer garantir que o mal que com ela mesma ou com seus efeitos se produz tenha relação com a gravidade do danificado e da responsabilidade por isso.[29]

O princípio deve atender, já em nível legislativo, em dois planos, que podem ser chamados de abstrato e concreto. Pelo primeiro, a entidade da pena prevista deve corresponder-se à importância do tutelado e ao âmbito de responsabilidade estabelecido. Pelo segundo, a pena deve configurar-se de tal maneira que permita ser acomodada às variações que a afeição ao objeto de proteção e a estruturação de responsabilidade possam experimentar no caso concreto.[30]

Por fim, é na racionalidade teleológica onde se deve lograr um acordo sobre quais podem ser as pautas mediante as quais podemos estabelecer de modo satisfatório uma escala de proporcionalidade tanto abstrata como concreta.[31]

O importante é que a devida concretização do Direito Penal passe pela legitimação constitucional e isso somente será possível quando os aplicadores da lei o fizerem respeitando os princípios estabelecidos na Carta Política, ainda que não o estejam explícitos. Através da aplicação e respeito a estes princípios é que se pode falar de um verdadeiro e legítimo Direito Penal em um Estado Social e Democrático de Direito.

3. O principio da ofensividade

A sociedade deve ser protegida coletivamente diante de condutas que afetam as necessidades da convivência social externa, condutas que em tal medida poderiam ser consideradas como socialmente danosas.[32] Porém, nem todas as condutas que lesem bem jurídicos podem entrar neste rol de proteção, devendo o legislador se preocupar com aquelas que atingem, ou, colocam em perigo, determinados bens jurídicos.

Como trabalhamos com a proteção de bens jurídicos, é correto afirmar que todo delito deve comportar a lesão ou colocação em perigo de um bem jurídico, exigindo que no momento de aplicação da lei penal que o comportamento concreto que será julgado tenha lesionado ou colocado em perigo o bem jurídico. Neste sentido, fala-se de uma "dupla influência" do princípio da lesividade: por uma parte, sobre o legislador, que é o que elege o bem jurídico a tutelar; por outra parte, sobre o juiz, que não se pode conformar com a subsunção formal do fato no comportamento descrito pela

---

[29] DÍEZ RIPOLLÉS, José Luis. *La racionalidad de las leyes penales*. Madrid: Editorial Trotta, 2003, p. 162.
[30] Idem, p. 162.
[31] Idem, p. 162.
[32] Idem, p. 138.

norma, mas que terá que comprovar que dito comportamento lesionou ou colocou em perigo o bem jurídico protegido através de dita norma e, no caso em que isso não ocorra, declarar sua atipicidade.[33]

Segundo Carbonell Mateu, o princípio da ofensividade ou lesividade exige que não exista delito sem lesão ou colocação em perigo de um bem jurídico: *nullum crimen sine injuria*. No seio de uma concepção imperativa da norma, a exigência do bem jurídico para a tipificação de uma conduta é, certamente, um louvável desejo: desde o princípio da ofensividade limita-se o poder punitivo do Estado, no sentido de que o legislador não deverá proibir a realização de condutas – nem obrigar a realização positiva – senão em virtude de que resultem lesivas para um bem jurídico.[34]

Desde a concepção valorativa da norma, o princípio da ofensividade, entendido como exigência de bem jurídico, não comporta limitação alguma: toda norma penal supõe uma valoração; por conseguinte, de toda norma penal se desprenderá necessariamente a existência de um bem jurídico. Somente se atendemos à dignidade desse bem jurídico, pode recobrar, o princípio da ofensividade, a sua razão de ser como limitador do poder punitivo do Estado.[35]

Ainda sobre o tema, refere Carbonell Mateu que não só a dignidade formal é necessária para afirmar o princípio da ofensividade, mas, também, a material, ou seja, deve-se tratar de um valor assumido socialmente, suscetível de ataque e destruição; isto é, de ser lesionado ou posto em perigo gravemente e necessitado de tutela penal. Assim, a valoração constitucional de um bem jurídico não implica em absoluto a necessidade de sua tutela penal: nem naqueles casos onde a Constituição explicitamente encarrega ao legislador democrático a tutela penal do bem jurídico. Neste ponto também vigem o princípio de intervenção mínima e o caráter subsidiário do Direito Penal.[36]

De acordo com o exposto e alinhando-se ao Direito Penal mínimo, a intervenção punitiva só pode justificar-se a respeito de condutas transcendentes para os demais e que afetem as esferas de liberdade alheias, sendo contrário ao princípio da ofensividade o castigo de uma conduta imoral, antiética ou antiestética que, em absoluto, invada as liberdades alheias e, especificamente, incida na liberdade de obrar dos demais. Desse modo, pode-se afirmar que a dignidade do bem jurídico tem um duplo requisito: formal – sua relevância constitucional – e material – sua interferência nas esferas de liberdade alheias.

---

[33] AGUADO CORREA, Teresa. *El principio de proporcionalidad em Derecho Penal*. Madrid: Edersa, 1999, p. 202.
[34] CARBONELL MATEU, Juan Carlos, ob. Cit., p. 215.
[35] Idem, p. 215.
[36] Idem, p. 217.

Assim, o princípio da ofensividade descansa na consideração do delito como um ato desvalorado; isto é, contrário à norma de valoração. A antijuridicidade comportará o desvalor próprio do resultado, isto é, da lesão ou colocação em perigo do bem jurídico, e derivado de uma ação desvalorada, ou seja, perigosa para a integridade do objeto ou dos objetos de tutela. A desvaloração vem dada, portanto, pela dupla consideração da ação e do resultado como objetos da mesma. E o princípio de ofensividade determinará a não-tipificação de condutas que não resultam perigosas para os bens jurídicos ou que não possam comportar lesão ou colocação em perigo de valores com relevância constitucional.[37]

Nesse sentido, opera também o caráter material da antijuridicidade, ou seja, não só como reveladora de uma conduta humana voluntária que contraria a ordem jurídica (antijuridicidade formal), mas, como uma conduta humana que, ao contrariar a ordem jurídica, lesa ou expõe a perigo de lesão determinados bens jurídicos. E, dentro deste caráter material, onde se verifica o desvalor do resultado – na lesão ou exposição do bem jurídico – é que também se verifica a correta e justa medição da pena.[38] É que muitas condutas atingem o mesmo bem jurídico, porém, algumas se revelam de maior gravidade, ainda que o objeto de proteção seja o mesmo, e a antijuridicidade material permitirá a graduação do injusto.

Nesse sentido, afirma Jescheck que a antijuridicidade material é por de pronto o guia do legislador para estabelecer os tipos penais, assim como a idéia reitora dos órgãos dedicados à persecução penal quando têm que buscar o preceito aplicável no caso concreto. O ponto de vista da antijuridicidade material permite, ademais, escalonar o injusto segundo a sua gravidade e expressar as diferenças graduais na medição da pena. A contemplação material possibilita também a interpretação dos tipos atendendo aos fins e representações valorativas que lhes servem de base.[39]

A maior ou menor gravidade da lesão do bem jurídico, ou a maior ou menor perigosidade de seu ataque influenciam, decisivamente, na gravidade do fato. Dentro da margem de arbítrio judicial que a lei concede, isso pode servir de base à concreta determinação da pena.[40]

Isso fica latente na edição de alguns tipos penais ou do aumento de pena de outros existentes. Porque, ainda que protejam o mesmo bem jurídico, o desvalor do resultado não é o mesmo. Ocorre que no desvalor do resultado de algumas condutas pode-se, claramente, verificar que o bem jurídico não sofre a mesma lesão, devendo-se graduar corretamente a pena, ou, se for o caso, desclassificar o delito imputado ao acusado.

---

[37] Idem, p. 217/218.
[38] Nesse sentido, JESCHECK, Hans-Heinrich. *Tratado de Derecho Penal*. Parte General. 4ª. Edición. Traducción de José Luis Manzanares Samaniego. Granada: Editorial Comares, 1993, p. 211.
[39] JESCHECK, Hans-Heinrich, ob. cit., p. 211.
[40] MIR PUIG, Santiago. *Derecho Penal*. Parte General. 4ª. edición. Barcelona: PPU, 1999, p. 144.

De todo o exposto, espera-se que os tribunais apliquem corretamente o direito à espécie, no sentido de dar validade ao critério da proporcionalidade e da ofensa ao bem jurídico, refletindo-se, tudo isso, na correta medição da pena e, também, na correta tipificação da conduta realizada. Assim, estaremos trabalhando corretamente com os critérios constitucionais que devem nortear a aplicação do Direito Penal.

— V —

A concretização da tutela específica no direito comparado

DARCI GUIMARÃES RIBEIRO[1]

Sumário: 1. A tutela específica na nova ordem constitucional; 2. O direito Francês e as *astreintes*; 3. O Ordenamento Inglês e o *Contempt of court*; 4. O Sistema tradicional Italiano; 4.1. Aplicação do *Contempt of Court*; 4.2. Doutrina conservadora; 4.3. Considerações; 5. O sitema misto alemão.

> *¿Te parece posible que subsista sin arruinarse aquella ciudad en la que las sentencias pronunciadas nada pueden, sino que son despojadas de su autoridad y destruidas por los particulares?*
>
> Sócrates, *apud* Platão, *Critón*. Trad. por Maria Rico Gómez. Madrid: Centro de Estudios Constitucionales, 1994, p. 13 (50b).

1. A tutela específica na nova ordem constitucional

Para que se possa fazer uma leitura atualizada de acordo com a realidade conformadora da sociedade dentro da qual o direito deve ser compreendido, já que este se trata de uma relação de poder,[2] é preciso identificar, nesta sociedade, qual a concepção de Estado vigente.

---

[1] Advogado. Doutor em Direito pela Universitat de Barcelona. Especialista e Mestre pela PUC/RS. Professor Titular da Unisinos e do Programa de Pós-Graduação em Direito. Advogado. Membro do Instituto Brasileiro de Direito Processual Civil. Membro representante do Brasil no Projeto Internacional de Pesquisa financiado pelo Ministério da Educação e Cultura – MEC – da Espanha, segundo Resolução de 14 de dezembro de 2004, da Secretaria de Estado de Universidades e Investigações, publicada no Boletim Oficial do Estado nº 312, de 28 de dezembro de 2004.

[2] Direito e poder político são indissociáveis, como muito bem demonstrou CALMON DE PASSOS, J.J. *Direito, poder, justiça e processo*, Rio de Janeiro: Forense, 2003, nº 35 a 50, p. 41 a 52. De forma acertada, o autor esclarece que: "Todo Direito é socialmente construído, historicamente formulado, atende ao contingente e conjuntural do tempo e do espaço em que o poder político atua e à correlação de forças efetivamente contrapostas na sociedade em que ele, poder, se institucionalizou", ob cit., p. 52.

A Constituição brasileira acolhe expressamente o *Estado Democrático de Direito* em seu art. 1º, assim como a Constituição alemã, em seu art. 20, §1º, ao dizer *Estado Federal Democrático e Social (Sozialer Rechtsstaat)*;[3] a Constituição portuguesa, em seu art. 2º, ao dizer *Estado de Direito Democrático*, e também a Constituição Espanhola, em seu art. 1º, quando fala do *Estado Social e Democrático de Direito*, entre outras. Com isto, estamos dizendo que já não vivemos mais sob os auspícios do Estado Liberal e, portanto, não nos é mais permitido impregar nos institutos jurídicos qualquer valor constitucional já não existente.[4]

Desde esta perspectiva, pois, é oportuno assinalar que o direito processual não pode mais ser dissociado de uma leitura constitucional, isto é, os institutos processuais criados sob a égide de valores constitucionais informados pelo Estado Liberal devem, inevitavelmente, ser relidos à luz dos novos valores constitucionais trazidos pelo atual Estado Democrático de Direito.[5]

Mesmo em países como o nosso, em que impera, desgraçadamente, uma baixa constitucionalidade,[6] ainda assim não se pode negar a força normativa da Constituição e o seu papel dirigente e compromissário.[7] A Constituição, como pacto fundante que é, tem validade superior e deve, necessariamente, moldar a realidade jurídica, política e social.

A realidade jurídica com a qual trabalharemos neste ensaio cinge-se à tutela específica e às diversas formas encontradas no direito comparado para adequadamente realizá-la.

---

[3] A evolução histórica do Estado de Direito e sua configuração na Lei fundamental de Bonn pode ser consultada na clássica obra de TROCKER, Nicolò. *Processo Civile e Costituizione*. Milano: Giuffrè, 1974, parte I, cap. II, p. 91 a 157.

[4] Para aprofundar no estudo das características conformadoras do Estado Liberal e suas conseqüências, *vide* por todos a excelente obra de BONAVIDES, Paulo. *Do Estado Liberal ao Estado Social*, 7ª ed., 2ª tiragem, São Paulo: Malheiros, 2001, especialmente cap. I e II, p. 39 a 88.

[5] Para um estudo mais detalhado do Estado Democrático de Direito e seus valores fundamentais, consultar REIS NOVAES, Jorge. *Contributo para uma teoria do Estado de Direito*. Coimbra: Coimbra, 1987, especialmente os cap. II e VI; BIDART CAMPOS, German José. *Doctrina del Estado Democrático*. Buenos Aires, EJEA, 1961, especialmente os cap. I e IV; CANOTILHO, J. J. Gomes. *Direito Constitucional*. 5ª ed., Coimbra: Almedina, 1992, parte IV, especialmente os cap.I a III; *Estado de Direito*. Lisboa: Gradiva, 1999; REALE, Miguel. *O Estado Democrático de Direito e o conflito das ideologias*. 3ª ed., São Paulo: Saraiva, 2005, especialmente os cap. I, II e IV; BONAVIDES, Paulo. *Do Estado Liberal ao Estado Social*, ob. cit., especialmente cap. VII; STRECK, Lenio L. *Jurisdição constitucional e hermenêutica: uma nova crítica do direito*. 2ª ed., Rio de Janeiro: Forense, 2004, especialmente os cap. I a IV, entre tantos outros autores.

[6] Expressão cunhada pela genialidade de LENIO STRECK, *Jurisdição Constitucional e Hermenêutica*, 2ª ed., Rio de Janeiro: Forense, 2004, cap. V, nº 5.2 e 5.3, p. 208 a 218.

[7] Este é o sentido da clássica obra de HESSE, *A força normativa da constituição*, (Trad. Gilmar Ferreira Mendes), Porto Alegre: Safe, 1991. Sobre o tema convém destacar a idéia do autor segundo a qual: "pode-se afirmar que a Constituição converter-se-á em força ativa se fizerem-se presentes, na consciência geral – particularmente, na consciência dos principais responsáveis pela ordem constitucional –, não só a 'vontade de poder' (*Wille zur Macht*), mas também a 'vontade de Constituição' (*Wille zur Verfassung*)" (sic), ob. cit., p. 19.

O complicado problema da realização da tutela específica não está preso a um ordenamento jurídico próprio, mas, ao contrário, é um fenômeno universal, tendo em vista não só a universalização das obrigações,[8] mas também a efetividade da prestação jurisdicional.[9]

A origem do problema encontra-se no brocardo *nemo praecise potest cogi ad factum*, cunhada por Favre, no século XVI.[10] E significa, segundo o próprio autor, que "ninguém pode ser coagido precisamente (de uma maneira absoluta) a realizar um facto, porque isso não pode ser feito 'sine vi et impressione', isto é, 'sem violência (coacção) e sem opressão (impressão-choque)'",[11] razão pela qual, "nas obrigações de fazer, se sub-roga à prestação o pagamento do 'id quod interest'".[12] A razão de ser desta regra reside em afastar ou impedir a violência ou coação ao *facere* sobre a pessoa do devedor.

Certamente esta idéia contribuiu para que na tutela específica a impossibilidade da realização da obrigação *in natura* fosse substituida pelo equivalente monetário, isto é, da entrega do valor equivalente ao da obrigação descumprida.

A impossibilidade de se interferir na vontade do devedor para realizar a tutela específica sempre foi um dogma nas mais diferentes ordens jurídicas. Porém, com o alvorecer de uma nova ordem social entalhada nas mais diversas Constituições, brota o Estado Democrático de Direito que faz nascer, de forma generalizada, um sentimento constitucional.[13] Esta nova con-

---

[8] Para aprofundar no estudo das causas do complexo fenômeno da universalização das obrigações consultar obrigatoriamente BONFANTE, Pietro. *Corso di diritto romano*. Milano: Giuffrè, 1972, v. III, p. 10 a 12; MURGA, José Luis. *Derecho romano clásico – II. El proceso*. 3ª ed., Zaragoza: Universidad de Zaragoza, 1989, p. 79 e 80, e SILVA, Ovídio B. *Jurisdição e execução na tradição romano-canônica*. 2ª ed., São Paulo: RT, 1997, p. 65; e também em *Curso de processo civil*. 4ª ed., São Paulo, RT, 1998, v. II, p. 202.

[9] Sobre este particular já escrevi que a efetividade faz com que se aproxime o processo do direito material com base em dois fatores: "de um lado, o florescimento de novos direitos, nascidos, como é sabido, a partir da revolução tecnológica, onde a economia se expande progressivamente através de 'prestações de fato', e traz consigo, em conseqüência, o crescimento das atividades econômicas de 'prestações de serviços', que incrementam, sobremaneira, o número de prestações pessoais ou não fungíveis; e de outro lado, a origem do Estado Democrático de Direito, ou Welfare State, que cria uma nova ordem de pensamento e concebe o acesso à justiça a partir da perspectiva dos justiciáveis, ou seja, esta nova ordem de pensamento está comprometida com um processo de resultados, onde os consumidores do direito buscam instrumentos adequados à tutela de todos os direitos, com o objetivo de assegurar-se praticamente a utilidade das decisões judiciais, seja no âmbito repressivo ou preventivo", A garantia constitucional do postulado da efetividade desde o prisma das sentenças mandamentais. In: Constituição, Sistemas Sociais e Hermenêutica, nº 2, Porto Alegre: Livraria do Advogado, 2006, p. 58 e 59. Esta idéia também encontra eco em meu livro: La pretensión procesal y la tutela judicial efectiva. Barcelona: Bosch, 2004, nº 9.5.1 e 9.5.2, p. 158 a 161.

[10] Conforme CALVÃO DA SILVA, João. *Cumprimento e sanção pecuniária compulsória*. Coimbra: Coimbra, 1987, nº 54, p. 218.

[11] Idem, p. 218.

[12] Idem, p. 219.

[13] A idéia de sentimento constitucional é muito bem trabalhada na obra de VERDÚ, Pablo Lucas. *O sentimento constitucional*. Trad. Agassiz Almeida Filho. Rio de Janeiro: Forense, 2004. De acordo com

formação social força os juristas em geral e os processualistas em especial a romperem com antigos dogmas, entre os quais o *nemo praecise potest cogi ad factum*.

Esta é a razão pela qual Marinoni acertadamente afirma que: "A tutela ressarcitória pelo equivalente tem relação com os valores do Estado Liberal clássico. Em um Estado preocupado com as liberdades formais e não com as necessidades concretas do cidadão, e que objetivava garantir tais liberdades fingindo não perceber as diferentes posições sociais, nada poderia ser mais adequado – ou conveniente – como forma de proteção jurisdicional do que o ressarcimento em dinheiro".[14]

O surgimento do Estado Democrático de Direito em muitos países fez com que a realização da tutela específica assumisse novos contornos, foram criados novos mecanismos para interferir na vontade do devedor forçando-o a cumprir a prestação de forma específica. Cada sistema jurídico descobriu a partir de suas peculiares próprias os instrumentos mais eficazes para quebrantar a resistência do devedor inadimplente que injustificadamente se recusava a cumprir a obrigação *in natura*. Diversas foram às técnicas utilizadas, mas daremos ênfase àquelas cujas influências podemos sentir em nosso sistema jurídico.

2. O direito Francês e as *astreintes*

No direito francês, o mecanismo utilizado para tornar efetiva a realização *in natura* da tutela específica se chama *astreinte*. Trata-se de um meio coercitivo indireto criado pela jurisprudência francesa ao início do século XIX.[15] De fato, o primeiro exemplo de que nos dá notícia a jurisprudência francesa remonta-se a uma sentença do *Tribunal de Gray*, de março de 1811.[16] A consagração definitiva chegou com a decisão de *la Cour de Cassation*,

---

o autor, devemos entender por sentimento constitucional "a adesão interna às normas e instituições fundamentais de um país, experimentada com intensidade mais ou menos consciente porque estima-se (sem que seja necessário um conhecimento exato de suas peculiaridades e funcionamento) que são boas e convenientes para a integração, manutenção e desenvolvimento de uma justa convivência", ob. cit., nº 2.2.1, p. 75.

[14] *Teoria Geral do Processo*. São Paulo: RT, 2006, p. 228.

[15] Para aprofundar melhor no estudo da evolução histórica da jurisprudência francesa em matéria de *astreintes*, vid. por todos, ESMEIN, M. A. L'origine et la logique de la jurisprudence en matière d'astreintes. In: *Revue Trimestrielle de Droit Civivil*, 1903, t. II, p. 5 e ss; GARSONNET, E.; CÉZAR-BRU, Ch. *Traité théorique et pratique de procédure civile et commerciale*. Paris: Sirey, 1913, t. IV, 3ª parte, v. I, nº 9 e ss, p. 18 e ss; principalmente nº 12, p. 25 e ss. Para uma reconstrução histórica destas medidas no ordenamento francês, vid. COLESANTI, V. Misure coercitive e tutela dei diritto. In: *Rivista di Diritto Processuale*, 1980, nº 4, principalmente o nº4 e ss, p. 605 e ss; e CHIARLONI, S. *Misure coercitive e tutela dei diritti*. Milano: Giuffrè, p. 70 e ss, principalmente p. 77 e ss.

[16] PLANIOL, M.; RIPERT, G.; ESMEIN, P. *Traité pratique de droit civil français*. Paris: Librairie Générale de Droit et de Jurisprudence, 1931, t. VII, 2ª parte, nº 787, p. 84. Nesta sentença, o tribunal condenava o demandado "à faire une rétractation publique à peine de 3 francs par jour de retard".

em dezembro de 1825, que considerou meramente cominatória uma sentença do tribunal de Metz.[17]

Inicialmente, a *astreinte* esteve ligada à reparação de danos e prejuízos causados pelo atraso em cumprimento de uma obrigação, porém, pouco a pouco foi separando-se da noção de danos e prejuízos para converter-se em uma autêntica medida coercitiva.[18] Apesar da jurisprudência ter permanecido firme durante estes dois séculos, a doutrina, principalmente do início do século, combateu esta medida por considerá-la arbitrária e ilegal.[19]

Este ponto de vista se justifica porque o direito francês se inspirou no princípio *Nemo praecise cogi potest ad factum*[20] para criar o art. 1.142 do

---

[17] De acordo com a opinião de PLANIOL, RIPERT e ESMEIN: "En 1824 on considéra comme purement comminatoire un jegement du tribunal de Metz qui avait ordonné une restitution de pièces à peine de 10 francs par jour de retard; le débiteur, qui avait fini par les livrer, aurait eu à payer plus de 11.000 francs pour son retard; cette somme fut réduit à 400 francs", em *Traité pratique de droit civil français*, ob. cit., t. VII, 2ª parte, nº 787, p. 84 e 85.

[18] Esta conversão se produziu, de acordo com PLANIOL, RIPERT, e ESMEIN, em 1834, quando se "admit que la condamnation à tant par jour de retard pouvait être prononcée, alors même qu'aucun préjudice ne pouvait résulter du retard dans l'exécution", em *Traité pratique de droit civil français*, ob. cit., t. VII, 2ª parte, nº 787, p. 85. Na opinião de CALVÃO DA SILVA, a finalidade pela qual a *astreinte*, em sua origem, esteve mesclada com a teoria dos danos e prejuízos, era enganar a doutrina, e por isso "a construção jurisprudencial deu-lhe a cobertura das perdas e danos para vencer os protestos de uma doutrina quase unânime em considerar ilegal aquela instituição de origem jurisprudencial", ob. cit., nº 97, p. 376.

[19] Entre os autores que têm combatido o caráter coercitivo da *astreinte*, por interpretar literalmente o art. 1.142 do C. C. Francês, ademais de outros argumentos, DEMOLOMBE, quando afirma: "De ce que nous venons de dire il résulte que la condamnation aux dommages-intérêts ne peut être prononcée, en vertu de l'article 1142, contre le débiteur d'une obligation de faire ou de ne pas faire, qu'à titre de réparation du préjudice causé au créancier, et qu'elle ne doit pas avoir le caractère d'un moyen de contrainte, dont le but serait de vaincre indirectement la résistance du débiteur", em *Traité des contrats ou des obligations conventionnelles en general*. 2ª ed., Paris: Auguste Durand – L. Hachette et Cie, 1870, t. I, nº 494, p. 493; BAUDRY-LACANTINERIE, G.; BARDE, L. *Traité théorique et pratique de droit civil*. 3ª ed., Paris: Société du Recueil J. – B. Sirey et du Journal du Palais, 1906, t. I, nº 479, p. 506 e ss; POTHIER, R. J. Traité des Obligations. In: *Oeuvres de Pothier*. Paris: Dabo Jeune, 1825, t. I, nº 146, p. 173 e 174; e, modernamente, FLOUR, J.; AUBERT, J. L. *Droit civil: les obligations*. Paris: Armand Colin, 1975, v. I, nº 42, p. 31; e GOLDSCHMIDT, R. Las astreintes: las sanciones por contempt of court y otros medios para conseguir el cumplimiento de las obligaciones de hacer o de no hacer. In: *Scritti Giuridici in Onore della Cedam*, Padova: Cedam, 1953, v. I, p. 70 e 71. Em sentido contrário, majoritariamente, entre outros, ESMEIN, M. A. *L'origine et la logique de la jurisprudence en matière d'astreintes*, ob. cit., p. 33 e ss; PLANIOL, RIPERT e ESMEIN, *Traité pratique de droit civil français*, ob. cit., t. VII, 2ª parte, nº 792, p. 92 e 93; MAZEAUD, Henri et Léon; MAZEAUD, J. *Leçons de droit civil*. 6ª ed., Paris: Montchrestien, 1978, t. II, 1º v., nº 942, p. 993 e 994; CARBONNIER, J. *Derecho civil*. Trad. por Manuel Mª Zorrilla Ruiz. Barcelona: Bosch, 1971, t. II, v. III, nº 227, p. 244; VINCENT, J. *Voies d'exécution: et procédures de distribution*. Paris: Dalloz, 1976, nº 10, p. 17 e ss; FRÉJAVILLE, M. Astreinte. In: *Encyclopédie Juridique Dalloz*. Paris: Jurisprudence Générale Daloz, t. I, 1955, p. 288; VINCENT, J; GUINCHARD, S. *Procédure civile*. 25ª ed., Paris: Dalloz, 1999, nº 543, p. 483; JOLY, A. *Cours elementaire de droit procédure civile et voies d'exécution*. Paris: Sirey, 1969, t. II, nº 305, p. 11, e principalmente no nº 308, p. 13; LABORDE-LACOSTE, M. *Exposé méthodique de procédure civile*. 3ª ed., Paris: Recueil Sirey, 1951, nº 378, p. 118; FRIGNANI, A. La penalità di mora nel diritto comunitario, francese e italiano. In: *Rivista di Diritto Industriale*, 1974, parte I, p. 252; e também em Le penalità di mora e le astreintes nei diritti che si ispirano al modello francese. In: *Rivista di Diritto Civile*, 1981, parte I, p. 514; e CALVÃO DA SILVA, ob. cit., nº 97, p. 378.

[20] Para aprofundar melhor no estudo deste brocardo, inclusive com referência a sua consagração pelo Código Civil Francês, vid. por todos, CALVÃO DA SILVA, ob. cit., nº 54 e ss, p. 215 e ss; e CHIARLONI, ob. cit., p. 54 e ss.

C. C., segundo o qual: "toute obligation de faire ou de ne pás faire se résout em dommages et intérêts, em cãs d'inexécution de la part du débiteur".[21]

A *astreinte*, de acordo com a opinião de Mazeaud e Mazeaud, pode ser definida como, "une condamnation pécuniaire prononcée par lê juge, ayant pour but de vaincre la résistance d'un débiteur récalcitrant, et de l'amener à exécuteur une décision de justice";[22] e tem por finalidade principal, segundo Esmein, "forcer le débiteur d'un fait à exécuter promptement et pleinement son obligation",[23] razão pela qual "l'astreinte sert à éviter l'exécution par équivalent et à obtenir l'exécution en nature".[24]

Em comparação com a a criação jurisprudencial do instituto da *astreinte*, faz pouco tempo que esta medida encontrou proteção legal no sistema francês, mais especificamente nos arts. 5° e 8° da *Loi 72-626 du 05 Juillet 1972*, que foram revogados pela *Loi 91-650 du 09 Juillet 1991* (reguladora da *réforme des procédures civiles d'exécution*),[25] que introduziu as *astreintes*, em seus arts. 33,[26] 34,[27] 35,[28] 36[29] e 37.[30]

---

[21] Neste sentido, POTHIER, ob. cit., t. I, n° 157, p. 180; e GARSONNET e CÉZAR-BRU, ob. cit., t. IV, 3ª parte, v. I, n° 8, p. 15.

[22] *Leçons de droit civil*, ob. cit., t. II, 1° v., n° 940, p. 993.

[23] *L'origine et la logique de la jurisprudence en matière d'astreintes*, ob. cit., p. 6. Esta finalidade também é evidenciada, entre outros, por PLANIOL, RIPERT e ESMEIN, quando afirman que: "Son but est, non pas de réparer le préjudice que cause le retard dans l'exécution, mais de contraindre le débiteur à s'acquitter de ce qu'il doit, par crainte de voir grossir continuellement le chiffre de la condamnation. C'est une menace qui doit briser sa résistance", em *Traité pratique de droit civil français*, ob. cit., t. VII, 2ª parte, n° 787, p. 84; VINCENT, ob. cit., n° 10, p. 17; VINCENT e GUINCHARD, ob. cit., n° 543, p. 483; CARBONNIER, ob. cit., t. II, v. III, n° 227, p. 243; MAZEAUD e MAZEAUD, ob. cit., t. II, 1° v.,
n° 942, p. 993 e 994; LABORDE-LACOSTE, ob. cit., n° 378, p. 118; JOLY, ob. cit., t. II, n° 305, p. 11; FRIGNANI, *La penalità di mora nel diritto comunitario, francese e italiano*, ob. cit., p. 252; e também em *Le penalità di mora e le astreintes nei diritti che si ispirano al modelo francese*, ob. cit., p. 511; e CALVÃO DA SILVA, ob. cit., n° 97, p. 378.

[24] PLANIOL, RIPERT e ESMEIN, ob. cit., t. VII, 2ª parte n° 789, p. 88.

[25] Para aprofundar melhor no estudo desta lei, que entrou em vigor em 1° de janeiro de 1993, vid. por todos, VINCENT e GUINCHARD, ob. cit., n° 543, p. 484 e ss, e a bibliografía citada pelo autor.

[26] O art. 33 da referida lei indica: "Tout juge peut, même d'office, ordenner une astreinte pour assurer l'exécution de sa décision. Le juge de l'exécution peut assortir d'une astreinte une décisión rendue par un autre juge si les circonstances en font apparaître la nécessité".

[27] O art. 34 estabelece que: "L'astreinte est indépendante des dommages-intérêts. L'astreinte est provisoire ou définitive. L'astreinte doit être considérée comme provisoire, à moins que le juge n'ait précisé son caractère définitif. Une astreinte définitive ne peut être ordonnée qu'après le prononcé d'une astreinte provisoire et pour une durée que le juge détermine. Si l'une de ces conditions n'a pas été respectée, l'astreinte est liquidée comme une astreinte provisoire".

[28] O art. 35 afirma: "L'astreinte, même définitive, est liquidée par le juge de l'exécution, sauf si le juge qui l'a ordennée reste saisi de l'affaire ou s'en est expressément réservé le pouvoir".

[29] O art. 36 prescreve que: "Le montant de l'astreinte provisoire est liquidé en tenant compte du comportement de celui à qui l'injonction a été adressée et des difficultés qu'il a rencontrées pour l'exécuter. Le taux de l'astreinte définitive ne peut jamais être modifié lors de sa liquidation. L'astreinte provisoire ou définitive est supprimée en tout ou partie s'il est établi que l'inexécution ou le retard dans l'exécution de l'injonction du juge provient, en tout ou partie, d'une cause étrangère".

[30] O art. 37 establece que: "La décision du juge est exécutoire de plein droit par provision".

O legislador francês, para elaborar esta lei, levou em consideração não só os dois séculos de evolução jurisprudencial senão também os inumeráveis debates doutrinários originados neste período. Por isso, esta lei recorre os grandes princípios desenvolvidos pela jurisprudência francesa e aperfeiçoados pela doutrina. Entre eles podemos destacar basicamente o caráter cominatório da *astreinte* e a possibilidade de decretar-se *ex officio*:

a) O caráter cominatório da *astreinte*. Configura-se como um meio amenizador, que tem por única finalidade persuadir a vontade do devedor,[31] constrangindo-o ao cumprimento *in natura* de sua obrigação. Trata-se de um mecanismo de coerção[32] indireta, já que esta se exerce sobre os bens do devedor, e não sobre sua pessoa.[33] Seguindo a opinião de Vicent, podemos afirmar que a cominação se concretiza em "une condamnation du débiteur à payer enu certaine somme pour chaque jour ou móis de retard dans l'exécution de l'obligation",[34] de forma infinita e proprocional ao seu patrimônio,[35] e

---

[31] Para VINCENT e GUINCHARD, a *astreinte* também exerce uma pressão não só sobre o devedor negligente ou de má fé, senão também "*sur un tiers*", ob. cit., nº 543, p. 484.

[32] Para aprofundar no estudo da coação, consultar o que escrevi em *La pretensión procesal y la tutela judicial efectiva*, ob. cit., nº 3.2., p. 45 a 47, especialmente as notas 106 e 107. Já para o estudo das diversas formas de sanções, ver o que escrevi em: Contribuição ao estudo das sanções desde a perspectiva do Estado Democrático de Direito. In: Constituição, Sistemas Sociais e Hermenêutica. Porto Alegre: Livraria do Advogado, 2005, p. 187 a 200.

[33] Para CARBONNIER, "estas coerciones, aun cuando parezca que afectan a los bienes, se dirigen, en realidad, a las personas; trátase de presionar sobre la voluntad del deudor, para conminarle al cumplimiento", ob. cit., t. II, v. III, nº 227, p. 243. Na realidade, a coerção sempre se dirigirá às pessoas, porém ameaçando, em todo momento, seus bens e jamais sua liberdade, exceto no direito anglo-saxão (*rectius*, el *Contempt of Court*) e em virtude de norma legal expressa, posto que o cumprimento de uma obrigação depende exclusivamente de um ato de vontade do devedor. Apesar da pressão se dirigir até as pessoas, esta sempre afetará, salvo disposição legal, seus bens, pois, desde muito tempo, está consagrado nas mais modernas legislações o princípio da responsabilidade patrimonial, segundo o qual o patrimônio é o responsável pelas dívidas e não a pessoa do devedor, conforme estabelece o art. 591 do CPC Brasileiro; o art. 2.740 do CC Italiano; e o art. 1.911 do CC Espanhol. Nesta ordem de idéias MAZEAUD e MAZEAUD, quando dizem: "L'astreinte est une condamnation pécuniaire. La contrainte s'exerce donc 'sur les biens' du débiteur", ob. cit., t. II, 1º v., nº 943, p. 994. De acordo com JOLY, o sistema francês através da "la loi du 22 juillet 1867 a supprimé la contrainte par corps en matière civile et commerciale et contre les étrangers. (...) Avant 1867, le recours à la contrainte par corps, permits en matière civile seulement dans des cas exceptionnels précisés par la loi", ob. cit., t. II, nº 305, p. 10.

[34] Ob. cit., nº 10, p. 17. De igual modo, PLANIOL, RIPERT e ESMEIN, quando afirmam que a *astreinte* é consubstancial a "une condamnation pécuniaire, prononcée à raison de telle somme (100, 1.000, 10.000 francs...) par jour de retard, ou par toute autre unité de temps, contre un débiteur, s'il n'a pas exécuté sa prestation dans un certain délai fixé par le juge", ob. cit., t. VII, 2ª parte, nº 787, p. 84; MAZEAUD e MAZEAUD, para quem: "Le juge assortit sa décision d'une astreinte de tant par jour ou par mois de retard", ob. cit., t. II, 1º v., nº 940, p. 993; FRIGNANI, ao dizer que a astreinte é "fissata in ragione di un tanto per giorno – o per altra unità di tempo – di ritardo nell'esecuzione di una prestazione, risultante da una sentenza di condanna; ma può anche consistere in una somma fissa dovuta dal debitore per ogni violazione successiva", La penalità di mora nel diritto comunitario, francese e italiano, ob. cit., p. 252.

[35] Para que a *astreinte* cumpra sua finalidade é necessário que seja fixada de maneira excessiva em comparação com o patrimônio do devedor, razão pela qual quanto maior for o seu patrimônio, maior deverá ser o valor da multa.

atendendo ao grau de obstrução e resistência oferecido pelo devedor e suas possibilidades econômicas.³⁶

A partir da promulgação da referida lei, ficou afastada a possibilidade de confundir-se a *astreinte* com a indenização por danos e prejuízos futuros que pudessem surgir do atraso ilegítimo do devedor em cumprir com sua obrigação no prazo estipulado, já que o art. 34, de maneira rotunda, estabelece que "l'astreinte est indépendante des dommages-intérêts".³⁷ Com base nisto, se pôde afirmar, corretamente, que as *astreintes* podem ser cumuladas com a indenização por perdas e danos ou existir independentemente desta indenização.³⁸

b) A possibilidade de decretar-se *ex officio*. Como indica o art. 33 da referida lei: *"Tout juge peut, même d'office, ordenner une astreinte pour assurer l'exécution de as décision"*.³⁹ Esta possibilidade evidencia a facul-

---

³⁶ Neste sentido, PLANIOL, RIPERT e ESMEIN afirmam: "L'astreinte se caractérise d'abord par l'exagération du montant de la condamnation prononcée contre le débiteur. (...) le tribunal ne s'inquiète ni de son montant exact ni même de son existence et fixe l'astreinte arbitrairement et à un taux volontairement excessif. Cela est conforme à son but. Il faut que le débiteur se trouve poussé par intérêt, malgré sa mauvaise volonté initiale, à executer plutôt qu'à s'exposer à subir le montant de l'astreinte. Or cet intérêt ne peut résulter que de son chiffre disproportionné. Le tribunal le détermine en tenant compte, non seulement de la valeur en soi de l'objet dû, mais aussi des ressources et de la capacité de résistance du débiteur", ob. cit., t. VII, 2ª parte, nº 791, p. 89 e 90. De igual modo, MAZEAUD e MAZEAUD afirmam que: "l'astreinte 'se mesure aux facultés du débiteur, à ses possibilites de résistence, non au préjudice éprouvé par le créancier", ob. cit., t. II, 1º v., nº 942, p. 994; De acordo com a opinião de FRIGNANI: "In tal modo il debitore che persista nel rifiuto di obedire è assoggettato ad una condanna pecuniaria che può, almeno in linea di principio, aumentare indefinitamente", Le penalità di mora e le astreintes nei diritti che si ispirano al modelo francese, ob. cit., p. 511; e VINCENT, ob. cit., nº 10, p. 17.

³⁷ Na realidade, esta confusão já havia sido dissipada desde 1959, com uma decisão da *Cour de Cassation*, segundo a qual "l'astreinte provisoire, mesure de contrainte entièrement distincte des dommages-intérêts, et qui n'est en définitive qu'un moyen de vaincre la résistance opposée à l'exécution d'une condamnation, n'a pas pour objet de compenser le dommage né du retard et est normalement liquidée en fonction de la gravité de la faute du débiteur récalcitrant et de ses facultés", apud VINCENT, ob. cit., nº 10, p. 20.

³⁸ Muitos autores, inclusive antes da referida lei, já sustentavam estas possibilidades, entre eles cabe destacar, ESMEIN, ob. cit., p. 35; MAZEAUD e MAZEAUD, ob. cit., t. II, 1º v., nº 940, p. 993; PLANIOL, RIPERT e ESMEIN, ob. cit., t. VII, 2ª parte, nº 792, p. 92 e 93; CARBONNIER, ob. cit., t. II, v. III, nº 227, p. 244; VINCENT, ob. cit., nº 10, p. 19 e 20; GARSONNET e CÉZAR-BRU, ob. cit., 1913, t. IV, 3ª parte, v. I, nº 13, p. 30 e 31; VINCENT e GUINCHARD, ob. cit., nº 543, p. 484; FRIGNANI, *La penalità di mora nel diritto comunitario, francese e italiano*, ob. cit., p. 254 e 255; e também em *Le penalità di mora e le astreintes nei diritti che si ispirano al modelo francese*, ob. cit., p. 512; e CALVÃO DA SILVA, ob. cit., nº 97, p. 376 a 378.

³⁹ A possibilidade de que o juiz *"donner un ordre"*, inclusive sem previsão legal, já foi ressaltada por ESMEIN, que dizia: *"Ordonner et menacer, pour forcer les parties à exécuter leurs obligations, est une tendance naturelle aux juges-magistrats"*, ob. cit., p. 37. A partir daí não foram poucos os autores franceses que defenderam a possibilidade de que o juiz *ex officio*, e sem uma previsão legal, pudesse aplicar uma *astreinte*, entre eles, MAZEAUD e MAZEAUD, quando dizem que: "L'astreinte apparaît ainsi comme étant essentiellement du domaine de l''imperuim' du juge, en vue d'obtenir le respect des décisions de justice", ob. cit., t. II, 1º v., nº 942, p. 993; PLANIOL, RIPERT e ESMEIN, ao afirmarem: "A côté de la 'jurisdictio', ils sont investis de l''imperium'; et c'est de ce pouvoir qu'ils usent en prononçant l'astreinte. Le pouvoir de commander et d'ordonner doit comporter celui de menacer pour obtenir obéissance", ob. cit., t. VII, 2ª parte, nº 795, p. 97; GARSONNET e CÉZAR-BRU, ob. cit., 1913, t. IV, 3ª parte, v. I, nº 13, p. 24 e ss; e FRÉJAVILLE, ob. cit., p. 287. Porém, de acordo com a

dade discricionária inerente a toda função jurisdicional.⁴⁰ Por isso, afirmam acertadamente Planiol, Ripert e Esmein, que "les juges du afit sont investis d'um pouvoir discrétionnaire pour décider dans chaque espèce, sur lês conclusions spéciales du demandeur, s'il est utile d'amployer l'astreinte et quelle est la forme la plus convenable".⁴¹ Em conseqüência, "selon la manière dont lê débiteur se comporte, lê juge peut augmenter, rèduire et même supprimer la condamnation primitive".⁴²

Em definitivo, podemos concluir que a *astreinte* é uma multa pecuniária, cumulativa, infinita e proporcional ao patrimônio do devedor.

3. O Ordenamento Inglês e o *Contempt of court*

No direito inglês, a partir do século XIV, desenvolve-se ao lado da *commom law*, uma jurisdição de exceção chamada *equity*.⁴³ De acordo com

---

opinião de FRÉJAVILLE, "le Conseil d'Etat ne reconnaissant pas la validité de l'astreinte, les tribunaux administratifs ne peuvent en prononcer ni contre l'Administration ni contre les particuliers", ob. cit., p. 287.

⁴⁰ A este respeito, já manifestei minha opinião, segundo a qual: "O 'ato de julgar' é insofismavelmente discricionário, em sua verdadeira acepção, não obstante posicionamentos em contrário, pois a discricionariedade é elemento imanente ao ato de julgar, na medida em que sempre deverá haver interpretação quando da aplicação da lei ao caso concreto", *Provas atípicas*. Porto Alegre: Livraria do Advogado, 1998, nº 2.3, p. 66. É conveniente destacar também que um ato discricionário não se confunde com um ato arbitrário, pois, "a discricionariedade está calcada na legalidade e exige, obrigatoriamente, uma motivação na tomada da decisão considerada mais justa ao caso concreto. Tal fundamentação inocorre no ato arbitrário, pois é adotada uma posição não permitida pelo ordenamento jurídico para aquele caso em concreto", *Provas atípicas*, ob. cit., nº 2.3, p. 67. O caráter discricionário de todo ato judicial também não pode representar a perda da imparcialidade, posto que esta encontra sua justificação na fundamentação de uma decisão judicial e não no princípio dispositivo, pois, "será mais imparcial o juiz, quanto mais fundamentada for a sua decisão, porque, quanto mais ele fundamentar, mais ele objetivará as suas convicções íntimas, que são subjetivas, adentrando, com isso, nos critérios objetivos que ele só poderá encontrar nos autos", *Provas atípicas*, ob. cit., nº 1.2.1, p. 21. Para PERELMAN, "ser 'imparcial' não é ser 'objetivo', é fazer parte de um mesmo grupo que aqueles a que se julga, sem ter previamente tomado partido por nenhum deles", *Tratado da argumentação*. Trad. por Maria Ermantina Galvão G. Pereira. São Paulo: Martins Fontes, 1996, § 14, p. 67. Para um estudo mais detalhado da imparcialidade como uma das garantias do devido processo legal, vid. COMOGLIO. Le garanzie fondamentali del «giusto processo». In: JUS, 2000, nº 3, p. 335 e ss, especialmente p. 365 a 374. A respeito do tema, consultar obrigatoriamente a clássica obra de RASELLI, Alessandro. *Il potere discrezionale del giudice civile*. Padova: Cedam, 1927, especialmente no v. I, p. 13 a 19, 151 a 246 e no v. II, p. 3 a 50. Em sentido contrário, merece destaque o extraordinário esforço realizado por LENIO STRECK em seu último livro. Para o autor, a hermenêutica é incompatível com relativismos, decisionismos e discricionariedades, *Verdade e Consenso: Constituição, Hermenêutica e Teorias Discursivas*. Rio de Janeiro: Lúmen Júris, 2006, especialmente os cap. 10, 13, 14 e 15.

⁴¹ Ob. cit., t. VII, 2ª parte, nº 789, p. 89. No mesmo sentido encontramos, MAZEAUD e MAZEAUD, ob. cit., t. II, 1º v., nº 942 e nº 945, p. 994; VINCENT, ob. cit., nº 10, p. 17; GARSONNET e CÉZAR-BRU, ob. cit., 1913, t. IV, 3ª parte, v. I, nº 13, p. 30; CARBONNIER, ob. cit., t. II, v. III, nº 227, p. 244; ESMEIN, ob. cit., p. 7 e 36; VINCENT e GUINCHARD, ob. cit., nº 543, p. 483; FRIGNANI, "Le penalità di mora e le astreintes nei diritti che si ispirano al modello francese", ob. cit., p. 513; e CALVÃO DA SILVA, ob. cit., nº 97, p. 378.

⁴² VINCENT, ob. cit., nº 10, p. 17.

⁴³ Segundo LAWSON, "questa distinzione tra 'common law' e 'equity' è una delle più dificili del diritto inglese", La razionalità del diritto inglese. In: JUS, 1953, p. 66. Para um estudo mais detido da origem da *equity*, vid. FRIEDMAN, *American law: an introduction*. 2ª ed., New York: W. W. Norton & Company,

a opinião de Bispham, para entender o que é *equity*, "it is necessary to understand what the English High Court of Chancery was, and how it came to exercise what is know as its extraordinary jurisdiction".[44] Por isso, sua definição, que não é fácil, só pode ser entendida desde um ponto de vista histórico. Porém, para os limites do presente estudo, podemos entender *equity* como "the recourse to principles of justice to correct or supplement the law as applied to particular circumstances", ou seja, "the judge decided the case by equity becausa the statute did not fully address the issue".[45] O propósito da *equity*, através de sua jurisprudência, era sanar as injustiças e corrigir a rigidez da *common law*.[46] Porém, a partir da união entre a *Chancery* e a *Common Law Court*, em virtude da *common law procedure Act de 1854*,[47]

1998, p. 88 e ss; LAWSON, *La razionalità del diritto inglese*, ob. cit., p. 65 e ss; FRIGNANI, *"L'injunction" nella "common law" e l'inibitoria nel diritto italiano*. Milano: Giuffrè, 1974, p. 23 e ss; GOLDSCHMIDT, *Las astreintes, las sanciones por contempt of court y otros medios para conseguir el cumplimiento de las obligaciones de hacer o de no hacer*, ob. cit., p. 75 e ss; RADBRUCH, G. *El espíritu del derecho inglés*. Trad. por Juan Carlos Peg Ros. Madrid: Gredos, 2000, p. 50 e ss; HEINRICH SCHOLLER, no epílogo denominado *El derecho inglés desde el punto de vista de Gustav Radbruch*, contido no livro de Radbruch, *El espíritu del derecho inglés*, ob. cit., nº 2, p. 107 e ss (que doravante citaremos como "El derecho inglés desde el punto de vista de Gustav Radbruch"); e CALVÃO DA SILVA, ob. cit., nº 47, p. 191 e ss. Para uma noção breve, em língua italiana, sobre a estrutura do processo civil americano, vid. VIGORITI, *Garanzie costituzionali del processo civile*. Milano: Guiffrè, 1970, p. 7 e ss.

[44] *Black's law dictionary*. 7ª ed., St. Paul: West Group, 1999, verbete '*equity*', p. 560.

[45] *Black's law dictionary*, ob. cit., verbete "*equity*", p. 560. Para FRIEDMAN, "the origins of equity are shadowy", American law: an introduction, ob. cit., p. 89. Segundo RADBRUCH, a *equity* foi em sua origem "el Derecho de equidad, no codificado, propio de los tribunales ingleses, dispuesto para la compensación de penas, orientado primero al caso particular, y que evolucionó más adelante a la práctica de precedentes vinculantes de un sistema jurídico determinado. Supuso un complemento para la 'common law', primitiva respecto a éste, y adoptó frente a ella frecuentemente un carácter preferente. Cierto es que en Inglaterra, y en la mayoría de los estados de EE UU, el Derecho procesal de los tribunales de la 'common law' y de equidad han sido unificados en gran medida, sin embargo, todavía hoy se producen conflictos entre la 'common law' y la equidad, menos formalista, dentro del sistema jurídico anglo-americano", (*sic*) El espíritu del derecho inglés, ob. cit., p. 40, nota 4. De acordo com a opinião de COUTURE: "La equidad actúa como una especie de válvula reguladora del derecho estricto. Su aplicación ha evolucionado en los últimos tiempos; pero en términos generales podría definirse diciendo que en ciertos casos en que la regla de derecho estricto resulta notoriamente injusta, puede acudirse a su atenuación por la equidad", La justicia inglesa. In: *Estudios de Derecho Procesal Civil*. 3ª ed., Buenos Aires: Depalma, 1989, t. I, p. 168.

[46] Segundo LAWSON, os institutos desenvolvidos através da *equity* "hanno dovutto essere sviluppati separatamente in Inghilterra perchè la 'common law' era troppo rigida per produrli da sola", La razionalità del diritto inglese, ob. cit., p. 68. Esta finalidade pode ser percebida, *e. g.*, no domínio dos contratos, pois, segundo CALVÃO DA SILVA, "como a reparação dos danos era a única sanção acordada pela 'commom law' em caso de não-cumprimento, a 'equity' julgou este remédio insuficiente e concedeu ao credor, sempre que o julgou inadequado, o direito de exigir a execução específica, através dos remédios 'specific performance' e 'injunction' – 'specific performance' para as prestações positivas e 'injunction' para as prestações negativas-, cuja desobediência se considerava 'desprezo pelo tribunal' ('contempt of Court') e, assim, sujeita a multa e prisão até que a ordem do tribunal ('decree for specific performance' ou 'for injunction') fosse obedecida", ob. cit., nº 47, p. 193. Daí conclui o autor que: "Al lado do princípio geral próprio da 'commom law' – o direito a indenização ou perdas e danos – aparecem, assim, por razões de equidade, remédios específicos de carácter subsidiário, para os casos em que aquele remédio fosse inadequado", ob. cit., nº 47, p. 193.

[47] O desenvolvimento desta fusão e suas implicações estão expostos claramente em FRIGNANI, *L'injunction nella common law e l'inibitoria nel diritto italiano*, ob. cit., p. 13 e ss, nota 14.

se produziu, de acordo com Heinrich Scholler, "un acercamiento de los dos procesos tal, que por una parte la jurisprudência de la 'Chancery' se endureció en Derecho y por outra, la 'Common Law' se disolvió en algo que se caracterizo como 'abstract equity', por lo que perdió claridad y seguridad jurídica".[48]

O *equitable remedy* utilizados, pela *equity* para tornar efetiva a realização *in natura* de uma obrigação pessoal ou não-fungível[49] se denomina *injuncion*, podendo-se definir, de acordo com Bean, como "an order of a court requiring a party either to do a specific act or acts (a 'mandatory' or positive injunction) or to refrain from doing a specif act or acts (a 'prohibitory' or negative injuction)".[50] Esta ordem do juiz, de caráter discricionário,[51] pode ter um conteúdo positivo, mandando a realização de um determinado ato (*mandatory or positive injunction*), ou negativo, quando ordena a abstenção de um determinado ato (*prohibitory or negative injuction*). A mais comum das duas é a *prohibitory injunction*.[52] A *injuction* se divide[53] basicamente em *perpetual injuction* (também denominada *perma-*

---

[48] *El derecho inglés desde el punto de vista de Gustav Radbruch*, ob. cit., n° 2, p. 112. De acordo com a opinião de COUTURE: "El 'common law', dice un aforismo, sería bárbaro sin la equidad; la equidad sería sencillamente absurda sin el 'common law'", La justicia inglesa, ob. cit., t. I, p. 168. Para entender melhor o valor da segurança jurídica no direito inglês e a função da *equity*, vid por todos, RADBRUCH, ob. cit., p. 60 e ss.

[49] Neste particular, consultar VARANO, *Tendenze evolutive in materia di tutela provvisoria nell'ordinamento inglese, con particolare riferimento all'«interlocutory injunction»*. In: Rivista di Diritto Civile, 1985, v. 2, parte primeira, p. 41 e ss.

[50] *Injunctions*. 6ª ed., London: Longman, 1994, cap. I, n°1.1, p. 3. No mesmo sentido, entre outros, O'HARE-BROWNE-HILL, quando afirmam que: "An injunction is an order of the court either compelling a party to take specified steps (a mandatory injunction) or restraining him from taking specified steps (a prohibitory or negative injunction)", Civil litigation. 9ª ed., London: Sweet & Maxwell, 2000, cap. 27, n° 27.001, p. 466; PERRY-WRIGHT, para quem: "An injunction is an order of the court requiring a party either to do a specfic act (a mandatory injunction), or to refrain from doing a specfic act (a prohibitory injunction)", Civil litigation. London: Jordans, 1994, n° 1.4.5, p. 7; FRIEDMAN, ao dizer: "an 'injunction', that is, an order to a defendant to stop doing something wrong (or start doing something right)", ob. cit., p. 89; FRIGNANI, quando disse: "An injunction is an order of the court directing a person to do or refrain from doing a particular act", *Linjunction* nella *common law* e l'inibitoria nel diritto italiano, ob. cit., p. 59; e em *Black's law dictionary*, ob. cit., verbete *injunction*, p. 788.
Também existe outro *equitable remedy* denominado *specific performance*, que, de acordo com O'HARE-HILL, "*can be enforced in the same manner as a mandatory injunction*", Civil litigation. 6ª ed., London: Longman, 1993, p. 609; e significa: "a court-ordered remedy that requires precise fulfillment of a legal or contractual obligation when monetary damages are inappropriate or inadequate", como por exemplo, "when the sale of real estate or a rare article is involved", Black's law dictionary, ob. cit., verbete *specific performance*, p. 1407. De acordo com a opinião de VARANO, existe também "un diritto che il richiedente pretende leso (o teme che possa essere leso, nel qual caso si parla di 'injction quia timet', che può essere concessa anche in via interlocutoria) in tutti i casi in cui ciò appaia alla corte giusto e conveniente (just and convenient)", ob. cit., p. 41.

[51] De acordo com a opinião de PERRY-WRIGHT: "The courts have a broad discretion to grant an interlocutory or final injunction 'in all cases in which it appears to the court to be just or convenient' (Supreme Court Act 1981, s 37(1) and County Courts Act 1984, s 38)", ob. cit., n° 1.4.5, p. 7.

[52] Neste sentido, PERRY-WRIGHT, ob. cit., n° 1.4.5, p. 7; *Black's law dictionary*, ob. cit., verbete *'injunction'*, p. 788; FRIGNANI, *L''injunction' nella 'common law' e l'inibitoria nel diritto italiano*, ob. cit., p. 180; e VARANO, ob. cit., p. 41.

nent ou *final injuction*)⁵⁴ e *preliminary injuction* (também conhecida como *interlocutory* ou *interim* ou inclusive *provisional injuction*).⁵⁵

Para conseguir a *injunction*, "the complainant must show that there is no plain, adequate temedy at law and that an irreparable injury will result unless the relief is granted".⁵⁶

Concedida a *injuction*, a parte é obrigada a cumprir a ordem, sob pena, em caso contrário, de incorrer em um *Contempt of Court*,⁵⁷ que pode definir-se, segundo Dangel, como "a disregard of, or desobedience to, the rules

---

⁵³ Seguindo a opinião de BEAN, as "injunctions may be further classified according to the period of time for which the order is to remain in force", ob. cit., cap. I, nº 1.1, p. 3. No mesmo sentido, FRIGNANI, *L''injunction' nella 'common law' e l'inibitoria nel diritto italiano*, ob. cit., p. 61.

⁵⁴ Para BEAN, "a.'perpetual' injunction is a final judgment, and for that reason is usually only granted (except by consent of the defendant) after a trial on the merits", ob. cit., cap. I, nº 1.1, p. 3. No mesmo sentido, a definição contida em *Black's law dictionary*, ob. cit., verbete '*injunction*', p. 788. Para aprofundar melhor no estudo do *perpetual injunction*, vid. por todos, BEAN, ob. cit., cap. II, p. 13 e ss.

⁵⁵ Na feliz constatação de BEAN, "An interlocutory injunction, by contrast, is a provisional measure taken at an earlier stage in the proceedings, before the court has had an opportunity to hear and weigh fully the evidence on both sides", Injunctions, ob. cit., cap. I, p. 3. De acordo com o *Black's law dictionary*, esta modalidade pode ser entendida como: "A temporary injunction issued before or during trial to prevent an irreparable injury from occurring before the court has a change to decide the case", ob. cit., verbete '*injunction*', p. 788. Para aprofundar melhor no estudo do *preliminary injunction*, vid. BEAN, ob. cit., cap. III, p. 25 e ss; e principalmente VARANO, ob. cit., p. 39 e ss.

⁵⁶ *Black's law dictionary*, ob. cit., verbete '*injunction*', p. 788. Daí afirma acertadamente GOLDS-CHMIDT, que a *Equity* "presupone, en particular, que el resarcimiento en dinero no constituye una indemnización adecuada; que la 'specific performance' no es impracticable o imposible; que el daño que el actor sufra, por no conseguir el cumplimiento en natura, supera el daño del demandado en razón del cumplimiento (cf. también, art. 2058, II, C.C. italiano); que el contrato no es excesivamente riguroso o que su cumplimiento específico no conduce a una esclavitud legalizada del demandado, por ejemplo en el caso de un contrato de servicios personales", Las astreintes, las sanciones por contempt of court y otros medios para conseguir el cumplimiento de las obligaciones de hacer o de no hacer, ob. cit., p. 79, nota 68. No mesmo sentido, FRIGNANI, quando afirma que "il presupposto più importante, perchè si possa ottenere una 'final injunction' è costituito dall'inadeguatezza dei 'damages'", *L'injunction' nella 'common law' e l'inibitoria nel diritto italiano*, ob. cit., p. 145.

⁵⁷ De acordo com CALVÃO DA SILVA, a palavra *contempt* "deriva etimologicamente do latim 'comtemptus' – de 'contemno' ('contempsi', 'contemptum'), que significa desprezar, não fazer caso de", ob. cit., nº 99, p. 382, e nota 696. Seguindo a opinião de GOLDSCHMIDT, "este proceder que, en sus comienzos, se fundó en la idea de que el desobediente incurría en desacato frente a la persona del Rey, despreciando el Gran Sello del mismo, ha tenido una gran extensión originándose, sin embargo, más tarde una reacción tendiente a hacerlo innecesario, en ciertos casos, mediante otros métodos, especialmente al hacer posible la transferencia de un título por parte de un juez auxiliar ('master'), en el supuesto de que el obligado quedaba rebelde y prefería permanecer indefinidamente en la prisión, tal como teóricamente era posible", Las astreintes, las sanciones por contempt of court y otros medios para conseguir el cumplimiento de las obligaciones de hacer o de no hacer, ob. cit., p. 80. Segundo PEKELIS, o *contempt of court* "constituye aun un ejemplo sumamente característico de la filosofía que subyace en todo el mecanismo de la estructura jurídica angloamericana", una vez que "es de lo más importante para el funcionamiento de todo el sistema jurídico", Técnicas jurídicas e ideologías políticas. In: Revista Jurídica Argentina La Ley, 1943, t. 29, p. 838 (este artigo também está publicado em '*Michigan Law Review*', 41, 1943, p. 665 e ss; e em '*Materiali per una Storia della Cultura Giuridica*', 1982, v. XII, nº 1, p. 141 e ss). Para aprofundar melhor no estudo do *contempt of court* desde seu fundamento histórico até seus diversos tipos, vid. por todos, FRIGNANI, L '*injunction*' nella '*common law*' e l'inibitoria nel diritto italiano, ob. cit., p. 211 e ss.
Para identificar as múltiplas diferenças entre o instituto do *contempt of court* e o instituto da *astreinte*, consultar PEKELIS, ob. cit., p. 839 a 841.

or orders of a legislative or judicial body, or an interruption of its proceeding by disorderly bahavior or insolent language, in its presence or so near thereto as to disturb the proceedings or to impair the respect due to such a body".[58] Assim, o Contempt of Court constitui um ato de desprezo pelo tribunal ou de desobediência a uma ordem judicial, que por interferir "with the administration of justice, it is punishable, usually by fine or imprisonment".[59] Não obstante, devemos recordar que no sistema da *common law* igualmente não existe uma prisão por dívidas, "constitucionalmente prohibida en los distintos Estados de la Unión".[60] Deste modo, o devedor poderá ser encarcerado, não por não cumprir a obrigação, como no direito alemão, mas por haver desobedecido à ordem do tribunal.[61]

---

[58] *Black's law dictionary*, ob. cit., verbete '*contempt*', p. 313. Para RADBRUCH, o *Contempt of Court* significa: "menosprecio a (la honra del) juez, desacato al juez.Consiste en, por ejemplo, tener un comportamiento inadecuado en la sala del tribunal, incomparecencia voluntaria, negativa injustificada a declarar por parte de un testigo, etc... Si bien, también es posible fuera de la sala, por ejemplo, cuando un juez es atacado en un periódico, o cuando un periódico discute un caso antes de que se trate en la sala", ob. cit., p. 35, nota 33. Segundo GOLDSCHMIDT, "a los casos del 'constructive contempt' pertenecen, especialmente, la desobediencia a órdenes, resoluciones y decretos emitidos por el tribunal dirimiendo un proceso; además, están comprendidas en los mismos las interferencias explícitas en la autoridad del tribunal, pero que no son cometidas en su presencia, como serían los ataques contra testigos o contra personas o cosas que están bajo su jurisdicción, y también los casos de censura incorrecta, efectuada fuera de la vía judicial, por su actuación, vgr., mediante publicaciones", Las astreintes, las sanciones por contempt of court y otros medios para conseguir el cumplimiento de las obligaciones de hacer o de no hacer, ob. cit., p. 75 e 76.

[59] *Black's law dictionary*, ob. cit., verbete '*contempt*', p. 313. No mesmo sentido, O'HARE-HILL, quando afirma: "If the injunction is not obeyed the plaintiff can apply for the defendant's committal to prison", ob. cit., p. 608. A respeito, afirma acertadamente PEKELIS que "la singularidad de la sanción del 'common law', consistente en prisión por desacato civil descansa en el hecho que, a diferencia de las sanciones criminales, es impuesta no tanto 'quia pecatum est', no como 'consecuencia' de un cierto acto, sino 'ut agitur', con el propósito de provocar un acto. El significado jurídico del castigo es en su carácter etiológico, mientras que la sanción de desacato es en su aspecto teleológico; el castigo es fundamentalmente una 'consecuencia' deseada por la conducta humana; la prisión por desacato es principalmente un 'medio' para obtener cierta conducta. Aun cuando las sanciones criminales son explicadas, no en base a la teoría de la retribución sino en la del temor ('ne peccetur' como opuesta a la 'quia pecatum est'), el efecto que se busca es el de imponer una acción sobre los hombres en general y no la de forzar directamente a la persona castigada hacia una conducta determinada. (...) Pero la sanción por desacato aun se distingue de la sanción punitiva en la exclusividad de su propósito coercitivo, en su estructura funcional, que se encuentra bien adaptada a su fin. La magnitud de la presión que se ejerce se mide, no por lo que se haya hecho (se trate de la atrocidad del crimen u otros elementos) sino por la resistencia que se debe vencer. Una vez que se ha doblegado la voluntad de la persona sujeta a dicha sanción, cesa la coerción". Daí concluir o autor que: "Lo que hace a la sanción por desacato exclusiva es que sea la única que, con el propósito de obtener la restauración del orden jurídico, cuenta sobre el ánimo deudor y tiende a provocar su cooperación", ob. cit., p. 841.

[60] GOLDSCHMIDT, Las astreintes, las sanciones por contempt of court y otros medios para conseguir el cumplimiento de las obligaciones de hacer o de no hacer, ob. cit., p. 80.

[61] Historicamente esta possibilidade encontra respaldo no período da *cognitio extra ordinem*, quando o *iudicatum* vincula-se não a uma obrigação privada, senão a uma ordem judicial, pois, de acordo com BIONDI, o "'iudicatum' non è più una 'obligatio' privata, ma bensì l'ordine di un determinato comportamento che proviene dall'autorità pubblica: quindi non si tratta più di una 'obligatio' che deve spontaneamente adempiersi, ma di un comando cui bisogna obbedire", Appunti intorno alla sentenza nel processo civile romano. In: *Studi in Onore di Pietro Bonfante*. Milano: Fratelli Treves, 1930, v. IV, nº 28, p. 80.

Estas são as razões pelas quais o *Contempt of Court* é, no direito inglês, o instrumento mais eficaz para salvaguardar a realização concreta da tutela dos direitos, principalmente aqueles nascidos de obrigações pessoais não fungíveis, como é o caso da tutela específica.[62]

4. O Sistema tradicional italiano

Na Itália, o sentimento constitucional fez com que alguns juristas reagissem contra a inadequação dos instrumentos executórios tradicionais, nascidos, como é sabido, de uma sentença condenatória dirigida principalmente para a promoção da execução patrimonial.[63] A insuficiência destes mecanismos processuais para atender satisfatoriamente a crescente demanda destas novas categorias de interesses, como por exemplo, os do art. 18 do "Statuto dei Lavoratori",[64] impulsionaram alguns juristas a sustentar, já

---

[62] De igual modo, FRIGNANI, L'*injunction*' nella '*common law*' e l'inibitoria nel diritto italiano, ob. cit., p. 213; CALVÃO DA SILVA, ob. cit., nº 99, p. 383; e MARINONI, *Tutela inibitória*. São Paulo: RT, 1998, p. 170 e 171.

[63] De acordo com RICCARDO CONDE, recentemente o "Tribunale di Roma" tem se manifestado no sentido de que "nel nostro diritto positivo la sentenza di condanna avente ad oggetto l'adempimento di un fare infungibile non sarebbe 'inutiliter data' proprio per effetto di conseguenze comunque sfavorevoli, atte ad indurre, se non a costringere, il debitore in mora all'adempimento spontaneo", La nozione di irreparabilità nella tutela d'urgenza del diritto di credito (sviluppi giurisprudenziali). *In: Rivista di Diritto Processuale*, 1998, nº 1, p. 238 e 239.

[64] O art. 18 do Estatuto, estabelece: "(Reintegrazione nel posto di lavoro). – Ferme restando l'esperibilità delle procedure previste dall'articolo 7 della legge 15 luglio 1966, n. 604 (3/c), il giudice con la sentenza con cui dichiara inefficace il licenziamento ai sensi dell'articolo 2 della predetta legge o annulla il licenziamento intimato senza giusta causa o giustificato motivo, ovvero ne dichiara la nullità a norma della legge stessa, ordina al datore di lavoro, imprenditore e non imprenditore, che in ciascuna sede, stabilimento, filiale, ufficio o reparto autonomo nel quale ha avuto luogo il licenziamento occupa alle sue dipendenze più di quindici prestatori di lavoro o più di cinque se trattasi di imprenditore agricolo, di reintegrare il lavoratore nel posto di lavoro. (...). La sentenza pronunciata nel giudizio di cui al primo comma è provvisoriamente esecutiva. Nell'ipotesi di licenziamento dei lavoratori di cui all'articolo 22, su istanza congiunta del lavoratore e del sindacato cui questi aderisce o conferisca mandato, il giudice, in ogni stato e grado del giudizio di merito, può disporre con ordinanza, quando ritenga irrilevanti o insufficienti gli elementi di prova forniti dal datore di lavoro, la reintegrazione del lavoratore nel posto di lavoro. L'ordinanza di cui al comma precedente può essere impugnata con reclamo immediato al giudice medesimo che l'ha pronunciata. Si applicano le disposizioni dell'articolo 178, terzo, quarto, quinto e sesto comma del codice di procedura civile. L'ordinanza può essere revocata con la sentenza che decide la causa. Nell'ipotesi di licenziamento dei lavoratori di cui all'articolo 22, il datore di lavoro che non ottempera alla sentenza di cui al primo comma ovvero all'ordinanza di cui al quarto comma, non impugnata o confermata dal giudice che l'ha pronunciata, è tenuto anche, per ogni giorno di ritardo, al pagamento a favore del Fondo adeguamento pensioni di una somma pari all'importo della retribuzione dovuta al lavoratore". De acordo com a opinião de RAPISARDA, "questa norma segna il passaggio da un regime di semplice monetizzazione del danno subíto dal lavoratore ingiustamente licenziato ad un sistema attuativo della cosiddetta stabilità reale del posto di lavoro", Profili della tutela civile inibitoria. Padova: Cedam, 1987, cap. V, nº 5, p. 202. Segundo CARPI-TARUFFO, "Il principio per cui *l'ordine di reintegrazione del lavoratore nel posto di lavoro* (art. 18 St. lav.) non è suscetibile di esecuzione in forma specifica (conf. 90/9125, 90/46, 88/112, Pret. Firenze 20-4-88, D. e prat. lav., 91, 2464; Trib. Lecce 31-7-84, F. it. 85, I, 2430; Pret. Milano 1-6-85, Or. g. lav. 85,858; Pret. Roma 14-3-86, 'Nuovo dir.' 86,657; 'contra' Pret. Padova 7-3-80, 'F. it. 80,I,1779), ammettendo il reingresso coattivo del lavoratore accompagnato dall'ufficiale giud.", Commentario breve al codice di procedura civile. 2ª ed., Padova: Cedam, 1999, art. 612, p. 1589. Para aprofundar melhor no estudo da reintegração do trabalhador no posto de trabalho, vid. por todos, TARUFFO,

na década dos anos 60 e 70, a utilização da prisão como meio de coação para que o devedor cumprisse a sentença de condenação de obrigações não suscetíveis de execução forçosa.

4.1. Aplicação do Contempt of Court

Parte da doutrina italiana insatisfeita com a ineficiência dos métodos tradicionais da execução forçada para realizar eficazmente as obrigações *in natura*, passou a sustentar, já nas décadas de 60 e 70, a possibilidade da utilização do meio de coação direta sobre a liberdade do devedor a fim de compeli-lo a realizar voluntariamente a obrigação específica. Entre estes autores podemos destacar as opiniões de Molari, Proto Pisani e Frignani.

a) Molari parte da idéia segundo a qual "l'incriminazione penale, in quanto 'extrema ratio', rappresenta il mezzo più adeguato per la protezione di interessi non altrimenti suscetibili di tutela giuridica, e che, di conseguenza, la protezione disposta dall'art. 388 trova la sua più valida ragione d'essere specialmente in relazione ai diritti per i quali – non essendo pensabile un'esecuzione forzata, e non essendo d'altro canto prevista alla stregua del nostro diritto positivo la possibilità di irrogare misure coercitive – altro mezzo di protezione non rimane se non la sanzione penale".[65] Para ele, "l'intuizione già suggerisce come la validità della teorica relativa ad una incriminazione penale della disobbedienza attuata con le modalità della simulazione o della frode sia tuttavia condizionata dalla possibilità di far convergere le prime sulla seconda, di modo che l'inottemperanza all'ingiunzione di eseguire la sentenza prevista nell'art. 388 rimanga pur sempre il fulcro della fattispecie".[66] Daí que para o autor, "la fattispecie contenuta nella prima parte dell'art. 388 c. p. sarebbe posta a tutela dell'autorità della sentenza: intendendo tale termine tuttavia non già come possibilità di attuazione coatta del provvedimento per il tramite del processo esecutivo, ma come sinonimo di imperatività dello stesso".[67]

b) A teoria desenvolvida por Proto Pisani na reconstrução da tutela condenatória parte da constatação de que em muitos casos, como por exemplo, quando a sentença de condenação tem por objeto o cumprimento de obrigações não-suscetíveis de execução forçada, ou quando existe a necessidade de uma tutela inibitória, a sentença condenatória é um remédio insuficiente para resolver de forma eficaz e adequada os interesses dos titulares. Por isso, propõe o autor, que "L'art. 24 comma 1° della costitu-

---

Problemi in tema di esecutorietà della condanna alla reintegrazione del lavoratore. In: Rivista Trimestrale di Diritto Processuale Civile, 1976, p. 789 e ss.

65 *La tutela penale della condanna civile*. Padova: Cedam, 1960, p. 52.

66 Ob. cit., p. 58.

67 Ob. cit., p. 1. É conveniente assinalar que para MOLARI, é "esatte le affermazioni di quegli Autori per i quali anche la sentenza di condanna non ancora passata in cosa giudicata può essere ritenuta elemento sufficiente per la consumazione del delitto", ob. cit., p. 233.

zione, se interpretato alla luce del principio secondo cui 'il processo debe dare per quanto è possibile praticamente a chi ha ragione tutto quello e proprio quello ch'egli ha diritto di conseguire'".[68] Mais adiante, o professor florentino conclui seu estudo afirmando que: "attraverso la tecnica della incriminazione penale 'diretta' di una determinada condotta l'ordenamento può realizzare quella stessa tutela preventiva di determinate situazioni di vantaggio che si può realizzare attraverso l'intermediazione di un provvedimento civile di condanna la cui attuazione sia sanzionata penalmente attraverso il ricorso alla tecnica delle misure coercitive di cui all'art. 388 c.p. (ed eventualmente all'art. 650 c.p.)".[69]

c) A teoria de Frignani, que parte de uma análise comparativa entre a *injunction* da *common law* e a inibitória do direito italiano, desemboca na seguinte afirmação: "sia nel diritto angloamericano che in quello italiano si presentano le medesime esigenze di tutela del medesimo interesse, la prevenzione dell'illecito: là vi si perviene con l''injunction' qui con l'inibitoria".[70] E o autor conclui seu pensamento afirmando que: "Accanto alla forma di coazione indiretta delle obbligazioni di fare e di non fare, costituita da una sanzione di carattere civilistico, ne esite un'altra, costituita da una sanzione di natura penalistica. Infatti, il non ubbidire al comando del giudice, che imponga l'adempimento di un obbligo di fare e di non fare, costituisce, in presenza di certi presupposti una fattispecie criminosa. La norma di cui trattasi è l'art. 388 c.p.".[71]

4.2. Doutrina conservadora

Em que pesem os esforços desenvolvidos por alguns juristas para conferir mais eficácia a determinadas tutelas jurisdicionais, as críticas não tardaram a aparecer. Entre as mais contundentes, podemos destacar aquelas desenvolvidas por Chiarloni e Mandrioli, entre outros.

a) De acordo com Chiarloni, a tese de Proto Pisani "rappresenti uno sviluppo della teorica di origine germanica che ravvisa il 'proprium' della sentenza di condanna nell'avere ad oggetto del suo accertamento la preteza ad una prestazione, 'ossia il diritto ad una prestazione in quanto debba essere soddisfatto a seguito della sua violazione' e che ha portato per lungo tempo la dominante dottrina tedesca a parlare, indifferentemente, di 'Verurteilungsurteil' o di 'Leistungsurteil'".[72] Depois de uma longa análise dos defeitos que acompanham a técnica desenvolvida pela ZPO, o autor não

---

[68] Appunti sulla tutela di condanna. In: Rivista Trimestrale di Diritto Processule Civile, 1978, p. 1.161 e 1.162.
[69] Ob. cit., p. 1207.
[70] *L'injunction' nella 'common law' e l'inibitoria nel diritto italiano*, ob. cit., p. 611.
[71] Idem, p. 592.
[72] Ob. cit., p. 135.

aceita as conclusões do professor florentino basicamente por duas razões: "Una prima conseguenza di questa premessa è che la semplice inottemperanza all'ingiunzione di eseguire la sentenza costituisce il momento consumativo del reato, essendo irrilevante la insolvibilità del soccombente ove si tratti di sentenza suscettibile di esecuzione forzata per espropriazione. Una seconda e più importante conseguenza è che nella previsione dell'art. 388 rientrano anche le sentenze civili di condanna non suscettibili di esecuzione, vale a dire le sentenze che riguardino un fare o un non fare infungibili come quelle, appunto, della esemplificazione conclusiva sopraricordata (obligaciones de contenido artístico)".[73] Deste modo, o autor conclui seu estudo afirmando que: "crediamo di dover rifiutare la 'penalizzazione surrettizia' degli obblighi civili astrattamente considerati che conseguirebbe alla individuazione di un fatto di reato nel comportamento del soccombente il quale non ottempera la sentenza insuscettibile di esecuzione forzata", porém, "occorre, al riguardo, prendere in considerazione la circostanza che misure coercitive, sia penali che civili, sono espressamente previste nella legislazione speciale a sanzione del mancato adempimento del dovere di prestazione consagrato in alcuni provvedimenti di merito".[74] Posteriormente, o autor reconhece "l'asserto secondo il quale la correlazione necessaria tra condanna ed esecuzione forzata 'non si rivela a perfetta tenuta' è di per sé esatto. Ma non nel senso ampio che gli si è voluto attribuire, (...). Bensì nel senso, molto più ristretto, che si può agire in condanna anche le poche volte (da contarsi per ora sulle dita di una mano) che sul convenuto grava un obbligo di fronte al cui inadempimento il sistema reagisce con misure coercitive espressamente e specificamente prevedute".[75]

Em um artigo posterior, Chiarloni, depois de rebater novamente a tese de Proto Pisani em basicamente quatro pontos (o primeiro geral, e os outros três de método, histórico e de substância), reconhece que: "Sono convinto che sia indispensabile introdurre un sistema allargato di misure coercitive sul patrimonio a tutela delle obbligazioni di fare e di non fare e, forse, anche a tutela di certe categorie di obbligazioni di dare", e também "sono persuaso che l'esitenza di una tensione all'esatto adempimento dell'obbligazione civile, così forte da richiedere la previsione di una misura coercitiva non più sul patrimonio, bensì sulla persona del debitore debba venir pazientemente individuata caso per caso, attraverso l'intervento del legislatore penale, che modelli singole ipotesi di reato, modulando l'intervento repressivo a seconda della gravità delle singole violazioni".[76]

---

[73] Ob. cit., p. 177.
[74] Ob. cit., p. 201.
[75] Ob. cit., p. 201 a 203.
[76] *Ars distinguendi* e tecniche di attuazione dei diritti. In: *Formalismi e Garanzie: Studi sul Processo Civile*. Torino: Giappichelli, 1995, p. 50. Para uma análise mais detalhada da teoria de Chiarloni, vid. também COLESANTI, ob. cit., p. 601 e ss.

b) Para Mandrioli, "il superamento della correlazione necessaria tra condanna ed eseguibilità forzata, nei termini e con la portata proposti dal Proto Pisani, sembra dunque scarsamente fondado e poco utile sia sul piano pratico e sia su quello sistematico".[77] Porém, a crítica do autor está dirigida não ao artigo anteriormente estudado, senão a um artigo prévio de Proto Pisani.[78] Daí que o autor finaliza seu artigo: "Non senza, tuttavia, osservare che il ricorso alle misure coercitive, specie se di natura penale, è uno strumento da usarsi con parsimonia e senso della misura, poiché, per natura sua, è destinato ad operare in quella delicatissima sfera che concerne il momento formativo della volontà, comprimendone la naturale libertà".[79] Deste modo, o autor conclui seu ponto de vista no sentido da "obbiettiva impossibilità di eseguire coattivamente gli obblighi di fare infungibili".[80]

c) Entre os diversos autores que criticam a penalização da tutela jurisdicional dos direitos civis, podemos destacar, também, Tarzia,[81] Monteleone,[82] Tommaseo[83] e Montesano.[84]

4.3. Considerações

Apesar das diversas críticas surgidas, o certo é que esta postura poderia justificar-se porque na Itália ainda não existe uma norma capaz de atender satisfatoriamente aos interesses do credor de conteúdo negativo como

---

[77] Sulla correlazione necessaria tra condanna ed eseguibilità forzata. In: Rivista Trimestrale di Diritto Processuale Civile, 1976, n° 8, p. 1355.

[78] Denominado: L'effettività dei mezzi di tutela giurisdizionale con particolare riferimento all'attuazione delle sentenza di condanna. In: Rivista di Diritto Processuale, 1975, p. 620 e ss.

[79] Ob. cit., n° 8, p. 1355 e 1356.

[80] *Corso di diritto processuale civile*. Torino: Giappichelli, 2000, v. III, § 33, p. 101. Para uma visão mais completa do autor, se bem mais antiga, vid. sua obra, *L'esecuzione forzata in forma specifica*. Milano: Giuffrè, 1953, principalmente n° 2, n° 6, n° 13, e suas conclusõs no n° 22.

[81] De acordo com o professor de Milão: "La reviviscenza di misure coercitive personali, attraverso un'ardita interpretazione e applicazione degli artt. 388 e 650 c.p., va ben al di là di quella che poteva apparire, nell'àmbito di un 'perfezionamento' della giurisdizione civile, la miglior realizzazione del principio dell'esatto adempimento", Presente e futuro delle misure coercitive civile. In: Rivista Trimestrale di Diritto Processuale Civile, 1981, p. 803.

[82] Para quem: "L'introduzione di misure coercitive o penali, quindi, solo illusoriamente costituisce un mezzo di esecuzione coatta delle obbligazioni, restando sempre ed in ogni caso l'adempimento un atto volontario ed incoercibile del debitore", Recenti sviluppi nella dottrina dell'esecuzione forzata. In: Rivista di Diritto Processuale, 1982, n° 4, p. 289.

[83] A idéia do autor pode ser resumida do seguinte modo: "In conclusione, si può affermare – con un'autorevole dottrina – che l'aver ravvisato nelle sanzioni penali lo strumento di coazione per rendere effettiva la tutela giurisdizionale di condanna, si fonda sull'erroneo convincimento che la condanna si risolva in un ordine di giustizia penalmente sanzionato", *I provvedimenti d'urgenza*. Padova: Cedam, 1983, cap. VI, n° 6, p. 359.

[84] Para o autor: "Invero, il debitore è condannato non ad adempiere, o meglio, per usare le parole dell'art. 1218 c.c., ad eseguire egli stesso la prestazione ancor dopo la sentenza, a pena di subire la 'giudiziaria surrogazione', o la sanzione afflittiva, ma 'all'adempimento'", La tutela giurisdizionale dei diritti. Torino: Utea, 1985, n° 62, p. 151 e 152; e também em Considerazioni su storia moderna e proposte riforme della giustizia civile in Itália. *In: Rivista di Diritto Processuale*, 1981, n° 4, p. 608.

aqueles que têm por base um fazer não-fungível,[85] exceto alguns poucos casos legais de *astreintes*.[86] Por isso, em dezembro de 1994, o Ministro da Justiça encarregou a uma comissão, presidida pelo prof. Tarzia, a reforma do Código Processual Civil.[87]

5. O sitema misto alemão

O direito processual alemão, diante da tutela específica, desenvolveu um sistema próprio, contido nos §§ 888[88] e 890[89] da ZPO.[90]

---

[85] Neste sentido, COMOGLIO, quando afirma: "L'insufficienza del sistema è palese, ove si consideri che le situazioni costituzionali, per la loro 'insostituibilità', esigono una 'tutela differenziata e qualificata' che ne consenta la 'reintegrazione', per cosí dire, 'in forma specifica'. (...) Al riguardo, va ribadita la necessità di una 'reintegrazione in forma specifica' delle situazioni soggettive costituzionali, intendendosi con tale espressione qualcosa di piú e di diverso dal mero 'risarcimento per equivalente' della loro violazione, cioè la 'realizzazione' concreta dell' 'interesse costituzionalmente tutelato' dalle singole guarentigie", La garanzia costituzionale dell'azione ed il processo civile. Padova: Cedam, 1970, n° 14, p. 88 e 89, e nota 151. Assim mesmo, TARZIA, ob. cit., p. 807; DENTI, *La giustizia civile*. Bologna: Il Mulino, 1989, cap. IV, n° 7, p. 124, e n° 12, p. 134 e ss; CHIARLONI, Misure coercitive e tutela dei diritti, ob. cit., p. 202; MONTESANO, ob. cit., p. 609; TOMMASEO, ob. cit., cap. VI, n° 6, p. 354 e ss; e FRISINA, La tutela cautelare d'urgenza dei diritti a prestazioni pecuniarie. In: Rivista di Diritto Processuale, 1986, n° 4, p. 997 e ss, entre outros.

[86] Neste sentido, FRIGNANI, em Le penalità di mora e le astreintes nei diritti che si ispirano al modello francese. *In: Rivista di Diritto Civile*, 1981, parte I, p. 520 e ss; La penalità di mora nel diritto comunitario, francese e italiano. In: Rivista di Diriritto Industriale, 1974, parte I, p. 261 e ss; e também no livro: *L'injunction' nella 'common law' e l'inibitoria nel diritto italiano*, ob. cit., p. 567 e ss, principalmente p. 578 e ss.

[87] De acordo com TARZIA, a finalidade da reforma era "la razionalizzazione e l'effettiva accelerazione delle procedure, nel più scrupoloso rispetto dei diritti di difesa delle parti', coniugando dunque i due valori (diversi ma tra loro avvinti) della garanzia della difesa e dell'effettività del processo; e l'introduzione di 'una disciplina più moderna e funzionale del processo, con particolare riguardo all'esecuzione ed ai procedimenti speciali non considerati dalla legge n. 353 del 1990", Per la revisione del codice di procedura civile. *In: Rivista di Diritto Processuale*, 1996, n° 4, p. 945.

[88] O § 888 da ZPO, establece: "I. Si una acción no puede ser efectuada por un tercero, entonces, si depende exclusivamente de la voluntad del deudor, se condenará a instancias por parte del tribunal procesal de primera instancia a que el deudor sea exhortado a efectuar la acción por medio de multa coercitiva, y para el caso de que esto no se pueda recaudar, por medio de encarcelamiento coercitivo. Cada multa coercitiva no puede ser superior a la cantidad de 50.000 marcos alemanes. Para el encarcelamiento coercitivo se aplican análogamente las disposiciones de la sección cuarta sobre el encarcelamiento. II. No procede la amenaza de los medios coactivos. III. Estas disposiciones no se aplican en el caso de condena a contraer un matrimonio, en el caso de condena a establecimiento de la vida conyugal y en caso de condena a la prestación de servicios por un contrato de prestación de servicios. (Párrafo II añadido, párrafo III modificado en su redacción por el art. 1, núm. 29, 2ª enmienda de la ejecución forzosa; en vigor desde el 1 de enero de 1999)", Código procesal civil alemán. Trad. por Emilio Eiranova Encinas e Miguel Lourido Míguez. Madrid: Marcial Pons, 2001, p. 262 e 263. De acordo com CHIARLONI, "é interessante rilevare che la misura coercitiva prevista dal § 888 ZPO viene utilizzatta anche a tutela di doveri intraprocessuali derivanti da un'ordinanza del giudice, ad esempio in materia di prove", Misure coercitive e tutela dei diritti, ob. cit., p. 98, nota 124.

[89] O § 890, da ZPO, establece que: "Si el deudor actúa en contra de la obligación de no hacer un acto o de tolerar la ejecución de un acto, entonces será condenado por uno cualquiera de los actos en contra a instancias del acreedor por parte del tribunal procesal de primera instancia a una corrección disciplinaria económica, y para el caso de que ésta no se pueda recaudar, a arresto sustitutorio, o a arresto sustitutorio de hasta seis meses. Cada corrección disciplinaria económica no puede ser superior a la cantidad de 500.000 marcos alemanes, el arresto sustitutorio en total no puede ser superior a dos años. II. A la condena debe preceder una correspondiente conminación, la cual, si no está incluida en la

Enquanto a coerção contida no §888 se refere às obrigações de fazer positivas e não-fungíveis, a coerção do § 890 se refere às obrigações de fazer negativas. O descumprimento por parte do devedor de uma obrigação de fazer ou de não fazer contida em uma sentença de condenação dá lugar geralmente à aplicação do § 890 e, de forma excepcional, ao § 888.[91] Deste modo, se faz evidente a configuração de um sistema misto, já que existe pelo geral a aplicação de uma pena pecuniária (*Zwangsstrafe*) e excepcionalmente a aplicação de uma pena restritiva de liberdade[92] (*Zwangshoft*) por descumprimento da obrigação. O caráter excepcional se justifica em virtude da gravidade da coerção, que pode inclusive alcançar a liberdade do devedor, pelo que, como indica Chiarloni, "possiamo supporre che i giudici tedeschi abbiano fatto e facciano un uso moderato del potere loro concesso di limitare la liberta personale del debitore".[93]

No sistema alemão, o valor econômico obtido em virtude da aplicação da pena pecuniária reverte em benefício do Estado, e não do credor, como ocorre no sistema francês.[94] Isto é devido, na opinião de Colesanti, a que o desenvolvimento das medidas coercitivas na Alemanha, "sempre ricollegate allá 'violazione dell'autorità', denotano una visione del processo in cui non tanto preme la soddisfazione dell'avente diritto, quando la 'punizione' di chi, col próprio comportamento tale violazione há concretato".[95]

---

sentencia que declara la obligación, será pronunciada a instancia por el tribunal procesal de primera instancia. III. El deudor también puede ser condenado a instancias del acreedor a la constitución de una garantía para los daños que se produzcan por otros actos en contra por un período de tiempo determinado", Código procesal civil alemán, ob. cit., p. 263. Para CHIARLONI, "alla fattispecie prevista dal § 890 ZPO, abbiamo un'opinione una volta assolutamente dominante, e ancor oggi maggioritaria, che sostiene la natura di sanzione penale delle misure coercitive in esame, sia pure con sfumature diverse", Misure coercitive e tutela dei diritti, ob. cit., p. 94. Esta afirmação é corroborada por GOLDSCHMIDT, *Las astreintes, las sanciones por contempt of court y otros medios para conseguir el cumplimiento de las obligaciones de hacer o de no hacer*, ob. cit., p. 74; e MOLARI, ob. cit., p. 41.

[90] Para aprofundar melhor no estudo da evolução histórica destas medidas no ordenamento alemão, vide por todos, COLESANTI, ob. cit., principalmente nº 4 e ss, p. 605 e ss; CHIARLONI, Misure coercitive e tutela dei diritti, ob. cit., p. 69 e ss; GOLDSCHMIDT, *Las astreintes, las sanciones por contempt of court y otros medios para conseguir el cumplimiento de las obligaciones de hacer o de no hacer*, ob. cit., p. 71 e ss, e MOLARI, ob. cit., p. 33 e ss.

[91] Conforme CHIARLONI, Misure coercitive e tutela dei diritti, ob. cit., p. 89.

[92] De acordo com a opinião de GOLDSCHMIDT, "la elección entre multa y arresto corresponde al tribunal, y no al acreedor", Las astreintes, las sanciones por contempt of court y otros medios para conseguir el cumplimiento de las obligaciones de hacer o de no hacer, ob. cit., p. 72 e 73.

[93] *Misure coercitive e tutela dei diritti*, ob. cit., p. 97. Para o autor, "giudici e scrittori tedeschi sono concordi nel ritenere, introducendo in sostanza una interpretazione parzialmente abrogante del § 888, che la norma non trova applicazione tutte le volte che l'obbligo di fare richiami qualità di ordine artistico o scientifico", ob. cit., p. 98.

[94] Conforme esclarece CHIARLONI, *Misure coercitive e tutela dei diritti*, ob. cit., p. 90; e GOLDSCHMIDT, *Las astreintes, las sanciones por contempt of court y otros medios para conseguir el cumplimiento de las obligaciones de hacer o de no hacer*, ob. cit., p. 72.

[95] *Misure coercitive e tutela dei diritto*, ob. cit., nº 8, p. 625. Nesta ordem de idéias MOLARI afirma que: "La 'Zwangstrafe' di cui al § 888 ZPO, si dice allora, è stabilita in funzione non solo dell'interesse privato del creditore, ma altresì di un diritto pubblico, il cui contenuto va per l'appunto individuato nell'interesse dello Stato all'osservanza dei comandi emanati con la sentenza civile", ob. cit., p. 36.

— VI —

A Jurisprudencialização da Constituição.
Qual a "norma" contida na "texto": o caso das contratações temporárias no serviço público

JOSÉ LUIS BOLZAN DE MORAIS[1]

Sumário: Anotações Preliminares; Contratação temporária e excepcional. O permissivo constitucional – art. 37, IX da CF/88.

Anotações Preliminares

Este trabalho pretende contemplar, resumidamente, alguns aspectos peculiares ao debate constitucional contemporâneo, em particular no que diz com o ganho de importância da função jurisdicional do Estado – sobretudo em seu papel de intérprete privilegiado da Constituição e da constitucionalidade das leis – em meio a um contexto de *exceção permanente*, como refere Giorgio Agamben,[2] e de crise das fórmulas políticas da modernidade, como tenho, reiteradamente, manifestado,[3] em particular quando percebemos o descompasso entre o projeto político-constitucional e o projeto econômico característicos das sociedades ao final do século XX e início deste novo milênio.

---

[1] O autor é mestre – PUC/RJ – e doutor – UFSC/Université de Montpellier I – em Direito do Estado, professor do Programa de Pós-Graduação em Direito da UNISINOS, Procurador do Estado do Rio Grande do Sul. Professor da UNILE – Lecce – Itália; Consultor da Escola Doutoral Túlio Ascareli – Roma Tre e professor convidado das Universidades de Roma "La Sapienza", Roma Tre, Napoli e Salerno. Pesquisador do CNPq, FAPERGS. Consultor *ad hoc* do MEC/SESu/INEP, CAPES e CNPq. Coordenador do Círculo Constitucional Euro-Americano (CCEUAM) e Membro Conselheiro do Instituto de Hermenêutica Jurídica (IHJ).

[2] Ver, deste autor, sobre o tema: *Estado de Exceção*. Col. Estado de Sítio. São Paulo: Boitempo. 2004. Nesta mesma linha ver: BERCOVICI, Gilberto. *Constituição e Estado de Exceção Permanente. Atualidade de Weimar*. Rio de Janeiro: Azougue Editorial. 2004.

[3] Ver, exemplificativamente: BOLZAN DE MORAIS, José Luis. *As Crises do Estado e da Constituição e a Transformação Espacial dos Direitos Humanos*. Col. Estado e Constituição. N. 1. Porto Alegre: Livraria do Advogado. 2002; BOLZAN DE MORAIS, José Luis e STRECK, Lenio Luiz. *Ciência Política e Teoria do Estado*. 5ª ed. Porto Alegre: Livraria do Advogado. 2006.

É neste contexto que desenvolvemos nosso projeto de pesquisa *A Jurisprudencialização da Constituição* onde, com o apoio do CNPq, da FAPERGS e da UNISINOS, se busca compreender, seja sob o viés teórico, seja na perspectiva pragmática, o "processo" de centralização da função jurisdicional do Estado, em particular como controle de constitucionalidade, no debate político, debate este apresentado como "judicialização da política", impondo, com isso, uma série de reflexões que emergem de tais circunstâncias.[4]

De um lado, este debate vem marcado por um novo modelo constitucional, vinculado à idéia de Estado Democrático de Direito – incorporando no contexto de um projeto de Estado Social em sentido amplo um caráter de transformação da realidade –, de outro, desde a *crise estrutural* – como nomeamos em nosso: *As crises do Estado e da Constituição e a transformação espacial dos direitos humanos*[5] –, que afeta não apenas a capacidade de financiamento exigida do projeto de Estado Social para fazer frente ao conjunto de direitos reconhecidos e prometidos implementar, como também diz respeito a seus pressupostos antropológico-filosóficos e ideológicos, pela incapacidade de a autoridade pública pôr em prática o projeto contido e "acertado" no âmbito da Carta constitucional – o que pode ser compreendido desde perspectivas distintas, como veremos – sendo que ambos põem em xeque toda uma construção doutrinária do constitucionalismo, marcada por uma postura liberal-individualista frente ao texto legislado, seja como intérprete do mesmo, seja como seu afiançador, em razão de uma atitude passiva – "contemplativa" – da jurisdição constitucional como espaço de aplicação do direito legislado, diante da inefetividade das promessas/consensos constitucionais.

Todas estas interrogações adquirem maior relevância nos países de modernidade tardia, como refere Lenio Streck,[6] nos quais o descompasso histórico em face das promessas características desta fase histórica explicita a convivência entre a "(super)inclusão" e a "(super)exclusão" de (amplos) setores sociais, exigindo que os operadores do direito compreendam a inviabilidade de sustentarem suas práticas em teorias gerais e conceitos universais, peculiares à tradição moderna, hoje insuficientes para dar conta da complexidade contemporânea e ultrapassadas em sua tentativa de apreender o mundo coisificando-o.[7]

---

[4] Resultados parciais das discussões realizadas ao longo da realização da pesquisa foram publicados nas edições de 2002 e 2005 deste mesmo Anuário.

[5] Ver nota 2, acima.

[6] Ver deste autor: *Jurisdição Constitucional e Hermenêutica. Uma nova crítica do direito*. 3ª ed. Rio de Janeiro: Forense. 2004, bem como, do mesmo autor, *Verdade e Consenso*. Rio de Janeiro: Lúmen Júris. 2006.

[7] Ver: BOLZAN DE MORAIS, Jose Luis e STRECK, Lenio Luiz. *Ciência Política e Teoria do Estado*. Passim.

É com essa experiência e experimentação apenas que se chegou às conclusões aqui contidas que refletem, ao que nos parece, um dos temas fundantes da e para a reflexão constitucional contemporânea, podendo ser sintetizado no embate procedimentalismo vs. substancialismo e na perspectiva de sua superação.

Assim, embora não se pretenda recuperar os aspectos característicos destas duas posições, posto que este é um debate fortemente desenvolvido, é fundamental ter presente que, desde logo, nenhuma das duas posições parecem suficientes para dar conta desta defasagem antes referida, a qual distancia o "consenso" constitucional das práticas políticas cotidianas, ocasionando amiúde uma profunda deslegitimação não apenas dos instrumentos jurídicos, em particular das constituições – o que leva a reconhecer a emergência de uma *crise institucional* ou *constitucional* –, assim como gera uma desconfiança da/na política como instância de construção de consensos e viabilizadora de práticas teleologicamente identificadas com um projeto de sociedade *justa e solidária* – produzindo, assim, uma *crise política*, marcadamente uma crise da democracia, identificada esta como a fórmula privilegiada da política.[8]

Com isso, pode-se perceber que um dos maiores dilemas sentidos pelo Estado Constitucional em sua expressão atual, ao lado de sua perda da capacidade decisória, como expressão de sua *crise conceitual*, diz respeito ao descompasso entre o conteúdo de seu direito constitucional, inserto em sua Carta Política, e aquilo que constitui as suas políticas públicas, as quais vêm marcadas pelo signo da *escassez*, a qual tanto pode ser o resultado de uma restrição orçamentária decorrente de uma crise econômica de feitio tradicional ou e, muitas vezes, adicionalmente, de uma transformação profunda do núcleo econômico do liberalismo, o capitalismo, que transita de um modelo de "produção" para um "financeiro", como também de uma reorientação do e no sentido das práticas interventivas do Estado, o que pode ser percebido quando este, em meio às restrições financeiras, "opta" por agir em resposta a demandas advindas de setores econômicos capitalistas, em prejuízo daquelas que seriam decorrentes próprias do projeto constitucional social.[9]

E, assim, com este entorno, coloca-se o problema fundamental, para o jurista, de construir e reconstruir uma doutrina constitucional que esteja conforme com as circunstâncias peculiares que a envolvem, ou seja, não é

---

[8] Para este debate, além dos textos referidos na nota 2, acima, ver: *Crise do Estado, Constituição e Democracia Política: a "realização"da ordem constitucional! E o povo...* In: COPETTI, André; STRECK, Lenio Luiz e ROCHA, Leonel Severo (Orgs.). *Constituição, Sistemas Sociais e Hermenêutica*. Anuário do Programa de Pós-Graduação em Direito. n. 2. Porto Alegre: Livraria do Advogado. 2005, p. 91-112.

[9] Uma postura peculiar acerca deste tema pode ser lida em: HÖFFE, Otfried. *A Democracia no Mundo de Hoje*. São Paulo: Martins Fontes, 2005.

mais possível, como já dito, que se pretenda desenvolver uma teoria constitucional que não esteja conectada com uma teoria do Estado. Ou seja, abre-se como caminho intransponível o de refletir acerca de uma teoria do/para o Estado Constitucional que, ao mesmo tempo em que considere a intransponibilidade do mesmo, tenha presente a complexidade e a fragmentação da (des)ordem política contemporânea ao lado da inafastabilidade da realização de suas "promessas" contidas em suas Cartas constitucionais e, particularmente, em seus catálogos – abertos – de direitos fundamentais.[10]

É neste contexto que se torna inadmissível pretender-se dar conta do projeto político-constitucional como se o mesmo não estivesse conectado e dependente do projeto político-econômico. Dito de outro modo, não há como pretender realizar o projeto constitucional sem ter-se presente os limites e as condições necessárias e suficientes para tal consecução.

Ou seja, é imprescindível que se tome a sério o constitucionalismo, não apenas como fórmula ideal de sociedade "civilizada", mas como projeto realizável da mesma, sem que isto implique uma postura submissa às *razões de Estado* como projeção de *razões econômicas* de viés "neo"liberal.

No âmbito estrito da teoria jurídica, como já adiantado na edição anterior deste Anuário, é preciso ter presente as insuficiências e a necessidade de superação de uma dicotomia profunda e estigmatizante entre o que ficou reconhecido como posturas substancialistas e procedimentalistas, quando uma e outra se apegam a parcialidades, sem lançar um olhar para o todo, sem, aqui, qualquer pretensão totalizante. Como já dito, para além da segmentação é mister uma aproximação destas posições.

E como promover tal superação? Esta parece ser uma das tarefas fundamentais da/para a Teoria Constitucional contemporânea, sob pena de ficarmos à mercê de um *messianismo constitucional*, que promete o paraíso na Terra, ou de um *voluntarismo irresponsável*, que segmenta a fórmula do Estado, sobretudo a partir de posturas descompromissadas que, a pretexto de fazer valer o texto constitucional, promove uma dupla deslegitimação do mesmo e da própria política, seja pela apropriação individual de suas promessas (garantias), seja pela inviabilização do cumprimento das políticas públicas selecionadas, seja pela demonstração mesma da insuficiência da decisão jurídica para tornar viável o exercício dos conteúdos pretendidos.

Ou seja, não se pode pretender resolver as insuficiências do projeto político-constitucional a partir de um reforço na/da fragmentação do Estado, de uma desqualificação do ambiente da política em sentido estrito, de uma superação descompromissada da unidade política do próprio Estado, o que nos faz retomar ao tema das *crises* como um *eterno retorno*.

---

[10] Sobre este tema, entre outros, ver: PIOVESAN, Flavia. *Direitos Humanos e o Direito Constitucional Internacional*. 7ª ed. São Paulo: Saraiva, 2006.

Neste contexto, o Poder Judiciário e a atividade jurisdicional, em especial dos Tribunais Constitucionais, são o foco central do debate, tanto nas chamadas democracias "maduras" quanto nas democracias "emergentes", ganhando contornos de uma discussão estratégica nestas últimas em razão do descompasso histórico em que se encontram no que diz com a realização dos projetos de bem-estar social. Discutem-se, aqui, os limites de atuação da Jurisdição Constitucional, sua legitimidade e o seu papel como instrumento para a efetivação da Constituição e a implementação de um Estado Democrático de Direito. Poucos ingredientes têm sido tão cruciais ao sucesso das democracias emergentes, quanto a crença, a "fé", no "Rule of law" e no "Judicial review".

A presença das Cortes Constitucionais e seus inúmeros atributos estão entre as variáveis chaves do novo modelo de Poder Judiciário que se busca firmar, igualmente, do novo modelo de Democracia que o Estado Social impõe. Assim, são constantes e recorrentes os questionamentos acerca de qual será o papel dos Tribunais e do Poder Judiciário como instituição de "poder" na implementação de um Estado Democrático de Direito? Mais especificamente, qual o papel da Jurisdição Constitucional num Estado com acentuada crise fiscal e política, com um amplo déficit de políticas públicas e um fosso profundo de promessas incumpridas da modernidade?

A maioria dos países que vivenciam recente história democrática tem como modelo inspirador de seus sistemas as Cartas Políticas do Pós-Guerra da segunda metade do século XX, as chamadas Cartas dirigentes, que possuem como ideário a realização de um Estado Democrático de Direito, que garante ao cidadão o respeito e o exercício dos direitos fundamentais, ou seja, a plena cidadania.

Entretanto, estes mesmos Estados, além de se encontrarem na contingência de ter que garantir a realização deste ideário, enfrentam a problemática crise estrutural-fiscal e a deslegitimante crise política de seus Estados, entre outras, que influenciam na utilização de inúmeros mecanismos de desvios à tutela desse ideário.

Ou seja, as Constituições dirigentes propõem e buscam, por um lado, garantir a realização de um Estado Democrático de Direito e, por outro lado, o próprio sistema lhes retira a possibilidade de tal garantização, trazendo à cena pública a atuação privilegiada da Jurisdição Constitucional.

Mas, sobretudo, tais Cartas se caracterizam por operarem com normas constitucionais com textura aberta, as quais precisam ter seus textos ressignificados permanentemente. E, aqui, se mostra, novamente, o papel privilegiado da jurisdição constitucional, como instância de atribuição de sentido aos textos legislados.

Muitas são as situações que se apresentam, sendo a disputa pela realização dos nomeados *direitos sociais* possivelmente o aspecto mais saliente. Entretanto, queremos trazer à baila uma situação que se apresenta recorrentemente à atuação da jurisdição constitucional. Diz ela respeito à interpretação do art. 37, II e IX da Constituição Federal brasileira de 1988.

Neste debate, estão presentes os elementos acima referidos, podendo-se tomá-lo como exemplo característico daquilo que vimos referindo acima.

Contratação temporária e excepcional.
O permissivo constitucional – art. 37, IX, da CF/88

Os arts. 37, II e IX, da CFB/88 assim dispõem acerca da acessibilidade aos cargos, empregos e funções públicos:

> Art. 37 – A administração pública direta e indireta de qualquer dos Poderes da União, dos Estados, do Distrito Federal e dos Municípios obedecerá aos princípios de legalidade, impessoalidade, moralidade, publicidade e eficiência e, também, ao seguinte:
> I – (...)
> II – a investidura em cargo ou emprego público depende de aprovação prévia em concurso público de provas ou de provas e títulos, de acordo com a natureza e a complexidade do cargo ou emprego, na forma prevista em lei, ressalvadas as nomeações para cargo em comissão declarado em lei de livre nomeação e exoneração;
> (...)
> IX – a lei estabelecerá os casos de contratação por tempo determinado para atender a necessidade temporária de excepcional interesse público;
> (...)

Ora, tomando referido texto constitucional em seus limites estritos, a jurisprudência constitucional firmou entendimento no sentido de que a regra geral de acesso ao serviço público seria por intermédio de aprovação em concurso público, nas formas previstas na Constituição, sendo excepcional a via da contratação emergencial, a qual, por conseqüência, apenas poderia ser realizada quando presente e demonstrada a temporariedade e a excepcionalidade da situação ensejadora da necessidade de contratação. Tal posição implicou a constante e reiterada manifestação de inconstitucionalidade de legislações, em todos os âmbitos da federação, que autorizavam o administrador a promover a contratação temporária de servidores, mesmo que para fazer frente ou manter em funcionamento setores vinculados à prática e execução de políticas públicas implementadoras de direitos sociais constitucionalmente reconhecidos, tal é o caso nos campos da saúde e educação, tão-só para exemplificar.

Entretanto, não é possível compactuar com uma tal postura, uma vez presente o contexto no qual se insere o texto constitucional referido.[11] E

---

[11] Acerca da concepção de constituição como cultura ver, para uma compreensão rápida: HÄBERLE, Peter. *Teoria de la Constitución como ciencia de la cultura.* Madrid: Tecnos. 2000; VERDÚ, Pablo Lucas. *Teoría de la Constitución como ciencia cultural.* 2ª ed. Madrid: Dykinson. 1998; HÄBERLE, Peter. *Diritto costituzionale nazionale, unioni regionali fra stati e diritto internazionale come diritto universale dell'umanità: convergenze e divergenze.* Texto em versão italiana por J. Luther, de conferência proferida nas cidades do México e Bologna, em abril de 2004, Mimeo.

aqui se apresenta, portanto, o debate referido nas notas preliminares acima, qual seja: qual a norma contida no texto da Constituição? E, para além, quais os limites que balizam esta possibilidade de atribuição de sentido e, conseqüentemente, de reconstrução hermenêutica do texto constitucional? Esta é uma discussão há muito posta e por muitos enfrentada, podendo-se destacar, na doutrina brasileira, as contribuições de Lenio Streck, em diversos momentos distintos de sua produção acadêmica.

Tendo como pano de fundo tais referências, o que pretendemos é tomar tal situação para explicitar a necessidade de que esta possibilidade pró-ativa dos Tribunais Constitucionais venha ao encontro de uma construção comprometida com o projeto constitucional, mesmo, e sobretudo, em um contexto de crise das estruturas modernas, em particular no que respeita à formatação e implementação do Estado Democrático de Direito (art. 1º CFB/88),[12] como instrumento de resgate da defasagem histórica e do déficit social brasileiro.

Para a compreensão da matéria, é preciso que se estabeleça uma adequada hermenêutica do art. 37 da Constituição da República Federativa do Brasil, sem que se lhe atribua um primeiro significado de caráter eminentemente burocrático, mas se o confronte com o contexto que forja o projeto constitucional brasileiro inaugurado em 1988.

Ora, tem-se observado, e este é o argumento recorrente, que o conteúdo desta regra está em concordância com aquele que define o concurso público como meio geral de acesso ao serviço público, sendo a contratação temporária uma exceção. Como exceção à regra, a possibilidade de contratação temporária exige a demonstração inequívoca de não estar relacionada, tal admissão de servidores, com o preenchimento de funções permanentes, bem como a explicitação das razões da necessidade excepcional, como já referido acima. Portanto, ausentes tais pressupostos, a norma veiculadora da proposta estaria eivada de inconstitucionalidade, como, aliás, têm reiteradamente decidido os tribunais pátrios em sua esfera de controle de constitucionalidade.[13]

Por outro lado, é comum observar-se, nas decisões judiciais, o argumento de que este mecanismo constitucional excepcional não pode servir de mote à imprevidência ou incúria da própria Administração Pública, que

---

[12] Sobre este conceito ver: BOLZAN DE MORAIS, José Luis e STRECK, Lenio Luiz. *Ciência Política e Teoria Geral do Estado*. Em especial p. 97 e ss.

[13] Não se pode esquecer que, em razão de nossa estrutura federativa, para além de nosso sistema de controle de constitucionalidade – difuso e concentrado –, têm os Tribunais de Justiça dos estados-membro a competência para promover o controle de constitucionalidade da legislação municipal em face da Constituição estadual, restando ao Supremo Tribunal Federal tal tarefa quando a afetação diz respeito à Carta federal. Por outro lado, também é de ser lembrado que as Constituições estaduais guardam simetria com a federal e, por isso, os princípios nesta presentes também informam a ordem jurídica dos estados, sendo possível dizer que aquilo que delimita a contratação de servidores no âmbito da União também se aplica na esfera local.

não previu ou dimensionou adequadamente as suas próprias necessidades, fazendo nascer, assim, o descompasso entre o serviço a ser prestado e as condições humanas necessárias para a sua realização, utilizando-se deste expediente, ainda, como instrumento de barganha política, com a contratação de afiliados partidários ou o "pagamento" de dívidas e promessas de campanha.

Entretanto, no trato da matéria, esta interpretação simplista do conteúdo da norma constitucional não consegue dar conta da complexidade da gestão pública contemporânea vinculada à necessidade de realização e concretização dos fins do Estado, definidos e elencados pela própria Carta Política.[14]

Da mesma forma, ao que nos parece, tal compreensão não contempla o conjunto dos fatores que precisam ser considerados.

Sem dúvida nenhuma, é de serem respeitados os *limites da excepcionalidade* postos pelo art. 37, IX, da CF/88, da mesma forma que quando se busca exigir uma certa racionalidade nas práticas administrativas, devem tais fatores ser compreendidos no contexto ao qual se vinculam, merecendo atenção, também, uma outra dimensão envolvida na temática e pouco realçada: *o Princípio da Continuidade da Atividade Estatal* como fórmula intransponível para a realização dos objetivos da república.

Tal significa que as atividades estatais, sobretudo no âmbito de um Estado Democrático de Direito (art. 1º da CF/88), não podem sofrer solução de continuidade, uma vez que as mesmas são os meios através dos quais se dá concretude ao conjunto de direitos – sobretudo aqueles que exigem prestações por parte do Estado e, que, como se tem dito, hoje, são o conjunto majoritário dos direitos humanos, uma vez ultrapassada a noção clássica que segmentava direitos positivos e direitos negativos, estes isentos de implicações financeiras para o ente público, bem como realizáveis independentemente de quaisquer práticas ou intervenções estatais – dos cidadãos trazidos e maximizados pela própria Constituição.

Ou seja: a atividade administrativa do Estado existe para responder às demandas sociais e concretizar o projeto de sociedade instituído em seu Contrato Social.

Por isso mesmo, inclusive a doutrina administrativista mais tradicional é forte ao sustentar que o serviço público não pode sofrer interrupções ou suspensões, não podendo a Administração Pública se omitir de suas competências, como bem expressam Lucia Valle Figueiredo e Maria Sylvia Zanella Di Pietro, entre outros.[15]

---

[14] No caso brasileiro é mister ter presente o conteúdo do art. 3º da CFB/88, no qual estão descritos os objetivos da República constituída como Estado Democrático de Direito (art. 1º).

[15] Ver, entre outros, a respeito: BANDEIRA DE MELLO, Celso Antonio. *Elementos de Direito Administrativo*. São Paulo: Malheiros; FIGUEIREDO, Lúcia Valle. *Curso de Direito Administrativo*. São Paulo: Malheiros; DI PIETRO, Maria Sylvia Zanella. *Direito Administrativo*. São Paulo: Atlas; JUSTEN FILHO, Marçal. *Curso de Direito Administrativo*. São Paulo: Saraiva.

Assim, transparece do contexto constitucional que, o que deve ser combatido é exatamente a atitude omissiva da Administração Pública, a sua inércia, a qual vai de encontro aos objetivos da própria república brasileira, sobretudo no que diz com a realização de suas funções, como constante no Título I – Dos Princípios Fundamentais da ordem constitucional inaugurada em 1988, em particular no que se refere à realização das tarefas inerentes à construção de uma sociedade justa e solidária, à erradicação da pobreza, ao desenvolvimento e à promoção do bem-estar de todos (art. 3º CF/88).

Portanto, o que norteia a Administração Pública no âmbito do Estado Democrático de Direito não diz apenas com seus pressupostos formais de organização e funcionamento – veiculados pelos princípios orientadores das práticas administrativas em sua acepção ordinária (art. 37, *caput*, CFB/88) – mas, também, com fundamentos materiais aos quais se vincula para a realização do projeto constitucional, produto de uma ação articulada e participada, visando àqueles objetivos constitucionalmente estabelecidos.

É neste espectro que precisa ser entendida a questão. Por um lado, temos um dos princípios centrais – nucleares mesmo – de uma Administração Pública republicana – o do acesso aos cargos públicos por concurso público (art. 37, II, CF/88) – que incorpora uma excepcionalidade – a da contratação emergencial por prazo determinado (art. 37, IX, CF/88). Porém, diante da teleologia do Estado Constitucional brasileiro, como adequar esta excepcionalidade à regra geral, no contexto de uma Administração Pública que tem tarefas a cumprir, fins a serem perseguidos, buscando o resgate de uma histórica exclusão de amplos setores da sociedade? O que a conforma? É preciso, pois, reconstruir hermeneuticamente o sentido do texto para que alcancemos o conteúdo da norma presente na regulação ora analisada.

Para responder tais interrogações, é preciso, como salientado acima, ter presente que a ação administrativa, no âmbito do Estado Democrático de Direito, tem um caráter eminentemente finalístico de realização do projeto constitucional, cuja substância deve incessantemente ser perseguida, não podendo esta atuação ser paralisada ou não iniciada sob pena de, aí sim, estar-se frente a uma "prática" inconstitucional por omissão frente à imposição de ação.

Portanto, acaso a falta de previsão acerca de necessidades de pessoal coloque em risco a continuidade do serviço público, sobretudo daquele serviço que está intimamente relacionado ao caráter finalístico da ação estatal, o que condiciona a Administração Pública à contratação de trabalhadores? Há possibilidade de promover-se a contratação emergencial prevista no art. 37, IX, da CF/88, ou há que se submeter ao princípio geral do concurso público e, com isso, adiar *sine die* a realização do serviço? Como concretizar o princípio republicano compactado entre a igualdade de tratamento no acesso ao serviço público e o "direito" às prestações estatais veiculadoras de práticas administrativas de bem-estar ou, em um sentido mais amplo, de resgate de promessas ou, ainda, de busca do atingimento dos objetivos da República?

O que se coloca, assim, é a necessidade, desde logo, de que tais situações sejam analisadas a partir de suas próprias circunstâncias e do contexto que conforma o sentido do constitucionalismo brasileiro contemporâneo, e não desde um olhar periférico, pontual e descontextualizado. Dito de outra maneira, há que se abandonar uma postura dogmático-positivista para buscar o melhor sentido do texto, voltado à realização do dirigismo constitucional. Só assim, estar-se-á construindo o efetivo significado da norma constitucional, com uma hermenêutica que incorpore o seu caráter transitório peculiar a um constitucionalismo que se assume como projeto cultural e histórico, incorporado à tradição das Constituições Dirigentes, mesmo envolvidas estas pela nebulosa fragilização da capacidade decisória dos Estados Nacionais Constitucionais atuais.

Este não é outro que o entendimento recentemente esposado pela jurisprudência do Supremo Tribunal Federal, no julgamento da ADIn 3068-0 DF, como se lê do julgado:

> EMENTA: AÇÃO DIRETA DE INCONSTITUCIONALIDADE. LEI N. 10843/04. SERVIÇO PÚBLICO. AUTARQUIA. CADE. CONTRATAÇÃO DE PESSOAL TÉCNICO POR TEMPO DETERMINADO. PRINCÍPIO DA CONTINUIDADE DA AÇÃO ESTATAL. CONSTITUCIONALIDADE. ART. 37, IX, DA CF/88. O art. 37, IX, da Constituição do Brasil autoriza contratações, sem concurso público, desde que indispensáveis ao atendimento de necessidade temporária de excepcional interesse público, quer para o desempenho das atividades de caráter eventual, temporário ou excepcional, quer para o desempenho das atividades de caráter regular e permanente. *A alegada inércia da Administração não pode ser punida em detrimento do interesse público que ocorre quando colocado em risco o princípio da continuidade da atividade estatal.* Ação direta julgada improcedente (ADI 3.068-0 DF, Rel. Originário Min. Marco Aurélio, Rel. Acórdão Min. Eros Grau, DJ 23/09/05, republicada no DJ de 24/02/06) (Grifei)

Como salienta o Min. Eros Grau, em seu voto na ADIn 3068-0 DF:

> A alegada inércia da Administração não pode ser punida em de modo a causar dano ao interesse público, que deve prevalecer em risco a continuidade da atividade estatal. Este Tribunal não é instância de penalização da inércia da Administração. Deve considerar, fundamentalmente, o que está escrito na Constituição do Brasil. (Grifei)

Na mesma linha, mais adiante, sustenta que, adotando-se uma hermenêutica restritiva do comando normativo constitucional, a *punição não será da Administração, mas sim da própria sociedade e da economia nacional.* Ou seja, à Administração Pública impõe-se a tarefa de realizar os desígnios constitucionais, estando o cidadão, como destinatário das prestações públicas e dos serviços em geral, protegido contra a inércia ou a imprevisão, mesmo que estas não decorram de circunstâncias inéditas, imprevisíveis ou extraordinárias.

O que a norma constitucional pretende não é restringir a possibilidade nela prevista às contratações em caráter eventual, temporário ou excepcional, mas, compatibilizando-se com o contexto da Constituição, pretende dar condições à Administração de cumprir com seu desiderato. Como diz o Min. Eros Grau, no voto condutor:

(...) O inciso IX do art. 37 da Constituição do Brasil não separa, de um lado, atividades a serem desempenhadas em caráter eventual, temporário ou excepcional e, de outro lado, atividades de caráter regular e permanente. Não autoriza exclusivamente a contratação por tempo determinado de pessoal que desempenhe atividades em caráter eventual, temporário ou excepcional. Amplamente, autoriza contratações para atender a necessidade temporária de excepcional interesse público em uma e outra hipótese. Seja para o desempenho das primeiras, seja para o desempenho de atividades de caráter regular e permanente, desde que a contratação seja indispensável ao atendimento de necessidade temporária de excepcional interesse público.

Ora, o que se observa é que, confrontado com a posição assumida na referida ADIn, vê-se que os pressupostos que admitiriam a contratação temporária dizem respeito à necessidade premente e transitória do ente público para dar cumprimento às ações necessárias e suficientes para a realização das tarefas que lhe são próprias.

No mesmo julgamento, o Min. Cezar Peluso ressaltou que "se atende ao dispositivo constitucional, quando, embora se trate de serviço público de caráter permanente, este se encontre em situação transitória de necessidade que lhe ponha em risco a prestação".

Portanto, o que se tem é a necessidade de conciliar uma das conquistas mais significativas na nossa história institucional, o concurso público, vinculado ao caráter democrático e republicano da federação, com *a continuidade do serviço público voltado à realização das prestações públicas fundamentais e a concretização do projeto constitucional em suas finalidades e objetivos*, para que se evite, como salienta o Min. Eros Grau, punir a sociedade ao invés de o administrador relapso – se for o caso.

Pode ser trazido, como instrumento para responder a esta necessidade de conciliação entre a regra do certame público e a da continuidade e finalidade do serviço público, o *princípio da proporcionalidade* ou o *princípio da proibição do excesso* – como dito por J. J. Gomes Canotilho –, servindo para "medir" a adequação entre os meios utilizados e os fins objetivados no contexto finalístico da ação estatal. Nesta hipótese, há de ser considerado conforme com o Direito o ato que observar os meios apropriados para a realização dos fins a que se destina ou quando (que) não haja desproporção manifesta entre esses – veiculado por meio do subprincípio da *conformidade ou adequação*.[16]

Ou seja, as práticas administrativas não podem ser vistas se não no contexto da realização dos fins a que se destina o próprio Estado desenhado pela Constituição, o que não significa, por óbvio, a sua ilimitação, o que pode ser "medido" desde critérios do próprio sistema, os quais se consti-

---

[16] Ver, do autor: *Direito Constitucional e Teoria da Constituição*. 7ª ed. Coimbra: Almedina. 2004, em especial p. 269/270.

tuem em instrumentos de verificação da compatibilidade das práticas em sua extensão.

E, embora a CF/88 não o tenha previsto expressamente, deve-se ter presente, como salienta Rogério Gesta Leal,[17] que ele se apresenta implicitamente no seu art. 37, IX, indicando

> (...) a legitimidade e, mesmo a legalidade, dos atos administrativos do Estado, pois tudo o que desbordar da finalidade pública envolvida e motivadora da ação pública, estará suscetível à sindicabilidade jurisdicional do órgão competente.

Ainda, é de recordar com J. J. Gomes Canotilho[18] que:

> o princípio da democracia econômica e social contém uma imposição obrigatória dirigida aos órgãos de direcção política (legislativo, executivo) no sentido de desenvolverem uma actividade económica e social conformadora das estruturas socioeconômicas, de forma a evoluir-se para uma sociedade democrática,

apresentando-se como

> (...) *mandato constitucional vinculativo* que limita a discricionariedade legislativa quanto ao "se" da actuação, deixando, porém, uma margem considerável de liberdade de conformação política quanto ao "como" de sua concretização.

Em conseqüência, tal princípio

> (...) constitui uma autorização constitucional no sentido de o legislador democrático e os outros órgãos encarregados da concretização político-constitucional adoptarem as medidas necessárias para a evolução da ordem constitucional sob a óptica de uma "justiça constitucional" nas vestes de uma "justiça social", impondo tarefas ao Estado que podem, segundo este autor, ser de *conformação, transformação e modernização das estruturas económicas e sociais...*

Assim, no contexto do Estado Democrático de Direito e do modelo de Administração Pública que lhe é inerente, malgrado a inafastabilidade da regra de admissão ao serviço público – concurso público –, a realização dos fins e objetivos que lhe são próprios, os quais precisam ser viabilizados, fazendo-se necessário compatibilizá-la com o caráter finalístico do mesmo, o qual impõe não só a montagem de prestações sociais próprias, como a sua continuidade.

Com isso, pode-se dizer que não há violação à norma constitucional do concurso público quando a Administração, cumprindo com o princípio da democracia econômica e social do Estado Democrático de Direito, lança mão do permissivo inscrito na própria Carta Política – contratação emergencial por tempo determinado – para a consecução de seus fins, guardando proporcionalidade entre os meios utilizados e os fins pretendidos.

Por outro lado, para veicular o viés corretivo das práticas administrativas – imprevidência do gestor público ou objetivos escusos na contratação – há ainda o argumento de que a atuação administrativa poderá ser objeto de *outros tantos mecanismos de controle* – dentre eles sobressai o papel do Tribunal de Contas – para evitar-se que, com a utilização da exceção cons-

---

[17] LEAL, Rogério Gesta. *Estado, Administração Pública e Sociedade*. Porto Alegre: Livraria do Advogado, 2006, p. 119/121.
[18] CANOTILHO, José Joaquim Gomes. Op. cit., p. 338 e ss.

titucional, possa o administrador lançar mão do expediente para, e.g, a prática de nepotismo ou a imposição de custos adicionais ao erário ou, ainda, a locupletação com dinheiros públicos.

Não há, portanto, *repita-se,* nenhum vício ou excesso do legislador que admite ou viabiliza o Poder Executivo a proceder a contratação emergencial de servidores quando se lê o texto constitucional e se encontra nele o sentido da norma no contexto de um projeto constitucional que vem marcado pelo resgate do déficit do passado e pelas promessas de bem-estar presentes e futuras.

Ao contratar servidores por tempo determinado, por um lado, a Administração Pública lança mão da possibilidade constitucional para fazer frente a uma situação excepcional de caráter temporário, sem descuidar da qualidade na execução e prestação dos seus serviços.

De outro, vê-se que a Administração Pública assim age na perspectiva da realização dos fins e objetivos constitucionais vinculados ao Estado Democrático de Direito, como demonstrado, o que, no confronto com a questão do acesso aos cargos públicos, deve conduzir à conformação do sentido da norma no caso concreto, visualizando aqui o melhor significado vinculado à destinação da contratação, tendo sempre presente que o controle das práticas admistrativas dar-se-á, então, por outros meios e instrumentos, inclusive aqueles à disposição dos órgãos de controle da Administração, em particular os Tribunais de Contas.

Este parece ser um bom exemplo para tentar-se compreender o significado e o sentido do Estado Constitucional contemporâneo.

— VII —

Hermenêutica e aplicação do direito:
Os limites da modulação dos efeitos em controle difuso de constitucionalidade – o caso da lei dos crimes hediondos

LENIO LUIZ STRECK[1]

Sumário: 1. Notas introdutórias; 2. Colocação do problema: quinze anos de "estado de natureza hermenêutico"; 3. O descumprimento do artigo 52, X, da Constituição do Brasil: o esvaziamento do controle difuso de constitucionalidade; 4. A interpretação que o Supremo Tribunal Federal fez acerca dos efeitos da declaração de inconstitucionalidade da proibição de progressão de regime nos crimes hediondos; 5. A aplicação do direito: os efeitos colaterais decorrentes da decisão do Supremo Tribunal Federal; 6. Aportes finais.

1. Notas introdutórias

Em tempos de neoconstitucionalismo, não é difícil constatar o caráter hermenêutico assumido pelo direito e o conseqüente crescimento do grau de deslocamento do pólo de tensão dos demais Poderes do Estado em direção à jurisdição (constitucional). Visíveis ou invisíveis, são inúmeras as conseqüências na "teoria" e na "prática" do direito. É nesse sentido que as presentes reflexões[2] pretendem levar esse debate – na esteira do que já venho fazendo em obras e textos anteriores – para a dimensão do que convencionamos chamar de "operacionalidade do direito", buscando mostrar a importância da superação dos obstáculos opostos pelo positivismo a uma efetiva recepção do paradigma do constitucionalismo. Afinal, as Constituições passam a conter uma gama de preceitos e princípios nos quais estão contidas as promessas incumpridas da modernidade, diminuindo, sensivelmente, a liberdade de conformação do legislador, além do incremento das demandas por direitos prestacionais. Por isso, é inexorável – e a tradição

---
[1] Professor Titular da Unisinos; Coordenador das Linhas de Pesquisa do Programa de Pós-Graduação em Direito da Unisinos (mestrado e doutorado); Procurador de Justiça-RS.
[2] As pesquisas nesse sentido são realizadas no âmbito do Dasein – Núcleo de Estudos Hermenêuticos. Agradeço especialmente a Daniel Picolo Catelli, pela colaboração na pesquisa e revisão do texto.

do Estado Democrático de Direito aponta claramente para isso – que ocorra a discussão sobre o papel da jurisdição constitucional nesta quadra da história. Diante dessa verdadeira revolução copernicana que atravessou o direito a partir do segundo pós-guerra, as diversas teorias jusfilosóficas tinham (e ainda têm) como objetivo primordial buscar respostas para a seguinte pergunta: como construir um discurso capaz de dar conta de tais perplexidades, sem cair em decisionismos e discricionariedades do intérprete (especialmente dos juízes)?[3]

Em *terrae brasilis*, o novo texto constitucional – e, não esqueçamos, texto é sempre um evento – representa a real possibilidade de ruptura com o velho modelo de direito e de Estado (liberal-individualista). É inegável que a noção de constitucionalismo compromissório e dirigente teve a função de trazer para o âmbito da Constituição temáticas que antes eram reservadas à esfera privada. Daí que a nova Constituição – assim como o constitucionalismo do segundo pós-guerra – publiciza os espaços antes "reservados aos interesses privados". E essa publicização somente poderia ocorrer a partir da assunção de uma materialidade, *espaço que vem a ser ocupado pelos princípios*. Com efeito, se a própria Constituição altera (substancialmente) a teoria das fontes que sustentava o positivismo, e os princípios vêm a propiciar uma nova teoria da norma (atrás de cada regra há, agora, um princípio que não a deixa se "desvencilhar" do mundo prático), *é porque também o modelo de conhecimento subsuntivo, próprio do esquema sujeito-objeto, tinha que ceder lugar a um novo paradigma interpretativo*.

Mas isso não apaga o fato de que vivemos, ainda, em um mundo jurídico que busca exorcizar os fatos e conflitos tratados pelo direito, isto é, em um mundo no qual a metodologia jurídica continua com a função de promover a desvinculação do caráter historicamente individualizado do caso que esteja na sua base, para atingir o abstrato generalizável e comum, como bem alerta Castanheira Neves. Para tanto, basta um passar d'olhos na operacionalidade do direito no Brasil para constatar a resistência exegético-positivista, calcada muito mais em decisionismos e discricionariedades do que em discursos que procurem efetivamente colocar o direito como uma ciência prática, destinada a resolver problemas (sociais).

---

[3] É difícil caracterizar as teses decisionistas (discricionárias). Aqui parece adequada a noção "forte" de discricionariedade cunhada por Dworkin, para criticar as posturas positivistas. De qualquer modo, assim como é difícil fazer um quadro acerca de (todas) as modalidades de positivismo, também é complexo delinear as posturas decisionistas, que vão desde o normativismo kelseniano, que atribui ao juiz, nos casos difíceis, um poder absoluto, até as tese da escola de direito livre e do realismo norte-americano, passando por Herbert Hart, alvo principal das críticas de Dworkin. A partir de tais autores e posturas, forjou-se um enorme contingente de concepções, que tem no esquema sujeito-objeto o seu suporte epistemológico. A autonomização do direito da moral, da religião e de qualquer outro fundamento metafísico deslocou o problema dessa fundamentação (legitimidade) para outro ponto: as condições interpretativas. E nisso residirá a diferença dos diversos enfoques. A toda evidência, trata-se de opções paradigmáticas.

Assim, se o positivismo está ligado à discricionariedade (que acaba, no mais das vezes, levando à arbitrariedade) interpretativa, possibilitando, desse modo, múltiplas respostas e se a dogmática jurídica (predominante no Brasil) continua refratária ao novo constitucionalismo e sua aderência paradigmática que alça a intersubjetividade ao lugar de condição de possibilidade, parece razoável afirmar que essa arbitrariedade (e as múltiplas respostas) não será contida ou resolvida através de regras e metarregras que cada vez mais contenham a "solução-prévia-das-várias-hipóteses-de-aplicação", pela singela razão de que a discricionariedade é exatamente produto daquilo que proporcionou a sua institucionalização: o positivismo jurídico e suas diversas facetas, que sempre abstraíram a situação concreta no ato de aplicação.

É nisso que reside o cerne do problema decorrente da decisão do Supremo Tribunal Federal que – em sede de controle difuso – deu por inconstitucional a regra que proibia a progressão de regime nos crimes hediondos: foi recepcionada, pela imensa parcela da comunidade jurídica, como se ela mesmo – a decisão – contivesse um discurso fundacional que, *prima facie*, autorizasse que todos os apenados, inclusive os já condenados com sentença transitada em julgado, passassem a usufruir da progressão.

2. Colocação do problema: quinze anos de "estado de natureza hermenêutico"

Desde o advento da Lei dos Crimes Hediondos (8.072/90), ascendeu-se a polêmica acerca da constitucionalidade do artigo 2º que vedava a progressão de regime nessa modalidade de crime (estupro, atentado violento ao pudor, homicídio qualificado, latrocínio, extorsão mediante seqüestro, para citar os principais delitos nela enquadrados). Nesses mais de quinze anos de vigência da referida lei, vários tribunais – inclusive parte do Superior Tribunal de Justiça – deixou de aplicar (negou validade, portanto) a proibição de progressão para os crimes hediondos. Já o Supremo Tribunal Federal passou quase todo esse período julgando o dispositivo do art. 2º da Lei 8.072 como constitucional.[4] Ou seja, enquanto durante três lustros o Supremo Tribunal Federal decidia, em sede de controle difuso, que a lei era constitucional – rejeitando os recursos extraordinários e *habeas corpus* nesse sentido e reformando as decisões concessivas de progressão – uma quantidade enorme de juízes e tribunais, ainda que sem suscitar o incidente determinado pelo art. 97 da CF,[5] julgavam inconstitucional e/ou simples-

---
[4] O Supremo Tribunal Federal vinha assim se posicionando tanto nas turmas como na composição plenária. Registre-se, de todo modo, que o STF jamais foi instado a apreciar a matéria mediante o controle concentrado de constitucionalidade (ADIn ou ADC).
[5] A não suscitação do incidente de inconstitucionalidade também configurou flagrante violação da cláusula *full bench*.

mente inaplicavam a vedação da progressão de regime. Afinal de contas, não havia sido feita, nesses anos todos, nem sequer uma súmula a respeito. Somente no ano de 2003 o STF editou a súmula 698,[6] ou seja, cerca de 13 anos depois da edição da lei.

Tratava-se, destarte, de um mundo de "natureza hermenêutico" em que cada um (juiz ou tribunal) decidia como queria. Mais do que um "mundo de natureza hermenêutica", estava-se diante de um verdadeira esquizofrenia interpretativa, uma vez que, de um lado, a Suprema Corte dizia que a lei era constitucional; de outro, mais da metade dos juízes e tribunais da República dizia ser a lei inconstitucional. Veja-se que, nesse período, foram incontáveis os recursos a respeito da matéria. Milhares. Centenas de milhares. O que quero dizer é que tudo isso não seria necessário, acaso tivesse sido tomada a singela providência que o sistema exigia, isto é, o ajuizamento de uma ADI – ação direta de inconstitucionalidade – ou ADC – ação declaratória de constitucionalidade. Afinal – e eu mesmo apontei para isso várias vezes – o Procurador-Geral da República, que, por sinal, entendia ser a lei constitucional, deveria ter ingressado, por dever de ofício, com ação direta de constitucionalidade (ADC) que, por ter efeito vinculante, teria posto fim à discussão.[7] De outra banda, também aqueles que sustentavam a inconstitucionalidade da lei não ingressaram com ação direta de inconstitucionalidade (ADIn), como a OAB, p. ex.

Formou-se, assim, o imbróglio: o STF decidia, reiteradamente, que a lei era constitucional, mas a sua decisão não tinha força obrigatória para o restante do sistema. Essa força obrigatória só poderia advir de uma decisão emanada em sede de controle concentrado, o que nunca ocorreu nesses quinze anos. Mais ainda, na medida em que o Supremo Tribunal Federal entendia o dispositivo como constitucional, isso não o obrigava a fazer a remessa do *decisum* ao Senado (art. 52, X, da CF), uma vez que essa providência só é necessária quando ocorre o contrário, isto é, quando o STF julga inconstitucional uma lei em sede de controle difuso de constitucionalidade (embora, como veremos em seguida, de há muito o STF não cumpre o mandamento do art. 52, X, circunstância que se repetiu no julgamento da própria Lei dos Crimes Hediondos e que é objeto destas reflexões). *Mutatis, mutandis*, não se pode tirar a razão daqueles que, como eu, sustentavam a inconstitucionalidade do referido art. 2º, pelo singelo motivo de que não havia qualquer dispositivo constitucional que obrigasse juízes e tribunais a seguir a decisão do Pretório Excelso (até porque a recente súmula 698 tinha mero caráter de orientação jurisprudencial, uma vez que não editada na

---

[6] "Não se estende aos demais crimes hediondos a admissibilidade de progressão no regime de execução da pena aplicada ao crime de tortura."

[7] Aliás, os Procuradores-Gerais de Justiça, que sempre defenderam a constitucionalidade do aludido artigo 2º, igualmente deveriam ter provocado o Procurador-Geral da República a ingressar com a referida ação constitucional.

vigência e em obediência aos ditames da EC 45). Invocava-se, pois – e com acerto –, a *ratio* do controle difuso (*judicial review*) vigente entre nós desde 1891: vale só para as partes, isto é, para aquele caso concreto. Não havia efeito *erga omnes*. Aliás, não fosse assim e a ninguém seria lícito considerar inconstitucional, naquele momento, a lei que o Supremo Tribunal Federal considerava constitucional.

Passado o tempo, alterou-se a composição do Supremo Tribunal Federal, e pelo menos um integrante mudou de posição. Como conseqüência, em 2006, por 6 votos a 5, o Supremo Tribunal Federal, julgando o Habeas Corpus n. 82.959/SP, passou a considerar inconstitucional a vedação de progressão de regime nos crimes hediondos. E aqui começa uma nova fase da discussão.

3. O descumprimento do artigo 52, X, da Constituição do Brasil: o esvaziamento do controle difuso de constitucionalidade

Decidido aquele caso concreto (o *habeas corpus* que passaria a ser o *leading case*), restava definir os efeitos da decisão de inconstitucionalidade assim proferida. Obviamente, na medida em que se tratava do controle difuso, os efeitos da decisão beneficiavam aquele acusado que impetrara o *habeas corpus* (*leading case*). Seu efeito *erga omnes* está – parece óbvio – vedado, isto porque a decisão não ocorreu em sede de controle concentrado. Mais ainda, o Supremo Tribunal nem sequer remeteu a decisão ao Senado, que, ao suspender a execução do dispositivo, daria, aí sim, o efeito contra todos. De pronto, foi violado o art. 52, X, da Constituição. Aliás, como vem ocorrendo de há muito.

De qualquer modo, isso não seria suficiente, uma vez que, mesmo que fosse remetida ao Senado, ainda assim a eficácia seria somente *ex nunc*. Fosse *ex tunc* o aludido efeito e todos os acusados que cumpriram (e cumprem) pena em regime fechado (sem progressão) teriam direito a indenização. Afinal, se a Suprema Corte declara inconstitucional – e a ela confere efeito retroativo – uma lei que obstaculizou direitos e garantias, não é desarrazoado sustentar que, em decorrência, devem ser indenizados pelo Estado, que aplicou uma lei nula, írrita, nenhuma. Para ser mais claro: ou isto é assim, ou, de fato, o efeito não pode retroagir. Portanto, ou uma coisa ou outra. As duas ao mesmo tempo são antitéticas. Repito: ao se dar efeito retroativo a uma decisão, as conseqüências devem ser bem sopesadas, assim como os efeitos colaterais. Aliás, por isso é que, nos E.U.A., a exceção para o efeito *ex tunc* é exatamente o Direito Penal.

Dito de outro modo: se o STF aprecia, no modo *full bench*, apenas uma vez a questão constitucional relacionada a determinada lei ou dispositivo, e por aí, encerra a discussão, *deve obedecer ao disposto no art. 52, X, da CF, remetendo a decisão de inconstitucionalidade para o Senado*; se leva mais de uma vez a questão ao plenário, e, desse modo, não a remete ao Senado, é porque a questão, em sede de controle difuso, *não está suficientemente assentada*. Conseqüentemente, também não se poderá exigir que, enquanto a decisão de inconstitucionalidade não for remetida ao Senado, os tribunais estejam vinculados a tal decisão, *mediante a dispensa da suscitação do respectivo incidente*, o que nada mais é do que aceitar a matéria como definitiva. Em definitivo, a leitura dos arts. 52, X, e 97 da Constituição não permite que se conclua que, em sede de controle difuso, *possa haver discricionariedade por parte do Supremo Tribunal* para remessa de decisão de inconstitucionalidade de ato normativo por ele declarado inconstitucional ao Senado da República.

Insista-se no assunto referente ao efeito da decisão do Supremo Tribunal Federal em sede de controle difuso de constitucionalidade. Em sede de recurso extraordinário (ou outro recurso ou ação), o efeito da decisão é *inter partes* e *ex tunc*. Assim, na hipótese de o Supremo Tribunal declarar a inconstitucionalidade da lei ou do ato normativo em sede de recurso extraordinário, *remeterá a matéria ao Senado da República para que este suspenda a execução da referida lei (art. 52, X, da CF)*. Caso o Senado da República efetive a suspensão da execução da lei ou do ato normativo declarado inconstitucional pelo STF, agregará aos efeitos anteriores a eficácia *erga omnes* e *ex nunc*.

Sempre tive a convicção de que os efeitos da decisão suspensiva do Senado não podem ter efeitos *ex tunc*[8] (veja-se que, no direito alemão, admite-se a revisão, a qualquer tempo, de sentença penal condenatória baseada em lei declarada inconstitucional, só que essa declaração é sempre originária de controle concentrado, pela simples razão de que naquele sistema não há controle difuso). Afinal, há que se fazer uma diferença entre a retirada da eficácia da lei em sede de controle concentrado e a suspensão de execução que o Senado faz de uma lei declarada inconstitucional em sede de controle difuso. Suspender a execução da lei não pode significar retirar a eficácia da lei. Caso contrário, não haveria diferença, em nosso sistema, entre o controle concentrado e o controle difuso. A suspensão da vigência, aliás, é tarefa precípua do Poder Legislativo; ao Judiciário, em sede de jurisdição constitucional, cabe tão-somente trabalhar no plano da eficácia. Por isso a decisão de suspensão da execução da lei não pode ter o condão de fazer retroagir esses efeitos. Se uma lei produziu efeitos, estes não podem ser revogados desse modo.

A suspensão da lei somente pode gerar efeitos *ex nunc*, pela simples razão de que a lei está suspensa. Sua eficácia, acaso retirada, o que só pode

---

[8] No sentido de que a suspensão da execução da lei pelo Senado tem efeito *ex tunc*, veja-se Gilmar Ferreira Mendes, *in: Direitos Fundamentais e Controle de Constitucionalidade*. São Paulo, Instituto Brasileiro de Direito Constitucional, 1999, p. 390 e 391.

ser por ação direta de inconstitucionalidade, é que tem o condão de produzir efeitos *ex tunc*. Daí a diferença entre suspensão/revogação e retirada da eficácia. Não se olvide a diferença nos efeitos das decisões do Tribunal Constitucional da Áustria (agora adotada no Brasil, a partir da Lei 9.868/99), de onde deflui a diferença entre os efeitos *ex tunc* (nulidade) e *ex nunc* (anulabilidade).

Dito de outro modo, *quando se suspende a execução de uma lei, seus efeitos permanecem; quando se a nulifica, esta é írrita, nenhuma*. Não fosse assim, bastaria que o Supremo Tribunal remetesse a lei declarada inconstitucional, em sede de controle difuso, ao Senado, para que os efeitos fossem equiparados aos da ação direta de inconstitucionalidade (que historicamente, seguindo o modelo norte-americano, sempre foram *ex tunc*). Se até o momento em que o Supremo Tribunal declarou a inconstitucionalidade da lei no controle difuso esta era vigente e válida, *a decisão no caso concreto não pode ser equiparada à decisão tomada em sede de controle concentrado*.

Repetindo: a valer a tese de que os efeitos da decisão do Senado retroagem, portanto, são *ex tunc*, qual a real modificação que houve com a implantação do controle concentrado em 1965? Na verdade, se os efeitos da decisão desde sempre tinham o condão de transformar os efeitos *inter partes* em efeitos *erga omnes* e *ex tunc*, a pergunta que cabe é: *por que, na prática, desde o ano de 1934 até 1965, o controle de constitucionalidade tinha tão pouca eficácia?* Por isso, tenho que a razão está com aqueles que sustentam os efeitos *ex nunc* da decisão suspensiva do Senado. Numa palavra: se a tese de que a decisão do Senado produz efeito *ex tunc* e *erga omnes* é correta, qual a razão pela qual o STF não se utiliza desse instrumento constitucional? No caso em questão (HC 82959/SP), bastaria remeter a recente decisão ao Senado. O problema é que, de fato, o Supremo Tribunal Federal *não remeteu* a decisão proferida em sede de controle difuso ao Senado da República. Conseqüentemente, o efeito não pode(ria) ser *ex tunc*. E isso traz sérias conseqüências no sistema jurídico.

4. A interpretação que o Supremo Tribunal Federal fez acerca dos efeitos da declaração de inconstitucionalidade da proibição de progressão de regime nos crimes hediondos

A decisão do Supremo Tribunal Federal – em face de a ela ter sido conferido efeito retroativo – foi "recepcionada" por centenas de juízes e dezenas de tribunais como se tivesse sido proferida no controle concentrado, chegando a atingir, para espanto de muitos, a coisa julgada (sem um exame caso a caso).[9] Explicando: embora não tenha remetido a decisão ao

---

[9] Por todos, veja-se: AGRAVO EM EXECUÇÃO. PROGRESSÃO DE REGIME. COISA JULGADA. INCONSTITUCIONALIDADE DO REGIME INTEGRALMENTE FECHADO. Há de se afastar o óbice da coisa julgada frente à inconstitucionalidade do regime integralmente fechado, observado

Senado e, ao mesmo tempo, tenha conferido efeito *ex tunc* à decisão do *leading case*, o Supremo Tribunal, em termos de modulação[10] da decisão, afirmou que, na hipótese de haver alguém cumprindo pena, o juiz em sede de execução penal, devidamente comprovados os requisitos subjetivos e objetivos, poderá, *aferindo o caso concreto*, deferir a progressão. Ou seja, embora tenha reconhecido que a proibição de progressão de regime estabelecida pela Lei dos Crimes Hediondos é inconstitucional, a Suprema Corte não tem poderes para conceder progressão de regime em nenhum caso – e isso ficou claro na decisão –, sob pena de usurpar competência do juízo das execuções (aliás, se o fizesse, o próprio STF estaria violando o princípio constitucional que usou como sustentáculo para decidir a inconstitucionalidade da vedação de proibição: o princípio da individualização da pena!).

Portanto, antes de tudo, é preciso assinalar, independentemente do acerto ou do erro da decisão do Supremo Tribunal Federal, que, a partir do julgamento, não basta ao apenado cumprir o requisito objetivo de um sexto da pena e ter bom comportamento carcerário (atestado pelo diretor da prisão – *sic*) para ter direito à progressão de regime carcerário, como, por exemplo, em algumas Comarcas, em que o juiz, mediante simples portaria, "concedeu" progressão "no atacado" (removeu o óbice representado pela coisa julgada por portaria). Essa questão parece óbvia.

Mas o ponto mais controverso não é esse, isto é, há ainda outro problema. Com efeito, ao conceder efeito *erga omnes* e *ex tunc* à decisão proferida em sede de controle difuso, o STF[11] rompeu com o sistema jurídico de cima a baixo, atingindo, até mesmo, a coisa julgada. Ora, a tradição (entendida no sentido hermenêutico) nos ensina que a coisa julgada em matéria penal somente soçobra quando: a) sobrevier uma nova lei mais benéfica; b) quando a lei for declarada inconstitucional no controle concentrado (e ainda assim se não for dada a decisão efeito *ex nunc*, conforme permissivo do art. 27 da Lei 9.868, como aliás é praxe nos EUA, onde não se dá efeito retroativo a eventual decisão da Suprema Corte que considera inconstitucional um dispositivo ou lei penal); c) finalmente, quando se trata de jurisprudência (entendida *stricto sensu* e não como "julgados" *ad hoc*) mais benéfica.

---

precedente do STF (HC 82.959-7). AGRAVO PARCIALMENTE PROVIDO. (Agravo nº 70014752919, Quinta Câmara Criminal, Tribunal de Justiça do RS, Relator: Genacéia da Silva Alberton, Julgado em 28/06/2006)

[10] Também modulou a decisão em relação à eventuais pedidos de indenização por "erro judiciário".

[11] Na verdade, há recentes precedentes no STF dando conta de que o referido *decisum* não produz o aludido efeito *erga omnes*. Nesse sentido, veja-se os votos dos Min Carlos Ayres Britto e Ricardo Lewandowski, entendendo que a decisão proferida no HC 82959 não tem efeito vinculante e eficácia *erga omnes*, sendo aplicável tão-somente ao caso concreto (Reclamações nºs 4.263/MT e 4.299/MS), vale concluir, exatamente porque proferida no âmbito do controle difuso. O problema é que a decisão original (o *leading case*) deixou margem para esse tipo de recepção por parte de juízes e tribunais. Ou seja, todo esse problema poderia ser evitado se se cumprisse o art. 52, X, da Constituição do Brasil.

As primeiras duas questões mostram-se tranqüilas. E induvidosas. O problema está, pois, na terceira: é possível fazer retroagir uma decisão do Supremo Tribunal[12] – não só para o caso, *mas para todos os demais* (desde que autorizados pelo juízo da execução) –, proferida por escassa maioria (no caso, seis a cinco), fazendo implodir a coisa julgada, atingindo milhares de processos?

Pergunto, ademais: considerando a decisão em tela como precedente, seria possível, a partir de um recurso extraordinário julgado procedente pelo mesmo placar de seis votos a cinco e cujo objeto seja a inconstitucionalidade de um dispositivo legal (por exemplo, um tipo penal), impetrar *habeas corpus* buscando a eventual extinção da punibilidade de outros casos similares ou, ainda, obter outras conseqüências favoráveis? Para ser mais simples: uma decisão proferida em sede de controle difuso pode produzir efeito vinculante?[13]

Desse modo, vejam-se os vários problemas e os efeitos colaterais exsurgente da decisão em tela:

a) as decisões versando sobre a aplicação da Lei dos Crimes Hediondos transitadas em julgado, assim como todas as demais proferidas anteriormente à mudança da orientação do Supremo Tribunal Federal, foram proferidas com "boa-fé constitucional", isto é, qualquer juiz de direito, ao aplicar a proibição de progressão, fê-lo efetiva é totalmente de acordo com a opinião majoritária[14] do Supremo Tribunal Federal. Desse modo, em que sentido sua decisão mereceria correção se estava julgando de acordo com o sentido constitucional dado à lei pelo órgão encarregado de dizer, forma final, a constitucionalidade das leis?

b) na verdade, a Suprema Corte também se equivoca, e é o que ocorreu no caso sob comento. Ou, melhor dizendo, se acertou no principal (incons-

---

[12] Autores de porte – e com posições notoriamente garantistas como a de Juarez Tavares – condiciona a retroação da jurisprudência mais benéfica à edição de súmula. *In* HC 84928/MG.

[13] Refiro-me ao seguinte exemplo: um tipo penal que trate de sonegação de tributos, a que milhares de pessoas estejam respondendo processos criminais, levado a plenário em sede de recurso extraordinário, é declarado inconstitucional por seis votos a cinco (como foi o caso da Lei dos Crimes Hediondos). Nesse caso, pergunto: em face da decisão do STF – e sem que este cumpra o art. 52, X, da CF –, cada juiz poderia determinar a extinção de punibilidade dos processos criminais nos quais os acusados estivessem respondendo a esse tipo de crime? No plano de uma jurisdição constitucional efetiva, a resposta deveria ser negativa. Entretanto, o pragmatismo – e, por que não, o realismo tardio (axiologismo positivista) ainda vigorante na dogmática jurídica – faz com que isso acabe ocorrendo. Recorde-se que, recentemente, o Supremo Tribunal Federal decidiu que o esgotamento da via administrativa é condição objetiva de punibilidade para os crimes contra a ordem tributária. Com base nisso, diversos tribunais e juízes de primeiro grau acabaram por determinar o trancamento de inúmeras ações penais propostas, em especial, pelo Ministério Público Federal, mesmo que o sistema esteja estruturado com base na independência das instâncias.

[14] Registre-se, aqui, um fato curioso: enquanto o Supremo Tribunal Federal, também no controle difuso decidia-se pela constitucionalidade, ninguém pensou em dar efeito vinculante à referida decisão (e foram várias, durante muitos anos)! Agora, tudo está a indicar que uma decisão do Supremo Tribunal Federal funciona como um precedente da *common law*, atravessando de cima a baixo o sistema jurídico brasileiro, que, como se sabe, é filiado ao sistema romano-germânico.

titucionalidade da proibição de progressão), errou no secundário, ao pretender conceder efeito vinculante a uma decisão que não a tem (embora o próprio Supremo Tribunal venha negando isso em decisões posteriores). E não possui esse efeito vinculante pretendido porque, entre outras razões, com o advento da E.C. 45, somente tem eficácia vinculativa a jurisprudência em matéria constitucional transformada em súmula, que – e isso é absolutamente relevante – necessita não de seis votos (isto é, maioria absoluta), e, sim, o *quorum* qualificadíssimo de oito votos. Veja-se que, na data do julgamento do *leading case*, o Supremo Tribunal Federal não tinha – e até agora não tem – quorum para elaborar/aprovar uma súmula afirmando a inconstitucionalidade da vedação da progressão de regime aos crimes hediondos.[15] Para explicar melhor: se o STF declara a inconstitucionalidade de uma lei em sede de controle difuso, como é o caso, deve remeter, por força do art. 52, X, ao Senado, para que suspenda a execução da lei. Essa suspensão se dá no plano da vigência e por isso terá efeitos *ex nunc*. O STF, querendo modular os efeitos de sua decisão, atuando, portanto, no plano da eficácia da lei, deverá emitir – se for o caso – uma súmula, evitando avalanche de recursos acerca da matéria, até porque a decisão (*leading case*) produz efeito somente *inter partes*.

c) conseqüentemente, é aqui que se localiza o ponto nodal: se o Supremo Tribunal Federal pretende – agora ou em futuros julgamentos – dar efeito vinculante a uma decisão apertada de seis votos a cinco, em controle difuso, deve editar uma súmula (ou seguir os passos do sistema, remetendo a decisão ao Senado). Ou isso, ou as súmulas perderão sua razão de ser, porque valerão tanto ou menos que uma decisão por seis votos a cinco (sempre com o alerta de que não se pode confundir súmulas com declarações de inconstitucionalidades).

d) uma decisão de inconstitucionalidade – em sede de controle objetivo – funciona como uma derrogação da lei feita pelo Poder Legislativo. O Supremo Tribunal Federal, ao declarar uma inconstitucionalidade no controle concentrado, funciona como "legislador negativo". Por isso também são bem distintos os efeitos das decisões de inconstitucionalidade em países que possuem controle difuso ou controle misto (concentrado-difuso) e aqueles que possuem apenas o controle concentrado, bastando ver, para tanto, como funcionam os tribunais constitucionais europeus em comparação com os Estados Unidos (controle difuso *stricto sensu*) ou o Brasil (controle misto).

e) em face disso é que, em sede de controle difuso, torna-se necessário um *plus* eficacial à decisão do Supremo Tribunal, introduzido em 1934, com

---

[15] É evidente que não estou confundindo súmula com declaração de inconstitucionalidade. Refiro-me, na verdade, à posição do STF sobre ser inconstitucional o dispositivo *e a conseqüente modulação dos efeitos que foi dada ao referido dispositivo*.

o objetivo de conceder efeito *erga omnes* às decisões de inconstitucionalidade (hoje o art. 52,X). Observemos: tanto no controle concentrado como no difuso, o STF decide através de *full bench*. A diferença é que, na primeira hipótese, o controle é objetivo (é "em tese");[16] no segundo caso, o julgamento representa uma questão prejudicial de um determinado "caso jurídico". Mas, então, pergunto: se em ambos os casos o julgamento é feito em *full bench* e o *quorum* é o mesmo (mínimo de seis votos), *o que realmente diferencia as decisões*?

f) a pergunta faz sentido exatamente porque, neste momento, o Supremo Tribunal, ao "modular os efeitos" do *leading case* dos crimes hediondos, colocou de lado qualquer diferença entre os institutos. Mas, se são iguais, porque são diferentes? Aí é que está o problema: as decisões exsurgentes do controle difuso não possuem autonomia, pois dependem do socorro do Poder Legislativo para adquir força vinculante *erga omnes*. É nesse sentido que o Senado, integrante do Poder Legislativo, ao editar a resolução que suspende a execução da lei, atuará *não no plano da eficácia da lei* (essa é feita em controle concentrado pelo STF), mas, sim, *no plano da vigência da lei*. Daí que, no primeiro caso – controle concentrado –, o efeito pode ser *ex tunc*; no segundo caso – controle difuso –, o efeito somente poderá ser *ex tunc* para aquele caso concreto e *ex nunc* após o recebimento desse *plus* eficacial advindo de um órgão do Poder Legislativo.

g) a vingar a tese da modulação dos efeitos realizada pelo Supremo Tribunal Federal como no caso do *leading case* (Lei dos Crimes Hediondos), ter-se-á que todas as decisões – quaisquer delas – terão efeito vinculante no sistema. Por exemplo, como deverá ser interpretado o seguinte precedente, acerca do sigilo nas investigações: "eventual sigilo em procedimento investigatório não pode ser oposto ao acusado e ao seu defensor relativamente aos atos de instrução já realizados e documentados. Nesse sentido, esclareceu-se que o segredo deve ser mantido somente quanto aos atos de investigação, tanto na deliberação quanto na sua prática, quando necessário à elucidação do fato ou exigido pelo interesse social (CPP, art. 20). Todavia, uma vez formalizada a diligência, em documento, deve-se permitir o exercício do direito de defesa na fase preliminar da persecução penal. Citaram-se, ainda, algumas normas infraconstitucionais que tratam da inoponibilidade ao defensor do sigilo eventualmente decretado na persecução penal (Lei 8.906/94, art. 7º, XIV; CPPM, art. 16; Lei 6.368/76, art. 20)" – INFO 438). Qual é a extensão do nível de generalização da referida decisão?

h) mais: de há muito o Supremo Tribunal Federal vem dizendo em sede difusa que qualquer modalidade de estupro ou atentado violento ao

---

[16] Como já deixei claro em Verdade e Consenso, op.cit, mesmo o controle concentrado não prescinde do exame de algum caso. É uma ilusão metafísica pensar que somente o controle difuso tem relação com algum caso "concreto".

pudor é hediondo. *É decisão do plenário* (inclusive no sempre citado HC 82959/SP). Ou seja, o Supremo Tribunal Federal rejeita a tese, vitoriosa em vários tribunais e defendida pela imensa maioria dos penalistas pátrios, de que somente são hediondos os crimes sexuais cometidos com lesão grave ou morte. Daí a pergunta, procurando ser coerente e para manter a integridade hermenêutica do direito: por que parcela considerável dos tribunais não segue esse precedente? Na verdade, o que faz a riqueza do sistema são essas possibilidades de divergir. Conseqüentemente, *não é qualquer decisão que pode ser vinculante*. E isso é absolutamente relevante. Afinal, nosso sistema não é o da *common law*. Aliás, mesmo no sistema da *common law*, há que se levar em conta, como bem lembra Dworkin, a força gravitacional dos precedentes. Uma decisão só pode ser considerada como sendo "um precedente" retrospectivamente se for considerado o caso concreto objeto de apreciação aqui e agora. Caso contrário, *adotaríamos a tese da aplicação mecânica dos precedentes, típica do positivismo exegético, enfim, do convencionalismo estrito*. Na verdade, essa prática é comum no plano da operacionalidade do direito, onde os "precedentes" – por vezes, decisões isoladas" – são transformados em significantes primordiais-fundantes, aptos para deduções e subsunções. Esse problema é perceptível até mesmo em parcela expressiva dos manuais jurídicos: os julgados são transformados em *prêt-à-porters*, pelos quais se perde a singularidade dos casos concretos.

i) é preciso, pois, compreender muito bem o papel das súmulas (agora) vinculantes introduzidas pela EC 45, com exigência especial de *quorum*. Somente essa "jurisprudência" pode ser vinculante em nosso sistema.[17] A "outra jurisprudência" que vincula não é jurisprudência no sentido autêntico (hermeneuticamente verdadeiro) do termo, pois são decisões emanadas do Supremo Tribunal Federal em sede de controle concentrado (objetivo, portanto). Ali, ao contrário da reiteração que caracteriza a jurisprudência, basta uma decisão e nada mais. Dito de outro modo, não se pode fazer interpretações *ad hoc*, mesmo com pluralidades de posições. Se entendermos que uma decisão do Supremo Tribunal Federal em controle difuso vale contra tudo e contra todos, além de ter efeito *ex tunc*, também teremos que entender que *uma decisão afirmando a constitucionalidade de uma lei deve ter igual efeito*. E teremos que suportar as conseqüências. E os efeitos colaterais.

j) mas, à evidência, não é isso que estou defendendo, isto é, não estou de acordo que uma decisão em sede de controle difuso possa ser vinculante por si só, proferida a favor ou contra a constitucionalidade de uma lei. O sistema jurídico deve ter uma coerência funcional, isto é, *o controle difuso não pode ser equiparado ao controle concentrado* (portanto, o art. 52, X, não é letra morta por ter "caído em desuso", até porque, se admitirmos isso,

---

[17] Minha posição sobre as súmulas institucionalizadas pela EC 45 encontra-se em *Comentários a Reforma do Judiciário*. Rio de Janeiro: Forense, 2005 (Walber Agra, org).

qual será o limite desse processo de "desuso", isto é, qual será a próxima norma a cair em "desuso"?)[18] Quero dizer, em síntese, que há uma tradição em termos de controle difuso de constitucionalidade – sustentada em texto constitucional de clara dicção – que não pode ser quebrada, mesmo que seja por motivos pragmáticos.

Entendo, pois, que o direito deve ser aplicado coerentemente, a partir de sua integridade principiológica e reconstrução institucional, como bem recomenda Dworkin. A tradição do controle de constitucionalidade no Brasil, que vem desde 1891, não respalda a posição do Supremo Tribunal Federal sobre a modulação dos efeitos em sede de controle difuso de constitucionalidade. Como se sabe, há dois princípios que sustentam a exigência de integridade: o da legislação, que deve ser criada de forma coerente com os princípios (constitucionais); o da integridade da decisão, pelo qual os juízes devem identificar direitos e deveres (legais-constitucionais) e que tenham passado pelo devido processo legal. Assim, no plano da uma análise integrativa, parece óbvio afirmar que a norma constitucional que estabelece a remessa ao Senado (art. 52, X) não poderia ser "suspensa" em nome de argumentos políticos ou pragmáticos. Deixar de aplicá-la significa não só abrir precedente de não-cumprimento de norma constitucional – enfraquecendo sobremodo a força normativa da Constituição – mas também suportar as conseqüências, uma vez que a integridade também supõe integridade da própria Constituição. E não se pode esquecer que a não-aplicação de uma norma é uma forma de aplicação. Incorreta. Mas é.

Assim, se uma súmula, para ser vinculante, deve ser aprovada por dois terços dos membros do Tribunal, *após reiteradas decisões sobre matéria constitucional* (art. 130-A, da CF), não se pode admitir que uma (apenas uma) decisão com *quorum* reduzido (no caso, seis votos a cinco) tenha efeito contra todos e retroativo.

Dito de outro modo, se o Supremo Tribunal Federal está consciente de que a vedação de progressão de regime é inconstitucional, parece que o melhor caminho é o que a *integridade* do direito exige: ou remete a decisão ao Senado ou decide em controle concentrado se devidamente provocado, ou, finalmente, elabore uma súmula, com os necessários oito votos (maioria que, para a decisão da inconstitucionalidade da proibição de progressão de regime, não existe na Suprema Corte).[19]

---

[18] Do modo como alguns tribunais atuam, o próprio artigo 97 pode cair em "desuso". Refiro-me às constantes "declarações de inconstitucionalidade" feitas por órgãos fracionários sem a suscitação do incidente de inconstitucionalidade (*full bench*). Para não ir muito longe no tempo, basta ver a recentíssima decisão de uma das câmaras do Tribunal de Justiça de São Paulo, que, em total desobediência ao art. 97 da CF, "declarou" a inconstitucionalidade de determinado ato estatal (Resolução SAP nº 026/2001) que instituiu, no âmbito do Estado de São Paulo, o regime disciplinar diferenciado (RDD). Incontinenti, o Supremo Tribunal Federal cassou a referida decisão (MED. CAUT. EM HABEAS CORPUS 88.508-0).

[19] Não se ignora que não há lei ainda que regulamente as súmulas. Todavia, entendo que o Supremo Tribunal Federal pode produzir as referidas súmulas, porque, neste ponto, a EC 45 é auto-aplicável.

5. A aplicação do direito: os efeitos colaterais decorrentes da decisão do Supremo Tribunal Federal

Por todos, veja-se o caso a seguir relatado, que, simbolicamente, representa a problemática exsurgente da decisão do Supremo Tribunal Federal ora sob comento. Determinado indivíduo foi condenado a 24 anos e 06 meses de reclusão pela prática do delito de latrocínio, fixando-se-lhe o regime de cumprimento de pena como integralmente fechado. O Superior Tribunal de Justiça, em decisões sobre a questão, decidiu pela impossibilidade da progressão de regime na hipótese. Conseqüentemente, o apenado cumpria a pena em regime integralmente fechado, consoante decidido pelas instâncias judiciárias, *cujas decisões – todas – transitaram em julgado*.

Imediatamente após a decisão do STF (*leading case*), que deu por inconstitucional a proibição de progressão de regime, o juiz de primeiro grau prontamente concedeu a progressão de regime ao apenado, tendo por base exatamente o HC 82959. Argumentou, o magistrado, que não havia "mais possibilidade, diante da alteração legislativa de 2003, de prognose sobre a periculosidade do apenado (referia-se à alteração ocorrida no art. 112 da LEP, que dispensou – *sic* – os laudos técnicos para aferição dos requisitos para a progressão de regime e livramento condicional).[20] Em conclusão, tendo já o apenado, na altura, cumprido um sexto da pena, foi-lhe concedido o regime semi-aberto (o que, em *terrae brasilis*, nua e cruamente, significa a liberdade), mormente em uma pequena cidade como a da Comarca em questão.

Mais ainda, a coisa julgada não é garantia meramente individual, de cariz liberal-individualista; é ela, também e fundamentalmente, um instituto que visa a garantir a segurança das decisões, uma vez que possui uma dimensão objetiva, atuando como proteção concreta dos elementos nucleares da segurança jurídica (portanto, comunitária e transindividual), como bem assinala Ingo Sarlet,[21] que precisa ser resguardada, ainda que se possa, eventualmente, cogitar de que se estará beneficiando o apenado; também é possível sustentar que – como no caso concreto – a coisa julgada é garantia

---

[20] A decisão – como tantas outras similares proferidas de norte a sul do país (veja-se o caso do maior assaltante de bancos preso no Rio Grande do Sul, condenado a mais de quarenta anos de reclusão e que, tendo cumprido um sexto da pena, recebeu o benefício do regime semi-aberto – dois meses depois, fugiu!) – mostrou-se equivocada. Afora o fato de se tratar de coisa julgada e, portanto, não estar o juiz vinculado à decisão do *leading case*, a concessão peca – flagrantemente – por uma questão de infraconstitucionalidade, qual seja, a falta da comprovação do requisito subjetivo (que é exatamente o que caracteriza a pena individualizada), demonstrado pelas competentes avaliações.

[21] Cfe. Sarlet, Ingo. A eficácia dos direitos fundamentais. 6ª ed. Porto Alegre: Livraria do Advogado, 2006, p. 166 e segs.

do direito fundamental à segurança dos demais membros da sociedade,[22] que poderiam alegar a violação da cláusula da proibição de proteção de insuficiência (*Untermassverbot*). Em segundo lugar, a questão poderia ser discutida simplesmente em sede de execução penal, sem referência à decisão do STF (porque não-vinculante), mas a partir da aferição dos requisitos subjetivos verificados a partir dos respectivos laudos técnicos (afinal, há diferenças entre o processo penal e a execução penal *stricto sensu*).

Aliás, o próprio STF, buscando "delinear" melhor a modulação dos efeitos já feita no aludido *Habeas Corpus* – e que fugiu de seu controle, acarretando indesejáveis efeitos colaterais –, deixou claro no HC n. 85.204-1/RS, na lavra do relator, Min. Gilmar Mendes, que:

> A possibilidade de progressão de regime em crimes hediondos foi decidida pelo Plenário do Supremo Tribunal Federal no julgamento HC no 82.959-SP, Rel. Min. Marco Aurélio, (acórdão pendente de publicação). Nessa assentada, ocorrida na sessão de 23.02.2006, esta Corte, por seis votos a cinco, reconheceu a inconstitucionalidade do § 1º do artigo 2o da Lei 8.072/1990 ("Lei dos Crimes Hediondos"), que proibia a progressão de regime de cumprimento de pena nos crimes hediondos.
>
> (...)
>
> Entretanto, apenas para que se tenha a dimensão das reais repercussões que o julgamento do HC no 82.959-SP conferiu ao tema da progressão, é válido transcrever as seguintes considerações do Min. Celso de Mello, proferidas em sede de medida liminar, no HC no 88.231-SP, DJ de 20/03/2006, *verbis*:
>
> Como se sabe, o Plenário do Supremo Tribunal Federal, ao julgar o HC 82.959/SP,.Rel. Min. Marco Aurélio, declarou, "incidenter tantum", a inconstitucionalidade do § 1o do art. 2º da Lei no 8.072, de 25/07/1990, afastando, em conseqüência, para efeito de progressão de regime, o obstáculo representado pela norma legal em referência.
>
> Impende assinalar, no entanto, que esta Suprema Corte, nesse mesmo julgamento plenário, explicitou que a declaração incidental em questão não se reveste de efeitos jurídicos, inclusive de natureza civil, quando se tratar de penas já extintas, advertindo, ainda, que a proclamação de inconstitucionalidade em causa – embora afastando a restrição fundada no S 1º do art. 2º da Lei nº 8.072/90 – não afeta nem impede o exercício, pelo magistrado de primeira instância, da competência que lhe é inerente em sede de execução penal (LEP, art. 66, III, 'b'), a significar, portanto, que caberá, ao próprio Juízo da Execução, avaliar, criteriosamente, caso a caso, o preenchimento dos demais requisitos necessários ao ingresso,ou não, do sentenciado em regime penal menos gravoso.
>
> Na realidade, o Supremo Tribunal Federal, ao assim proceder, e tendo presente o que dispõe o art. 66, III, "b", da LEP, nada mais fez senão respeitar a competência do magistrado de

---

[22] Na feliz exposição do jusfilósofo Luciano Oliveira, titular da UFPE, o Brasil vive, neste início de novo século, uma curiosa tensão, no limite potencialmente perigosa para a própria democracia, entre, de um lado, uma consciência de cidadania talvez sem precedentes na nossa história e, de outro, níveis exponenciais de violência que constituem graves violações a certos direitos humanos fundamentais da população – como os direitos à vida e à segurança – e, assim, conspiram contra a consolidação daquela consciência: "...a segurança pessoal é uma variável das mais importantes a serem consideradas nas estratégias de respeito aos direitos humanos. E segurança – tanto quanto saúde, educação, trabalho, etc. – é um benefício que um Estado democrático deve aos seus cidadãos. Sem ela, voltamos ao chamado "estado de natureza" – que talvez seja menos idílico do que pintaram os contratualistas da nossa predileção. Ou seja: *lemos tanto Rousseau, que esquecemos Hobbes...*". Luciano Oliveira, in: Segurança: um direito humano para ser levado a sério. – Anuário dos Cursos de Pós-Graduação em Direito n. 11 – UFPE.

primeiro grau para examinar os requisitos autorizadores da progressão, eis que não assiste, a esta Suprema Corte, mediante atuação *per saltum* – o que representaria inadmissível substituição do Juízo da Execução-, o poder de antecipar provimento jurisdicional que consubstancie, desde logo, a outorga, ao sentenciado, do benefício legal em referência.
(...)
Não constitui demasia assinalar, *neste ponto, não obstante o advento da Lei n° 10.792/2003 – que alterou o art. 112 da LEP, para dele excluir a referência ao exame criminológico –, que nada impede que os magistrados determinem a realização de mencionado exame, quando o entenderem necessário, consideradas as eventuais peculiaridades do caso*, desde que o façam, contudo, mediante decisão adequadamente motivada, tal como tem sido expressamente reconhecido pelo E. Superior Tribunal de Justiça (HC 38.719/SP, Rel. Min. HÉLIO QUAGLIA BARBOSA – HC 39.364/PR, Rel. Min. LAURITA VAZ – HC 40.278/PR, Rel. Min. FELIX FISCHER – HC 42.513/PR, Rel. Min. LAURITA VAZ) e, também, dentre outros, pelo E. Tribunal de Justiça do Estado de São Paulo (RT 832/676 – RT 837/568):
(...)
A razão desse entendimento apóia-se na circunstância de que, embora não mais indispensável, o exame criminológico – cuja realização está sujeita à avaliação discricionária do magistrado competente – reveste-se de utilidade inquestionável, pois propicia, *"ao juiz, com base em parecer técnico, uma decisão mais consciente a respeito do benefício a ser concedido ao condenado" (RT 613/278).*
(...)
Em conclusão, a decisão do Plenário buscou tão-somente conferir máxima efetividade ao princípio da individualização das penas (CF, art. 5o, LXVI) e ao dever constitucional-jurisdicional de fundamentação das decisões judiciais (CF, art. 93, IX).
(...)
Nestes termos, defiro a ordem de *habeas corpus*, para que, mantido o regime integralmente fechado de cumprimento de pena por crime hediondo, seja afastada a vedação legal de progressão de regime. Nessa extensão do deferimento do *writ*, caberá ao juízo de primeiro grau avaliar se, no caso concreto, o paciente atende ou não os requisitos para gozar do referido benefício, podendo determinar, para esse fim, e desde que de modo fundamentado, a realização de exame criminológico."

Na mesma linha, veja-se o recente voto do Min. Ricardo Lewandowski.[23]

Desse modo, considere-se que, mesmo que se pudesse atribuir eficácia *erga omnes* à decisão do Supremo Tribunal Federal proferida em sede de controle difuso – o que, de todo, é equivocado em face da força normativa do art. 52, X, da Constituição (afinal, trata-se de um dispositivo constitucional) – o juiz da causa deveria apreciar o caso e decidir de modo adequado às especificidades da situação concreta de aplicação (*Adwendungsdiskurs*). Insisto: se o juiz – que, repita-se, em qualquer decisão, estará sempre fazendo jurisdição constitucional, como tenho referido em vários textos[24] – não o fizer, ele estará ferindo os princípios (e princípios são princípios, e não meros postulados, como alguns juristas vêm defendendo) constitucionais da fundamentação das decisões (art. 93,IX), do contraditório e da am-

---

[23] In MACROBUTTON HtmlResAnchor http://www.stf.gov.br/noticias/imprensa/ultimas/ler.asp?CODIGO=207274&tip=UN&param=, acessado em 08-09-2006.

[24] Em especial, meu Jurisdição Constitucional e Hermenêutica – Uma Nova Crítica do Direito. 2ª ed. Rio de Janeiro, Forense, 2004.

pla defesa (art. 5º, LIV) e da inafastabilidade da tutela jurisdicional (art. 5º, XXXV).

Afinal, não é porque *prima facie* o condenado pode fazer jus à progressão da pena que ele sempre, e em qualquer caso, o fará. Aliás, a decisão do Supremo Tribunal produz o seguinte "discurso de fundamentação": *prima facie* o apenado pode fazer jus à progressão de regime, e não "*prima facie*, o apenado faz jus ao benefício". Onde está a comprovação do requisito subjetivo, no caso concreto? Sabemos muito bem que o caso faz parte da construção da decisão, como diria Klaus Günther, assim como Müller. Trata-se de uma questão hermenêutica instransponível, demandando a seguinte pergunta: *de que modo uma norma* prima facie *aplicável – pensemos na lei – poderia ser aplicada sem se considerar os elementos do caso concreto?* Teríamos a norma perfeita, porque, afinal, estaria abarcando, de antemão, todas as hipóteses de aplicação. É, em síntese, lamentavelmente, o que está ocorrendo em nosso país (não fosse isso e o próprio Supremo Tribunal não teria que, cotidianamente, editar julgados nos moldes do HC n. 85.204-1/RS).

Numa palavra, não se ignora que qualquer juiz pode, no caso concreto, em sede de controle difuso, deixar de aplicar uma lei com fundamento em sua inconstitucionalidade. Essa é uma questão hermenêutica básica. Entretanto, a questão que se põe é: se a coisa julgada somente pode ser desconstituída por nova lei ou por decisão em controle concentrado que declara a inconstitucionalidade dessa lei (retira-lhe a eficácia, portanto), qual a razão (jurídico-constitucional) pela qual a coisa julgada poderia ser desconstituída por uma decisão que tratou apenas de um caso e que somente adquiriria efeito *erga omnes* (mas não *ex tunc*) na hipótese de receber o *plus* eficacial representado pela resolução expedida pelo senado, forte no art. 52,X, da Constituição?

Cada resposta a esse problema terá uma conseqüência. Se se disser que, na medida em que qualquer juiz pode deixar de aplicar uma lei e que qualquer juiz, de qualquer comarca, pode desconstituir a coisa julgada, por estar esta (a coisa julgada) fulcrada em lei inconstitucional,[25] ter-se-á que considerar que, em qualquer hipótese, toda vez que o Supremo Tribunal Federal declarar, em controle difuso, a inconstitucionalidade de uma lei, todas as "coisas julgadas" poderão ser desconstituídas "automaticamente" (por exemplo, por "portaria expedida pelo juiz da Comarca" – *sic*). Isso, entretanto, criaria, no futuro, uma inibição do próprio STF, que teria sérios problemas no julgamento dos recursos extraordinários, isto porque, já no primeiro julgamento dando por procedente um recurso extraordinário, todo

---

[25] Há que se perguntar, afinal: que é uma lei inconstitucional? Esse é o ponto: uma lei só é inconstitucional se for declarada nos moldes que a Constituição determina, o que inclui a obrigatoriedade – em sede de controle difuso – da remessa ao Senado. Não pode(ria) haver dúvida sobre isso.

o sistema ruiria (*não haveria mais "casos concretos"* e o "efeito" *erga omnes* decorrente da decisão em sede difusa "atravessaria" o sistema de cima para baixo). E isto seria claramente anti-hermenêutico!

Mas, então, por que não pode ser assim? A resposta aponta para a seguinte questão: o sistema jurídico tem uma funcionalidade, tendo mecanismos para evitar a constante desconstituição de coisas julgadas (afinal, há dimensões objetivas na coisa julgada que são absolutamente relevantes, caso contrário, isto é, se qualquer coisa julgada pode ser desconstituída, teremos a sua própria abolição...!). Ou seja, a funcionalidade está baseada, primeiro, na necessidade da remessa da decisão proferida em controle difuso ao Senado; segundo, na possibilidade de edição de súmulas (que em matéria constitucional passaram a ser vinculantes pela EC 45). Portanto, aquilo que sustenta o controle difuso, isto é, a possibilidade de o juiz deixar de aplicar uma lei, não pode significar que possa ser colocada por terra a dimensão objetiva da coisa julgada. Seria uma tese de "cobertor curto", pois.

Se não existissem limites a "modulação dos efeitos", teríamos que admitir que, em qualquer circunstância, o processo (penal) pode(ria) ser revisto. Explicando: na hipótese de uma lei declarada inconstitucional em sede de controle difuso que tratasse de uma tipificação legal (penal) – exemplo trabalhado retro –, vingando a atual posição do STF, até mesmo os processos transitados em julgado mereceriam indenização do Estado. Ora, é exatamente por isso que – na hipótese disso ocorrer (declaração da inconstitucionalidade de um tipo penal), a remessa ao Senado *funciona como blindagem* contra a retroação. Ou isso, ou torna-se impossível declarar inconstitucional uma lei penal. Aliás, tanto é verdade isso que, se o STF julgasse o referido tipo penal inconstitucional em controle concentrado, por certo faria uso da prerrogativa prevista no art. 27 da Lei 9.868, "modulando" os respectivos efeitos, para, a toda evidência, evitar indenizações. Parece lógico isso.

No caso da modulação feita no *leading case* (HC 82959/SP), de que modo podemos explicar tal circunstância ao apenado que já cumpriu pena (pena extinta) sem direito a progressão de regime? Dizer para ele que "teve azar" ao não ser julgado por juiz ou tribunal que, à época, contrariava a posição do Supremo Tribunal Federal? Veja-se o paradoxo: decisões desafiadoras da jurisprudência do STF passariam a ser premiadas; *já as que obedeceram a orientação do Pretório Excelso seriam "castigadas"*, ou melhor, o prejuízo dos "acertos" judiciais será suportado pelo acusado. Perguntando de outro modo: quem pagará o prejuízo por esse condenado ter cumprido pena em um regime carcerário que, quinze anos depois, foi declarado nulo, írrito, nenhum? Qual a diferença desse apenado e aquele que ainda está cumprindo pena? Daí a necessidade de termos o devido cuidado na análise da temática. Cada resposta terá uma conseqüência. E muitos efeitos colaterais. Portanto, é importante ler toda a bula. Simples, pois! Ou não!

6. Aportes finais

Parece não haver dúvidas – no plano de uma abordagem hermenêutica do direito – que o paradigma instituído pelo Estado Democrático de Direito proporciona a superação do direito-enquanto-sistema-de-regras, fenômeno que (somente) se torna possível a partir dos princípios introduzidos no discurso constitucional, que representam a efetiva possibilidade de resgate do mundo prático (faticidade) até então negado pelo positivismo (veja-se, nesse sentido, por todos, o sistema de regras defendido por jusfilósofos como Kelsen e Hart).

E foi exatamente com base em um princípio – *o da individualização da pena* – que a Suprema Corte brasileira julgou inconstitucional dispositivo que, há mais de quinze anos, apontava em direção oposta,[26] ou seja, o art. 2º da Lei 8.072/90 impedia que, caso a caso, fosse aferida a possibilidade de progressão de regime do apenado. Assim, se os princípios constitucionais traduzem e introduzem o mundo prático no direito,[27] é exatamente a faticidade, o modo prático de ser no mundo, que norteou a necessidade de abrir a possibilidade de, *a partir de cada caso*, decidir acerca da possibilidade (ou não) de o apenado progredir de regime. Afinal, essa é a *ratio* do princípio da individualização da pena: para cada apenado, o exame das suas especificidades.

Tem-se assim que o Supremo Tribunal Federal, na medida em que retirou o obstáculo à plena individualização da pena (sem discutir, aqui, novamente, o problema dos efeitos dessa decisão), *proporcionou um substancial avanço hermenêutico*, rumo a preservação de cada caso concreto, portanto, do processo aplicativo do direito, isto porque a regra proibitiva da progressão de regime (art. 2º da Lei 8.078/90) – entendida *tabula rasa* – obnubilava a singularidade dos casos (aquilo que na hermenêutica chamamos de "coisa mesma").

---

[26] Uma das razões para que tamanha confusão tenha sido estabelecida na comunidade jurídica, em especial quanto à repercussão (e alcance) da decisão (HC 82959/SP), deve-se ao fato de que o acórdão ainda não foi publicado, mesmo tendo os integrantes da Corte a plena ciência dos seus efeitos práticos (como dito, a decisão foi contra o teor de uma súmula, tendo relação direta com o *status libertatis* do cidadão). Confirmando tal afirmação, o Min. Gilmar Mendes, no HC n. 85.204-1/RS, em seu voto, parece reconhecer o problema na interpretação do *leading case* quando afirma "apenas para que se tenha a dimensão das *reais* repercussões que o julgamento do HC nº 82.959-SP conferiu ao tema da progressão". Nesse último julgamento, o Supremo Tribunal Federal explicita seu entendimento de que a Lei nº 10792/03 não suprimiu a possibilidade de o juiz da execuções, fundamentalmente, requisitar a realização de exame criminológico para fins de progressão de regime e de livramento condicional.

[27] Remeto o leitor ao meu *Verdade e Consenso*, op. cit.

O que não pode ocorrer – e, sem dúvida, já ocorreu, com conseqüências danosas para a sociedade –, é essa "desobstrução hermenêutica" feita pelo STF ser transformada em dispositivo (regra) de aplicação subsuntiva. Dito de outro modo, parece razoável concluir que, em *sendo inconstitucional proibir* a progressão de regime para todos os casos, é igualmente inconstitucional *concluir em sentido contrário, isto é, pela permissão tabula rasa* da progressão, sem o exame do caso concreto, circunstância, aliás, que viola o mesmo princípio que serviu de sustentáculo da decisão do STF: *o princípio da individualização da pena*.

Sendo mais claro: é um retrocesso de cariz positivista pensar que, em face da retirada da norma proibitiva, tudo passa a ser permitido na aplicação nas diversas hipóteses. Como lembra Marcelo Cattoni, até mesmo no caso de súmula vinculante ou da decisão em sede de controle concentrado a aplicação de qualquer norma jurídica não pode ser automática, pois a "tarefa normativa" do Supremo Tribunal Federal *in abstrato*, "em tese", *não substitui a tarefa do juiz da causa, in concreto*. Assim, "a extensão da incidência dos efeitos retroativos sobre os atos singulares praticados com base em norma inconstitucional deve ser analisada caso a caso, segundo a lógica argumentativa dos discursos de aplicação jurídica, guiados por um princípio da adequabilidade: *que os afetados pela decisão devam ser tratados igualmente não faz com que eles devam ser tratados uniformemente ou de modo idêntico*. Não se deve confundir tratamento igual com tratamento idêntico ou uniforme, à luz do paradigma do Estado Democrático de Direito".[28]

Numa palavra, regra e princípio não podem ser cindidos. O princípio – no caso, o da individualização da pena – é elemento instituidor, o elemento que existencializa a regra – que trata da progressão de regime – que ele instituiu. Hermeneuticamente, pela impossibilidade de cindir interpretação e aplicação e pela antecipação de sentido que sempre é condição de possibilidade para que se compreenda, torna-se impossível "isolar" a regra do princípio, isto é, é impossível – sob pena de confissão de fé no positivismo – interpretar uma regra sem levar em conta o seu princípio instituidor. Isto porque *a regra não está despojada do princípio*. Ela encobre o princípio pela propositura de uma explicação dedutiva.

Assim, a transformação da decisão do Supremo Tribunal, baseada que foi no princípio da individualização da pena, em uma "regra" do tipo "todos os apenados passam agora a ter direito à progressão, desde que cumprido um sexto da pena", *é fazer uma profissão de fé na subsunção* positivista, obstaculizando a singularidade – que é, pois, a faticidade – de cada caso. O princípio da individualização da pena não pode ser encoberto por uma "re-

---

[28] Cfe. Cattoni de Oliveira, M. A. *Devido Processo Legislativo*. Belo Horizonte: Mandamentos, 2000, p. 141-142.

gra" elaborada em seu próprio nome. Isso seria um paradoxo. E paradoxos são coisas sobre as quais é impossível decidir!

De todo modo, isso acabou acontecendo porque o Supremo Tribunal Federal, de forma equivocada, atribuiu efeito *erga omnes* e *ex tunc*[29] a uma decisão proferida em sede de controle difuso, sem atentar para a integridade do direito. Ora, não há grau zero na atribuição de sentido aos textos jurídicos. O controle difuso de constitucionalidade é instituto vigente e válido no Brasil desde a Constituição de 1891, assentado, agora, mas sem alterações semânticas, no art. 52, X, da Constituição de 1988. Mais do que isso, é instituto consagrado como conquista democrática, porque capilarizador do sentido da Constituição e conformador de uma comunidade (aberta) de intérpretes da Constituição. Além disso, até 1965, era o modo de aferição da constitucionalidade das leis no Brasil (o controle concentrado foi inserido somente naquele ano, pela Emenda nº 16).

O respeito à integridade significa respeito à comunidade de princípios, à tradição, aos precedentes que conformam a história e a reconstrução de cada caso. Em outras palavras, integridade do direito significa falar a partir do paradigma da intersubjetividade, ou seja, a interpretação não é resultado de procedimentos subsuntivos/dedutivos, a partir da objetividade do texto e, tampouco, da consciência de si do pensamento pensante, que conforma a subjetividade assujeitadora do paradigma da filosofia da consciência.

A aplicação do resultado do julgamento do STF foi feita (recepcionada) de forma positivista por juízes e tribunais da federação. Foi, pois, uma leitura equivocada da "modulação dos efeitos". Essa aplicação positivista deu-se a partir do fato de os "operadores do direito" terem "recepcionado" a interpretação de um princípio constitucional – que ainda carecia de outra etapa no sistema (a remessa ao Senado) – como se ele fosse uma regra que contivesse todas as hipóteses de aplicação, impedindo, assim, o exame da singularidade dos milhares de casos concretos (veja-se a conseqüência dessa aplicação objetificante: milhares de apenados, pelo simples fato de terem cumprido um sexto da pena e apresentarem "bom comportamento" obtiveram a progressão de regime).

É preciso compreender não há grau zero na atribuição de sentido. O intérprete deve estar atento à tradição, compreender os seus pré-juízos como pré-juízos, promovendo uma reconstrução do direito, perscrutando de que modo um caso similar vinha sendo decidido até então, confrontando

---

[29] Não se desconhece que o STF negue ter conferido efeito *erga omnes e ex tunc* à decisão, ao especificar – e isso vem sendo reiterado nos julgamentos de recursos decorrentes da aplicação da decisão pelos tribunais (por todos, o HC n. 85.204-1/RS) – que a decisão – *leading case* – não poderia atingir casos de penas extintas e não teria efeitos civis. Ocorre que, na prática, a decisão – exatamente pela ausência da agregação dos efeitos que decorreriam da aplicação do art. 52,X, da CF – atravessou o sistema de cima a baixo, atingindo a coisa julgada e proporcionando – a partir de uma leitura equivocada de juízes e tribunais – a concessão tábula rasa da progressão de regime, ficando obnubiladas as particularidades de cada caso.

a jurisprudência com as práticas sociais que em cada quadra do tempo surgem estabelecendo novos sentidos às coisas e que provocam um choque de paradigmas, o que sobremodo valoriza o papel da doutrina jurídica e a interdisciplinariedade do direito. Como bem diz Gadamer, a compreensão alcança suas verdadeiras possibilidades quando as opiniões prévias com as que se inicia não são arbitrárias.

Em síntese: a Suprema Corte não está autorizada a inaplicar dispositivo constitucional que trata das condições de possibilidade e da eficacialidade do controle difuso no Brasil desde o advento da República. Tradição aqui é condição de integridade e reconstrução principiológica, a partir da faticidade com a qual se choca o intérprete. A regra não obnubila a faticidade e tampouco os conflitos sociais podem ser afastados pelo ficionalismo de índole positivista, que resiste à principiologia constitucional. No caso em exame, se durante quinze anos estivemos em face de uma "estado de natureza hermenêutico" – em que cada juiz decidia como bem entendia e o STF não tinha força obrigatória nas decisões (que, aliás, foram alteradas no final do ciclo de quinze anos) – , isso não pode significar que uma decisão, por escassa maioria e proferida em sede de controle difuso, atravesse o sistema e coloque em xeque qualquer possibilidade de respeito ao direito enquanto integridade, além de solapar a própria objetividade da coisa julgada. Razões pragmáticas são incompatíveis com uma reconstrução principiológica e integrativa do direito no Estado Democrático de Direito. De todo modo, vingando a posição da Suprema Corte e sendo ela a última palavra na interpretação do direito, também por coerência e pela integridade do direito tem-se que passar a seguir essa nova seara aberta pela decisão. E as conseqüências podem ser danosas para a sobrevivência do controle difuso, *locus* privilegiado da abertura interpretativa desde 1891.

— VIII —

Policontexturalidade Jurídica e Estado Ambiental

LEONEL SEVERO ROCHA[1]

DELTON WINTER DE CARVALHO[2]

Sumário: 1.Introdução; 2. A comunicação ecológica; 3. Direito Reflexivo; 4. Estado Ambiental; 5. Policontexturalidade; 6. Direito Ambiental Reflexivo; 7. Ecologização.

1. Introdução[3]

O objetivo deste ensaio é relacionar a Teoria dos Sistemas Sociais de Niklas Luhmann com as contribuições que Gunther Teubner tem possibilitado para a observação dos novos Direitos na globalização. Para tanto, propomos a análise da temática do Direito, da Política e da Ecologia a partir da elaboração de um novo Direito, mais crítico, o Direito Reflexivo, como condição para a democratização do Estado, visto como Estado Ambiental. A tese proposta parte da observação da Política e do Direito a partir da oposição entre "Policontexturalidade Jurídica e Estado Ambiental".

A Policontexturalidade é uma metáfora re-utilizada (Luhmann, Teubner) como critério de investigação da fragmentação do sentido na pós-modernidade, sendo uma interessante perspectiva para a análise do Pluralismo Jurídico Transnacional. Já a expressão "Estado Ambiental" (Canotilho) é um re-direcionamento da função do Estado como organização política visando à abordagem de seus limites e invenções para a sua manutenção como Ator Social privilegiado. Para tanto, entende-se que os novos direitos são o campo temático onde a Observação Policontextural e a operacionalidade organizacional do Estado estão redefinindo a complexidade do acoplamento entre o Direito e a Política do ponto de vista de um Direito Reflexivo.

---

[1] Professor Titular do PPGD-unisinos.
[2] Doutor em Direito pela Unisinos, membro do Grupo Teoria do Direito da Unisinos.
[3] Este texto faz parte do projeto de pesquisa sobre essa temática que estamos desenvolvendo no PPGD e no Grupo de Teoria do Direito que dirigimos na Unisinos.

Na sociedade globalizada do século XXI, a teoria dos sistemas sociais aparece como uma das possibilidades de construção de comunicações diante de uma situação de alta complexidade. Com o intuito de contribuir com a produção de maneiras diferentes de observação conjunta da Política e do Direito, propomos uma nova *forma*. Toda forma deriva da diferenciação primária entre Sistema/Ambiente (Luhmann). Nesta lógica, pode-se propor uma outra oposição(forma) entre "Policontexturalidade Jurídica/Estado Ambiental".

Para delimitar-se o recorte, nos deteremos na atuação da organização estatal brasileira pós-constituição de 1988 no enfrentamento da questão fundamental da sociedade atual de sua função do ponto de vista sistêmico: a Ecologia. A auto-referência operacional do tradicional Direito Ambiental estatal sequer permite a observação da existência de processos ecológicos essenciais fora do conceito de "bens ambientais" e de cadeias de agentes poluidores à margem da personalidade jurídica. Por meio da descrição dos processos decisórios sobre responsabilidade ambiental, objetiva-se na presente pesquisa a observação das limitações cognitivas das decisões jurídicas nas três dimensões da responsabilidade (dano, atividade e causalidade), bem como na relação dessas dimensões com a questão do risco ecológico.

Neste sentido, o Estado Ambiental deve na policontexturalização da sociedade voltar-se para a construção de uma Eco-cidadania. O nosso objetivo principal é portanto contribuir para a redefinição da Teoria do Direito, propondo uma revisão da postura que centraliza a organização do poder somente no Estado, subestimando o pluralismo de fontes do poder que constituem a incerteza e o risco, como condição de co-evolução da sociedade contemporânea. Os chamados novos Direitos exigem igualmente novas formas de observação/operacionalização dos sentidos na sociedade. Na teoria dos sistemas, a sociedade é constituída pela Comunicação. As organizações ocupam destacado papel na atualização do sentido produzido na sociedade.

O Estado nacional foi considerado durante muito tempo como a organização mais importante da Política, comunicando-se com os demais sistemas, principalmente, o sistema do Direito. Para tanto, criou-se o acoplamento estrutural entre Direito/Política: o Estado de Direito. No final do século XX e início do século XXI, surgiram manifestações políticas transnacionais que abalaram os processos tradicionais de comunicação. Gunther Teubner tem observado esses pluralismos como Policontexturalidade.

Nesta linha de idéias, um importante problema jurídico passou a ser a dificuldade de auo-organização de sua comunicação. Isto é, como produzir sentidos normativos numa crise do Estado de Direito. Talvez um dos pontos mais cruciais seja a possibilidade de desintegração do tecido social pela ampliação dos riscos ambientais. Por isso, a ênfase na redefinição do Estado como ator global voltado a uma função Ecológica: o Estado Ambiental.

Deste modo, *o nosso objetivo principal* será analisar a comunicação ecológica, vista como condição para o surgimento de um Direito reflexivo, a partir da oposição Policontexturalidade/Estado Ambiental.

2. A comunicação ecológica

A comunicação ecológica que vem ganhado destaque nos meios de comunicação de massa e nos movimentos populares apresenta grande ressonância no Sistema Social;[4] entretanto, a sua efetividade regulatória parece questionável diante da complexidade e incerteza apresentada por esta espécie de problemas.

As questões ecológicas e a própria comunicação ecológica produzida na Sociedade apresentam, no entanto, grandes contradições com a estrutura dogmática do Direito tradicional, fundado numa dogmática antropocentrista, eminentemente individualista[5] e normativista para a confecção de suas descrições e institutos. Pelo contrário, a Ecologia é o *topos* do global e do complexo, suscitando para a teoria do Direito tornar-se reflexiva, necessidade da adoção da transdisciplinaridade, de um antropocentrismo alargado e, sobretudo, de uma "epistemologia da complexidade".[6] Este é o choque paradigmático (conflitos intra-sistêmicos) que vive o Direito: sua estruturação fundada numa dogmática tradicional em face dos novos problemas sociais suas conseqüências ecológicas.

Conforme a dogmática jurídica, as variações necessárias à proteção jurídica do Ecossistema[7] devem ser compatíveis com as estruturas de ex-

---

[4] No Sistema Político, houve uma enorme produção de legislações pertinentes à proteção ambiental, o que fez demonstrar a maior aptidão do Sistema Político em efetuar mudanças rápidas diante de pressão popular em vista do poder político estar diretamente vinculado aos votos eletivos, enquanto o Direito encontra-se mais lento na absorção desta comunicação por ser conflitante com o seu paradigma epistemológico vigente (que busca a certeza e oculta a complexidade), por outro lado, no Sistema Econômico, tem havido um acréscimo no debate por novas tecnologias e produtos ecologicamente orientados (por exemplo, o debate acerca das possíveis conseqüências da implementação dos alimentos transgênicos – organismos modificados geneticamente; a implementação de certificado de produção ecologicamente adequada – ISO 14.000; a propagação de tecnologias "limpas"; certificados verdes que, comprovadamente, aumentam a vendagem de produtos de consumo; entre inúmeras formas em que a adequação do ciclo produtivo à questão ecológica atua como promoção do produto, incrementando sua imagem comercial). Contudo, este sistema tem apresentado grande resistência à produção de uma ressonância ecologicamente orientada em vista de seu paradigma produtivo estar, ainda, centralizado na dominação e na transformação (industrial) da natureza em escala massiva.

[5] As raízes do individualismo que marca, inconteste, a pré-compreensão do Direito na Modernidade pode ser demonstrada a partir do seu atrelamento ao Estado Moderno, pois a dogmatização da tripartição do poderes leva consigo concepções de seus mentores intelectuais. Neste sentido Montesquieu, por exemplo, não vislumbrava o Direito além do poder competente para o julgamento dos "crimes ou as divergências dos *indivíduos*." (não há grifo no original) (MONTESQUIEU, Charles Louis de Secondat, barão de. *Do Espírito das Leis*. 2ª ed. São Paulo: Abril Cultural, 1979, p. 149).

[6] OST, Fraçois. op. cit.

[7] "Ecossistema: complexo dinâmico de comunidades vegetais, animais e de microorganismos e o seu meio inorgânico que interagem como uma unidade funcional." (KRIEGER, Maria da Graça; MACIEL, Anna Maria Becker; ROCHA, João Carlos de Carvalho *et al. Dicionário de Direito Ambiental: Terminologia das leis do meio ambiente*, porto Alegre/Brasília: Ed. Universidade/UFRGS/Procuradoria Geral da República, 1998, p. 147).

pectativas comportamentais vigentes e generalizadas congruentemente no sistema, caso contrário, haverá uma obstaculização e inefetividade operacional destes novos institutos numa dimensão pragmática. A internalização jurídica da ecologia somente poderia ser feita através da adequação dos conflitos à forma, construída internamente pelo sistema, sistema jurídico/ecologia ou ambiente extra-social. Esta distinção, operacionalizada pela dogmática jurídica como Direito Ambiental, consiste na comunicação ecológica específica ao Direito, cuja função consiste em montar programas de decisão para a formação de estruturas que sejam capazes de produzir ressonância às irritações provocadas por alterações havidas no ambiente extra-sistêmico ou extracomunicacional (Ecossistema) e decorrentes da Sociedade de Risco.

Um dos clássicos da teoria analítica do Direito, Norberto Bobbio, aponta o Direito ao meio ambiente como um Direito de terceira geração: "O mais importante deles é o reivindicado pelos movimentos ecológicos: o Direito de viver num ambiente não poluído".[8] Apesar de não estar inserido topograficamente no capítulo dos Direitos e deveres individuais e coletivos (ou seja, fora do Título II – Dos Direitos e Garantias Fundamentais -, Capítulo I – Dos Direitos Individuais e Coletivos, da Constituição Federal de 1988), não se contesta, no Brasil, o conteúdo de Direito fundamental ao meio ambiente.[9] A proteção do meio ambiente manifesta-se, na dogmática jurídica contemporânea, como um Direito fundamental de terceira geração,[10] uma vez que se trata de um corolário do próprio Direito à vida. A previsão constitucional do Direito ao meio ambiente ecologicamente equilibrado como Direito fundamental, de natureza difusa, denota uma dimensão negativa e outra positiva, pois "de um lado, exige que o Estado, por si mesmo, respeite a qualidade do meio ambiente e, de outro lado, requer que o Poder Público seja um garantidor da incolumidade do bem jurídico, ou seja, a qualidade do meio ambiente em função da qualidade de vida".[11] Entretanto,

---

[8] BOBBIO, Norberto. op. cit., p. 6.

[9] Para exemplificar a sedimentação deste posicionamento citamos, de forma não-exaustiva, algumas obras que atribuem, expressamente, uma qualidade de direito fundamental à proteção do meio ambiente: MIRRA, Álvaro Luiz Valery. *Ação Civil Pública e a Reparação do Dano ao Meio Ambiente*. São Paulo: Juarez de Oliveira, 2002; ANTUNES, Paulo de Bessa. *Direito Ambiental*. 6ª ed. Rio de Janeiro: Lumen Júris, 2002; DERANI, Cristiane. *Direito Ambiental Econômico*. São Paulo: Max Limonad, 1997; SILVA, José Afonso. *Direito Ambiental Constitucional*. 2ª ed. São Paulo: Malheiros Editores, 1995; MILARÉ, Edis. *Direito do Ambiente*. 2ª ed. São Paulo: Revista dos Tribunais, 2001; CANOTILHO, José Joaquim Gomes (coord.). *Introdução ao Direito do Ambiente*. Lisboa: Universidade Aberta, 1998; MORATO LEITE, José Rubens. *Dano Ambiental: do individual ao coletivo extrapatrimonial*. São Paulo: Revista dos Tribunais, 2000; TRINDADE, Antonio Augusto Cançado. *Direitos Humanos e Meio Ambiente: paralelos dos sistemas de proteção internacional*, Porto Alegre: Fabris, 1993.

[10] Apesar de José Joaquim Gomes Canotilho não hesitar em qualificar o direito ao meio ambiente como um direito fundamental, este apresenta a compreensão de que se trata de um direito de quarta geração. CANOTILHO, José Joaquim Gomes e MOREIRA, Vital. *Constituição da República portuguesa anotada*. 3ª ed. Coimbra: Coimbra Editora, 1993.

[11] SILVA, José Afonso da. "Fundamentos Constitucionais da Proteção do Meio Ambiente". *Revista de Direito Ambiental*. nº 27, ano 7, julho-setembro, 2002, p. 52.

a complexidade da sociedade contemporânea não se satisfaz com um modelo de Direito adaptável: qualquer tentativa de adaptação do Direito à sociedade – seja pela via legislativa (discursos de fundamentação), seja pela hermenêutica dos Tribunais (discursos de aplicação)[12] – produz uma ilusão de adaptação, inevitavelmente falsificada por esquemas simplificadores de observação como análises, classificações, ponderação de bens e razoabilidades.

A sociedade diferenciada funcionalmente possui uma autonomia que dificulta qualquer planejamento. Os efeitos colaterais de decisões juridicamente corretas, por exemplo, podem ser socialmente desastrosos. E sequer é possível uma decisão jurídica capaz de observar toda a realidade policontextural da sociedade contemporânea. As decisões jurídicas estão obrigadas, como condição de possibilidade, a manterem-se dentro de esquemas altamente seletivos. O Estado no âmbito do Direito Ambiental, por exemplo, necessita que problemas ecológicos sejam juridicizados para possibilitar decisões jurídicas e no exato momento em que se juridiciza um problema ecológico da sociedade, a decisão jurídica já tem diante de si não mais um problema ecológico, mas um problema jurídico (atribuições, competência, imputação de responsabilidade etc.). A questão ecológica, na decisão jurídica, fica apenas com um pano de fundo, isto é, um *background* no sentido fenomenológico, que não vem à tona para efeito de consideração dos riscos e perigos das conseqüências da decisão.

Em outras palavras, uma decisão jurídica dogmática não tem condições de refletir sobre os seus pressupostos decisórios, nem sobre os efeitos colaterais por ela produzidos, porque ela está condenada a manter-se dentro de um círculo de auto-referência onde qualquer saída já estará previamente definida como erro – se não fosse assim, a decisão já não seria mais jurídica para ser impossível, corrupta ou outra coisa. Pode-se então sintetizar didaticamente esse problema em três dimensões: a) a decisão jurídica não tem acesso à "realidade" policontextural envolvida na decisão; b) os riscos e perigos de efeitos colaterais não podem ser previstos por planejamentos simples; e c) a resposta caótica do ambiente sociológico às interferências produzidas por decisões jurídicas deste tipo serão inevitavelmente falsificadas por esquemas de observação (análises, analogias e prognósticos) que poderão, apesar de contingencialmente desastrosas, ser observadas como progresso.

Diante da complexidade das relações entre atividades humanas e os processos ecológicos, o Direito não tem outra alternativa senão operar seletivamente. O mecanismo jurídico de seleção que reduz a complexidade

---

[12] Utiliza-se aqui, para efeitos didáticos, a distinção entre discursos de fundamentação e de discursos de aplicação de Gunther (2004) e Habermas (2003), embora esse referencial não constitua a base teórica que será utilizada nesta pesquisa.

do ambiente sociológico se chama juridicização. O processo de juridicização seleciona as informações do ambiente na forma de um código binário com valores auto-excludentes: Direito/não Direito (Luhmann, s/d; Teubner, 1996; Clam, 2005; Rocha, 2001). Assim, toda a complexidade das relações comunicativas da sociedade global é filtrada pela juridicização, onde então os diversos sentidos contingencialmente incompatíveis entre si se estabilizam em uma semântica rígida. Essa semântica pode ser chamada de comunicação jurídica, que se caracteriza por um discurso que faz referência a si mesmo, isto é, um discurso jurídico cujos pressupostos são discursos jurídicos precedentes.

3. Direito Reflexivo

A Sociedade inserida neste contexto de alta complexidade e na transição entre paradigmas demonstra um modelo multifacetado e pluralista, podendo ser descrita a partir de inúmeros pontos teóricos de observação, proporcionando diferentes visões de um mesmo fenômeno. A sociedade, como um sistema de comunicação, apresenta-se como um momento de transição entre paradigmas. Da Modernidade à Pós-Modernidade, da Modernidade à Modernidade Reflexiva.[13] Daí a expressão Direito Reflexivo.[14]

Para Niklas Luhmann, a *Sociedade Mundial*[15] é paradoxalmente constituída por sistemas parciais diferenciados funcionalmente, os quais, no entanto, detêm na comunicação o seu elemento último para a auto-reprodução do sistema. Pode-se dizer de outra forma, que é a partir da universalização da comunicação, como unidade de operação, que o sistema social global se diferencia do ambiente (não-sistema).[16] A Sociedade Mundial fecha-se operacionalmente numa auto-reprodução de sua comunicação, diferenciando-se do seu entorno. Esse fechamento é condicionado e condicionante da própria abertura do sistema, que atua sensitiva ou cognitiva-

---

[13] Para o aprofundamento acerca do sentido e das distinções que envolvem os termos *modernidade* e *modernidade reflexiva*, ver: GIDDENS, Anthony; BECK, Ulrich; LASH, Scott. *Modernidade Reflexiva: política, tradição e estética na ordem social moderna*. São Paulo: Unesp, 1995.

[14] Sobre o tema, Teubner igualmente publicou, no Brasil, *Direito, Sistema e Policontexturalidade*, piracicaba:Unimep, 2005.

[15] Explicitando o seu entendimento e as características comunicacionais da Sociedade Mundial, Niklas Luhmann explica: "Por supuesto, la sociedad a pesar y gracias precisamente a su autocerradura, es un sistema en el entorno. Es un con límites constituidos por la sociedad misma, que separan la comunicación de todos los datos y acontecimientos no comunicacionales, es decir, no pueden fijarse ni territorialmente ni grupos de personas. En la medida en que se aclara este principio de los límites autoconstituidos, la socedad entra en un proceso de diferenciación. Sus resultados se vuelven independientes de las características naturales de su procedencia, montañas, mares, etcétera; y como resultado de la evolución finalmente sólo hay una sociedad: la sociedad mundial, que incluye toda la comunicación y sólo esta, y que asf adquiere límites completamente claros." (LUHMANN, Niklas. *Sistemas Sociales...*p. 409)

[16] No entendimento de Luhmann, o ambiente social pode ser observado como sistema de máquinas, sistema de organismos ou sistema psíquico, dependendo da unidade operacional em que este sistema mantém sua auto-referencialidade.

mente às irritações provocadas pelo seu ambiente. Os subsistemas sociais constituem-se, por sua vez, em autonomizações internas, ambientes (sociais) no próprio sistema (social geral). As comunicações ocorridas no sistema social, à medida que adquirem um alto grau de perficiência e complexidade, autonomizam-se, formando sistemas sociais funcionalmente diferenciados dotados de uma lógica e racionalidade específica. Tais sistemas operam de forma enclausurada, segundo sua comunicação e racionalidade específica, e abrem-se sensitivamente ao seu ambiente (demais sistemas sociais).

Esta autonomização dos sistemas sociais aumenta a própria capacidade do sistema social em produzir ressonâncias às irritações provenientes de seu ambiente, porém desencadeiam, paradoxalmente, o aumento da complexidade estruturada (interna ao sistema), em decorrência da policontexturalidade que marca a Sociedade Contemporânea. A existência de uma Sociedade Contemporânea em nível globalizado, onde dimensões comunicacionais são mundializadas, emerge a partir do momento histórico em que a comunicação se torna universal. Gunther Teubner esclarece que o fenômeno da globalização, como é experimentado hoje, significa um deslocamento de proeminência no princípio primário da diferenciação diretriz: um deslocamento da diferenciação territorial para a funcional em nível mundial.[17] Esta diferenciação funcional, que toma lugar na Sociedade Contemporânea, ocasiona a autonomização de processos comunicacionais em dimensão global, com a fragmentação da sociedade em dimensões comunicativas altamente dinâmicas, complexas e que, como condição de sua operacionalidade, envolvem conhecimentos e tecnologias altamente desenvolvidas e específicas. A partir desta perspectiva, pode ser observado que os Estados nação, não representam as sociedades por si próprios como tradicionalmente o faziam através de uma centralidade do político, pois se encontram fundados numa diferenciação territorial.

Na Sociedade Industrial, pode-se dizer que há uma certa previsibilidade das conseqüências dos processos produtivos capitalistas no sistema econômico. Contudo, na Sociedade de Risco (que não deixa de tratar-se de uma Sociedade Industrial, porém, potencializada pelo desenvolvimento tecno-científico), há um incremento na incerteza quanto às conseqüências das atividades e tecnologias empregadas nos processos econômicos. A autonomização dos sistemas sociais acarreta na formação de espaços de decisão que atuam e operam em nível global. Para Ulrich Beck, a reflexividade do desenvolvimento capitalista moderno, com a radicalização da modernização da modernidade (modernidade reflexiva), repercute na transição da *Socie-*

---

[17] TEUBNER, Gunther. "Global Bukowina: Legal Pluralism in the World Society." In: Gunther Teubner (ed.) *Global Law Without State*. Great Britain: Datmouth Publishing Company Limited, 2003, p. 22.

dade Industrial (sociedade de classes sociais) para a *Sociedade de Risco* (sociedade de posições de riscos).[18] Os "efeitos colaterais" da industrialização (produção industrial massificada) e o desenvolvimento tecno-econômico fomentam a produção e distribuição de riscos na economia capitalista.[19] A característica da Sociedade nesta transição estrutural apresenta uma conotação autodestrutiva (*self-endangered*). As ameaças decorrentes da Sociedade Industrial são de natureza tecnológica, política e, acima de tudo, ecológica.

Desta forma, esta nova forma social apresenta riscos transtemporais (efeitos ilimitados temporalmente), de alcance global e potencilidade catastrófica. A mudança da lógica da distribuição de riqueza (através do Estado Social) na sociedade da escassez para a lógica da distribuição de risco na modernidade tardia remete a riscos e ameaças potenciais (liberadas pelo processo de modernização) previamente desconhecidos. A própria estrutura do Estado Social fomenta, através de uma perspectiva intervencionista, a distribuição da riqueza através da busca de uma igualdade substancial. Contudo, a proliferação destes Direitos de caráter social, decorrentes de um fenômeno de sua positivação e de uma crescente democratização da sociedades ocidentais, encontra limites estruturais cada vez mais claros para a sua concretização.

4 Estado Ambiental

A centralização política obtida pelo Estado Moderno é superada, atualmente, por um fenômeno de dispersão dos centros de tomada de decisão, cada vez mais diversos e plurais. Após o Estado Liberal e o Estado Social, o Estado de Bem-Estar Social (*Welfare-state*), consiste, na verdade, numa produção da racionalidade moderna no sentido de fomentar a lógica da distribuição da riqueza (para uma sociedade de classes, hierarquizada, fundada na distinção escassez e lucro), através de uma postura intervencionista. Porém, a complexidade da Sociedade constituída por sistemas funcionalmente diferenciados não permite programações e planejamentos de ações sociais fundadas sobre uma racionalidade causal. O desenvolvimento do próprio *Welfare-state* repercute na potencialização da complexidade social, uma vez que o sistema político visa a uma realização de programas políticos através da formação e proliferação de expectativas (como Direitos subjetivos) no Sistema do Direito e intervenções na esfera econômica.

---

[18] BECK, Ulrich. *Risk Society: Towards a New Modernity*. London: Sage, 1992.
[19] Nesta direção, apresenta-se a acurada observação de Ramón Martin Mateo: "El creciente domínio de las fuerzas naturales por parte del hombre com base a una tecnologia que no permite um control absoluto de la actuación sobre la naturaleza, hace surgir efectivamente riesgos que son inherentes a las modalidades de producción y que escapan de la posibilidad de su previsión." (MATEO, Ramon Martin. *Derecho Ambiental*. Madrid: Maribel Artes Gráficas, 1977, p. 111).

Nesta linha de idéias, Luhmann demonstra que esta forma estatal marca um modelo de ação da organização estatal positiva e interveniente que, paradoxalmente, ao agir na realidade (educação, saúde, compensações, prestações para inclusão), acarreta na construção de uma realidade autoproduzida orientada ao ambiente. O entorno passa a ser objeto de orientação do Estado, sendo que ao reagir e transformar o seu ambiente, altera seus próprios pressupostos, aumentando significativamente a complexidade para suas futuras ações (no seu escopo de aumento e garantia jurídica da qualidade de vida). Assim, esta forma de Estado, ao mesmo tempo em que reage às necessidades da sociedade de escassez, através do Direito e do Dinheiro, é submetido ao surgimento constante por novas demandas e pretensões sociais de nível cada vez mais elevado.[20] Conseqüentemente, o Estado Interventor potencializa a Sociedade Industrial, no surgimento da Sociedade produtora de Riscos que afetam ou podem afetar toda a humanidade, demonstrando que a sociedade "puede acumular sus propios efectos, acrecentarse en si mismo, y con todo ello, tiene profundos efectos sobre el ambiente de la sociedad, sobre el eco-sistema del planeta, incluso sobre el mismo hombre".[21]

Norberto Bobbio, por sua parte, afirma que há uma proliferação de Direitos, com a universalização da constitucionalização dos Direitos sociais. Porém, esta espécie de Direitos, diferentemente dos Direitos de liberdade, exige a intervenção ativa do Estado para a sua proteção.[22] Paradoxalmente, a esta proliferação de Direitos, a nova estrutura da Sociedade produtora de riscos estabelece a fragmentação da Sociedade, deslocando a centralidade do poder político do Estado para novas instâncias decisionais, tais como, empresas transnacionais, organismos não-governamentais, instituições públicas e privadas e organismos supra ou transnacionais. Essas organizações começam a concorrer com o Estado que, sobretudo a partir da década de oitenta, apresenta, segundo André-Noël Roth, um *caráter neofeudal*, em vista da existência de uma crise por que passa o Estado e de seu instrumental de regulação privilegiado: o Direito. Segundo Roth, a principal característica desta crise de regulação encontra-se no fenômeno da globalização, em que o "Estado Nacional já não está em capacidade de impor soluções, seja de um modo autoritário ou seja por negociação com os principais atores sociopolíticos nacionais, aos problemas sociais e econômicos atuais".[23]

---

[20] LUHMANN, Niklas. *Teoria Política en el Estado de Bienestar*. Madrid: Alianza Universidad, 1997.
[21] Idem, ibidem, p. 43.
[22] BOBBIO, Norberto. *A Era dos Direitos*. Rio de Janeiro: Campus, 1996, p. 63 e 72.
[23] ROTH, André-Noël. "O Direito em Crise: fim do estado moderno?" In: *Direito e Globalização Econômica: implicações e perspectivas*. José Eduardo Faria (org.). São Paulo: Malheiros, 1996, p. 18.

Assim sendo, a repercussão destas alterações havidas no âmago da Sociedade demonstra profundas conseqüências no papel do Estado e na sua relação com as transformações necessárias a uma nova teoria jurídica para os novos Direitos. A dinâmica destes processos políticos e, sobretudo, econômicos, em dimensão global, demonstram-se diretamente vinculados a uma perda de poder do Estado Nação Moderno e do próprio conceito clássico de soberania. André-Noël Roth, em acurada descrição acerca da perda do poder regulativo do Estado Moderno e de sua localização central nas ações sociais, constata um "debilitamento das especificidades que diferenciam o Estado moderno do feudalismo: a) a distinção entre esfera privada e esfera pública; b) a dissociação entre o poderio político e o econômico; e c) a separação entre as funções administrativas, políticas e a sociedade civil".[24]

O grande desafio do Estado frente à Sociedade produtora de riscos globais é provocado pelo seu enfraquecimento simultâneo a um aumento da necessidade de controle dos riscos sociais. Desta maneira, pode ser observada uma fragmentação do poder político, com o surgimento de inúmeros atores a competir com o até então Estado, centralizador deste poder. Tal fenômeno pode ser observado também nas esferas de decisão acerca do ambiente extracomunicacional. Atores sociais tais como ONG'S e organizações transnacionais passam a desenvolver um papel fundamental na proteção do meio ambiente, demonstrando a existência de um fenômeno de *Eco-Democratização* do Sistema Político. A dinâmica das ressonâncias produzidas no interior da Política em reação às alterações havidas no meio extra-sistêmico e na própria Sociedade, além de fazer uso destes novos atores para finalidades específicas (como é a proteção ambiental), repercute também numa reconfiguração do Estado e de suas funções.

Uma fórmula inicial para o encaminhamento desta nova organização é a tendência de inserção da proteção ambiental como objetivo fundamental do Estado. Isto permite o surgimento da "hipótese do Estado de Direito Ambiental", cuja finalidade consiste na defesa do ambiente e promoção da qualidade de vida.[25] Acompanhando este fio condutor, Paulo de Castro Rangel descreve o Estado de Direito Ambiental sob um *critério estrutural-funcional*, no qual, quanto à estrutura do Estado nas relações entre este e Sociedade, surge um Estado que ultrapassa o modelo intervencionista de inspiração *keynesiana*, promovendo uma postura de transação-negociação direta com os singulares cidadãos e demais pessoas jurídicas. Há um estímulo à participação cidadã através de órgãos com ou sem capacidade organizativa e reivindicativa. Para o mesmo autor, já no que diz respeito

---
[24] Idem, p. 24.
[25] RANGEL, Castro Rangel. *Concertação, Programação e Direito do Ambiente*. Coimbra: Coimbra Editora, 1994, p. 33.

ao ponto de vista funcional, o Estado assume novas tarefas, tais como a defesa do meio ambiente e promoção da qualidade de vida, que consistem em fins qualitativa e substancialmente diversos dos anteriores (Estado de Direito e Estado Social), muitas das vezes inclusive conflitantes com estes.[26]

Entretanto, a Sociedade apresenta uma normalização da produção de riscos ecológicos, estimulada por interesses econômicos ou mesmo políticos a curto prazo. O paradigma dos sistemas sociais procede uma normalização dos riscos produzidos pela Sociedade Contemporânea, ao que Ulrich Beck denomina de *irresponsabilidade organizada*.[27] Essa crescente necessidade do Estado lidar com os riscos provenientes do desenvolvimento da Sociedade Industrial fez emergir, no Brasil em 1988, o denominado *Estado Ecológico ou Estado Ambiental*, com a constitucionalização e garantia do Direito de todos a um meio ambiente ecologicamente equilibrado (225, CF). Desse modo, pode-se apontar que o denominado Estado Ambiental consiste num processo de Ecologização das estruturas do Sistema Político em acoplamento com a dinâmica de sensibilização do Direito às irritações ecológicas (na Ecologização do Direito). Pode-se dizer, ainda, que os "sistemas parciais procuram nas tecnologias clássicas do Estado de Direito constitucional uma última 'resposta' ou 'reflexão' para os conflitos de racionalidades".[28] Portanto, a partir da constitucionalização no Brasil da matéria ambiental (art. 225, CF), o Estado (Ambiental) tem a função de integração dos vários discursos existentes na Sociedade, limitando os conflitos intersistêmicos e orientando a reflexão sistêmica sob a perspectiva moral dos Direitos fundamentais como "superdiscurso social".[29]

Na verdade, o Estado Ambiental consiste numa reação do Sistema Político às ressonâncias e alterações estruturais desencadeadas pela Sociedade de Risco. Consiste, exatamente, em ruídos e irritações que o Sistema da Política autoproduz para observar e assimilar os riscos produzidos e distribuídos pela Sociedade Contemporânea.

Com isto, O Estado Ambiental deve levar em consideração o meio ambiente como um critério de aferição para tomar suas decisões. Este Estado Constitucional Ecológico, segundo José Joaquim Gomes Canotilho, "além de ser e dever ser um Estado de Direito Democrático e Social, deve ser também um Estado regido por princípios ecológicos". Da mesma forma, este Estado Ecológico ou Ambiental (como estruturação estatal na Socie-

---

[26] Op. cit, p. 19-20.

[27] Para Beck, a irresponsabilidade organizada decorre exatamente do fato de que o crescimento da produção e distribuição dos riscos na Sociedade Contemporânea acarreta numa normalização e numa ausência geral de responsability (*general lack of responsability*). (BECK, Ulrich. op. cit, p. 33).

[28] CANOTILHO, José Joaquim Gomes. "O tom e o dom na teoria jurídico-constitucional dos direitos fundamentais". In: *Estudos sobre Direitos Fundamentais*. Coimbra: Editora Coimbra, 2004, p. 132.

[29] Expressão extraída de CANOTILHO, José Joaquim Gomes. op. cit, p. 132.

dade de Risco) deve apontar para novas formas de participação política, numa verdadeira "Democracia Sustentada" (forma de democracia adequada ao desenvolvimento ambientalmente justo e durador).[30] Uma "Democracia Sustentada" consiste numa alteração das estruturas políticas para fomentar o aumento na participação popular acerca das tomadas de decisão que envolvem o meio ambiente e a instituição de uma solidariedade intergeracional. Desta forma, o Direito Ambiental impõe ao Estado, na versão de Canotilho, o fortalecimento da democracia direta ou participativa em processos de tomada de decisão que repercutem ou podem repercutir na qualidade ambiental tem por justificativa o fato de que as conseqüências das decisões tomadas acerca das questões ambientais não se prolongam apenas pelos períodos em que os representantes ocupem seus cargos políticas, mas propagam-se anos e gerações à frente.

O Estado não pode se abster de tomar decisões mesmo diante do não-conhecimento pleno das cadeias causais (comum em questões ecológicas, lembrando que a Ecologia consiste na ciência da complexidade). O Estado Ambiental deve agir mesmo num contexto de grande incerteza, seja através da promulgação de leis ou da emissão de atos normativos, acerca dos quais não se tem como avaliar sua real eficácia. Para Canotilho, a saída seria a existência de um Estado de Democracia Ambiental e que, nesta caracterização, apresentaria uma delimitação negativa e uma delimitação positiva.

Em sua *delimitação negativa*, deve haver uma recusa à estatização/publicização do bem ambiental, pois a tutela do ambiente é uma função de todos; rejeita-se, ainda, a tecnicização da tutela ambiental (pressão da técnica sobre o Direito), uma vez que, embora muitas normas regulativas do ambiente tenham um aprofundamento técnico, não pode haver um afastamento da participação dos cidadãos da discussão e confecção das normas e regras ambientais, bem como dos procedimentos que envolvam interesses coletivos; ainda, o Estado Ambiental não deve ser visto meramente como um Estado liberal, como o Estado de polícia, que se limitaria a assegurar a existência de uma ordem jurídica de paz, confiando na livre regulação entre particulares para a solução dos problemas ambientais.

Na sua *dimensão positiva*, o Estado Ambiental é descrito pelo autor lusitano como um Estado "aberto", no qual os cidadãos têm o Direito de obter dos poderes públicos informações sobre situações ambientais que lhes sejam relevantes ou desejadas – Direito de informação sobre o "estado do ambiente"; a política do ambiente tem um suporte social generalizado e é dinamizada por iniciativas do cidadãos, possibilitando a formação de um compromisso ambiental da sociedade civil no "Estado democrático do am-

---

[30] CANOTILHO, José Joaquim Gomes. "Estado Constitucional Ecológico e Democracia Sustentada" In: Eros Roberto Grau e Sérgio Sérvulo da Cunha (coord.). *Estudos de Direito Constitucional*. São Paulo: Malheiros, 2003, p. 101-110.

biente"; este último (Estado democrático do ambiente) impõe uma dimensão participativa que valoriza e, mesmo, estabelece como "dever" a participação dos cidadãos nos procedimentos administrativos ambientais; finalmente, as associações de proteção ao meio ambiente adquirem uma posição de destaque como instrumento de democracia direta (formação de grupos de pressão, legitimidade processual, fomentadores de informações e propostas ambientais, polícias do ambiente, etc). Diante das incertezas emanadas pela Sociedade Contemporânea e do conseqüente enfraquecimento do Estado Moderno, como autoridade central propulsora de um discurso dominante, e o conseqüente deslocamento dos centros de tomada de decisão, a problemática ambiental apresenta, segundo a nossa opinião, a necessidade da formação de uma teoria do Direito reflexivo, que seja capaz de fornecer novas abordagens, observações e posturas frente aos riscos ecológicos gerados pela complexidade.

5. Policontexturalidade

Os paradoxos na Sociedade Globalizada e produtora de riscos são constantes.O Sistema Social, vislumbrado como *"Unitas Multiplex"*, potencializa a característica policontextural do Direito. Ou seja, o Direito e sua efetividade regulativa depende do tratamento heurístico das possibilidades co-evolutivas entre o Direito e os demais sistemas sociais, bem como, reproduz internamente a fragmentação social (economia, política, moral, religião, educação) a partir de sua ótica específica. A Teoria Jurídica dos novos Direitos na Sociedade de Risco deve levar em consideração a diferenciação funcional dos sistemas sociais (comunicação e racionalidade específicas) e a *autopoiese*[31] do próprio sistema jurídico (fechamento operacional e abertura cognitiva) na abordagem das questões ambientais.

Considerando o enfraquecimento da monopolização e da centralização política do Estado e, ao mesmo tempo, a significativa ampliação na demanda social por mais rapidez nas decisões e equilíbrio social a que se encontra submetido o Direito na atualidade, pode-se visualizar alterações nas estruturas jurídicas. Disto segue-se a tese de Gunther Teubner, que estabelece: *o Direito global crescerá principalmente das periferias sociais, não dos centros políticos dos estados nação e instituições internacionais.*[32] Um novo "Direito vivo", que cresce das instituições sociais fragmentadas e tem seguido seu próprio caminho para o vilarejo global, parece ser a principal fonte do Direito global. Assim, o pluralismo jurídico de conotação sistêmi-

---

[31] Sobre as repercussões da *autopoiese* sobre a teoria do direito, ver: ROCHA, Leonel Severo; CARVALHO, Délton Winter. "Auto-referência, Circularidade e Paradoxos da Teoria do Direito." *In*: Leonel Severo Rocha; Lenio Luiz Streck (org.). *Anuário do Programa de Pós-Graduação em Direito – Mestrado e Doutorado*. São Leopoldo: UNISINOS, 2002, p. 235-253.
[32] TEUBNER, Gunther. op. cit.

ca deve ser visto como uma multiplicidade de diversos processos comunicativos num dado campo social que observa a ação social sob a codificação binária Direito e não-Direito. Em matéria ambiental, o Estado ainda detém atribuições fundamentais como, por exemplo, o poder de polícia ambiental e a atuação preventiva na formação de regramentos e punições de cunho administrativo. Contudo, é inquestionável que o ente estatal não se encontra mais absoluto nas tomadas de decisão. Com o deslocamento dos centros de poder e o surgimento de novas formas institucionais, a racionalidade jurídica desprende-se de uma postura monológica reproduzida pelo Estado.

Nesta perspectiva, pode-se observar que a chamada "crise" da Teoria do Direito da modernidade está ligada à existência de uma grande crença numa certa idéia de racionalidade finalística ligada, por sua vez, a uma noção forte de Estado (podendo ser citado, ilustrativamente, a figura de Hans Kelsen e sua Teoria Pura do Direito).[33] Toda a Teoria Jurídica da modernidade é uma teoria ligada à noção de Estado (normativismo),[34] sob a fundação de um discurso monológico centralizado na racionalidade estatal orientadora da dinâmica social.

Nesta perspectiva, o Sistema do Direito passa por enormes dificuldades em responder aos problemas referentes aos "novos Direitos", por deter uma estrutura baseada no individualismo, na programação condicional (voltada para o passado), num antropocentrismo restritivo, quando, na verdade, a questão ecológica requer uma Teoria do Direito, epistemologicamente, fundada na solidariedade intergeracional, na transdisciplinaridade, e, acima de tudo, na necessidade de controle e programação do futuro (programação finalística). Por tudo isto, Teubner propõe o *Direito Reflexivo*. Tal panorama revela uma necessidade de superação das matrizes analítica e hermenêutica, na direção de uma matriz pragmático-sistêmica,[35] na qual o Direito é visto de forma reflexiva, como fenômeno social, histórico, e sua formação decorre da observação e reação às dinâmicas sociais (integrações entre uma pluralidade de discursos específicos globais). O aumento significativo da complexidade e incerteza, que engendra as ações em Sociedade, demonstra a necessidade da abordagem de uma nova matriz teórica a fim de remediar a racionalidade moderna do Direito, diretamente vinculada à idéia de Estado. Conseqüentemente, as reflexões da Teoria Jurídica passam a ter uma maior vinculação com uma Teoria da Sociedade,[36] repercutindo num au-

---

[33] KELSEN, Hans. *Teoria Pura do Direito*. São Paulo: Martins Fontes, 2000.
[34] Sobre este assunto, ver: ROCHA, Leonel Severo. "O Direito na Forma de Sociedade Globalizada". *Epistemologia Jurídica e Democracia*. 2ª ed. São Leopoldo: UNISINOS, 2003, p. 185-201.
[35] ROCHA, Leonel Severo. "Três Matrizes da Teoria Jurídica." *Epistemologia Jurídica e Democracia*. Leonel Severo Rocha, p. 93-105.
[36] Ver: LUHMANN, Niklas; DE GIORGI, Raffaele. *Teoría de la Sociedad*. Universidad de Guadalajara: Jalisco, 1993.

mento da própria abstração, complexidade e a radicalização da transdisciplinaridade interna à Teoria do Direito (reflexivo).

A importância da observação da policontexturalidade das questões ambientais exige um Direito reflexivo para a efetividade do Estado Ambiental e seus instrumentos jurídicos dogmáticos (ação civil pública, responsabilidade civil, tutelas de urgência, perícias ambientais, termos de ajustamento de conduta, inquérito civil, etc.). Por policontexturalidade, entende-se a proposta de uma metáfora dotada de um valor heurístico para a observação de vários sistemas (política, economia, Direito) que atuam segundo racionalidades específicas, e, sobretudo, levam a produção de ressonância nos demais sistemas (economia, por exemplo) através da utilização de instrumentos jurídicos, num processo social co-evolutivo.

6. Direito Ambiental Reflexivo

O Direito reflexivo como condição jurídica para observação das interações entre a Sociedade e o ambiente aponta para a existência de interações entre os sistemas parciais num processo co-evolutivo orientado por valores ecológicos. Gunther Teubner descreve a existência de três espécies de intervenções indiretas possíveis entre os sistemas parciais:[37] *a observação cibernética, a interferência e organização.*

As organizações são uma forma de acoplamento estrutural privilegiada. As *organizações* (Poder Judiciário, IBAMA, Agências Nacionais) são instituições produtoras de observações, descrições e tomadas de decisões que servem a vários sistemas sociais, produzindo sentido específico em cada um deles. Tais organizações são, assim, tratadas como pertencentes a diversos subsistemas parciais. "Essas organizações formais se comunicam enquanto atores coletivos em subsistemas diversos e não respeitam portanto seus limites autopoiéticos. O exemplo mais importante desse tipo de organização é o Estado constitucional que surgiu a partir dos movimentos revolucionários da segunda metade do século 18".[38]

Todavia, a importância dada à organização pela matriz sistêmica ainda não se encontra suficientemente difundida na dogmática jurídica por requer, uma verdadeira alteração estrutural e paradigmática. O Sistema do Direito, desta maneira, continua atuando com instrumentos, teorias e matrizes epistemológicas não condizentes com o novo modelo do Estado Ambiental e da Sociedade de Risco, fato que repercute numa profunda dificuldade de tomadas de decisão na solução dos novos e complexos problemas apresentados ao Direito na Sociedade de Risco. Há, assim, um ver-

---

[37] TEUBNER, Gunther. *Droit et réflexivité: l'auto-reference endroit et dans l'organisation.* Bélgica: Bruylant/L.G.D.J. 1996.
[38] EINSENBERG, José. "Pragmatismo, Direito Reflexivo e Judicialização da Política." In: *A Democracia e os Três Poderes no Brasil.* Luiz Wernck Vianna (org.). Belo Horizonte: UFMG, 2001, p. 56.

dadeiro abismo epistemológico entre questões ecológicas e Teoria do Direito vigente. O Direito Ambiental representa exatamente este *paradoxo: a comunicação jurídica ao mesmo tempo em que possibilita a tomada de decisões em relação aos problemas acerca da ecologia, limita de forma considerável* (em vista do seu paradigma tradicional) *uma proteção ambiental mais ambiciosa.*

7. Ecologização

Nessa linha de idéias, para produzir comunicação perante o aumento da complexidade a que a Teoria do Direito é exposta com a perda de força de seu maior referencial, o Estado Moderno, há a necessidade de ecologização do pensamento jurídico com o escopo de se ativar a reflexividade do Direito.

A Ecologização do Direito consiste exatamente num processo dinâmico de auto-sensibilização e alteração das estruturas dogmáticas do Direito (e da Teoria do Direito) para responder às demandas sociais decorrentes da produção de riscos globais emanados da sociedade industrial. Há, assim, o surgimento de uma comunicação sobre o risco ecológico através de tratados internacionais, o surgimento de organizações de proteção ambientais, o surgimento de uma principiologia jurídica de Direito reflexivo, a constitucionalização do Direito a um meio ambiente saudável como um Direito humano fundamental. Esta auto-sensibilização decorre da própria dinâmica social em que o Direito é confeccionado de forma auto-referencial, em seus Tribunais, doutrina, etc. Para François Ost, estes aspectos conduzem "a uma certa ecologização do Direito. Uma ecologização bem-vinda, porquanto significa que as soluções jurídicas estarão, a partir de agora, melhor adaptadas à especificidade dos meios a proteger, globais, complexos e dinâmicos".

Nesta ordem de idéias, a Ecologização do Direito, conforme previamente vislumbrado, enseja pelo menos dois problemas centrais que obstaculizam a efetivação do Direito e a efetividade e organização estatal de todos a um "meio ambiente ecologicamente equilibrado", um de perspectiva externa e outro observável do ponto de vista interno. Em relação ao primeiro, demonstra-se a dificuldade de sua realização (utilização do Direito como instrumento de mudança social), em face da complexidade que envolve a Sociedade compartimentalizada em sistemas funcionalmente diferenciados e que atuam diante de racionalidades e lógicas específicas, sem qualquer possibilidade de intervenções recíprocas diretas ou que atuem sob programações fundadas sobre lógicas causais.

O segundo aspecto da dificuldade de instrumentalização da defesa jurídica da ecologia faz-se observável diante dos paradoxos instituídos pela auto-referência das relações internas ao Sistema do Direito, cujo paradigma tradicional, ao mesmo tempo em que institui, e possibilita formal ou tecnicamente a proteção jurídica do ambiente ecológico (através da instituição do Direito Ambiental), obstaculiza e apresenta uma relevante inaptidão em produzir ressonâncias estruturais significativas em relação às questões que envolvem os riscos (aspecto preventivo) e os danos (aspecto repressivo) ambientais. Pode-se concluir, por óbvio, que o Direito sofre uma crescente influência dos demais sistemas sociais em relação às necessidades ecológicas (extracomunicacionais). A economia contemporânea consiste num sistema social de natureza pós-industrial, produtor e generalizador de riscos globais de alta complexidade, isto permite que se constate a dimensão do problema que envolve a adequação estrutural do Direito (comunicacionalmente influenciado por esta economia) para garantir o Direito das presentes e futuras gerações ao meio ambiente ecologicamente equilibrado. Em suma, é por tudo isto que observamos a problemática dos novos Direitos (ecodemocracia) desde a oposição Policontexturalidade/Estado Ambienta, como condição para o desenvolvimento de metodologias e estratégias oriundas de um Direito reflexivo para decisões jurídicas em situações de risco ecológico e policontexturalidade.

— IX —
"Questão de fato" em recurso extraordinário

OVÍDIO ARAÚJO BAPTISTA DA SILVA

1. Nosso recurso extraordinário, aí compreendido o recurso especial, tem origem próxima, como diz Pedro Batista Martins, em duas vertentes, no chamado *writ of error* do direito americano, e no recurso extraordinário instituído pela República Argentina, através da Lei nº 48, de 25 de agosto de 1863 (*Recursos e processos da competência originária dos tribunais*, edição atualizada por Alfredo Buzaid, 1957, Forense, Rio de Janeiro, p. 376). Aliás, essa lei regulamentou o art. 94 da Constituição argentina de 1860, cuja redação praticamente reproduz o preceito existente na Constituição americana, como indica J. C. Matos Peixoto (*Recurso extraordinário*, 1935, Editora Freitas Bastos, Rio de Janeiro, p. 99).

São recursos destinados, basicamente, à defesa da Constituição, e do ordenamento jurídico federal, pressuposta uma organização política de índole federativa, em que as unidades federadas conservem algum poder legislativo. A lei americana de 25 de setembro de 1789, em sua Seção 25, prevê o cabimento do *writ of error* quando se questione ante o alto tribunal de um Estado a validade de um tratado ou de uma lei emanados de autoridade local frente à Constituição e se haja reconhecido validade à lei ou ato questionados.

A Lei argentina de 1863 dispunha, em seu art. 14, que o acesso à Corte Suprema somente se daria quando, na causa, se tivesse questionado a validade de um tratado, de uma lei do Congresso ou de ato de uma autoridade nacional, e a decisão tivesse negado validade à lei ou ao ato; ou quando a validade de uma lei, decreto ou ato de uma autoridade provincial tivesse sido questionada frente à Constituição; ou, ainda, quando se questionasse algum tratado ou lei do Congresso e a decisão fosse a favor da validade da lei ou do ato da autoridade provincial.

2. Esta descendência próxima de nosso recurso extraordinário omite a alusão à longa tradição do velho direito luso-brasileiro que conheceu

instrumentos similares, dentre os quais o velho instituto dos "assentos" que, distinto do recurso extraordinário quanto à função constitucional, mesmo assim possuía, como este, a função de garantir a unidade do ordenamento jurídico e a uniformidade da interpretação das leis; sem contar o recurso de *revista* que ainda figurou na Constituição imperial e que, segundo José Afonso da Silva, se destinava, como o recurso extraordinário, à defesa da lei em tese (*O recurso extraordinário no direito processual brasileiro*, 1963, Rev. dos Tribs., p. 29).

Além disso, nosso recurso extraordinário, como o *writ of error* do direito americano, são instrumentos jurídicos marcado pela modernidade, forjados, ambos, na cultura européia dos séculos XVII e XVIII, a expressarem a pesada influência do *Iluminismo*. Além disso, no caso brasileiro, o parentesco do recurso extraordinário com os juízos de cassação, nascidos da Revolução Francesa, não pode ser esquecido.

Tanto o recurso extraordinário quanto o recurso constitucional americano têm suas origens nas filosofias racionalistas do século XVII. Basta ver o nome dado ao recurso do direito americano. O remédio é outorgado para proteger o direito contra o "erro" cometido pelos tribunais dos Estados, da mesma maneira como concebemos nossos recursos. Este modo de pensar o Direito tem suas raízes firmemente presas às filosofias racionalistas e, quanto a nosso recurso extraordinário, ao exagero com que praticamos a doutrina da separação de Poderes, pressupondo, como um dado, o monopólio integral da produção do direito pelo Poder Legislativo.

É por esta via que se desvela seu parentesco com o juízo de cassação, que pressupõe, como nosso recurso extraordinário, a separação entre "direito" e "fato". Tanto ele, quanto seu modelo americano, foram caldeados na mesma cultura do Iluminismo. Conseqüentemente, exibem ambos, com mais ou menos intensidade, as marcas dessa origem.

3. É importante registrar esse parentesco, para ter presentes os pontos em que o recurso extraordinário se sustenta em pressupostos comuns aos juízos de cassação, assim como para revelar o que o distingue destas cortes.

Como se sabe, o recurso extraordinário visa a assegurar a inteireza do direito federal, velando para que os tribunais ordinários o apliquem segundo critérios uniformes.

Torna-se, portanto, claro que o sistema processual brasileiro não confere a nossos magistrados qualquer poder *discricionário* na aplicação do direito. A "uniformidade" na aplicação do direito é uma exigência dos sistemas jurídicos modernos que, ao contrário das vertentes romanas, se afastam do "caso", rumo ao *normativismo*, na direção das normas abstratas.

O direito luso-brasileiro libertou-se do paradigma romano, no que respeita à interpretação, a partir da chamada *Lei da Boa Razão*, de 18 de agosto de 1869 (Sílvia Alves, *O espírito das leis – Para uma teoria da interpretação da lei no século XVIII*, Revista da Faculdade de Direito de Lisboa, Coimbra Editora, 2001, p. 161). Como diz essa pesquisadora, é a partir daí que a jurisprudência se torna submissa ao rígido controle do Estado e verifica-se o declínio dos juristas enquanto *prudentes* (p. 110).

4. Como está em nossa Constituição, o recurso extraordinário constitucional, reservado ao Supremo Tribunal Federal, visa a impedir que as decisões dos tribunais ordinários contrariem algum dispositivo da Constituição; ou declarem a inconstitucionalidade de tratado ou lei federal; bem como vise a impedir que esses tribunais julguem válida uma lei ou ato de governo local, contestados em face da Constituição Federal (art. 102).

Ao Superior Tribunal de Justiça foi conferida análoga competência nos casos em que a ofensa diga respeito a direito de natureza infraconstitucional (art. 105 da Constituição Federal).

5. No recurso extraordinário, a influência mais visível dos juízos de cassação, está na questão da separação, devida ao *racionalismo*, entre o "direito" e o "fato", de tal modo que as cortes supremas, no caso nossos tribunais do recurso extraordinário, só tenham permissão para apreciar o "direito", sem envolverem-se com as "questões de fato". A cassação das sentenças proferidas "*contra o direito em tese*", que pressupõe a separação entre "questão de fato" e "questão de direito" (Calamandrei, *La casación civil*, versão espanhola, Buenos Aires, 1945, Tomo I, vol. 1, 53 e sgts.), tão presente em nossos recursos extraordinários, revela sua filiação ao *Iluminismo*, de resto comum ao *writ of error*. Aliás, o conceito de nulidade da sentença, proferida "*contra ius constitucionis*", sempre esteve ligado a uma política centralizadora e imperial, da mesma vertente que permitiu ao Imperador Justiniano proibir que suas leis fossem interpretadas (Calamandrei, ob. cit., p. 79). A suposta *univocidade* de sentido de que gozaria a norma jurídica é a condição que torna possível seu controle uniforme, independentemente das peculiaridades e circunstância do caso concreto.

Aqui, na verdade, reside a dificuldade enfrentada por nossos recursos extraordinários. A dificuldade está em que nossa formação concebe os institutos, as regras e princípios do direito processual como proposições verdadeiras, dotadas da perenidade própria do caráter supostamente "científico" do direito processual. Parece-nos natural aplicar os padrões e critérios que foram válidos para a Europa do século XIX à nossa contemporaneidade.

Este é um intrigante fenômeno da epistemologia jurídica. Apenas o direito processual seria científico, não o direito material, que se conserva, em nossa compreensão, como uma ciência da cultura e, como tal, sujeito aos influxos sociais, políticos e especialmente econômicos, por que passe a respectiva comunidade social que lhe caiba regular (sobre isto, nosso *Processo e ideologia*, 2ª edição, 2006, p. 90).

6. A crise do recurso extraordinário torna-se mais visível na medida em que aceleramos nossa marcha em direção à "globalização", fenômeno cultural iniciado no século XVI, e que hoje se consuma, eliminando fronteiras, a exigir cada vez mais um sistema jurídico que nos dê segurança e previsibilidade. A globalização, especialmente enquanto fenômeno econômico, exige, acima de tudo, um sistema processual dotado da maior simplicidade e clareza possíveis, de modo que os negócios, realizados com a instantaneidade permitida pelos meios eletrônicos de comunicação, dispensem argumentações elaboradas e interpretações jurídicas sempre questionáveis; especialmente exige um sistema "formalizado" no qual o juiz não tenha preocupação com a justiça do caso, mas com a justiça da lei (Hobbes).

A cultura do capitalismo globalizado exige, por outra via, porém pelas mesmas razões, a eliminação do raciocínio tópico, da hermenêutica e, conseqüentemente, da retórica, como arte da argumentação forense. O direito processual ideal, para a Era da Globalização, haverá de ser o direito das "súmulas vinculantes", disponíveis a qualquer usuário dos meios de comunicação eletrônicos.

7. Entretanto, ao mesmo tempo em que o sistema processual é solicitado a atender a essas exigências, inserimo-nos numa sociedade complexa e pluralista, porque democrática, convivendo com exigências, expectativas e valores políticos, morais e religiosos entre si conflitantes; numa sociedade sujeita a transformações profundas e constantes. Em última análise, como uma decorrência deste ambiente cultural, vivemos em um mundo hermenêutico, posto necessitarmos permanentemente interpretá-lo, compreendê-lo, assombrados como estamos pelo choque cultural causado por essas transformações e, justificadamente, temerosos de nosso futuro próximo. Este ambiente é o inverso daquele vivido pelo século XIX europeu, que é a matriz cultural de nosso sistema processual.

Arthur Kaufmann mostra que tanto a escola do *direito natural racionalista* quanto o *positivismo normativista* absolutizam suas categorias e princípios jurídicos, como se eles fossem eternos, capazes de resistirem ao tempo quando inseridos nos códigos (*Filosofia del diritto e ermeneutica*, coleção de ensaios organizada por Giovanni Marino, Giuffrè, 2003, p. 55).

Para o direito natural racionalista, o absoluto é Deus; para o normativismo, o absoluto é a norma jurídica posta, íntegra pelo legislador, trazendo em sua essência um sentido invariável, que dispensa sua compreensão hermenêutica e, conseqüentemente, elimina a interpretação.

A jurisdição torna-se, a partir desta premissa, apenas declaratória, reveladora do "único" sentido da norma.

Ao contrário dessa suposição, diremos, reproduzindo, mais uma vez, as lições de Arthur Kaufmann, que "non esiste né 'interpretazione' né 'applicazione' della legge, che non abbiano carattere costitutivo di diritto – il fatto che chi opera in pratica spesso non se ne renda conto non modifica affato quanto detto" (ob. cit., p. 110).

Daí por que a pressuposta perenidade dos conceitos e regras jurídicas choca-se com as vertiginosas transformações sociais, impostas pela comunidade cibernética; enfim, entra em conflito com a instantaneidade dos negócios, exigida pela globalização e com a vertiginosa evolução da técnica e dos meios de comunicação.

Estamos longe das sociedades tradicionais, homogêneas, como o foi a sociedade européia do séculos XVIII e XIX, quando era possível contar com a experiência das gerações precedentes; quando tudo caminhava segundo padrões culturais conhecidos. Ao contrário, vivemos hoje, pela primeira vez na História, a "era da incerteza"; incerteza que lança suas sombras desde as ciências da natureza até nossas práticas e experiências quotidianas; na verdade, vivemos, na aguda percepção de Zygmunt Bauman, uma forma de "modernidade líquida", experiência inédita na história da humanidade.

Torna-se, assim, visível o paradoxo a que fica exposto o direito processual: exige-se, por várias contingências culturais, a segurança do Direito inscrito nos códigos – abstraída sua essencial *historicidade*. Simultaneamente, porém, a natureza complexa e pluralista de nossa sociedade, tangida pelas bruscas e profundas mudanças sociais, a impor não apenas a compreensão hermenêutica do direito processual, terá de conviver com as constantes mudanças das leis e do modo de compreendê-las, na experiência judiciária.

Nem a jurisprudência sobrevive pelo tempo desejado pelos que ainda sonham com a segurança obtida através do Direito; nem os códigos de processo, que seriam suas sentinelas avançadas, resistem à avalancha das transformações. Necessitamos, cada vez mais, de códigos. O processo de *juridicização* do mundo, a normatização de todos os setores da vida social, caminha inexoravelmente, como uma peculiaridade de nosso tempo e de nossos próprios conflitos. Todavia, o sonho de perenizar o direito nos códigos não resiste às mudanças.

Tanto mais o processo deverá ser previsível e transparente, mais nos tornamos hermenêuticos. Como Richard Rorty insiste em dizer, o hermeneuta, ao contrário do epistemólogo, que tudo sabe, é aquela pessoa que perdeu a segurança dos saberes comuns, que tem dúvida sobre as coisas que o surpreendem pelo inesperado, com as coisas que contrariam seus hábitos e tradições, com as coisas que viram moda para no dia seguinte serem imoladas às mais recentes solicitações midiáticas.

Enfim, a inédita experiência de um intenso transculturalismo contribui para essa "modernidade líquida", sempre predisposta a derrubar hábitos e crenças, obrigando-nos a conviver com o inesperado de novas experiências. É deste caldo de cultura que brota o conflito entre nossa formação jurídica dogmática e as exigências da um mundo em transformação.

Alguém poderia objetar que o mundo sempre esteve em constantes transformações. Sim, isto é inegável, mas a diferença está em que antes as transformações não eram visíveis a "olho nu", como agora. A aceleração ou a condensação do tempo histórico permite-nos literalmente *ver* as mudanças, tentando adaptarmo-nos aos novos hábitos, às novas exigências, antes de elas próprias sejam devoradas.

8. Para responder às exigências do mundo globalizado, o sistema jurídico caminha no sentido da mais ampla formalização. Buscamos o direito preferentemente na jurisprudência, que se tornou o referencial da prática forense; jurisprudência, porém das *ementas*; buscamo-lo, a partir do pressuposto de que possam existir infinidades de casos concretos iguais; do pressuposto de que o processo, como as ciências naturais, opere com regras, não com individualidades; caminhamos na direção das "súmulas vinculantes", expressão acabada do direito como estrutura *normativa*; e, ao mesmo tempo, veículo ideal para tratar das ações *multitudinárias*, demandas de massa, formadas por milhares, e às vezes dezenas de milhares, de ações individuais entre si idênticas, nas quais o conflito reduz-se a uma singela questão de direito.

Entretanto (eis o paradoxo), as súmulas vinculantes, adequadas para essas demandas, muitas vezes, têm vida breve, obrigando a que o tribunal que as promulgou revisem-nas ou as revoguem. Duas forças operam em sentido contrário, uma procurando manter o primado da lei e, por meio dela, privilegiar o valor segurança; a outra, vencida pela própria torrente legislativa, imposta pela *juridicização* do mundo, que é uma marca da modernidade; e pela inocultável insegurança que ela oferece, busca refúgio na jurisprudência, todavia numa espécie de jurisprudência *formalizada*; na jurisprudência das *ementas,* disponíveis no mundo virtual.

Emilio Betti, escrevendo na metade do século XX, ainda percebia com clareza a supremacia da lei, na busca do valor segurança: "Per contro, nell'ambiente moderno la struttura sociale di massa, con le aumentate dimensioni della società e dello stato, imprime tuttaltro tono alla vita collettiva, che il diritto deve disciplinare: in esso il bisogno di certeza del diritto predomina dicisamente su quello di una giustizia differenziata secondo la concreta natura dei rapportti, e conduce a riservare alla sovranità statale la funzione normativa ordinaria, senza consentire se non in via eccezionale una formazione di norme in regime di autonomia. È ben naturale che in un simile ambiente lattività interpretativa della giurisprudenza, col carattere opinabile e controverso che ne è inseparabile, non possa costituire una fonte di diritto, come ai tempi in cui essa si contrapponeva alle 'leges' nel complesso di 'iura' . . ." (*Teoria generale della interpretazione*, vol. II, 1955, Giuffrè, p. 863).

Este ainda era realmente o panorama da doutrina jurídica no início da segunda metade do século XX. A jurisprudência nem sequer era considerada fonte do Direito; fugia-se do "carattere opinabile e controverso, inseparabile" da jurisprudência, em favor da lei que, supostamente, ofereceria a segurança de um resultado *unívoco*, quando interpretada. Nicola Picardi, escrevendo, porém, no alvorecer do século XXI, mostra que nosso tempo busca o direito jurisprudencial, ao contrário da tendência para o direito legislativo dos Código, que fora o *ethos* do século XIX.

Em oportunidade anterior, registramos a tendência a privilegiar a jurisprudência, escrevendo: "Uma das conseqüências mais visíveis desse processo cultural, como notou Nicola Picardi (La vocazione del nostro tempo per la giurisdizione, *in Rivista trimmestrale de diritto e procedura civile*, 2004, I, p. 41 e sgts.), foi retornarmos ao direito formado jurisprudencialmente, ao contrário do século XIX, o qual, segundo Savigny, tinha vocação para a legislação. Enquanto o século XIX supunha que o direito deveria estar inteiramente contido na lei, nossa época perdeu essa ingênua ilusão, para admitir que a lei, enquanto texto, é apenas uma pálida e tosca expressão da norma que o juiz tem de aplicar no caso concreto. Neste ponto, regressamos à sabedoria dos clássicos, para aceitar a imanente *plurivocidade* dos textos legais" (*Verdade e significado*, em "Constituição, sistemas sociais e hermenêutica", Anuário da Universidade do Vale do Rio dos Sinos – UNISINOS, 2005, Livraria do Advogado, p. 280).

Todavia, é importante não esquecer que a *provisoriedade* também faz parte da cultura contemporânea, embora o direito processual, especialmente em sua expressão jurisprudencial, lute bravamente contra tudo o que seja *provisório*. Este é mais um contraste que se expressa no culto ao provisório, característica marcante de um mundo transformação vertiginosa, e o empenho de nossa cultura em produzir estabilidade e segurança através do processo.

9. Este movimento entre estabilidade e mudança, na perspectiva do processo, reflete-se, como não poderia deixar de ser, na história das súmulas. Este voto do Ministro Humberto Gomes de Barros, contra o permanente questionamento das súmulas, testemunha o conflito entre o desejo de segurança e a submissão do direito ao curso das mudanças. Tratava-se justamente de uma questão própria da ação coletiva, daquelas vocacionadas para as súmulas. Seu voto desnuda uma realidade que se mantém fora do debate acadêmico, mas que vale a pena considerar. Aduziu o Ministro, dentre outras oportunas considerações, o seguinte: "Somos condutores e não podemos vacilar. Assim faz o STF. Nos últimos tempos, entretanto, temos demonstrado profunda e constante insegurança. Vejam a situação em que nos encontramos: se perguntarem a algum dos integrantes desta Seção, especializada em Direito Tributário, qual é o termo inicial para a prescrição da ação de repetição de indébito, nos casos de empréstimo compulsório sobre aquisição de veículo ou combustível, cada um haverá de dizer que não sabe, apesar de já existirem dezenas, até centenas de precedentes. Há dez anos que o Tribunal vem afirmando que o prazo é decenal (cinco mais cinco). Hoje, ninguém sabe mais. Dizíamos, até pouco tempo, que cabia mandado de segurança para determinar que o TDA fosse corrigido. De repente, começamos a dizer o contrário. Dizíamos que éramos competente para julgar a questão da anistia. Repentinamente, dizemos que já não somos competentes e que sentimos muito ... Dissemos sempre que a sociedade de prestação de serviços não paga a contribuição. Essas sociedades, confiando na Súmula nº 276 do Superior Tribunal de Justiça, programaram-se para não pagar esse tributo. Crentes na súmula elas fizeram gastos maiores, e planejaram suas vidas de determinada forma. Fizeram seu projeto de viabilidade econômica com base nessa decisão. De repente, vem o STJ e diz o contrário: esqueçam o que eu disse; agora vão pagar com multa, correção monetária etc., porque nós, o Superior Tribunal de Justiça, tomamos a lição de um mestre e esse mestre nos disse que estávamos errados. Por isso, voltamos atrás . Nós somos os condutores, e eu – Ministro de um Tribunal cujas decisões os próprios Ministros não respeitam – sinto-me triste . . . Estamos a revisar uma Súmula que fixamos há menos de um trimestre. Agora dizemos que está errada, porque alguém nos deu uma lição dizendo que essa Súmula não devia ter sido feita assim" (AgRg no Recurso Especial nº 382.736-SC).

O voto do Ministro Gomes de Barros revela o paradoxo a que antes aludimos: o tribunal é solicitado, por várias razões, especialmente pela natureza repetitiva dos litígios, a sumular sua jurisprudência predominante. Entretanto, o vendaval das transformações sociais, e da própria doutrina jurídica que se torna naturalmente mais volumosa e controvertida à medida que evolui, como se obedecesse a um movimento autopoiético de crescente complexidade, trabalham no sentido contrário, impondo a contínua revisão da jurisprudência, pouco antes sumulada.

O voto do Ministro Gomes de Barros fere outra questão que deve ser considerada. Observa ele existirem dezenas, até centenas de precedentes no tribunal sobre uma certa questão. Pois é precisamente neste ponto que se revela a impossibilidade de conceberem-se tribunais de direito estrito, sem dar-lhes algum instrumento que lhes permita selecionar as causas dignas de sua apreciação: existindo centenas de precedentes, a conseqüência é que não haverá precedente algum, como observara André Tunc, no conhecido relatório sobre as supremas cortes européias (*Révue internationale de droit comparé*, 1978, nº 1, p. 19). Essas cortes tornam-se tribunais de terceira instância.

9. Embora o Ministro Gomes de Barros diga que o Supremo Tribunal Federal não padece da insegurança que ele lamenta em seu tribunal, é possível encontrar na jurisprudência da Suprema Corte mudanças significativas de orientação, em que o tribunal muda o ponto de vista, para aceitar soluções sobre "questão de direito", antes rejeitadas.

Não raro, constatamos que a Suprema Corte, mesmo nessas ações coletivas, cuja controvérsia caracteriza-se pela extrema simplicidade, tem variado o entendimento, ora dando procedência às respectivas ações para, dois ou três anos depois, recusá-la, voltando, mais adiante, tanto que modificado o ambiente político e as contingências econômicas, a recebê-las novamente como procedentes.

O Supremo Tribunal Federal, por exemplo, foi ao extremo de afastar a aplicação de sua Súmula 343, nos casos em que a matéria controvertida seja de índole constitucional, formulando a exceção com este enunciado: "*não se aplica a Súmula nº 343 do Supremo Tribunal Federal nas ações rescisórias versando matéria constitucional*".

Para quebrar sua própria Súmula, a corte não vacilou em menosprezar um princípio elementar de lógica jurídica e, basicamente, um pressuposto hermenêutico, ao afirmar que a norma constitucional "*pela supremacia jurídica não pode ficar sujeita à perplexidade*" (Rec. Extr. 89.108, RTJ 101/207).

A Súmula 343, que consagrava um princípio hoje pacífico na doutrina mais autorizada, foi afastada pelo tribunal que a editara, porque o texto constitucional, por sua "supremacia jurídica", não admitiria controvérsias, vacilações ou perplexidades em sua compreensão.

O episódio é ilustrativo por vários motivos, mas, especialmente, ao revelar o grau de *discricionariedade*, quando não de arbítrio, inerente ao ato jurisdicional, que ostente insuficiência ou falta de fundamentação. Afinal, teria o intelecto humano uma predisposição transcendental para a compreensão das normas infraconstitucionais; e outra capacidade, da mesma natureza, para compreender as normas constitucionais? Que teria a Corte pretendido dizer com a locução "supremacia jurídica", que seja capaz de impedir que a norma constitucional fique "sujeita à perplexidade"? Uma conclusão é certa, no entanto: o Tribunal pretendera dizer que a norma constitucional, ao contrário das normas de escalão inferior, tem *univocidade* de sentido, que as torna petrificadas no tempo. Entretanto, ao contrário desta ilusão, também a pretensão à perenidade de sentido da norma constitucional será vencida, mais dia menos dia, pela História,

Enfim – eis o ponto que nos interessa –, o que nascera para ser permanente reage contra o pressuposto, menos do que pressuposto, contra a simples esperança de que seu enunciado prescindiria de interpretação. A pressão das transformações, especialmente econômicas, mas também políticas e morais, e até religiosas, obrigam a que as súmulas tenham, muitas vezes, a duração das coisas efêmeras.

10. Não se pode, por outro lado, ignorar que as demandas privadas individuais, de nossa herança romana, vêm cedendo lugar às demandas coletivas, no movimento que se convencionou chamar "publicização" ou coletivização do processo civil. Mas também é verdade que as ações coletivas tornam-se "uniformes", portanto propícias à *normatização* e às súmulas; em última análise, caracterizam-se como demandas que prescindem de fundamentações elaboradas, ou mesmo de qualquer fundamentação.

É possível que o futuro nos reserve uma espécie de justiça eletronicamente distribuída; uma justiça virtual, em que bastará acessar um terminal de computador para conhecermos o resultado do julgamento de nossas demandas. Teríamos atingido, então, a glória de uma justiça simples, rápida e eficaz. Estaria consumada a "justiça da lei", sonhada pelo *Iluminismo*, que dispensaria, como observou Betti, as intermináveis argumentações, sempre causadoras de divergências jurisprudenciais, que assoberbam os tribunais, com a avalancha sempre crescente de recursos.

Enquanto não alcançarmos esse estágio, desejável para os que podem desfrutar de seus benefícios, devemos questionar suas promessas, esforçando-nos para melhorar o sistema processual existente, procurando dar-lhe maior efetividade, mesmo porque, como diz Arthur Kaufmann (ob. cit. p. 57), os beneficiários da segurança jurídica não serão todos, mas apenas aqueles que já estão no poder. No que respeita ao recurso extraordinário, devemos empenhar-nos em defendê-lo, como um instrumento indispensável para a consolidação de um Estado Democrático de Direito. Falamos de um recurso extraordinário que não se confunda com uma terceira instância ordinária.

A transformação de nossas cortes supremas, especialmente do Superior Tribunal de Justiça, em terceira instância, é uma conseqüência natural da maneira como vivem esses tribunais. Esta ata de uma sessão ordinária de turma do Superior Tribunal de Justiça, publicada em 24 de março de 2006, é prova eloqüente deste fato: "Às 13 horas, foi aberta a sessão. Lida e não impugnada, foi aprovada a ata da sessão anterior. Julgamentos: Encerrou-se a sessão às 15,00 horas, tendo sido julgados 310 processos, ficando o julgamento dos demais feitos adiado para a próxima sessão". Apesar de o tribunal ter julgado mais de dois processos por minuto, a pauta não fora esgotada ...!

11. Partindo destas sumárias considerações, indispensáveis para justificar o que iremos dizer, pensamos ter chegado o momento de repensar nosso sistema recursal, mas especialmente os pressupostos de nosso recurso extraordinário. Cremos que este é o momento de renunciar à esperança, acalentada pelo *Iluminismo*, de que se possa construir um direito absolutamente seguro, expresso numa linguagem transparente e sem ambigüidades, que nos permita compreendê-lo, sem que necessitemos hermeneuticamente interpretá-lo, um direito expresso em normas de sentido *unívoco*, um direito que, como dissera Chiovenda, receba do legislador uma vontade invariável, vontade naturalmente constante, como as fontes romanas conceituavam a justiça (*Instituições de Justiniano*, Liv. I, 1: *Justitia est constans et perpetua voluntas ius suum quique tribuere* ("A justiça é a vontade constante e perpétua que atribui a cada um o seu direito"). Lá, era a justiça que se fazia constante; agora, como a justiça está toda na lei, seria a norma escrita a detentora dessa divina qualidade.

Por outro lado, ao contrário do que pressupõe a doutrina política da "separação de poderes", outras criação das filosofias liberais, nossa experiência judiciária mostra-nos que a jurisdição assume, cada vez mais, uma tarefa "complementar" e análoga à do legislador (Castanheira Neves, *O instituto dos "assentos" e a função dos supremo tribunais*, Coimbra, 1983, p. 138).

Os motivos determinantes desta linha evolutiva são perfeitamente compreensíveis. Eles decorrem de vários fatores, dentre os quais a teia, cada vez mais sufocante, de normas jurídicas, das mais variadas espécies, muitas vezes entre si contraditórias, redigidas sem cuidado, além da inevitável utilização, pelo legislador, de conceitos indeterminados, numa clara transferência ao Poder Judiciário da função originariamente acometida ao Poder Legislativo.

Giuseppe Borrè expressou isto numa síntese precisa: "Appartiene alla relatività storica il modo dessere del rapporto (intellettuale, culturale, epistemologico) fra il guidice e la legge, e per molti aspetti il modo stesso di essere della legge. Non solo per la frammentazione dei testi, ma per la sovrabbondanza e la cattiva tecnica redazionale delle leggi, per il fenomeno della 'decodificazione', per le non rare ipotesi di sviamento di potere legislativo, per gli inediti problemi di gerarchia fra fonti del diritto, ma anche, e di più, perchè la legge non è frutto di una società omogenea e quindi rimanda al giudiziario incertezze non composte in sede parlamentare, e, ancora, perchè la legge stessa è sempre, potenzialmente, in discussione, non è punto di arrivo ma doveroso punto di partenza di un dubbio" (*La corte di cassazione oggi*, estudo incluído na obra coletiva "Diritto giurisprudenziale", coordenada por Mario Bessone, Giappichelli Editore, Turim, 1996, p. 161).

A respeito das naturais imprecisões encontradas nos textos das leis, disse Edward H. Levi, professor da Universidade de Chicago, "As categorias usadas no processo judicial têm de permanecer ambíguas para permitir a infusão de novas idéias" (*Uma introdução ao raciocínio jurídico*, versão brasileira, Martins Fontes, 2005, p. 5). Observação análoga foi feita por Arthur Kaufmann, ao escrever: "*Limperfezione della legge* non è, contro lopinione positivistica, una carenza, mas è *a priori* e *necessaria*. La legge non può e non devessere formulata in maniera univoca, perchè è formulata per casi la cui varietà è infinita. Una legge in sé chiusa, compiuta, priva di lacune, chiara, se mai fosse possibile, porterebbe levoluzione del diritto verso la stasi. Questo è importante anche per il *linguaggio* della legge. I concetti guiridice non sono univoci" (ob. cit., p. 27).

E W. Friedmann, em sua conhecida obra sobre o direito em uma sociedade em transformação, observa que a forma dedutiva tradicional de interpretação "estrita" ou "técnica" costuma ser utilizada nos casos judiciais de rotina, mas sempre, porém não vacilam os tribunais em apartaremse dos cânones consagrados de interpretação quando o problema a resolver apresente-se suficientemente importante para permiti-lo (*El derecho en una sociedad en transformación*, edição original de 1959, versão espanhola de 1966, Fondo de Cultura Económica, México, p. 54). Friedmann serve-se da imagem sugerida por Herbert Hart, que descreve as normas jurídicas como sendo formadas por um núcleo suficientemente claro e luminoso, capaz impedir divergências de interpretação; e de uma zona de penumbra, dominada pelos princípios e valores, consubstanciais ao Direito (p. 48).

A respeito da "adoração da lei", como expressão do racionalismo e da conseqüente submissão do juiz ao legislador, escreveu Karl Engisch: "A desconfiança que haviam chamado sobre si os juízes no período da justiça de arbítrio e de gabinete (quer dizer, de uma justiça que se acomodava às instruções dos senhores da terra) e, por outro lado, a adoração da lei animada por um espírito racionalista, fizeram com que a estrita vinculação do juiz à lei se tornasse no postulado central" (*Introdução ao pensamento jurídico*, 8ª edição alemã, 1983, 7ª edição da versão portuguesa, 1996, Fundação Calouste Gulbenkian, Lisboa, 206).

A observação de Engisch é importante por ter reflexos diretos na concepção dos recursos extraordinários. Segundo um princípio absolutamente dominante em todo o sistema, porém mais visível no campo recursal, o ato jurisdicional seria inteiramente vinculado, sem qualquer margem de "discricionariedade". Este fora o pressuposto sonhado pelos revolucionários franceses para impedir o arbítrio judicial, segundo o entendimento de que a jurisdição ou será cópia da lei ou será arbitrária. A *razoabilidade*, inerente ao modo de vida dos seres humanos, para a concepção do racionalismo de estilo matemático será, em princípio, arbitrária, por não ser "científica".

Entretanto, continua Engisch: "As leis, porém, são hoje, em todos os domínios jurídicos elaboradas por tal forma que os juízes e os funcionários da administração não descobrem e fundamentam as suas decisões tão-somente através da subsunção a conceitos jurídicos fixos, a conceitos cujo conteúdo seja explicitado com segurança através da interpretação, mas antes são chamados a valorar autonomamente e, por vezes, a decidir e agir de um modo semelhante ao do legislador. E assim continuará a ser no futuro. Será sempre questão apenas duma maior ou menor vinculação à lei" (p. 207).

Explica-se, a partir destes pressupostos, o extraordinário divórcio entre o sistema, expresso na lei, concebido para aprisionar o julgador, outorgando-lhe apenas a missão de declarar-lhe a "vontade", um julgador despido, de poder *discricionário*, conseqüentemente proibindo-o de interpretar a lei, e a prática judiciária, jogada entre nós no arbítrio explícito e absoluto. Pressupondo que o juiz não deva hermeneuticamente interpretar a lei – por isso que sem poder discricionário não haverá interpretação autêntica –, a conseqüência óbvia é que ele fique dispensado de explicitar o verdadeiro fundamento da sentença. O arbítrio entra por esta porta.

Em teoria, dizemos estar definitivamente superado o mito da *univocidade* de sentido da lei. Ninguém mais, especialmente aqueles que, como advogados forenses, convivem com a extrema complexidade e insegurança da jurisprudência, pode alimentar a ilusão de que a lei tenha realmente uma "vontade constante" e que a missão de seu aplicador, como preconizava Chiovenda, seja apenas revelar essa vontade. Isto não passa do *dictum*. O arbítrio judicial é o *factum*, testemunha da extrema insegurança vivida pela prática judiciária. Nem é necessário falar na verdadeira "justiça de gabinete" a que fomos levados pela avalancha dos recursos, a obrigar que nossos magistrados, tanto nos tribunais ordinários, mas com maior intensidade nas cortes supremas, valham-se de assessores para o exame preliminar dos veitos que lhe são submetidos a julgamento, quando não para a redação de seus votos.

12. Com efeito, a concepção de nosso recurso extraordinário ainda se sustenta naquelas duas premissas (falsas): *a*) na separação entre "direito" e "fato"; *b*) no pressuposto de que a lei, tendo *univocidade* de sentido, dispensaria a compreensão hermenêutica; dispensaria, afinal, a compreensão de seu significado, a ser descoberto pelo intérprete, em suas circunstâncias. O sistema não distingue o "texto" e o respectivo "sentido", que é a condição de possibilidade para que se tenha uma verdadeira "compreensão" da norma jurídica.

O pressuposto de que a lei tenha um sentido invariável é a matriz epistemológica da doutrina que compreende a jurisdição como uma função apenas reveladora da "vontade da lei", que, assim pensada, dispensaria interpretação, exigindo apenas que o julgador "explique", publicamente, o caminho que lhe permitiu "enquadrar" a decisão (que já tomara) no sistema normativo, sem, todavia, explicitar a verdadeira motivação do julgado.

13. Estes dois pressupostos fazem com que nossas Supremas Cortes tratem constantemente de questões relativas à prova, no preciso instante em que proclamam que não o fazem, porque sua missão seria exclusivamente velar pela aplicação correta do "direito", sem imiscuirem-se nas "questões de fato".

Com efeito, ao "qualificar" os fatos, a atividade do tribunal torna-se uma operação jurídica. De resto, a própria separação entre a apreensão dos fatos, em sua pura materialidade, já seria uma tarefa impossível. A compreensão de qualquer texto ou problema jurídico não pressupõe e nem pode contar com uma atividade prévia de pura "constatação" dos fatos, em sua materialidade. É impossível apreender o fato, no momento da "compreensão-aplicação" da norma, separadamente do respectivo direito. O "fato" é, em si mesmo, um conceito hermenêutico, a exigir interpretação (conferir o que dissemos em "Verdade e significado", cit., p. 269-270).

14. Escrevendo sobre esta questão, mostrou Guido Calogero, há mais de quarenta anos, que os tribunais de direito estrito, ao tratarem de fatos, para "qualificarem-nos", já abandonaram o terreno dos puros fatos, para cuidarem de uma "questão de direito". Continuam, porém, a tratar de fatos, não obstante proclamem o contrário: "... quando presume di controllare la logicità del giudizio di fatto senza esaminare il fatto, la Suprema Corte è condotta ad esaminare il fatto pur ricordando di non aver veste per esaminarlo, così quando presume di esser custode della non violazione del giudicato pur senza giudicare linterpretazione del guidicato, essa finisce in realtà per esaminare e ripercorrere questultima pur dicendo che ciò non rientra nella sua competenza" (*La logica del guidice e il suo controllo in cassazione*, Cedam, Pádua, 1964, p. 242).

Como disse Arthur Kaufmann, nem mesmo é possível a apreensão preliminar de um "fato" dissociado da respectiva norma legal a ser "compreendida-aplicada"- (*Filosofia del diritto e ermeneutica*, cit., p. 23). Ele refere-se a um julgamento criminal da Suprema Corte alemã, em que o Tribunal se defrontara com o problema de saber se o ácido muriático jogado pelo criminoso no rosto da vítima, com a intenção de cometer o roubo, deveria ser qualificado como uma "arma". Admitido que o seja, é de reconhecer que essa substância somente será considerada uma arma enquanto elemento qualificador do crime de roubo. O ácido muriático certamente não traz, em sua essência, a "natureza" de uma arma. Como diz, Kaufmann, não o será, por exemplo, no delito de tentativa de homicídio.

Vê-se, no exemplo, a distinção entre a "coisa" e seu "sentido" jurídico. O processo não lida com fatos, em sua pura materialidade; lida com o "significado dos fatos". Isto mostra que, para qualificar aquele "fato" como uma "arma", deve-se ter, antes, a compreensão do conceito de roubo qualificado. Evidencia-se, assim, o "círculo hermenêutico", como uma exigência de todo o compreender (Kaufmann, p. 27).

A conclusão, portanto, é que nossos tribunais supremos, simultaneamente com a tarefa de vigiarem a "qualificação" dos "fatos" devem assumir, de modo mais abrangente – para cumprimento de sua missão de tribunais apenas de direito – a tarefa que lhes é pertinente de comprovar se a fundamentação dos respectivos julgados não se mostra insuficiente, equivocada ou contraditória, tornando-se portanto *arbitrária*, com ofensa, especialmente, aos preceitos dos arts. 131 e 458 do Código de Processo Civil, pilares de uma jurisdição compatível com um Estado Democrático de Direito, de modo a impedir que o inevitável arbítrio de decisões judiciais, carentes de fundamentação, violem a Constituição ou alguma norma da direito infraconstitucional.

Aliás, essa compreensão não é nova em nossa doutrina. Já Pedro Batista Martins, escrevendo sobre recurso extraordinário, dissera: "O controle da qualificação dos fatos supõe, por outro lado, o controle da motivação da sentença recorrida. Se a decisão recorrida omite a motivação, que é um dos elementos essenciais da sentença, ela é nula . . . Ora, a motivação insuficiente ou contraditória é, com razão, equiparada pela jurisprudência francesa à falta de motivação, cuja grave conseqüência é impossibilitar o controle da qualificação legal. Mas a insuficiência da motivação, por outro lado, equivale à falta de base legal para a conclusão da sentença e o Supremo Tribunal não se pode eximir desse controle sob pretexto de haver a decisão recorrida omitido a qualificação legal dos fatos. Neste caso, o que lhe cumpre é examinar as provas e realizar ele mesmo a tarefa da qualificação legal, a fim de que possa, em conseqüência, exercer o seu controle" (*Recursos e processos da competência originária dos tribunais*, cit., p. 379).

15. A Corte de Cassação francesa anula os julgamentos dos tribunais da prova quando a motivação seja mais aparente que real ("lorsquil existe un embryon de motivation"), bem como nos casos em que a fundamentação seja "réellement gravement lacunaire et incomplete" (Frédérique Ferrand, *Cassation française et Révision allemande*, cit., p. 169). Também a Suprema Corte Federal alemã revisa a apreciação da prova, nos casos de "interprétations abusives", especialmente quando "elle se fonde sur la violation des règles dinterprétation" (Ferrand, p. 174); e a Suprema Corte argentina igualmente anula as "sentenças arbitrárias", cuja fundamentação se mostre "insustentável", ou "anômalas", ou "desprovidas de apoio legal" (Genaro R. Carriò, *El recurso extraordinario por sentencia arbitraria*, 3ª edição, 1995, Abeledo-Perrot, Buenos Aires, vol. I, p. 25); especialmente, quando a falsa fundamentação não passe de uma *asserção dogmática*, sem análise crítica da prova constante dos autos (autor e obra cits., vol. II, p. 158).

Certamente as Cortes Supremas deverão usar deste poder somente em casos excepcionais, quando o defeito de fundamentação seja grave, a ponto de caracterizar uma indiscutível violação da Constituição ou de alguma norma de natureza infraconstitucional.

Mesmo assim, devemos sempre ter presente que a separação entre "direito" e "fato" foi uma ambição das filosofias modernas que nossa contemporaneidade não pode aceitar. Esta compreensão do Direito, que serve de fundamento para todas as formas de *normativismos*, é que deve ser questionada, a partir da nova compreensão do Direito como ciência carente de compreensão hermenêutica.

16. A propósito do controle da motivação do julgamento, escreveu Sergi Guasch Fernández, em obra magnífica: "Concebida la motivación como un elemento esencial de racionalidad del razonamiento justificativo, se comprende la importancia fundamental que tiene a la casación" (*El hecho y el derecho en la casación civil*, Bosch, Barcelona,1998, p. 574). O jurista distingue claramente os dois momentos inerentes à fundamentação da sentenças: o que ele denomina "motivação" e o "razonamiento justificativo". Uma coisa é fundamentar a decisão, outra, complementar, será justificá-lo, explicitando como ela se ajusta ao sistema legal.

É possível, portanto, a partir da sugestão de Guasch e da experiência francesa e alemã, indicar três hipóteses a darem lugar aos recursos extraordinários: a) "falta de motivação" dos julgados; b) a motivação insuficiente; e, finalmente, c) motivação contraditória (Guasch, ob. cit. p. 575-577).

A tarefa de "qualificação dos fatos", por outro lado, que é atribuição específica das cortes extraordinárias, como o consagra nossa experiência judiciária. Invocando, mais uma vez a lição de Guasch, diremos que é através da apreciação da prova, que as cortes supremas haverão de proceder ao "controle da motivação" do julgado, de modo a impedir o cometimento de erros na aplicação do direito (Sergi Guasch, ob. cit., p. 578). Daí dizer o jurista: "El hecho no es nada sin el derecho. Es más, su unión, su confusión práctica, es lo que da sentido al aspecto cognoscitivo de todo processo. No se nos debe escapar que es, precisamente, la correcta formulación de los elementos fácticos lo que permite la adecuada aplicación de la norma jurídica" (p. 580). Fundamentalmente, para que essas cortes possam impedir as *arbitrariedades* e, conseqüentemente, a negação de vigência ao direito federal, que é o campo que lhes é reservado pela Constituição.

Embora sejam categorias suficientemente distintas e, como tais, inconfundíveis, é bom advertir que *discricionariedade* não apenas não se confunde com *arbitrariedade*, como constitui a sua negação. Como observou A. Castanheira Neves, a *discricionariedade* exclui inteiramente sua confusão com o arbítrio, "porque o arbítrio seria a negação pura e simples da idéia de Direito"; sendo, portanto, a arbitrariedade "logicamente contraditória com o sentido comum (cultural geral) da discricionariedade" (*Questão-de-fato – Questão-de-direito ou o problema metodológico da juridicidade*, 1967, Livraria Almedina, Coimbra, p. 359). A *discrição*, ao contrário do arbítrio, assenta-se nos valores, nas experiências e na moralidade média, vigente na comunidade social destinatária da norma jurídica. A autêntica fundamentação dos julgados deve decorrer, em larga medida do senso comum, mostrando-se "profundamente situada na cultura e na experiência do lugar e do tempo da decisão" (Michele Taruffo, *Senso comum, experiência e ciência no raciocínio do juiz*, tradução de Cândido R. Dinamarco, 2001, Edição IBEJ, Curitiba, p. 12). Esta exigência está a indicar que as fundamentações dogmáticas, limitadas apenas ao plano normativo, ocultam, em geral, um componente *arbitrário*. Como observa Taruffo (ob. cit., p. 12-13), o apelo ao senso comum, como elemento essencial da fundamentação, aproxima-se da *tradição*, no sentido dado a este conceito pela hermenêutica filosófica de Hans G. Gadamer. Esta é também a lição de Kaufmann, ao mostrar que a antecipação do sentido que orienta a compreensão de um texto não é um ato da subjetividade, sendo, ao contrário, ligado a uma tradição (ob. cit. p. 130). É por esta via que a fundamentação dos julgados opõe-se à *arbitrariedade*.

17. Em última análise, podemos seguir, neste particular, a experiência dos supremos tribunais antes citados, classificando o controle sobre os juízos de fato, segundo duas ordens de fundamentação, ambas violadoras do direito, quais sejam, a "insuffisance essentiellement *quantitative* des motifs", nos casos em que o raciocínio judicial não abranja todo o material probatório; e os casos de "insuffisance *qualitative* des motifs", tidas pela Corte como "dénaturation" do raciocínio judicial a respeito da prova, quando o julgamento despreze uma clara imposição lógica na apreciação da prova, caracterizando uma hipótese de "défaut de motifs" (Ferrand, p. 165-178).

18. Esta compreensão da missão de nossos tribunais supremos será o caminho capaz de dar-lhes uma feição compatível com as atuais exigências da doutrina jurídica, e, principalmente, com as prementes imposições da prática judiciária, sem torná-las uma terceira instância ordinária. Isto, naturalmente, pressupõe, primeiro, que a incursão na "questão de fato", com a abrangência preconizada, conserve-se um instrumento claramente excepcional, para reparar as manifestas violações do direito, decorrentes de uma equivocada apreciação dos fatos.

De resto, esse envolvimento com a prova é um pressuposto epistemológico, da própria função dessas cortes, as quais, para o cumprimento de sua missão constitucional, haverão de envolver-se, necessariamente, com a prova, especialmente no momento em que, admitido o recurso extraordinário, terão de rejulgar a causa. Ainda que aceitássemos, como logicamente possível, a separação entre "fato" e "direito", seria impensável que esses tribunais, anulado o acórdão recorrido, julgassem novamente a causa, prescindindo do exame da prova. E, como o juízo de admissibilidade dos recursos extraordinários costumam envolver a apreciação do mérito do recurso, fica, também por esta via, demonstrada a essencial interpenetrabilidade das "questões de fato" e "questões de direito".

Antes de encerrarmos estas breves considerações, é necessário registrar que a adequada fundamentação das decisões judiciais será um dispositivo valioso para redução do número de recursos. Estamos convencidos de que as falsas fundamentações hoje utilizadas em nossa experiência judicial é um fator altamente estimulante de recursos. Diz-se que, no direito antigo, proibia-se que o juiz explicitasse os fundamentos do julgado para evitar que o sucumbente, conhecendo-os, pudesse impugná-lo. Entretanto, dando-lhe, como nós o fazemos, falsos fundamentos, é natural que o sucumbente disponha do material indispensável para sustentar o recurso. Quer dizer, nosso sistema ficou a meio caminho: nem proibição de fundamentar o julgado, nem dever de fundamentá-lo adequadamente.

19. O outro pressuposto, para que as cortes extraordinárias não se transformem em terceiras instâncias ordinárias, que é a inserção, indispensável, de um instrumento de "filtragem", análogo à "argüição de relevância" utilizada no regime constitucional anterior.

Este dispositivo está consagrado pela Ementa Constitucional nº 45, que condiciona o cabimento do recurso extraordinário ao pressuposto de que o recorrente demonstre a *"repercussão geral das questões constitucionais discutidas no caso"*. É a mesma técnica de que se valem as demais cortes supremas, que condicionam o cabimento do extraordinário ou da cassação, a alguma espécie de filtro seletivo, única fórmula capaz de impedir que essas cortes se transformem em terceira instância. É verdade que a exigência criada pela Emenda 45 não alcança o Superior Tribunal de Justiça, que trata igualmente de recursos extraordinários. É de supor que esta omissão seja reparada.

― X ―

A Retórica dos Direitos Humanos

RODRIGO STUMPF GONZÁLEZ[1]

Sumário: 1. Retórica ou realidade; 2. A formação dos Direitos do Homem e do Cidadão; 3. A formação dos Direitos Humanos; 3.1. A formação dos Sistemas Internacionais de Proteção aos Direitos Humanos; 3.1.1. O sistema internacional geral; 3.1.2. Os sistemas regionais; 4. Os direitos humanos na ordem internacional em transformação; 5. Ascensão e queda dos direitos humanos.

1. Retórica ou realidade

O termo *direitos humanos* tornou-se, ao longo das últimas décadas, uma presença constante nos meios de comunicação, no mundo acadêmico, na vida cotidiana. Ao mesmo tempo, são palavras muito citadas e empregadas no debate político, rivalizam com poucas a diversidade de significados e posições que podem assumir. Talvez somente o termo *democracia* rivalize em controvérsia nos tempos atuais.

Se for perguntado diretamente a qualquer pessoa, nas diversas partes do globo terrestre, provavelmente ninguém dirá que é contra os direitos humanos ou contra a democracia. Contudo, se a questão permitir um desenvolvimento da resposta, na maioria dos casos aparecerá um "mas". Valores conflitantes entram em choque, nem sempre estando à vista dos pólos conflitantes uma solução que possa atender aos vários pontos de vista.

Diante da ameaça de repetição de ataques às suas populações, governos como os dos Estados Unidos da América, do Reino Unido ou de Israel, colocam sua segurança interna acima dos direitos dos detidos em Guantánamo ou Bagdá, dos transeuntes do metrô de Londres ou da população libanesa ou da Faixa de Gaza. De outra parte, a busca pelo direito à sua terra ou a professar livremente sua religião leva grupos de palestinos, iraquianos ou paquistaneses a enfrentar a estes governos. E cada um destes grupos e governos tem ao seu lado a defesa de um direito.

---
[1] Professor do Programa de Pós-Graduação em Direito da Unisinos. Doutor em Ciência Política pela UFRGS.

Os conflitos atuais e o uso freqüente do termo *direitos humanos* para defender as ações das partes envolvidas leva ao tema deste texto: que significado dar hoje aos direitos humanos? Até que ponto se corre o perigo de criar uma retórica vazia que é utilizada, instrumentalmente, tanto por bem intencionados defensores quanto pelos possíveis violadores? Como fazer dos direitos humanos uma vivência prática, e não apenas um tema de discussão acadêmica?

Será apresentado o percurso histórico para a formulação da concepção de direitos humanos dominante no século XX e discutido o impacto das mudanças recentes nesta perspectiva.

2. A formação dos Direitos do Homem e do Cidadão

Ainda que possam ser apontadas origens mais remotas para as concepções de direitos humanos, com fundamentos que remontam milhares de anos, como propõe Comparato,[2] as origens do que geralmente é referido sob o termo *direitos humanos* hoje é uma criação da modernidade, com uma influência marcante das transformações políticas por que passou a Europa entre os séculos XVI e XVIII.

Uma primeira influência, que embora não seja em um primeiro momento positiva para a idéia de respeito a direitos inerentes à pessoa, sob o absolutismo, será, porém, fundamental no decorrer dos séculos seguintes: a formação do Estado Nacional.

A formação do modelo moderno de estado se realiza em um processo de concentração de poderes como forma de enfrentar o modelo de dispersão medieval. Esta concentração leva ao absolutismo, por um lado, mas também permite, na vertente continental européia, a formação de uma fonte centralizada e superior do direito: a lei escrita estatal que posteriormente se adaptará para a formulação das Constituições.[3]

A justificação de um novo modelo de poder político é o tema central de inúmeros teóricos do período, envolvidos direta ou indiretamente nas transformações que ocorriam à sua volta, como Thomas Hobbes, John Locke e Jean Jacques Rousseau.

Embora as divergências destes autores, têm em comum a tentativa de justificar a existência do Estado como resultado da ação de indivíduos racionais. E este ente, como empreendimento racional, tem por objetivo a preservação de determinados valores que já não poderiam subsistir no Estado de Natureza.

O Jusnaturalismo como elemento teórico desenvolveu-se paralelamente às revoluções dos séculos XVII e XVIII, às vezes, mas nem sempre,

---

[2] Comparato, Fabio Konder. *A afirmação histórica dos Direitos Humanos.* São Paulo, Saraiva, 1999.
[3] Claude, Richard. The classical model of human rights development. In: Claude, Richard (Org.) *Comparative human rights.* Baltimore, John Hopkins University Press, 1976, p. 15.

sendo a sua base. A existência de direitos individuais eternos, imutáveis e preexistentes à vida em sociedade certamente é um fundamento útil contra a existência de uma ordem violenta fundada na exclusivamente na vontade de um líder. Mas não é suficiente para dar a conformação ao tipo de ordenamento que sucederá sua derrubada.

De argumentos que se assemelharam em alguns pontos na partida a Revolução Gloriosa, a Revolução Americana e a Revolução Francesa trilharam caminhos muito diferentes no seu desenvolvimento. A tal ponto que as duas primeiras talvez mereçam o nome de revoluções mais pelo impacto que causaram em outras partes que propriamente pelo radicalismo da mudança provocada nos locais onde ocorreram.

A Revolução Gloriosa ocorre ainda sob a influência da concepção copernicana de revolução.[4] Foi muito mais um movimento que defendia a restauração de um modelo de monarquia limitada, identificado com as tradições do passado que a proposição de uma nova ordem política.[5]

O *Bill of Rights*, de 1689, mais do que uma carta de direitos no sentido moderno, é a proclamação de limites na transformação de direitos tradicionais, submetendo o rei à *Common Law*.[6]

O processo que resulta na independência das 13 colônias britânicas da América do Norte e na fundação dos Estados Unidos da América é referido por Hannah Arendt[7] como uma revolução, inclusive com maior sucesso que a francesa. O movimento, no entanto, traz uma mescla de ruptura e defesa da tradição. Os fundamentos da Declaração de Independência não são a rejeição da ordem política britânica, mas o abuso da Coroa impondo normas a cidadãos que se consideravam iguais aos habitantes das Ilhas Britânicas. A independência, com clara influência do pensamento de John Locke, é a restauração dos direitos violados.

O movimento não configura uma revolução social, mas institucional. O modelo da partição de poderes como garantia contra a tirania já havia sido proposto por Locke, no *Segundo Tratado*, e por Montesquieu, no *Espírito das Leis*, ao descrever a Constituição da Inglaterra. Porém, o resultado vai além do objetivo inicial de seus líderes.

As inovações do modelo estadunidense e sua influência para a posteridade serão consubstanciadas na Constituição escrita, simbolizando o pacto fundador, à qual são adicionadas as emendas que constituirão os direitos individuais, não mais concebidos apenas como direitos naturais abstratos,

---

[4] Arendt, Hannah. *Da Revolução*. São Paulo, Ativa, 1994.

[5] Fioravanti, Maurício. *Los Derechos Fundamentales*. Apuntes de Historia de Las Constituciones. Madrid, Editorial Trotta, 2000.

[6] Paramo Argüelles, Juan Ramón e Ansuátegui Roig, Francisco Javier. Los Derechos en la Revolución Inglesa. In : Peces-Barba Martinez , Gregório e Fernandez Garcia, Eusébio. *História de los Derechos Fundamentales*. tomo I: Trânsito a la Modernidad – Siglos XVI y XVII. Madrid, Dykinson, 2003, p. 747.

[7] Arendt, idem. p. 113.

mas garantias com uma descrição concreta, passando para a segunda fase identificada por Bobbio:[8] os direitos concretos, mas restritos a um país.

O modelo da constituição americana foi seguido, ao menos no papel, pela grande maioria das repúblicas que se formaram no continente americano no decorrer do século XIX, inclusive pela primeira constituição republicana brasileira, de 1891. Sua concepção de direitos humanos é centrada nos direitos individuais, civis e políticos. Ainda assim apenas após a Guerra da Secessão estes foram formalmente reconhecidos para todos os homens, com a abolição da escravatura (emenda XV) e no século XX estendido os direitos políticos às mulheres (emenda XIX). Contudo, somente após uma ampla mobilização social, nos anos 50 e 60 do século XX, os descendentes de africanos tornaram estes direitos uma realidade nos estados do Sul.

A Revolução Francesa, por outro lado, representou uma ruptura de padrões, com influências amplas e duradouras pelo mundo. Se é verdade, segundo a crítica de Hannah Arendt,[9] que os revolucionários foram incapazes de construir instituições duradouras que permitissem a prática dos direitos propostos, produziram um corpo de idéias sobre o conceito de "direitos do homem" muito mais amplo e aprofundado que o dos congêneres do continente americano. Como a própria autora reconhece, é a partir deste momento que se rompe definitivamente com uma aceitação da desigualdade social como destino do nascimento para considerá-la resultado das relações sociais e econômicas.[10]

Nas últimas décadas, na esteira da classificação proposta inicialmente por T. H. Marshall em 1949,[11] tornou-se comum a apresentação das concepções de direitos como um caminho evolutivo em fases, gerações ou dimensões: reconhecimento dos direitos civis, depois dos políticos e finalmente dos sociais. O mundo real não é tão simples. Em primeiro lugar, Marshall apresenta sua concepção de transformação da cidadania segundo o caso inglês, sem uma pretensão de universalizá-la. Por outro lado, mesmo autores que se dizem críticos do positivismo jurídico costumam apresentar como marco da fase de reconhecimento de direitos sociais as Constituições Mexicana de 1917 e Alemã de 1919.

Esta simplificação costuma esquecer que, mesmo que o Jusnaturalismo tenha sido substituído por uma concepção positivista no decorrer do século XIX, a nova ordem social não ficou isenta de ser combatida, inclusive com fundamentos nas idéias dos revolucionários do século XVIII. A revolução francesa fracassou institucionalmente com o golpe do 18 Brumário, mas suas idéias acabaram resgatadas nos movimentos socialista e anarquista do século XIX.

---

[8] Bobbio, Norberto. *A Era dos Direitos*, Rio de Janeiro, Campus, 1992. p. 28.
[9] Arendt, op. cit., p. 99.
[10] Arendt, op. cit., p. 47.
[11] Marshall, T. H. Cidadania, *Classe Social e Status*. Rio de Janeiro, Zahar, 1967. p. 57.

A reação ao socialismo revolucionário leva à repressão, mas também a concessões, com o objetivo de diminuir as situações de desigualdade que alimentam a participação nos sindicatos e partidos operários. Bismarck cria um sistema de previdência décadas antes da Constituição de Weimar. A criação da OIT e de convenções para proteção dos trabalhadores não vem apenas como resultado da I Guerra Mundial, mas também como reação à Revolução Russa de 1917.

Será neste contexto que o medo maior da expansão do comunismo levará a uma complacência das potências liberal-democráticas (França, Reino Unido, Estados Unidos da América) para com a expansão do fascismo como menor dos males e a reação tímida ao rearmamento e à expansão territorial alemã nos anos 30.

Associada a este fato, a extinção de vários antigos impérios (Czarista, Otomano, Austro-Húngaro) ao final da I Guerra Mundial resulta em um problema novo, de convivência de minorias étnicas e religiosas nos territórios dos novos estados nacionais formados. O não-reconhecimento dos direitos destes grupos e a formação de campos de isolamento por diversos países facilitará a política de extermínio nazista.[12]

O resultado é conhecido: a invasão da Polônia, a II Guerra Mundial, milhões de mortos e a emergência de uma nova ordem internacional, na qual ressurgirá o tema dos direitos humanos.

3. A formação dos Direitos Humanos

O final da II Guerra Mundial levou à emergência de um mundo bipolar, dividido entre dois blocos hegemônicos, liderados respectivamente pela União Soviética e pelos Estados Unidos da América. Apesar das décadas de enfrentamento político do que foi chamado de Guerra Fria, durante o conflito mundial estes países foram aliados na luta contra o Eixo, o que os tornou parceiros na criação da nova ordem.

Porém, outro ponto em comum aproxima estes dois países, no campo ideológico. Mesmo que em vertentes diferentes, ambas as estruturas políticas e as suas bases ideológicas são herdeiras do Iluminismo e das revoluções do século XVIII. Divergindo nos meios, se individuais ou coletivos, ambos os sistemas pregavam a emancipação de um ser humano racional.

A necessidade da criação de mecanismos que freassem a repetição das atrocidades da II Guerra Mundial afetava também ambos os blocos, sendo a perda de vidas humanas entre os cidadãos soviéticos quase comparável à soma dos cidadãos mortos entre os demais países aliados, associado ao fato de que as vítimas civis e perdas materiais dos EUA foram minimizadas por lutarem em território estrangeiro, ao contrário dos povos europeus e asiáticos.

---

[12] Arendt, Hannah. *Origens do Totalitarismo*. Rio de Janeiro, Ed. Documentário, 1976. p. 194.

Esta base comum de tradições culturais e impactos do conflito facilitou o acordo sobre a necessidade de criação de um sistema internacional de proteção e manutenção da paz que substituísse a falida Sociedade das Nações. Idealizado por Franklin Roosevelt,[13] institucionaliza-se sob a forma da Organização das Nações Unidas, com a estrutura do Conselho de Segurança composto por membros permanentes (as potências vencedoras) com direito de veto recíproco.

A constatação não apenas de que a Sociedade das Nações foi inútil para enfrentar a guerra e as violações contra cidadãos de países ocupados, mas também da insuficiência dos mecanismos constitucionais nacionais para proteção dos cidadãos dos próprios países envolvidos, feita após a descoberta dos campos de extermínio, leva a uma crítica ao positivismo jurídico que permitiu, de forma burocrática, que as perseguições e mortes chegassem, em alguns casos, a ser considerados legais pelos tribunais alemães.[14]

A saída apontada é uma revitalização do Jusnaturalismo contido no ideário das revoluções liberais. A recém-criada ONU propõe a elaboração de um *International Bill of Rights*.[15] Esta proposta mescla elementos das tradições britânica, estadunidense e francesa, uma vez que nos dois primeiros casos, os *bill of rights*, cartas de direitos, eram instrumentos direcionados à proteção dos cidadãos frente ao Estado, como garantias locais, enquanto a *Déclaration des Droits de l'Homme et du Citoyen* francesa proclamava valores universais abstratos.

Segundo as fases identificadas por Bobbio,[16] a primeira da proclamação de direitos universais abstratos, a segunda de direitos locais concretos para chegar a terceira, de direitos universais e concretos, os dois primeiros textos estão mais próximos da segunda, enquanto o texto francês se identifica com a primeira. O texto da ONU corresponderia à terceira fase.

Mesmo que Bobbio veja na Declaração Universal dos Direitos Humanos um consenso universal, ao se analisar os passos para sua aprovação, o que se verifica é que ela foi o acordo possível entre as partes, e não um consenso universal. Por um lado, países pertencentes ao bloco soviético se abstiveram na votação final, por estarem em menor número, ainda que discordando de partes do texto, apondo mais uma concordância tácita que uma aprovação plena. Por outro lado, a Assembléia Geral era constituída à época, majoritariamente, por Estados dos continentes europeus e americano, estando as guerras de libertação de povos africanos e asiáticos em anda-

---

[13] Sherwood, Robert E. *Roosevelt e Hopkins – Uma história da Segunda Guerra Mundial*. Rio de Janeiro, Nova Fronteira, 1998.
[14] Aevedo, Plauto Faraco de. *Limites e Justificação do Poder do Estado*. Petrópolis, Vozes, 1979, p. 85.
[15] Soder, José. *Direitos do Homem*. São Paulo, Editora Nacional, 1960, p. 197.
[16] Bobbio, op. cit., p. 28.

mento, sendo pequena a presença de Estados independentes destes continentes na ONU.

O acordo também se limitou a uma declaração de princípios sem força vinculativa e mecanismos de verificação correspondentes aos tratados. Os mecanismos inicialmente idealizados somente foram parcialmente concretizados nos anos 60, sob a forma dos pactos de Direitos Civis e Políticos e de Direitos Econômicos, Sociais e Culturais. A cisão em dois pactos em vez de um mostra a manutenção da divergência entre os blocos ideológicos de leste e oeste.

A própria denominação da declaração permitiu divergências. A representante norte-americana, Eleanor Roosevelt, propôs a denominação "Direitos Humanos", considerando que a referência a "Direitos do Homem" não incluía adequadamente o gênero feminino. A posição francesa foi de manter a tradição da declaração de 1789. Por isso a versão oficial em inglês tem por título *Human Rights*, e a francesa, *Droits de l'Homme*.[17]

Com a Declaração Universal dos Direitos Humanos inicia-se uma nova fase, de internacionalização dos direitos humanos como dispositivos concretos a serem implementados pelos países aderentes aos diversos sistemas de proteção, sob a tutela dos organismos internacionais.

3.1. A formação dos Sistemas Internacionais de Proteção aos Direitos Humanos

A Declaração Universal, como consenso ou como acordo, serviu de base para a criação para um complexo sistema de proteção aos direitos humanos, composto de diversas convenções, comissões e comitês de acompanhamento.

Com processos paralelos de criação, surgiram um sistema vinculado à ONU e outros a blocos regionais, como o Americano e o Europeu.

3.1.1. O sistema internacional geral

Quase vinte anos após a aprovação da Declaração Universal dos Direitos Humanos, em 1966, são concluídos pela ONU dois Pactos Internacionais: o de Direitos Civis e Políticos e o de Direitos Econômicos, Sociais e Culturais

A divisão ideológica mantida pela Guerra Fria explica a impossibilidade de acordo por um único instrumento. Não obstante, em 1968, a I Conferência Internacional de Direitos Humanos, realizada em Teerã, incluirá entre suas conclusões a defesa da indivisibilidade e interdependência dos direitos humanos em seus vários aspectos.

---

[17] Crantston, Maurice. Are There Any Human Rights?. In: *Daedalus* col 112 n. 4. fall 1983 p. 34.

Os pactos entrarão em vigor em 1976, sendo criadas Comissões específicas para recebimento dos relatórios dos países signatários, das quais podem ser destacados o Comitê de Direitos Humanos, responsável pelo Pacto de Direitos Civis e Políticos, e a Comissão de Direitos Humanos, vinculada ao Conselho Econômico e Social (ECOSOC). Somam-se a estes pactos diversas convenções em áreas específicas, como direitos da criança, da mulher e combate à tortura, que dão origem a comitês específicos de controle.

Nos anos 90, somam-se a esta estrutura o Alto Comissariado de Direitos Humanos, como resultado da Conferência de Viena, a criação de dois tribunais *ad hoc*, para julgar os crimes cometidos na ex-Iugoslávia e em Ruanda, além da criação do Tribunal Penal Internacional pelo Tratado de Roma em 1998.

As modificações mais recentes do sistema incluem a modificação de status da Comissão de Direitos Humanos, que passa a se reportar diretamente à Assembléia Geral, deixando de ser um organismo do ECOSOC.

3.1.2. Os sistemas regionais

Além do sistema internacional geral, formado pelo conjunto de pactos, convenções e organismos da ONU, também existem sistemas regionais de proteção aos direitos humanos, com destaque para os dos continentes americano e europeu.

No caso europeu, foi criada em 1950 a Declaração Européia de Direitos Humanos, dando origem à Comissão Européia de Direitos Humanos em 1954 e à Corte Européia de Direitos Humanos, sediada em Estrasburgo, em 1959.

O longo período de funcionamento da Corte Européia permitiu a criação de uma jurisprudência definindo padrões mínimos a serem seguidos pelos países-membros.[18]

Na América, o sistema é constituído pela Declaração Americana de Direitos e Deveres do Homem, de 1947, pela Convenção Americana de Direitos Humanos (o Pacto de San José), de 1969, que entrou em vigor em 1978, tendo como instrumentos de realização a Comissão Interamericana de Direitos Humanos e a Corte Interamericana de Direitos Humanos, sediada em San José da Costa Rica, instalada em 1979. Quase todos os países membros da Organização dos Estados Americanos adota a convenção. Embora os EUA tenham subscrito a Convenção, não a ratificaram nem reconhecem a Corte Interamericana de Direitos Humanos. Porém estão na esfera

---

[18] Freixes Sanjuan, Teresa. Las principales construcciones jurisprudenciales del Tribunal Europeo de Derechos Humanos. *In: Cuadernos Constitucionales de la Cátedra Fradique Ceriol* n. 11/12, 1995, p. 97.

de competência da Comissão Interamericana de Direitos Humanos, como membro da OEA.[19]

Mais recentemente, foi proposto um sistema africano, ainda em estado de construção. Os sistemas regionais funcionam de forma independente em relação ao sistema ONU, não havendo hierarquia em sua atuação.

Durante o período da Guerra Fria, as estruturas da ONU prestaram-se ao papel de mediação dos conflitos oriundos do atrito entre os blocos dominantes e do processo de descolonização da Ásia e da África. Os diversos tratados e convenções aprovados no período, de alguma forma, buscavam que os conflitos fossem transferidos dos campos de batalha para os campos de negociação, ou do confronto de armas para o confronto retórico.

Porém, mesmo com a existência da ONU e do sistema de proteção aos direitos humanos, continuaram ocorrendo guerras, ações genocidas e violações massivas dos direitos proclamados nos documentos internacionais pelos mesmos países-membros que os subscreveram. As guerras de Argélia, Vietnã, Angola, Moçambique e Cambodja; a ocupação do Timor Leste pela Indonésia; as ditaduras africanas de Idi Amin Dada, Mobutu e o apartheid sul-africano; as ditaduras militares de Argentina, Chile, Uruguai e Brasil, são todos exemplos de conflitos com milhares de vítimas diante da impotência ou imobilidade dos organismos internacionais.

Se, porém, se tenta justificar esta situação pela existência de uma ordem bipolar em que os interesses das grandes potências bloqueavam as possibilidades de intervenção em suas áreas de influência, ou alimentavam cada um dos lados do conflito, como nos casos de Nicarágua e Afeganistão, esta mesma desculpa não pode ser utilizada nos massacres ocorridos na Bósnia e em Ruanda.

É difícil avaliar o sucesso do funcionamento deste sistema nos últimos 60 anos. Por um lado, não impediram a ocorrência de violações em diversas partes do mundo. Por outro lado, poderia se argumentar que se este sistema não existisse poderiam ter ocorrido situações piores. A atuação das Cortes Internacionais, embora direcionada para casos individuais, pode ter contribuído, em alguns casos, para alterar o comportamento dos Estados condenados em situações futuras.

De qualquer forma, as estruturas tanto internacionais gerais como regionais que foram construídas sob o modelo do pós-guerra têm sido submetidas ao impacto das mudanças da última década e meia, colocando em xeque os pressupostos sobre os quais foram propostas. Quando parecia triunfar uma concepção de direitos humanos de forma universal, ela também passa a ser desconstruída e criticada.

---

[19] Hanashiro, Olaya Silvia Machado Portela. *O Sistema Intermaericano de Proteção dos Direitos Humanos*. São Paulo, Edusp. 2001, p. 38.

4. Os direitos humanos na ordem internacional em transformação

A década de 90 iniciou com grandes transformações na ordem internacional. O fim da União Soviética em 1991 leva ao fim da Guerra Fria e da perspectiva de um enfrentamento nuclear entre as grandes potências. A criação da União Européia, através do Tratado de Maastrich, faz surgir uma nova potência econômica, tornando interdependentes de tal forma os países da Europa Ocidental que o ressurgimento dos enfrentamentos que levaram a diversas guerras nos últimos 500 anos hoje parecem impensáveis. Desde a metade dos anos 80 ocorre um processo de transição de diversos países de regimes autoritários para democracias liberais, em especial no continente americano, mas também na Ásia e na África.

Em um primeiro momento, a ONU ocupa um papel de liderança na formulação da nova ordem, através da organização de Conferências Internacionais temáticas que mobilizam não só as representações dos países, mas também uma ampla gama de organizações não-governamentais. A Rio 92, conferência sobre o meio ambiente, marca este novo período.

É neste contexto de reorganização e de certo otimismo que ocorreu a II Conferência Mundial de Direitos Humanos, em Viena, em 1993, com um amplo processo preparatório em Conferências Regionais.[20] A Conferência de Viena busca consolidar uma visão sobre o conteúdo dos direitos humanos.

Entre as características principais atribuídas ao conceito de direitos humanos em Viena está o de serem universais, indivisíveis e interelacionados.

O texto da Declaração de Viena expõe esta posição em seu artigo 5°:
> Todos os direitos humanos são universais, indivisíveis e interrelacionados. A comunidade internacional deve tratar os direitos globalmente de forma justa e eqüitativa, em pé de igualdade e com a mesma ênfase. As particularidades nacionais e regionais devem ser levadas em consideração, assim como os diversos contextos históricos, culturais e religiosos, mas é dever dos Estados promover e proteger todos os direitos humanos e liberdades fundamentais, independentemente de seus sistemas políticos, econômicos e culturais.

O princípio da universalidade é construído a partir da Declaração Universal de Direitos Humanos. Conforme esta concepção, deve ser reconhecido um catálogo mínimo de direitos – aqueles incluídos na DUDH e nas convenções – como válido de forma universal, independente de peculiaridades locais, culturais, religiosas ou jurídicas.

O princípio da indivisibilidade já havia sido proposto na I Conferência Mundial de Direitos Humanos de Teerã, em 1968, conforme o artigo 13 de sua proclamação final:
> Como os direitos humanos e liberdades fundamentais são indivisíveis, a plena realização dos direitos civis e políticos sem o gozo dos direitos econômicos, sociais e culturais é impossível.

---
[20] Cançado Trindade, Antônio Augusto. *Tratado de Direito Internacional dos Diritos Humanos*. Vol. I, Porto Alegre, Sergio Fabris Ed., 1997 p. 119.

> O alcance de progresso duradouro na implementação dos direitos humanos depende de políticas nacionais e internacionais saudáveis e eficazes de desenvolvimento econômico e social

Porém, as distintas interpretações do texto e o insucesso da criação de uma nova ordem econômica internacional diminuiu o seu impacto, caindo em certo esquecimento somente sendo resgatada a sua importância com a reafirmação na II Conferência.[21]

Segundo esta proposição, os direitos humanos não podem ser atendidos de forma parcial, dando-se preferência para os direitos civis e políticos em detrimento dos econômicos e vice-versa. O não-atendimento de uma parte eqüivale à não-realização do todo, que seria indivisível. Esta proposição é complementada pela idéia de interrelação.

O atendimento a estes três princípios reforça a relação entre direitos humanos, democracia e desenvolvimento como elementos complementares.[22]

O artigo 5º da Declaração de Viena representa um acordo entre posições divergentes, que inclui aspectos de uma posição relativista, que desejava ver reconhecido um direito a tratamentos diferenciados com base em tradições culturais e entra em aparente contradição com o artigo 1º da Declaração, que dispõe sobre a universalidade sem meios-termos. Conforme informa Cançado Trindade, na verdade o artigo primeiro foi inserido à última hora, dois dias depois da votação do artigo quinto.[23] Portanto, ainda que o resultado final do texto proclame a universalidade, este tema estava longe de ser um consenso entre as delegações presentes, sendo o resultado do acordo possível.

Além dos elementos declaratórios, como resultado da Conferência foi proposta a criação do Alto Comissariado das Nações Unidas para os Direitos Humanos, como órgão auxiliar do Secretariado-Geral para atuar em situações de urgência.

A expectativa poderia ser de um amplo avanço dos direitos humanos e da democracia nos anos 90. A defesa da universalidade leva inclusive à criação de uma doutrina de direito de intervenção para além da soberania nacional, em nome da defesa dos direitos humanos.[24]

5. Ascensão e queda dos direitos humanos

Conforme apresentado anteriormente, a concepção dominante de direitos humanos nos dias de hoje tem o seu nascimento e desenvolvimento intimamente associado à ordem internacional do pós-guerra e a ONU. Desenvolveu-se junto com esta, e seus limites foram expostos à luz do dia com a crise deste sistema.

---

[21] Alves, J.A. Lindgren. O contrário dos direitos humanos (explicitando Zizek). *In: Lua Nova* n. 55-56. São Paulo, 2002, p. 122.
[22] Cançado Trindade, op. cit., p. 153.
[23] Idem, p. 186.
[24] Alves, op. cit., p. 110.

O corpo teórico do conceito de direitos humanos e o sistema de direito internacional criado em torno dele propõe um mundo ideal, com respeito a normas e princípios, em que os países-membros de uma comunidade internacional respeitam e respondem prestando contas aos organismos que a compõem. Não é preciso ser um observador muito arguto para constatar que esta não é a realidade vigente.

Pode-se admitir que como parte da construção de uma determinada realidade um dos momentos é a construção de modelos ideais como padrões que se deseja verem realizados. Estes ideais, porém, se tornam mera retórica quando se passa a dizer que o que é uma perspectiva teórica e baseada em valores a serem implementados é algo inerente à realidade, sem levar em conta o mundo real.

Jeremy Bentham fez a crítica à Declaração de Direitos da Revolução Francesa, apontando esta diferença entre ideal e real: "But reasons for whishing there were such things as rights, are not rights – a reason for wishing that a certain right were established, is not that right, want is not supply; hunger is not bread".[25] Desejar o reconhecimento de direitos não são direitos, como ter fome não é ter pão. Este é o limite também colocado para a proclamação da universalidade e da indivisibilidade dos direitos.

Pode ser dito que seria adequado que os direitos humanos fossem universais, isto é, que um padrão mínimo fosse aceito por todos os povos da humanidade, mas isto não é um fato. A existência de uma concepção de direitos humanos considerando-os como valores universais não torna universal o seu reconhecimento, fazendo com que a universalidade teórica esteja extremamente distante da universalidade como dado da realidade.

A Conferência de Viena também proclamou como um dos seus resultados a perspectiva da indivisibilidade dos direitos, isto é, que direitos civis, políticos, sociais e culturais não subsistem separadamente. Entretanto, a aplicação durante a última década das teorias neoliberais apontou exatamente para o caminho oposto. Seria ideal que as distintas formas de direitos caminhassem juntas, mas é perfeitamente possível na prática dividi-los, atribuindo a uns a primazia e relegando os outros a um futuro de possibilidades remotas.

A inter-relação é perfeitamente justificável dentro do corpo teórico que a propõe. Porém, não torna mais fácil convencer os governantes ou os organismos econômicos internacionais que o direito ao voto ou à liberdade de expressão são nulos diante de uma barriga vazia. Um outro paradigma diz o contrário, às vezes com maior força e sucesso.

O perigo da transformação de perspectivas teóricas em mera retórica, como se o que propomos como valores fosse auto-evidente na realidade é

---

[25] Bentham, Jeremy. Anarchical Falacies:being and examination of the Declarations of Rights issued during French Revolution apud Perez Luño, Antonio E. *Derechos Humanos, Estado de Derecho y Constitución*. Madrid. Technos, 1995, p. 27.

que não se relaciona a teoria com um programa prático para sua implementação. O que é considerado evidente não precisa ser construído pela política.

E o que vemos é exatamente o contrário. A situação da proteção aos direitos humanos não melhorou no mundo nas últimas décadas. Ao contrário. Os instrumentos criados pelo Direito Internacional dos Direitos Humanos são completamente inefetivos nas violações de maior monta.

Os bombardeios de Israel sobre o Líbano, ou o genocídio da população palestina, têm passado à margem dos organismos da ONU, ineficazes para enfrentar o problema. A população do Haiti continua na mesma miséria. A população iraquiana é alvo de um lado da guerra civil religiosa e de outro dos abusos de tropas estrangeiras de ocupação. A situação dos presos de Guantánamo, ou dos presos e torturados dos vôos secretos da CIA fica à margem do sistema de proteção.

Durante a Guerra Fria, a defesa dos direitos humanos dificilmente pode ser considerada como uma prioridade da agenda política internacional. Um exemplo é a grande demora para aprovação do pacto internacional de direitos humanos, proposto em 46 para ser aprovado, de forma separada vinte anos depois, e ainda levando mais de década para entrar em vigor. O *status* do Comitê de Direitos Humanos em relação ao Conselho de Segurança é outro indicativo.

Por outro lado, os termos *direitos humanos* e *democracia* foram mais largamente utilizados no período como instrumentos de ataque mútuo entre os blocos, cada um propondo-se como verdadeira democracia e campeão dos direitos humanos, acusando o adversário de violador, adaptando a suas conveniências o significado de cada uma destas palavras.

Embora o conflito entre um mundo capitalista e um mundo socialista tenha dado lugar a um predomínio das economias de mercado e o domínio de uma superpotência militar, o uso retórico da democracia e dos direitos humanos não foi abandonado na política internacional, servindo de argumento para os bombardeios da Iugoslávia ou a invasão do Iraque. A globalização econômica, contudo, traz outras conseqüências.

Hannah Arendt, descrevendo os fatos que antecederam a II Guerra Mundial e a política para com grupos minoritários dentro dos Estados-nação europeus, identifica como momento prévio às políticas de extermínio a própria privação do sentido de pertencimento a uma comunidade política:

> A calamidade dos que não têm direitos não decorre do fato de terem sido privados da vida, da liberdade ou da procura da felicidade, nem da igualdade perante a lei ou da liberdade de opinião – fórmulas que se destinavam a resolver problemas dentro de certas comunidades – mas do fato de já não pertencerem a qualquer comunidade. Sua situação angustiante não resulta do fato de não serem iguais perante a lei, mas sim de não existirem leis para eles; não de serem oprimidos, mas de não haver ninguém mais que se interesse por eles nem que seja para oprimi-los.[26]

---

[26] Arendt. *Origens*, p. 236.

Se a normativa internacional surgida a partir de 1945 de alguma forma se propunha a impedir que tal situação pudesse voltar a ocorrer, o paradoxo provocado pela transformação da ordem econômica internacional é que esta situação passa a ocorrer não com uma minoria étnica ou cultural dentro de um estado-nação, mas com estados inteiros.

Esta é a constatação de Tzvetan Todorov[27] ao analisar os usos de um direito de ingerência superior à soberania estatal, justificado pela proteção dos direitos humanos:

> O direito de ingerência sofre aqui uma restrição: as pessoas não se inspiram nele se não houver nada a ganhar, nem no plano material, nem no da política, nem finalmente no do prestígio internacional. A não-intervenção da comunidade internacional em conflitos africanos, como por exemplo no Sudão, onde no entanto a situação é grave, parece ligada a essa terceira exceção à regra geral.

O problema de inúmeros países africanos hoje não é mais a opressão colonial, mas a irrelevância para a economia mundial, que não os torna interessantes nem mesmo para a exploração imperialista, deixando sua população à margem da comunidade internacional, assolada por problemas internos de fome, AIDS ou guerras civis, sem que estes fatos chamem a atenção das grandes potências. Em casos como os da Somália, a intervenção foi suspensa diante do custo em termos de baixas militares. Em outros, como o de Ruanda, somente após a ocorrência de um genocídio somente comparável ao holocausto nazista.

A constatação da convivência de uma ordem internacional injusta, com a violação de direitos humanos não apenas por governos ditatoriais, mas por democracias liberais, em nome dos próprios direitos humanos, tornado-os "o seu contrário", nas palavras de Slavoj Zizek,[28] não implica que o legado dos últimos 60 anos deva ser renegado como inútil.

Pode-se concordar com Ken Booth[29] com a crítica ao que chamou de presentismo. O fato de não haver uma universalização no presente não significa que ela não seja possível no futuro. De fato, se olhamos para o passado, que analista poderia prever no século XVI que o modelo de Estado europeu seria estendido a todo o mundo? Quanto à crítica a uma imposição cultural de um modelo gestado em um único continente, outras criações da cultura ocidental não foram criticadas com a mesma ênfase. O veículo movido pelo motor à explosão ou a Internet foram universalizados. Por outro lado, o próprio ocidente adotou criações de outras culturas, que se universalizaram, como os números arábicos.

Como destaca este autor, o que se propõe não é um universalismo estático, de idéias congeladas no tempo como únicas verdades, mas a pos-

---

[27] Todorov, Tzvetan. *Memória do mal, tentação do bem*. Indagações sobre o século XX. São Paulo, Arx, 2002, p. 326.
[28] Alves, op. cit., p. 105.
[29] Booth, Ken. Threee tyranies. In: Dunne, Tim and Wheeler, Nicholas J. (Eds.). *Human Rights in Global Politics*. Cambridge, Cambridfge University Press. 1999. p. 32.

sibilidade de construir historicamente bases mínimas de convivência entre os povos que sejam universalmente aceitas. Há um século a defesa do meio ambiente não pertencia a este mínimo, mas é difícil pensar em princípio universal nos dias de hoje sem incluir o direito das gerações futuras a um mundo preservado em sua biodiversidade.

Os direitos humanos não se tornarão universais somente porque dizemos que são universais. Não serão indivisíveis porque existe uma proclamação que os identifica desta forma. A garantia de direitos iguais já era apontada por Hannah Arendt[30] como o resultado de uma construção humana, e não um evento natural:

> A igualdade, em contraste com tudo o que se relaciona com a mera existência, não nos é dada, mas resulta da organização humana, porquanto é orientada pelo princípio da justiça. Não nascemos iguais; tornamo-nos iguais como membros de um grupo por força da nossa decisão de nos garantirmos direitos reciprocamente iguais.

Se queremos levar os direitos humanos a sério, estes não podem ser meros artifícios retóricos, de apresentação de um ideal filosófico ou de uma ordem internacional respeitadora de princípios éticos que não existe e para cuja existência nenhuma medida está sendo tomada.

É necessário reconhecer que os direitos humanos, como a democracia, são construções humanas e poderão existir de acordo com a mobilização e a interferência de todos os seres humanos para concretizá-las. São construtos políticos, fundados em valores e instituições que dependem da ação humana.

Esta ação se dá no espaço interno, na escolha e controle dos dirigentes políticos, na participação nos espaços decisórios proporcionados ao cidadão, na indignação e denúncia cotidiana das violações. E se dá no espaço internacional ampliado, no qual convivem hoje os estados com organizações não-governamentais e outras formas de mobilização que cruzam e subvertem as fronteiras políticas. E não é válida a desculpa de que somos impotentes diante da ação dos Estados. Estados que nada mais são que abstrações teóricas, com instituições e exércitos comandados por pessoas como as outras, que permanecem em seus cargos por concordância ou omissão de outras pessoas.

Para que os direitos humanos não sejam uma retórica repetida pelos acadêmicos e burocratas nos seminários internacionais, mas sem o menor impacto na vida das vítimas, eles devem estar vinculados a propostas concretas para sua realização. Do contrário, serão sempre a fome, mas nunca o pão.

---

[30] Arendt. *Origens*, p. 243.

— XI —

Sociedade Complexa e o Direito Fraterno

SANDRA REGINA MARTINI VIAL[1]

Sumário: Introdução; 1. Direito e técnica; 2. A Internet e o direito; 3. A não-violência como fundamento do direito fraterno; 4. O direito fraterno; Conclusão.

Introdução

Esse artigo pretende abordar a moderna metateoria do Direito Fraterno na sociedade complexa. Iniciaremos apresentando alguns aspectos fundantes para a efetivação dessa nova e intrigante proposta teórica. Retomando o conceito anacrônico de fraternidade, o Direito Fraterno pretende fornecer uma nova hipótese de análise do direito, fundamentada em pressupostos relacionados à amizade, à quebra da obsessão da identidade, ao jurar conjuntamente e ao cosmopolitismo.

Trataremos de apresentar as implicações da *técnica* a partir do Direito Fraterno; a seguir, abordaremos a importância desse modelo de análise em uma sociedade complexa e contingente onde cotidianamente somos obrigados a decidir, e nossas decisões criam vínculos importantes para a evolução dessa sociedade, que se caracteriza pela sua *inclusão/exclusão* universal ou ainda, uma sociedade onde todos temos direito a tudo, porém esse direito nem sempre é de todos, mas daqueles que tradicionalmente já os têm. E aí vem a pergunta clássica feita por muitos intelectuais: *que direito tem o direito a dizer o que é direito?* Ou ainda, *qual a justiça produzida pela justiça?* Essas e muitas outras questões não foram resolvidas com os grandes avanços da técnica, mas é somente através dela que podemos seguir perguntando o que N. Luhmann abordava: *podemos fazer tudo o que faze-*

---

[1] Professora do Programa de Pós-Graduação e Graduação em Direito da Unisinos. Doutora em Direito pela Università Degli Studi di Lecce, Pós-doutora em Direito pela Università Degli Studi di Roma Tre. Esse artigo é fruto das reflexões da pesquisa: O direito fraterno, os bens comuns da humanidade e as políticas públicas na sociedade contemporânea: um estudo comparativo entre as nações brasileira e italiana- Unisc/2006.

mos? Quer dizer: podemos matar? Podemos discriminar? Podemos excluir? Podemos corromper? A resposta imediata é *não, não podemos...* A questão seguinte é:

Como não podemos, se cotidianamente fazemos tudo isso e muito mais?

A proposta de reflexão que ora expomos pretende apresentar uma limitação para esse *"podemos"*. O Direito Fraterno é uma aposta, e estamos a algum tempo apostando nele.

1. Direito e técnica

> *Possiamo fare tutto quello che possiamo fare?*[2]
> (Resta)

As contingências da sociedade moderna a tornam complexa e ilimitadamente mutável. A dimensão contemporânea do direito nessa sociedade – *Recht in der Gesellschaft*, seguindo a definição de Niklas Luhmann (1997)[3] – é assinalada na sua relação com a técnica, na qual o código que se revela é: pode-se fazer tudo o que se pode fazer? Tal premissa produz um paradoxo insuperável quando subordina o direito ao código da técnica. Nesse sentido, Eligio Resta (1993) afirma que se vive em uma guerra civil planetária, motivo que o levou a estudar a hipótese de um Direito Fraterno, ou seja, um direito que rompe com a estrutura tradicional de Estado, Nação, Estado-nação, sociedade e direito.[4] Esse novo direito não propõe a idéia ingênua de que se deve amar mutuamente, mas se propõe a edificar/estruturar paradoxos, exatamente em função dessa paradoxalidade, que é constante e que se deve ser, continuamente, refletida de maneira clara, como diz Resta (1993, p. 45):

> [...] perchè non possiamo fare tutto quello che possiamo fare? Cioè, qual è il limite ad uma attività, ad una poiesis, ad un 'fare' della nostra vita quotidiana e qual è la sua legittimazione? Perchè ci sono due termini di referimento del 'possiamo'? E quali sono le nostre capacità di porre limiti al poter fare tutto quello che possiamo fare?[5]

---

[2] "Podemos fazer tudo aquilo que podemos fazer?" [Tradução Livre].

[3] LUHMANN, Niklas. *Observaciones de la modernidad*. Racionalidad y contingencia en la sociedad moderna. Buenos Aires: Paidós, 1997.

[4] Sobre a "crise do estado" e/ou o "estado em crise", muito tem refletido José Luis Bolzan de Morais, especialmente no texto : MORAIS, Jose Luiz Bolzan (org.) *O Estado e suas crises*. Porto Alegre: Livraria do Advogado, 2005. "Falar de crise(s) tornou-se referência ao longo das últimas décadas do Século XX e ganhou contornos de inevitabilidade nos primeiros anos do Século XXI, supostamente frente à desconstrução de paradigmas que orientaram a construção dos saberes e das instituições da modernidade, projetando em conjunto de respostas as mais variadas para o enfrentamento e/ou o tratamento das desconstruções próprias destes tempos (pós) modernos" p. 9.

[5] RESTA, Eligio. Le strutture del capitalismo e l'impresa nella società comportane. Un'etica della proprietà. Milano: Congresso Internazionale, 18-22 marzo 1993.
[...] porque não podemos fazer tudo aquilo que podemos fazer? Isto é, qual é o limite de uma atividade de uma *poiesis*, de um 'fazer' da nossa vida cotidiana e qual é a sua legitimação? Por que existem dois termos de referência do 'podemos'? E quais são as nossas capacidades de colocar limites ao poder fazer tudo aquilo que podemos fazer? [Tradução Livre].

Na sociedade atual, a possibilidade de edificar paradoxos se dá através da técnica[6] que, ao mesmo tempo em que reduz os paradoxos, incrementa-os. Assim também opera o Direito Fraterno, pois, se por meio da técnica pode se estabelecer, ao mesmo tempo encontra dificuldades para sua implementação, já que este propõe, no seu projeto, uma co-divisão e uma inclusão universal. Em outros termos: analisar a relação direito e técnica significa retornar ao conceito grego de técnica da ambivalência, no sentido em que a técnica que resolve os problemas é a mesma que cria novos problemas. Ou seja, condena-se salvando e salva-se condenando; cura-se adoecendo e adoece-se curando. A técnica é o lugar do aumento da complexidade e, portanto, do aumento das possibilidades. Assim, a fraternidade não considera a técnica como algo que se "abre" ou se "fecha", mas como algo que alcança a *philia* das contradições e da ambivalência. Por exemplo, o corpo humano: a técnica pode reduzir (e reduz) o corpo humano a uma mercadoria, mas pode, também, ao mesmo tempo, desvelar novas dimensões de solidariedade. Pode-se observar esse fato quando se descobre, graças à pesquisa científica, a compatibilidade de medula com a qual se viabiliza o transplante. A questão, agora, é: pode-se falar em "dever doar"? Esse nível de solidariedade, antes impensável, torna-se possível e factível nos dias atuais por meio da técnica. A técnica é uma nova *philia* e um novo desafio para a co-divisão. Porém, essa co-divisão tem seu caráter de ambivalência, que faz pensar se é possível ser proprietário do próprio corpo ou se é necessário colocá-lo à disposição da humanidade. Acerca disso, observa Resta (2001, p. 55-56) que:

> Quando si parla della questione della tecnica, cioè della vita, si parla del bene pubblico e se il problema è quello a'lora non c'è altro che riferirsi a quel gioco debole, infondato, lontano da ogni arroganza della prescrizione che possiamo ritrovare dove ci alontaniamo da ogni violenza e scopriamo la scommessa moderna del diritto che sta tutta nel suo convenzionalismo. Salvare il patrimonio genetico lasciando intatto il fiume o il fondo del mare, aprori possibilita ad altri piuttosto che accontentarsi della sodisfazione misera ed egoistica del free rider usa per se l'ultima risorsa che non potrà ricrearsi e che si serve in maniera suicida della tecnica per depauperare le possibilita, è qualcosa. Non c'è, ripeto, alcuna forza della legge che ci sovvenga, se non quella aleatorietà dello scommettere sui diritti come Pascal scommetteva sull'esitenza del bene pubblico. Se Dio, il bene pubblico, fosse esistito, i costi delle rinunce sarebbero stati ben poca cosa riseptto ai vantaggi. Se non fosse esistito la perdita dei costi sarebbe stata irrisoria rispetto a quello che si sarebbe potuto guadagnare.[7]

---

[6] Sobre técnica e ética, em uma visão crítica, João Baptista Herkenhoff (1996, p. 30) faz a seguinte observação: "Dentro desse mesmo imperativo ético, coloca-se a Ciência do Direito, que não pode ser uma ciência do formal, subordinada ao tecnicismo. A técnica é o meio para atingir um fim, é altamente apreciável como salvaguarda de valores jurídicos. Mas a técnica não é um fim, é apenas o caminho para alcançar a substância do direito."

[7] ELIGIO, Resta. Il paradosso dei limiti superabili. In: BARCELLONA, Pietro (org.). *Nuove fronttiere del diritto – Dialoghi su giustizia e verità*. Bari: Edizione Dédalo, 2001. "Quando se fala da questão da técnica, isto é, da vida, se fala do bem público, e se o problema é aquele, então não existe outro que se refere àquele jogo frágil, sem fundamento, distante de qualquer arrogância de prescrição que podemos encontrar onde nos distanciamos de todas as violências e descobrimos que a aposta moderna do

Essas novas idéias colocam em questionamento toda a estrutura dogmática-jurídica do tempo presente. Em função da técnica, vê-se que cada vez mais os confins do corpo e do sujeito são ilimitados. Outro exemplo que se pode dar é a questão do banco de sêmen, onde se protege o corpo fora do próprio corpo, assim como o que ocorre na questão do cordão umbilical. Significa que a velha questão abordada por Immanuel Kant (1996),[8] se se é ou se se tem um corpo,[9] deve ser repensada à luz das novas aquisições tecnológicas. Outra dimensão dessa mesma discussão apresenta Plessner (2001) quando diz *eu sou, mas não me possuo*. E segue esse autor afirmando que o homem é fora do seu dentro e dentro do seu fora, interno à própria exterioridade e externo à própria interioridade...ele não é idêntico a si próprio nem completamente diferente, mas precisamente no limite que junto o une e justapõe.[10]

Estes são os desafios para as novas dimensões fraternas, desde o momento em que a técnica, em toda sua dimensão biopolítica,[11] re-propõe o jogo sobre o terreno da igualdade sem medida e a constante necessidade da co-divisão dos espaços da vida. Assim, a técnica é aquilo que aproxima e distancia ao mesmo tempo. Acerca disso, o Direito Fraterno propõe, no seu projeto, uma inclusão, sem confins, em todos os direitos fundamentais e em todos os bens comuns da humanidade. É o que se pode observar, também, no pensamento de Emanuele Severino (2001, p. 17-18):

> La tecnica, invece, non si propone uno scopo escludente. La tecnica (come sistema, o apparato che include un insieme dei sottositemi – burocratico, finanziario, amministrativo, militare, economico, sanitario, scolastico, ecc.) non si propone uno scopo specifico ed escludente: si propone l'aumento infinito della potenza; si propone l'incremento infinito della capacita di realizzare scopi. Ciò che chiamiamo "tecnica" ha dunque una complessità rilevante. Ma la

---

direito está toda no seu convencionalismo. Salvar o patrimônio genético deixando intacto o rio ou o fundo do mar, abrir possibilidades a outros, muito mais do que se contentar com a satisfação mísera e egoística do *free rider*, usada por si como último recurso que não poderá re-criar-se e que se serve de modo suicida da técnica para depurar a possibilidade, é alguma coisa. Não existe, reforço, alguma força de lei que sobrevenha, senão aquela aleatoriedade do apostar sobre os direitos como Pascal apostava na existência do bem público. Se Deus, o bem público, tivesse existido, os custos das renúncias teriam sido bem pouca coisa com relação às vantagens. Se não tivesse existido, a perda dos custos teria sido irrisória com relação àquilo que se poderia ganhar" [Tradução Livre].

[8] KANT, Immanuel. *Dizionario delle idee*. I fondamenti teoretici della logica e della critica della ragione. Roma: Riuniti, 1996.

[9] Emblemática é uma frase de Plessner (1967, p. 71): *Io sono, ma non mi possiedo"*. PLESSNER.*Limiti della comunità. Per una critica del radicalismo sociale*. Laterza: Bari-Roma, 2001.

[10] Em outro texto: *Conditio humana*, Plessner faz a seguinte observação: "esse uomo è essere l'altro de se stesso perchè l'uomo è precisamente colui che non coincide con cio che è". *Conditio humana*, in *I Propilei. Grande storia universale del mondo*, Mondadori, Milano, 1967, I, p. 71.

[11] Sobre o conceito de Biopolitica, profundas são as reflexões de R. Espósito: "Quando si parla di 'biopolitica' come di quella politica in cui è in gioco la realtà, e la possibilità stessa, del vivente, è a questa estrema riduzione di senso che occorre guadare per intenderla nella sua accezione piú originaria e generale." ESPOSITO, Roberto. *Immunitas – Protezione e negazione della vita-* Einaudi: Toriño, 2002, p. 134.

complessità è ancora maggiore, se la tecnica posta in relazione al risultato essenziale del pensiero contemporaneo.[12]

Em uma sociedade na qual continuamente se faz tudo aquilo que se faz utilizando a questão continuamente posta e proposta por Resta (2004b), observa-se que, se limites podem ser evidenciados, as possibilidades de superá-los também são constantemente apresentadas. Ou, ainda, se a técnica pode auxiliar no processo de consolidação de uma sociedade mais fraterna e, conseqüentemente, de um direito fraterno, a técnica se apresenta desse modo como uma *potenza* que traz a possibilidade concreta e real de executar pactos e medições fraternas. Essas novas formas poderão ser construídas por operadores do direito que se dispuserem a fazer a diferença em um mundo de indiferentes; é um grande desafio que encontra suas limitações e suas possibilidades na própria sociedade, pois a mudança da sociedade só depende dela própria. Para isso, é fundamental ter presente a idéia de Rudolf von Jhering (2002, p. 66)[13] de que a sociedade é "sou o eu nos outros": *Ninguém existe por si próprio, como tampouco através de si mesmo. Ao invés disso, cada um vive através dos outros e, ao mesmo tempo, por outros, não importando a existência ou não da intenção.*

2. A internet e o direito

Internet è un immenso spazio pubblico, e non dev'essere nè privatizzato, né colonizzato.[14]
(Stefano Rodotà)

Atualmente, esse *existir para os outros* pode ser estudado e aplicado através da moderna e paradoxal Internet. Ou melhor, hoje se fala em Tecnopolítica e, seguindo Stefano Rodatà (2004), tem-se a importância dos novos processos tecnológicos para a efetivação de uma democracia cosmopolita. O autor também releva preocupações com a utilização não-pacífica desses meios, que não podem ser *nem colonizados nem privatizados*:

Internet gioca un ruolo essenziale nella creazione e nell'organizzazione complessiva di un nuovo spazio pubblico e nella definizione delle modalità di integrazione e di convergenza dei diversi mezzi. In concreto, ci troviamo di fronte ad una molteplicità di modelli...Si aprono così prospettive nuove... Gli effetti del progressivo ampliarsi dell'e-government possono essere

---

12 SEVERINO, Emanuele. Téchne-Nomos: l'inevitabile subordinazione del diritto alla tecnica. In: BARCELLONA, Pietro (org.). *Nuove fronttiere del diritto – Dialoghi su giustizia e verità*. Bari: Edizione Dédalo srl, 2001. "A técnica, ao invés, não se propõe a um objetivo excludente. A técnica (como sistema ou aparato que inclui um conjunto de sub-sistemas – burocrático, financeiro, administrativo, militar, econômico, sanitário, escolar etc.) não se propõe a um objetivo específico e excludente: se propõe ao aumento infinito da potencialidade; se propõe ao incremento infinito da capacidade de realizar objetivos. Isto que chamamos "técnica" apresenta uma complexidade relevante. Mas a complexidade é ainda maior, se a técnica é colocada em relação ao resultado essencial do pensamento contemporâneo" [Tradução Livre].

13 VON JHERING, Rudolf. *A finalidade do direito – Tomo 1*. Tradução Heder K. Hoffmann. Campinas: Bookseller, 2002.

14 "A Internet é um espaço público, e não deve ser nem privatizado nem colonizado" [Tradução Livre].

misurati in termini di trasparenza dell'azione pubblica, semplificazione procedurali, diminuizione dei costi di trasazione nelle relazione fra i cittadini e all'interno degli apparati pubblici. Allo stesso tempo, peró, la digitalizzazione dell'amministrazione pubblica, il suo transferirsi nella dimensione di Internet , non è garanzia di risultati sempre democaratici...È evidente, allora, che la produzione di democrazia attraverso l'e-government non può essere affidata alla tecnologia in sé, ma esige forti e chiare politiche pubbliche [...] (RODOTÀ, 2004, p. 55).[15]

O *jogo* da Internet pode auxiliar no processo de consolidação de uma sociedade onde o sentido seja aquele de viver compactuando, de apostar na construção de um outro mundo através deste próprio. O mecanismo da técnica, também através da Internet, pode se apresentar como uma forma de emancipação. A multiplicidade de modelos que trata Rodotà exige do operador do direito uma nova postura metodológica, aquela calcada na transdisciplinariedade.

É nesta perspectiva, em conjunto com as mais diversas áreas do conhecimento, que o direito moderno deve ser estudado, aplicado e refletido, e não apenas, como tradicionalmente vem ocorrendo, a partir da ótica dogmática e formalista. Estudar o direito baseado em uma visão transdisciplinar implica construir um novo referencial para a própria ciência do direito,[16] o qual deve se fundamentar em outras áreas de estudos que estão intrinsecamente ligadas "com" e "nos" fenômenos sociojurídicos. Para isso, utilizar-se-ão os pressupostos do Direito Fraterno, elaborados por Resta (2004b). Seguindo as colocações de Rodotà (2004), mas evidenciando outros paradoxos, Resta (1996, p. 57) responde a questão inicial com a seguinte observação:

---

[15] RODOTÀ, Stefano. Tecnopolitica – La democrazia e le nuove tecnologie della comunicazione. Roma-Bari, Laterza & Figli Spa, 2004. "A Internet joga uma função essencial na criação e na organização complexa de um novo espaço público e na definição da modalidade de integração e de convergência dos diversos meios. Em concreto, nos encontramos frente a uma multiplicidade de modelos... Abrem-se, assim, novas perspectivas...Os efeitos do progressivo ampliar-se do *e-government* podem ser medidos em termos de transparência das ação pública, simplificações procedimentais, diminuição dos custos de transação nas relações entre os cidadãos e o interior das instituições públicas. Ao mesmo tempo, no entanto,a digitalização da administração pública, o seu transferir-se, na dimensão da Internet, não é garantia de resultados sempre democráticos... É evidente, então, que a produção de democracia através do *e-govermment* não pode ser confiada à tecnologia em si, mas exige forte e claras políticas públicas" [Tradução Livre].

[16] Sobre ciência do direito, um dos grandes textos produzidos no Brasil é o de Agostinho Ramalho Marques Neto (2001, p. 192): "A ciência jurídica, tanto quanto qualquer outra, resulta de um trabalho de construção comandado em todas as suas fases, pela teoria. A validade do método em hipótese alguma pode ser estabelecida *a priori*, mas somente em função dos enfoques teóricos, dos problemas formulados e da natureza do objeto do conhecimento. Por isso, na elaboração das proposições da ciência do Direito, não há falar no método, mas sim numa pluralidade metodológica, em que os diversos métodos se combinam e se contemplam". Outro autor que não pode deixar de ser recordado é Tércio Sampaio Ferraz Junior: "A ciência não nos liberta porque nos tornamos mais sábios, mas é porque nos tornamos mais sábios que a ciência nos libera. Adquirir sabedoria não é ato nem resultado da ciência e do conhecimento, mas é experiência e reflexão, exercício do pensar...pensar o direito, refletir sobre suas formas hodiernas de atuação, encontrar-lhe um sentido, para então vivê-lo com prudência, essa marca virtuosa do jurista, que os romanos nos legaram e que não desapareceu de todo na face da Terra." FERRAZ Jr., Tércio Sampaio. *Introdução ao estudo do direito: técnica, decisão, dominação*. 4. ed., São Paulo : Atlas, 2003, p. 29.

E "poter" fare indica non soltanto una probabilità statistica una possibilita contro alternative o contingenze; indica che siamo in grado di fare, ne abbiamo la capacità, la potenza. E, intanto, possiamo fare tutto quello che facciamo: ucciciamo, affamiamo, diamo al "boia e al soldato" (ci ricorda De Maistre) il " potere" di far di noi tutto questo, "usiamo" la natura, alteriamo il patrimonio genetico. Dunque "possiamo" farlo tanto è vero che lo facciamo; ma, possiamo farlo?[17]

Pode ser feito o que se faz? Essa é a pergunta sempre formulada pelo autor, e a resposta apresenta-se cada vez mais complexa. Um dos caminhos para pensar se efetivamente se pode fazer o que se faz sem matar, sem violência, é certamente o caminho que leva ao retorno para o conceito anacrônico de fraternidade e, no presente caso, o Direito Fraterno pretende fornecer uma nova hipótese de análise do direito, fundamentada em pressupostos relacionados à quebra da obsessão da identidade, ao jurar, conjuntamente ao cosmopolitismo, a amizade, a não-violência, a paz.

3. A não-violência como fundamento do direito fraterno

La verità e la non-violenza sono antiche come le colline.[18]
(Gandhi)

Como afirma Mahatma Karamchand Gandhi (1996), a paz não é uma nova via, mas é a única via para a construção de um outro mundo possível. A discussão da não-violência englobada na perspectiva gandhiana nos auxilia a compreender porque o Direito Fraterno tem como pressuposto a não-violência:

Io approvo la completa non-violenza e la considero possibile tra uomo e uomo e tra nazione e nazione ma questa non è "una rinuncia ad ogni lotta contro l'inguistizia". Al contrario, nella mia concezione la non-violenza è una lotta contro l'inguistizia più attiva e più concreta della ritorsione, il cui effetto è solo quello di aumentare l'inguistizia. Io sostengo una opposizione mentale, e dunque morale, all'ingiustizia [...] (Gandhi, 1996, p. 7).[19]

As lições de Gandhi (1996) ensinam, em cada palavra, que a possibilidade de mudar o mundo está no interior de cada homem, de cada nação. A efetivação de um outro mundo deve partir do combate "não-violento" das

---

[17] "E "poder" fazer indica não somente uma probabilidade estatística, uma possibilidade contra alternativas ou contingências: indica que estamos em condições de fazer, que temos a capacidade, o poder. E, no entanto, podemos fazer tudo aquilo que fazemos: matamos, difamamos, damos ao "bóia e ao soldado" (nos recordamos De Maistre) o "poder" de fazer de nós tudo isso, "usamos" a natureza, alteramos o patrimônio genético. Então, "podemos" fazer é tão verdade que o fazemos; mas podemos fazê-lo?" [Tradução Livre].

[18] "A verdade e a não-violência são antigas como as colinas" Tradução Livre.

[19] GANDHI, Mohatma Karamchand. *Teoria e pratica della non-violenza*. Traduzione di Fabrizio Grillenzoni e Silvia Calamandrei. Einaudi, 1996. "Eu aprovo a completa não-violência e a considero possível entre o homem e homem e entre nação e nação, mas esta não é "uma renúncia a cada luta contra a injustiça". Ao contrário, em minha concepção, a não-violência é uma luta contra a injustiça, mais ativa e mais concreta do que o desvio, cujo efeito é so aquele de aumentar a injustiça. Eu apóio uma opção mental e, portanto, moral à injustiça [...]" [Tradução livre].

injustiças de todos os tipos, entre os indivíduos e entre os Estados. Gandhi (1996) não se cansa de repetir que mesmo os ditos países fracos têm uma grande força e, referindo-se ao caso específico da Índia, afirma que é um país forte, entendendo-se a idéia de força como algo que deriva da capacidade física. Afirma, ademais, que a capacidade de perdoar fornece uma potente onda de força não-violenta, e ainda mais, que cultivando a idéia da força, tornam-se ainda mais fortes. Assim, para praticar essa força não-violenta, é preciso entender que o sofrimento é a lei da humanidade, enquanto a guerra é a lei da selva. O sofrimento, não a espada, é o símbolo da raça humana. As características da não-violência, de Gandhi (1996, p. 10-11), que interessam sobremaneira o Direito Fraterno, podem ser resumidas nos seguintes itens:

> 1- La non-violenza offre la più completa difesa del rispetto di se stesso e del senso dell'onore dell'uomo, ma non sempre garantisce la difesa della proprietà della terra e di altri beni mobili, sebbene la sua pratica continua si dimonstri anche nella difesa di questi ultimi un baluardo migliori del possesso di uomini armati. La non-violenza, per la sua stessa natura, non è di nessun aiuto nella difesa dei guadagni illegittimi e delle azioni immorali.
> 2- Gli individui e le nazioni che vogliano praticare la non-violenza debbono essere pronti (le nazione fino all'ultimo uomo) a sacrificare tutto tranne il loro onore. La non-violenza dunque è incompatibile con il possesso di paese di altri popoli; vedi ad esempio l'imperilismo moderno, il quale deve chiaramente basarsi sulla forza per difendersi.
> 3- La non-violenza è un potere che può essere posseduto in uguale misura da tutti – bambini, ragazzi, ragazze, e uomini e donne adulti, posto che essi abbiano una fede profonda nel Dio dell'Amore e che quindi possiedano un uguale amore per tutto il genere umano. Quando la non-violenza viene accettata come legge di vita essa deve pervadere tutto l'essere e non venire applicata soltanto ad azione isolate.
> 4- È un profondo errore supporre che questa legge sia applicabile per gli individui e non lo sia per le masse dell'umanità.[20]

Segundo Gandhi (1996), a força do homem está na sua ação não-violenta. Tal ação deve ser coletiva, ou seja, todos unidos pela não-violência. O agir não-violento apresenta-se como uma lei da vida que pode ser implementada de igual maneira tanto pelas crianças quanto pelos adultos, homens e mulheres.

---

[20] "1- A não-violência oferece a mais completa defesa do respeito de si mesmo e do sentido de honra do homem, mas nem sempre garante a defesa das propriedades da terra e de outros bens móveis, se bem que a sua prática contínua tem se demonstrando também na defesa destes últimos um baluarte melhor do que muitos homens armados. A não-violência, pela sua mesma natureza, não é de alguma ajuda na defesa de ganhos ilegítimos e de ação imorais. 2 – Os indivíduos e as nações que querem praticar a não violência precisam estar prontos (as nações até o último homem) a sacrificar tudo menos a sua honra. A não-violência, então, é incompatível com o domínio de países de outros povos; vê-se, por exemplo, o imperialismo moderno, o qual deve claramente basear-se sobre a força para se defender. 3 – A não-violência é um poder que pode ser possuído em igual medida por todos – crianças, moços, moças, e homens e mulheres adultos, posto que esses tenham uma fé profunda no Deus do amor e que então tenham um igual amor por todo o gênero humano. Quando a não-violência vem aceita como lei de vida, esta deve estar no centro de todo o ser e não vir aplicada somente a ações isoladas. 4 – É um profundo erro supor que esta lei seja aplicável para cada indivíduo e não o seja para as massas da humanidade" [Tradução livre].

Nesses pressupostos, praticamente funda-se o Direito Fraterno. Para Resta (2004b), o Direito Fraterno é não-violento; ultrapassa os limites do Estado-nação; é cosmopolita; é um direito que não pode ser imposto, mas pactuado entre iguais;[21] é um direito que inclui, que não aceita a possibilidade da exclusão. O Direito Fraterno propõe que a pactuação seja aceita conjuntamente, e não imposta (não-violenta); por isso, a importância do estudo dos bens comuns da humanidade[22] por meio dos seus pressupostos.

Assim, partindo-se do pressuposto da existência de uma justiça social de fato, tem-se uma sociedade que inclui a todos somente porque também é possível, ao mesmo tempo, excluir os "ditos" incluídos.

Estas observações serão estudadas à luz dos pressupostos do Direito Fraterno e podem indicar novos horizontes, novas perspectivas e até servirem para a elaboração de propostas conjuntas à solução de antigos problemas relativos ao binômio inclusão/exclusão, tendo como referencial a idéia de que se pode fazer tudo aquilo que é feito, e que nesse poder fazer deve estar evidente a não-violência, a fraternidade, os direitos sociais.[23]

Assim como o século XX foi o palco dos direitos individuais e sociais, o século XXI deve ser, sob pena de colocar-se em risco a própria existência humana, a era dos direitos de terceira e quarta dimensões – como o direito à paz e à cooperação, o direito ao desenvolvimento sustentável, o direito a um meio ambiente equilibrado e saudável, os direitos de solidariedade, apenas para exemplificar -, todos eles intrinsecamente vinculados aos direitos fundamentais, aos bens comuns, às políticas públicas e à indispensável fraternidade. Isso porque é o interesse comum da humanidade que deve determinar toda e qualquer ação social, através da defesa da bandeira da fraternidade, esquecida nas masmorras da Revolução Francesa – talvez seja este o motivo do fracasso das políticas ditas includentes. É nesse sentido que Amartya Sen (2000) afirma que, apesar de todas as dificuldades atuais, tem-se, como legado do século anterior, a democracia como valor universal, valor esse que deve ser constantemente vigiado e defendido.

Eis os escopos desta proposta: discutir a aplicabilidade do Direito Fraterno – já que este pode ser considerado como uma metateoria. Para Resta (2006), a fraternidade é um conceito biopolítico[24] por excelência, isto

---

[21] Esses iguais são irmãos; porém, não podemos esquecer da existência do irmão-inimigo.
[22] Os bens comuns da humanidade são abordados no Capítulo 2.
[23] Nesse sentido, ver HABERMAS, Jürgen. *L'ocidente diviso*. Traduzione di Mario Carpitella. Roma-Bari: Editori Laterza, 2005.
[24] Sobre a idéia de biopolítica e sua importância, são relevantes as observações feitas por Giorgio Agamben: "(...) Somente em um horizonte biopolítico, de fato, será possível decidir se as categorias sobre cujas oposições se fundou a política moderna (direita/esquerda; privado/público; absolutismo/democracia etc.), e que se foram progressivamente esfumando a ponto de entrarem hoje numa verdadeira e própria zona indiscernibilidade, deverão ser definitivamente abandonadas ou poderão eventualmente encontrar o significado que naquele próprio horizonte haviam perdido. E somente uma reflexão que, acolhendo a sugestão de Foucault e Benjamin, interrogue tematicamente a relação entre vida nua e

é: "dipositivo biopolitico per eccellenza, la fraternità conserva, forse in maniera più visibile, tutte le forme e i paradossi con i quali i sistemi sociali si sono descriti e rappresentati".

A fraternidade e seu caráter ambivalente apresentam-se, pois, como fatores inerentes ao sistema social. É o que se pretende aprofundar no artigo que segue.

4. O direito fraterno

> *Compared with the other themes of liberty and equality, the concept of fraternity, mentioned in those historical accounts, has remained strange and barely understood and returns overwhelmingly today, the more so because in the present with its Jacobine accelerations, we have to deal with the issue of globalism, that unusual dimension in which we see, again and again, that everything depends on everything else. In this dimension, as they say, what happens in a small village in any far-off region depends "on the fluttering of butterfly wings in the Amazon jungle". Thus, while the peculiarly tragic sentiment that "everything could be different, but we can do very little to make it so" is growing, it is important to think of universal links capable of giving meaning to the present. The idea of "political spaces" is today undergoing a complete re-think and therefore requires a decided overhaul of the vocabulary we use to express certain concepts.*[25]
> (RESTA, 2003, p. 120-121)

O Direito Fraterno propõe uma "nova/velha" análise dos rumos, dos limites e das possibilidades do sistema do direito na sociedade atual. Pode-se dizer que o Direito Fraterno é uma metateoria,[26] que se está diante

---

política que governa secretamente as ideologias da modernidade aparentemente mais distantes entre si poderá fazer sair o político de sua ocultação e, ao mesmo tempo, restituir o pensamento à sua vocação prática." AGAMBEN, Giorgio. *Homo Sacer: o poder soberano e a vida nua*. Tradução de Henrique Burigo. Belo Horizonte: Editora UFMG, 2002, p. 12.

[25] "Comparado com os outros temas de liberdade e igualdade, o conceito de *fraternidade*, mencionado naqueles relatos históricos, permaneceu estranho e escassamente entendido e volta predominantemente hoje, o mais assim porque, no presente, com suas acelerações Jacobinas, nós temos que lidar com a questão do globalismo, aquela dimensão incomum na qual nós vemos, cada vez mais, que tudo depende de todo o resto. Nesta dimensão, como eles dizem, em uma pequena cidade em qualquer região remota depende do "bater de asas das borboletas na floresta Amazônica". Deste modo, enquanto o peculiar sentimento trágico de que "tudo poderia ser diferente, mas nós podemos fazer muito pouco para fazê-lo assim" está crescendo, é importante pensar em ligações *universais* capazes de dar significado ao presente. A idéia de "espaços políticos" está sendo submetida a uma completa reconsideração e por essa razão exige uma revisão determinada do vocabulário que nós usamos para expressar certos conceitos" [Tradução livre].

[26] Sobre metateoria importantes são as definições apresentadas no dicionário enciclopédico de teoria e de sociologia de direito: "1. A metateoria é um tipo de atividade que pesquisa (a pesquisa metateórica) os resultados dessa atividade (a 'metateoria') 2. Pesquisa que tem por objetivo específico as teorias

de uma teoria das teorias e que propõe uma nova forma de análise do direito atual e, mais, uma reestruturação de todas as políticas públicas que pretendam uma inclusão de fato universal. Resta (2004b, p. 34) conclui[27] a versão em português do texto "Direito Fraterno" com a seguinte proposta:

> O direito fraterno, então, vive da falta de fundamentos, anima-se da fragilidade; procura evitar afirmar que 'deve' ser, e que existe uma verdade que o move. Ao contrário, arrisca numa aposta, exatamente como na aposta de Pascal sobre a existência do bem comum: se tivesse existido, o benefício teria sido enormemente maior do que o custo empregado com as próprias contribuições pessoais. No caso em que, ao contrário, não tivesse existido aquilo que se gastou, teria tido um pequeno custo em relação àquilo que se poderia ter ganho. Convém, então, apostar na fraternidade.

O Direito Fraterno, enquanto uma metateoria, utiliza-se também da técnica, no sentido ambivalente implícito sempre no contexto da sua utilização. Assim, é fundamental ter presente a idéia de *pharmakon, que* pode significar, ao mesmo tempo, remédio e veneno, dependendo da forma como utilizamos a própria técnica. Nas palavras de Resta (2002, p. 69): "[...] *la società deve usare la tecnica per risanare i problemi reati dalla stessa tecnica* [...]".[28]

É por isso que se iniciou essa reflexão apontando para a idéia de "novo/velho" conceito. O que, de fato, Resta (2004a) propõe é a retomada de um dos princípios da revolução iluminista, princípio este deixado de lado desde seu enunciado. Os principais pressupostos do Direito Fraterno, nas palavras do seu fundador residem na seguinte idéia:

> La fraternità illuministica reimmette una certa quota di complessità nel freddo primato del giusto sul buono e cerca, appunto, di alimentare di passioni calde il clima rigido delle relazione politiche. Ma ha nello stesso tempo bisogno di trasferire il modello dell'amicizia nella dimensione della fraternità, tipica di una condivisione di destini grazie alla nascita e indipendentemente delle differenze. Per questo ha bisogno di transformarla in codice, di farne regola; con tutti i paradossi, ma anche con tutte le aperture che comporta. Per questo è "diritto fraterno" che si affaccia allora, in epoca illuministica, e vive da quel momento in poi come

---

científicas (elas próprias consideradas também sob o ponto de vista da atividade e do seu produto) e que tem, como resultado, a produção de uma 'teoria das teorias científicas' (distinção feita em relação à interpretação jurídica – Tarello – entre metateoria como atividade e metateoria como produto)" (ARNAUD, 2000. p. 493).

[27] Essa conclusão do texto em português dá o sentido da obra, assim como o último parágrafo do texto em italiano dá a idéia de necessária e contínua investigação da realidade: "[...] *L'unica consapevolezza che quest'analisi conferma è che, quanto più osserviamo da vicino riducendo distanze gratuite, tanto più lo sguardo ci porta lontano*" (RESTA, 2002, p. 131). "O único conhecimento que esta análise confirma é que, quanto mais observamos de perto reduzindo distâncias gratuitas, tanto mais o olhar nos leva para longe" [Tradução livre].

[28] Sobre técnica e direito, Giovanni Tarello (1976, p. 18), no texto "Storia della cultura giuridica moderna, assim se manifesta": "Punto di partenza necessario per chiarire il processo di tecnicizzazione della scenzia giuridica e delle attività professionali è la codificazione [...]".
"História da cultura moderna, assim se manifesta: ponto de partida necessário para esclarecer o processo de tecnificação da ciência jurídica e das atividades profissionais é a codificação" [Tradução Livre].

condizione esclusa, ma non eliminata, accantonata e presente nello stesso tempo (Resta, 2002, p. 7).[29]

Considera-se relevante, para o bom entendimento do tema, comentar brevemente a semântica da palavra *fraternidade*. Ela tem origem no vocábulo latino *frater*, que significa *irmão*, e no seu derivado *fraternitas, fraternitatis* e *fraternitate*, substantivo feminino que apresenta três significados: (a) parentesco de irmãos, irmandade; (b) amor ao próximo, fraternização; e (c) união ou convivência de irmãos, harmonia, paz, concórdia, fraternização. O verbo *fraternizar*, por outro lado, vem da união entre fraterno e o sufixo *izar*, e apresenta quatro significados, quais sejam: (a) v.t.d. unir com amizade íntima, estreita, fraterna; (b) v.t.i., v.int. unir-se estreitamente, como entre irmãos; (c) aliar-se, unir-se; e (d) fazer causa comum, comungar nas mesmas idéias, harmonizar-se (FERREIRA, 1986). Resta (2002) alerta para a diferença entre fraternidade (que indica sentimento), *fratellanza* (que indica condição) e a idéia de *affratellamento* (que indica projeto). Ainda, segundo Àgnes Lejbowicz (1999, p. 406), a idéia de fraternidade:

> [...] contribue à rendre l'humanité incapturable par le pouvoir d'un seul. [...] Antérieure donc à l'affirmation de l'égalité et de la liberté, elle est la reconnaissance de l'autre comme semblable. En revanche, dans la logique du droit interne édifiant une cité, on pose en premier les droits civils et politiques: la liberté et l'égalité, et c'est de la réalisation de ces droits que la fraternité peut surgir comme expression complémentaire du social. La liberté et l'égalité font l'objet de lois et de décrets, la fraternité ne se décrète pas. Son inspiration jusnaturaliste contribue au rejet des discriminations et renouvelle le contenu et le sens qu'une société donne à la liberté et à l'égalité juridiques.[30]

Desses significados, vislumbra-se que a fraternidade se refere ao fraterno convívio com os outros, à união de idéias e de ações, ao viver em comunidade. Daí inicia-se uma primeira idéia do que vem a ser o Direito Fraterno: é um direito que é para todos, é inclusivo. Porém, isso não significa a plena igualdade e/ou felicidade, pois falar em inclusão é sempre, ao mesmo tempo, falar em exclusão. Por isso, a importância desta abordagem

---

[29] "A fraternidade iluminista insere novamente uma certa cota de complexidade no frio primado do justo sobre o bom, e procura, com efeito, alimentar de paixões quentes o clima rígido das relações políticas. Mas há, concomitantemente, a necessidade de transferir o modelo da amizade à dimensão da fraternidade, típica de uma comunhão de destinos derivada do nascimento e independente das diferenças. Assim, há necessidade de transformá-la em *código*, de fazê-la regra, com todos os paradoxos, mas também com todas as aberturas que comporta. Por isso, é 'direito fraterno', que se configura, então, em época iluminista, vivendo, daquele momento em diante, como condição excluída, mas não eliminada, deixada de lado e, ao mesmo tempo, presente" Tradução livre.

[30] "[...] contribui para tornar a humanidade incapturável pelo poder de um só. [...] Anterior, pois a afirmação de igualdade e de liberdade, ela é o reconhecimento do outro como semelhante. Por outro lado, na lógica do direito interno edificante de uma cidade, coloca-se em primeiro lugar os direitos civis e políticos: a liberdade e a igualdade, e é da realização destes direitos que a fraternidade pode surgir como expressão complementar do social. A liberdade e igualdade fazem o objeto das leis e decretos, a fraternidade não se decreta. Sua inspiração jusnaturalista contribui para a rejeição das discriminações e renova o conteúdo e o senso de que uma sociedade dá à liberdade e à igualdade jurídicas" [Tradução livre].

para estudar-se a paradoxalidade da sociedade atual, onde a fraternidade apresenta seu caráter ambivalente:

> Riconoscere il carattere ambivalente e paradossale della fraternità è alla base della consapevolezza più lucida che la dimensione "emancipativa" e pacifica della fraternità passa necessariamente per un suo svuotamento metafisico. La comunità fraterna non è per definizione il luogo ellenico della bontà e dell'oblatività e che, come soltanto la comunità dei fratelli può minacciare la fraternità, è sempre e soltanto la stessa comunità che può coltivarla e realizzarla. Non basta essere fratelli per avere fraternità, come non basta essere uomini per avere umanità e questo ha posto i fratelli, in tutte le dimensione geopolitiche e in tutte le epoche storiche, sempre e soltanto di fronte alle loro concrete responsabilità (RESTA, 2006).[31]

Afirma Lejbowicz (1999) que no "Discurso sobre a servidão voluntária", *La Boétie* lança as bases dos laços fraternos: todos são semelhantes, todos são irmãos, mas não iguais, e quem diz semelhantes não diz iguais, mas irmãos. É, justamente, na diferenciação entre estatal e internacional que esta questão está mais presente:

> [...] C'est alors qu'à nouveau nos voyons se différencier les deux logiques: étatique et internationale. A l'intérieur de l'État, la notion du politique se rapporte à ce qui unit et à ce qui sépare, elle touche aussi bien l'ami que l'ennemi. Est-ce à dire que, du point de vue de l'État, la fraternité ne dit pas le tout du social? La fraternité ne dirait que ce qui touche à la cohésion interne, alors même que cette cohésion n'est possible que parce qu'il existe des forces d'exclusion qui fondent le particularisme étatique. Sur la scène internationale par contre, l'idée de fraternité est le seul versant du politique qui soit retenu. Selon l'exigence du droit international aucun État n'est l'ennemi d'un autre État, les Nations sont unies, tous les hommes doivent coopérer dans un esprit de fraternité. [...] Du point de vue internationaliste la fraternité déborde la sphère de l'État, alors que du point de vue interne elle n'exprime qu'une partie de ses activités. [...] La fraternité suppose qu'il n'y a pas d'ennemi à l'extérieur: l'ennemi est à l'intérieur, à l'intérieur de l'humanité, à l'intérieur de l'État, à l'intérieur de l'individu. Ce mal-là, chacun en soi a le devoir de le travailler et de le transformer. [...] (Lejbowics, 1999, p. 406)[32]

---

[31] "Reconhecer o caráter ambivalente e paradoxal da fraternidade está na base do conhecimento mais lúcido que a dimensão «emancipativa» e pacífica da fraternidade passa necessariamente por um seu esvaziamento metafísico. A comunidade fraterna não é por definição o lugar helênico da bondade e da oblatividade e que, como somente a comunidade dos irmãos pode ameaçar a fraternidade, é sempre e somente a mesma comunidade que pode cultivá-la e realizá-la. Não basta ser irmãos para ser fraterno, como não basta ser homem para ser humano e este colocou os *irmãos*, em todas as dimensões geopolíticas e em todas as épocas históricas, sempre e somente de fronte às suas concretas responsabilidades" [Tradução livre].

[32] "[...] Embora que novamente vemos se diferenciar as duas lógicas: estatal e internacional. No interior do Estado, a noção da política se relaciona ao que une e ao que separa, ela atinge tanto o amigo como o inimigo. Ou seja, do ponto de vista do Estado, a fraternidade não diz tudo do social? A fraternidade não diria que o que atinge a coesão interna, embora mesmo que esta coesão não seja possível de outra forma porque existem as forças de exclusão que fundamentam o particularismo estatal. Sobre a esfera internacional, ao contrário, a idéia de fraternidade é a única inclinação da política que seja retida. Conforme a exigência do direito internacional, nenhum Estado é o inimigo de um outro Estado, as Nações são unidades, todos os homens devem cooperar em um espírito de fraternidade. [...] Do ponto de vista internacionalista, a fraternidade transborda a esfera do Estado, enquanto que do ponto de vista interno ela não expressa outra coisa que uma parte/porção de suas atividades. [...] A fraternidade supõe que não haja inimigos no exterior: o inimigo está no interior, no interior da humanidade, no interior do Estado, no interior do indivíduo. Este mal, cada um em si tem o dever de trabalhá-lo e transforma-lo" [Tradução livre].

O termo *fraternidade*, sabe-se, não é contemporâneo. Destinou-se maior atenção a ele a partir da Revolução Francesa, como já mencionado. Mesmo que essa atenção não tenha se traduzido em grandes reflexões, foi a partir daí que se apresentou a idéia de fraternidade de modo mais sistematizado. Assim, tal termo foi referido e analisado por alguns importantes filósofos e sociólogos. Esses autores, apesar de lembrarem da fraternidade sob um ponto de vista político, sociológico ou, então, filosófico, influenciaram decisivamente Resta (2002; 2004a; 2004b), que estudou a fraternidade no direito, abordando a construção de um Direito Fraterno.

O Direito Fraterno trata de um tema cercado pelo anacronismo, porquanto a fraternidade, um dos pressupostos da Revolução Francesa, ressurge hoje em face da necessidade de se falar nela e de torná-la concreta. É um direito que se estrutura, fundamentalmente, nos aspectos destacados pelo próprio conceito de fraternidade, pois, como expressa Resta (2004a), ele é *jurado em conjunto* por irmãos, homens e mulheres que convencionam, juntos, as regras mínimas de convivência. Para que isso ocorra, o direito não pode se fechar em linguagens próprias, cuja propriedade é tão-só daqueles que *dizem* o direito. A linguagem jurídica precisa alcançar a todos, *pertencer* a todos.

Esse é um direito, outrossim, desvinculado da obsessão da identidade e de espaços territoriais, que determinam quem é cidadão e quem não o é. Ele não se fundamenta em um *ethnos* que inclui e exclui, mas em uma *comunidade*, na qual as pessoas compartilham sem diferenças, porque respeitam todas elas. Por isso, é um direito inclusivo, razão pela qual faz sentido estudar o paradoxo da inclusão/exclusão,[33] fundamentado no compartilhar, no cosmopolitismo.

Por não se basear em etnocentrismos, o Direito Fraterno é cosmopolita. Ele tutela e vale para todos não porque pertencem a um grupo, a um território ou a uma classificação, mas porque são seres humanos. Nesse ponto, Resta (2004a) estabelece a grande diferença entre *ser* humano e *ter* humanidade.[34]

---

[33] Agamben questiona esse paradoxo perguntando: "Qual é a relação entre política e a vida, se esta se apresenta como aquilo que deve ser incluído através de uma exclusão?" AGAMBEN, Giorgio. *Homo Sacer: o poder soberano e a vida nua*. Tradução de Henrique Burigo. Belo Horizonte: Editora UFMG, 2002, p. 15.

[34] De acordo com Àgnes Lejbowicz (1999, p. 336): "On ne pense pas de la même façon la vie politique et la place de l'individu dans la cité selon que l'on situe l'humanité, appelée dans la doctrine des juristes le jus gentium, comme antérieure ou postérieure à la fondation des cités et des États. Ce sont les stoïciens qui ont posé le fondement général de l'humanité à partir d'une civitas maxima universelle puisqu'elle comprend tous les éléments de l'univers."
"Não se pensa da mesma maneira a vida política e o lugar do indivíduo dentro da cidade conforme se situa na humanidade, chamada na doutrina dos juristas de *jus gentium*, como anterior ou posteriormente a fundação das cidades e dos Estados. Estes são os estóicos que colocaram o fundamento geral da humanidade a partir de uma *civitas maxima* universal como ela compreende todos os elementos do universo" [Tradução livre]. Ter humanidade é respeitar o outro e a outra, simplesmente porque partilham da mesma natureza: a humanidade. Esta é uma atitude que requer responsabilidade e comprometimento.

Segundo Lejbowicz (1999, p. 345), não se pode limitar a condição de humanidade/não-humanidade ao critério da propriedade, mas à condição de sujeito de direito:

> Toutefois, est-ce que les juristes sont parvenus à définir l'humanité non pas seulement comme propriétaire non propriétaire mais comme sujet de droit? C'est l'humanité dans la personne de l'individu que La Déclaration des droits de l'homme a consacrée en mettant en avant le respect de la personne humaine. Ce n'est pas l'humanité en son entier qui est la personne de droit, comme certains juristes aimeraient le concevoir et l'institutionnaliser sur le modèle rousseauiste décrit dans le Contrat. Selon eux, ce que le peuple, le prétendu souverain, est à la nation et à l'État, l'humanité, la prétendue souveraine, le serait à un État mondial.[35]

Alerta a autora, ainda, para o fato de que a defesa de que a lei se apresenta como proteção do homem contra o próprio homem pode ser um discurso que num espaço universal e de co-divisão não mais persiste, pois o que passa a existir é uma associação entre os homens, porquanto são estes mesmos os idealizadores da lei:

> La loi sépare les gentes, elle instaure une séparation entre les hommes non soumis à sa loi, qui restent au-dehors, et les hommes du dedans de l'espace social que la loi régule et transforme en unité sociale. Mais les hommes de l'intérieure auxquels la loi s'impose se trouvent libérés de la domination directe de ceux qu'elle tient rassemblés. Voilà pourquoi on accordera plus de considération à la loi qu'aux hommes. Selon la logique étatique, être soumis aux hommes, c'est être esclave. A l'inverse, en effet, la logique cosmopolitique instaure entre les hommes un rapport d'association selon lequel je ne rencontre que des hommes, et si une loi semble émerger de ces rencontres, c'est qu'elle est inscrite dans nos caractères ou qu'elle préside à nos destinées communes, invisible ou secrète, objet d'aucune captation. Dans une société étatique, à partir d'um lieu de pouvoir la loi s'impose pour libérer l'homme de l'homme. Mais qui fait la loi? (Lejbowicz, 1999, p. 342-343).[36]

O que se valoriza é, portanto, o próprio homem na sua relação com iguais. A relação figura-se entre homens apenas, e não entre homens-lei, como proteção-homens.

O Direito Fraterno não é violento, não crê em uma violência legítima, a qual confere ao Estado o *poder* de ser violento; destitui o código do amigo-inimigo, pelo qual o inimigo deve ser afastado, coercitivamente;

---

[35] "No entanto, é o que os juristas conseguiram definir a humanidade não somente como proprietário não proprietário, mas como sujeito de direito? É a humanidade na pessoa do indivíduo que a *Declaração dos direitos do homem* consagrou colocando antes o respeito à pessoa humana. Isto não é a humanidade em sua completude que é a pessoa de direito, como certos juristas gostariam de concebê-lo e o institucionalizar sobre o modelo de Rousseau descrito no *Contrato*. Conforme eles, o que o povo, supostamente soberano, é para a nação e para o Estado, a humanidade, supostamente soberana, seria para um Estado mundial" [Tradução livre].

[36] "A lei separa as *gentes*/os povos, ela instaura uma separação entre os homens não submetidos a sua lei, que ficam de fora, e os homens de dentro do espaço social que a lei regula e transforma em unidade social. Mas os homens do interior aos quais a lei se impõe se encontram liberados da dominação direta daqueles que ela tenha agrupado. É por isso que se dará mais consideração à lei que aos homens. Conforme a lógica estatal, ser submetido aos homens, é ser escravo. Ao contrário, pois, a lógica cosmopolítica (cosmopolitique) instaura/estabelece entre os homens uma relação de associação conforme a qual eu não encontro outra coisa que os homens, e se uma lei parece emergir destes encontros, é que ela esta inscrita em suas características ou que ela coordena aos nossos destinos comuns, invisível ou secreto, objeto de nenhuma captação. Em uma sociedade estatal, partindo de um lugar de poder a lei se impõe para liberar o homem do homem. Mas quem faz a lei?" [Tradução livre].

acredita em uma jurisdição mínima, apostando em formas menos violentas de solução de conflitos, tais como a mediação e a conciliação. O Direito Fraterno busca resgatar certo iluminismo, centrado na Fraternidade. Esta nova proposta, na verdade, aponta para uma nova "luz", uma nova possibilidade de integração entre povos e nações, integração esta fundamentada no cosmopolitismo,[37] onde as necessidades vitais são suprimidas pelo pacto jurado conjuntamente. Ou seja, em época de globalização, é preciso também globalizar as relações entre as pessoas com outros fundamentos. É exatamente por isso que Resta (2004b, p. 20) propõe "[...] uma Constituição sem inimigos, uma Constituição sem povo [...]". Ao tratar deste assunto, o autor coloca-o como um tema muito difícil para a Europa e sua Constituição:

> [...] para ver qual é a relação que se instaura entre a lei fundamental e a identidade de um corpo político que deseja superar os ciúmes da pertença às "pequenas pátrias". Aquele da Europa é obviamente apenas um exemplo, mas creio que nisso se reencontram todos os nós da superação dos Estados-nações, que é também a tendência que se realiza em outras culturas do planeta (Resta, 2004b, p. 76).

Com os aspectos levantados no texto "Direito Fraterno", observa-se uma contínua reflexão sobre o novo papel dos sistemas sociais em uma sociedade globalizada, onde o ciúme deve ser imediatamente substituído por colaboração, pelo pacto entre iguais, pois somente por meio deste será possível construir novas formas constitucionais que sejam, efetivamente, fraternas e inclusivas. Acerca deste assunto, o mesmo autor apresenta, no texto "*La certezza e la speranza*", publicado em 1992, alguns aspectos sobre a soberania[38] dos Estados e sua superação:

> Senza il superamento del dogma della sovranità degli stati, non si potrà mai seriamente porre il problema del pacifismo. Solo per un certo periodo di tempo, piú o meno lungo, l'umanità, dice Kelsen, si divide in stati: e non è detto che lo debba fare per sempre. Lo stato appare come um prodotto relativo di un tempo storico ben definito, che coincide com questo tempo convenzionalmente chiamato "modernità". Superare il dogma della sovranità deve essere allora il "compito infinito" che una cultura giuridico-politica deve faticosamente portare avanti (Resta, 1992, p. 9).[39]

---

[37] Outros autores também abordam esta questão, desde um ponto de vista sociológico: Habermas e Manuel Castells, entre outros.

[38] Muitos outros autores trabalham com as idéias de soberania e direitos do homem. Entre eles destaca-se, novamente, o filósofo italiano G. Agamben: "Somente este vínculo entre direitos do homem e a nova determinação biopolítica da soberania permite compreender corretamente o singular fenômeno, muitas vezes observado pelos historiadores da Revolução Francesa, pelo qual, em imediata coincidência com a declaração dos direitos de nascimento inalienáveis e imprescritíveis, os direitos do homem em geral foram distintos em ativos e passivos." AGAMBEN, Giorgio. *Homo Sacer: o poder soberano e a vida nua*. Tradução de Henrique Burigo. Belo Horizonte: Editora UFMG, 2002, p. 137.

[39] "Sem a superação do dogma da soberania dos Estados, não se poderá nunca colocar o problema do pacifismo. Só por certo período de tempo, mais ou menos longo, a humanidade, disse Kelsen, se divide em Estados: e não foi dito que o deva fazer para sempre. O Estado aparece como um produto relativo de um tempo histórico bem definido, que coincide com esse tempo convencionalmente chamado "modernidade". Superar o dogma da soberania deve ser então a "tarefa infinita" que uma cultura jurídico-política deve com fadiga levar adiante" [Tradução livre].

Estas reflexões levaram o autor a pensar em um outro tipo de direito, fundamentado na *obrigatoriedade universalista de respeitar os direitos humanos*. Vislumbra-se que o Direito Fraterno está no âmbito dos temas referentes aos Direitos Humanos. Estes se destinam a todo e qualquer ser humano, não porque pertença a um ou outro território, siga esta ou aquela cultura ou, ainda, tenha uma descendência determinada, mas tão-somente porque tem humanidade. É um direito que tem como fundamento a *humanidade*, o "ter humanidade", uma humanidade repleta de diferenças compartilhadas e de uma comunhão de *juramentos*, de comprometimentos, de responsabilidades. São pertinentes, uma vez mais, as palavras de Resta (1992, p. 09):

> O direito fraterno coloca, pois, em evidência toda a determinação histórica do direito fechado na angústia dos confins estatais e coincide com o espaço de reflexão ligado ao tema dos Direitos Humanos, com uma consciência a mais: a de que a humanidade é simplesmente o lugar "comum", somente em cujo interior pode-se pensar o reconhecimento e a tutela. Em outras palavras: os Direitos Humanos são aqueles direitos que somente podem ser ameaçados pela própria humanidade, mas que não podem encontrar vigor, também aqui, senão graças à própria humanidade. Bastaria, para tanto, escavar na fenda profunda que corre entre duas diferentes expressões como "ser homem" e "ter humanidade". Ser homem não garante que se possua aquele sentimento singular de humanidade.[40]

Embora possa parecer evidente, é muito importante sublinhar que é somente na humanidade que os Direitos Humanos podem ser reconhecidos, tutelados e, também, desrespeitados. A humanidade é a única que pode fazer valer os direitos humanos ou burlá-los. Uma das *tarefas* do direito fraterno é, justamente, atentar para esta responsabilidade de cada um de nós, de cada homem e mulher, de cada criança e idoso, enfim, de cada um que compartilha o caráter de *humanidade*. Para isto, no entanto, o código amigo/inimigo, ou, nas palavras de Resta (2004b, p. 38), a rivalidade do "modelo dos irmãos-inimigos", estimulada pelos limites territoriais e pelas diferenças de identidade, não podem mais ser mantidos.

Resta (2004b) reflete muito sobre a amizade e assevera que no *mundo moderno nada mais se faz do que acelerar o processo ambivalente da amizade*. Esta ambivalência está representada pelo paradoxo da inclusão/exclusão. Nunca, em uma sociedade como a hodierna, houve tantas possibilidades de inclusão; nunca, como hoje, houve tanto "direito a ter direitos". Porém, o acesso efetivo a estes mecanismos inclusivos, muitas vezes, se dá pela exclusão e/ou pelo não-acesso. Quiçá deva-se retornar às idéias de Aristóteles (2005, p. 67) sobre a amizade: para ele, a amizade está na comunidade e é necessária à própria vida. Mas um conceito de ambivalência da amizade também está presente na sua obra quando afirma que a

---

[40] Nessa análise, Resta retoma o debate entre Freud e Einstein, nos anos 30, sobre o tema da guerra e da paz relacionados com a força do direito e com o significado de amigo da humanidade.

vontade dela nasce mais rapidamente do que a amizade em si ou, ainda: "solo l'amicizia dei buoni è irreprensibile".[41]

Destaca-se, ainda, a relação entre amizade, justo e comunidade abordada por Aristóteles (2005, p. 21), verificando-se que, para ele, não é honrado quem não oferece nenhum bem para a comunidade:

> [...] sembra che l'amicizia e il giusto riguardino le stesse cose e siano nelle stesse persone. Infatti sembra che ogni comunità ci sia qualcosa di giusto, ma anche amicizia; dunque chiamono amici i compagni di bordo e d'armi, ma lo stesso avviene anche nelle altre comunità. In quanto si associano, in tanto c'è amicizia; infatti c'è anche il giusto. Giustamente dice il proverbio "comuni sono le cose degli amici"; la amicizia infatti è nella comunità. Per i fratelli e i compagni le cose sono tutte comuni, per gli altri invece sono divise, e alcuni ne hanno di più altri di meno; infatti anche tra le amicizie alcune lo sono di più altre di meno.[42]

Aristóteles (2005) reforça a idéia de amizade entre os irmãos. A grande questão que se recoloca hoje é como se pode ser amigo daquele que não se considera irmão. Dizendo de outro modo: é possível ser fraterno com os desiguais?[43] Aristóteles (2005) afirma que com a *timocrazia* os cidadãos desejam ser iguais e, assim, o comando é exercitado por meio de rodízio e de modo igualitário, estabelecendo-se a amizade. Já na tirania, não há amizade, pois não existe nada em comum entre quem comanda e quem é comandado. Não existe nada de comum entre o escravo e o seu senhor. Aqui Aristóteles (2005, p. 27) aponta novamente para a ambivalência da amizade "in piccola misura ci sono anche nelle tirannidi amicizia e giustizia, mentre in misura maggiore nelle democrazie: molti infatti sono le cosecomuni per coloro che sono uguali". Neste contexto, podem-se fazer os seguintes questionamentos: se se é igual, se é igual em que sentido? A democracia, em, algum momento, reproduziu essa igualdade?

---

[41] Outra passagem interessante refere-se ao momento em que Aristóteles (2005) fala da verdadeira amizade e da amizade útil; diz o autor que as pessoas felizes não precisam de amigos úteis, mas amigos prazerosos.

[42] "Parece que a amizade e o justo resguardam as mesmas coisas e estão nas mesmas pessoas. De fato, parece que cada comunidade tem qualquer coisa de justo, mas também amizade; portanto, chama amigos os companheiros de bordo e das armas, mas o mesmo acontece também em outras comunidades. Enquanto se associam, então têm a amizade; de fato têm também o justo. Justamente, diz o provérbio, 'comum são as coisas dos amigos', a amizade, de fato, está na comunidade. Para os Irmãos e os companheiros, as coisas são todas comuns; para os outros, ao contrário, são todas divididas, e alguns têm mais e outros menos; de fato, também entre as amizades, alguns a possuem mais e outros menos" [Tradução Livre].

[43] Diz Aristóteles (2005, p. 41, grifos nossos): "Ai parenti, ai membri della tribù, ai concittadini e a tutti gli altri bisogna cercare di attribuire ciò che è loro proprio e confrontare ciò che spetta a ciascuno secondo familiarità, virtù e l'utilità. *Dunque è facile il confronto tra appartenenti alla stessa stirpe, più laborioso tra quelli di stirpe diversa. Certamente non per questo motivo almeno bisogna rinunciare, ma per quanto è possibile, bisogna distuinguire così*". "Aos parentes, aos membros da tribo, aos cidadãos e a todos os outros se precisa promover aquilo que é deles mesmos e confrontar aquilo que espera cada um segundo a sua familiaridade, virtude e utilidade. Portanto, é fácil o confronto entre membros da mesma estirpe, mas laborioso entre aqueles de diferentes estirpes. Certamente não por estes motivos pelo menos precisa-se renunciar, mas por quanto é possível precisa-se distinguir assim" [Tradução livre].

Rudolf von Jhering (2002) defende que a conduta de uma pessoa interfere diretamente na vida de outra e vice-versa, de sorte que não se age para si, mas em função dos outros; é um agir para o outro mesmo agindo para mim. Jhering (2002, p. 71) afirma que a sociedade é "organização afetiva da vida para e através dos outros e, de vez que o indivíduo é aquilo que é tão-só através dos outros, como a forma imprescindível da vida voltada para si mesmo". Nesse sentido é que existe a necessidade de perceber-se que se faz parte um da vida do outro e que se tem um dever de agir e buscar agir de forma que exista uma convivência harmônica e sincronizada. Kant (1996) dizia que se deve agir da forma que se gostaria que agissem conosco, possibilitando a universalização de conceitos, permitindo um tratamento que vise à igualdade.

Há que se ter presente, neste ínterim, que, para Aristóteles (2005), a amizade legal tem a sua base em acordos, diversamente do que aponta a amizade ética, cuja base não se assenta em pactos. É justamente sobre estas questões que se fundamenta o cerne do Direito Fraterno e a cuja tentativa de exploração pertence este trabalho.

O estudo do Direito Fraterno não é algo simples, pois não é simples colocar em dúvida "verdades". Resta (2004b) questiona, propõe, ousa. Por isso, a leitura de seu texto e o estudo de suas idéias é algo provocativo, aventura permitida somente àquelas pessoas verdadeiramente dispostas a refletir sobre a possibilidade de novas abordagens para o atual sistema jurídico. O que demonstra o autor é a urgência de um direito fundamentado no pacto entre irmãos, no cosmopolitismo,[44] na humanidade como fundamento de qualquer código. É, portanto, um direito inclusivo, que propõe a ruptura com os modelos tradicionais, uma abordagem que coloca também o sistema da política em questionamento:

> Continuamos ancorados à tradição de uma forma "moderna" da política que, por vezes, experimentou emancipações, porém mais freqüentemente desastres; falou de direitos universais, mas praticou egoísmos territoriais, baniu a violência, mas continuou a praticá-la reiteradamente: foi sempre, Schmittianamente, o lugar no qual continuávamos ligados ao Nomos der Erde, ou seja, à lei da apropriação e da guerra (Resta, 2004b, p. 78-79).

Assim, observa-se que o Direito Fraterno apresenta alguns aspectos "intrigantes e atrativos". Esta é uma abordagem que vem sendo discutida na Europa, em especial na Itália, mas que também aqui no Brasil tem sido tema de vários congressos jurídicos.

---

44 Urlich Beck (2005, p. 26) escreve sobre "Lo sguardo cosmopolita", para ele o olhar cosmopolita significa: "Sguardo cosmopolita significa che in um mundo di crisi globali e di pericoli generati dalla civiltà le vecchie distinzioni tra dentro e fuori, nazionale e internazionale, noi e gli altri perdono il loro carattere vincolante e che per sopravvivere c'è bisogno di un nuovo realismo, un realismo cosmopolita."
"O olhar cosmopolita significa que em um mundo de crises globais e de perigos gerados pela civilização, as velhas distinções entre dentro e fora, nacional e internacional, nós e os outros perdemos o seu caráter vinculante e que, para sobrevivermos, é preciso um novo realismo, um realismo cosmopolita" [Tradução livre].

O convite de Resta (2004b) representa um apostar. Não uma aposta para amanhã, mas para um futuro que começa "agora", neste momento. A fraternidade é um tema que Resta encontrou na seara jurídica, no campo dos magistrados, na solução de conflitos, na aplicação da lei. É uma aposta em outras formas de solução de conflitos, cuja linguagem não seja *propriedade* apenas daquele que *diz* o direito, mas seja uma linguagem de todos, de *irmãos*, de iguais. É uma aposta fundamentada, também, na idéia de que o direito diz "o sentido e o valor da vida em sociedade", como expressa François Ost (1999, p. 13) "[...] mais do que interditos e sanções, como outrora se pensava, ou cálculo e gestão, como freqüentemente se acredita hoje, o direito é um discurso performativo, um tecido de ficções operatórias que exprimem o sentido e o valor da vida em sociedade [...]".

Para que o direito tenha uma linguagem de todos e para todos, não se pode estar preso a identidades, a espaços fechados, a restrições excludentes, tais como limites territoriais e o conseqüente ser/não-ser cidadão. É uma abordagem que visa e trata do universal, do cosmopolita.

Conclusão

> *[...] Così, paradossalmente, sembra che oggi l'unica domanda post-moderna sia quella che si interroga se la modernità possa sopravvivere; o anche, semplicemente, si annuncia la conferma che il "nostro tempo" si è detto, è il tempo del quale difficilmente si può dire il "nostro tempo".*[45]
> (Resta)

No nosso tempo, se é que podemos identificá-lo, temos uma contínua reproposição de certezas antigas e de dilemas não resolvidos. Outra vez, temos a idéia de que o progresso é sempre benéfico e liberta a humanidade de todos os males. Assim, tem razão Rodotà (2006) quando afirma: "*la scenzia oggi è al crocevia tra purezza della ricerca, valutazione sociale delle sue conseguenze, pressione crescente degli interesse economici... questo vuol dire soprattutto corsa al brevetto, cioè al diritto di uttilizzare in via esclusiva i risultati di una ricerca*".[46]

Como refere Resta (2004a), a humanidade deve estar representada por diferenças compartilhadas. Ou ainda, segundo Lejbowicz (1999), a humanidade está ligada ao conceito de irmão, mas não necessariamente no conceito de igual. Neste contexto, discutiu-se a questão de como a própria

---

[45] "Assim, paradoxalmente, parece que hoje a única pergunta pós-moderna é aquela de interrogar se a modernidade pode sobreviver; ou também, simplesmente, se anuncia a confirmação que o "nosso tempo", se diz, é o tempo do qual dificilmente se pode dizer "o nosso tempo" [Tradução Livre].
[46] "A ciência hoje está no meio do caminho entre pureza da pesquisa, avaliação social das suas conseqüências, pressão crescente dos interesses econômicos... isso significa, sobretudo, corrida para patentear, ou seja, o direito de utilizar em via exclusiva os resultados de uma pesquisa" [Tradução livre].

humanidade pode ser sujeito de direitos, trazendo-se à tona as questões dos bens comuns da humanidade e da visão de um Direito Fraterno para a proteção destes bens.

Estabeleceu-se, assim, o Direito Fraterno como uma metateoria, uma visão a nortear uma postura diversa da que atualmente é adotada em âmbito mundial.

— XII —

As novas tecnologias e a transparência na administração pública:
uma alternativa eficaz na crise dos controles clássicos do Estado, a fim de viabilizar a concretização de direitos

TÊMIS LIMBERGER[1]

Sumário: 1. Introdução; 2. A importância da informação na sociedade tecnológica; 3. O Estado no contexto atual; 4. Transformações do Estado: a denominada fuga do direito administrativo em direção ao direito privado; 5. O redimensionamento dos controles clássicos do Estado e a denominada cidadania eletrônica ou *cibercidadania*; 6. A transparência como decorrência do princípio da publicidade e do direito à informação relacionada ao princípio democrático; 7. Considerações finais.

1. Introdução

A imprensa veicula constantemente novos escândalos que relatam enormes quantias de dinheiro público que são desviados nas mais diversas Instituições. Todos os episódios têm em comum, no mínimo, dois aspectos: o fato de haver o desvio de vultosas verbas públicas que não têm o emprego adequado com a finalidade pública que lhe era imposta e, recentemente, valer-se das novas tecnologias como forma da resolução do problema, a partir da divulgação das informações por meio eletrônico. Despiciendo dizer que estas quantias apropriadas indevidamente pertencem ao contribuinte, que em última análise representa o dinheiro de todos nós cidadãos. A corrupção é um problema em todos os países, porém naqueles de modernidade tardia,[2] agrava-se ainda mais a situação, porque ainda não se alcançou um nível adequado e homogêneo com relação a setores que são prioritários como: educação, saúde, moradia e previdência. Assim, a malversação de

---
[1] Doutora em Direito pela Universidade Pompeu Fabra em Barcelona, Mestra pela UFRGS, professora do PPG em Direito UNISINOS. Promotora de Justiça / RS.
[2] STRECK, Lenio. *Jurisdição constitucional e hermenêutica: uma nova crítica do direito*. 2. ed. Rio de Janeiro: Forense, 2004, p. 122.

enormes quantias monetárias, compromete o investimento na implementação dos direitos sociais, pois os serviços não são realizados ou têm um nível insatisfatório de prestação. Esses episódios repercutem socialmente e são nefastos, uma vez que sangram os cofres públicos e comprometem o investimento em demandas prioritárias, causando um descrédito nas instituições públicas. O único aspecto positivo que deve ser ressaltado é a divulgação do fato, visando à tomada de providências.

    Dos recentes escândalos, percebe-se algo que é sempre apontado como fator para restabelecer a moralidade pública: a divulgação das contas pela Internet. Depois da notícia do caixa dois das campanhas políticas, agora, os candidatos são obrigados a apresentar a declaração dos valores recebidos, para que seja possível a fiscalização pelo eleitor da movimentação financeira dos candidatos, por meio do *site* do Tribunal Superior Eleitoral. Da mesma forma, após problemas de apropriações indevidas em licitações, a alternativa que se apresenta é o pregão eletrônico, para que todo o cidadão possa ter acesso a essa informação. O Tribunal de Contas do Estado disponibiliza os balanços das prefeituras, apresentando as contas municipais, disponíveis em meio eletrônico. A Lei de Responsabilidade Fiscal, em seus artigos 48 e 49, aponta o orçamento e a lei de diretrizes orçamentárias como sendo peças necessárias à divulgação da população. As contas deixam de ser uma caixa preta com números facilmente manipuláveis, em que se deslocam verbas de um setor para outro e são publicizadas ao cidadão para que este possa acompanhar as movimentações financeiras, uma vez que ele é o destinatário do uso dos recursos públicos. Ora, desde já se constata um elemento comum, que é a disponibilidade da informação por meio eletrônico.

    Deste modo, percebe-se que a informação se torna acessível à sociedade e, portanto, mais democrática. Assim, diante da clássica pergunta da ciência política: quem controla o controlador? Pode-se responder da seguinte forma: o indivíduo, por meio da divulgação eletrônica das contas públicas, encontra um novo espaço para o exercício da cidadania.

2. A importância da informação na sociedade tecnológica

    A história da humanidade experimentou importantes mudanças devido a algumas descobertas que permitiram o desenvolvimento da civilização. Uma das primeiras a ser considerada é a escrita, que propiciou às pessoas evoluir de uma comunicação oral a uma comunicação gráfica. Com o advento da escrita, a informação pôde ser guardada e levada a outros lugares, bem como ser armazenada para outras gerações.

    Outra conquista significativa na matéria de possibilidades de interação foi a descoberta da máquina a vapor, que significou o nascimento da indústria, do trem e da eletricidade. Uma das conseqüências que daí advêm para o século XX foi a popularização dos livros, devido à diminuição dos custos, e da imprensa.

Atualmente, o acesso de um maior número de pessoas à informática representa um avanço para a comunicação, uma vez que o computador não é somente uma máquina, com seu aspecto tecnológico de última geração, mas também leva consigo a possibilidade de transmitir a informação de uma forma muito veloz. Hoje em dia, os computadores não estão mais isolados, mas sim interligados em redes, em conexão com outros computadores. Isso faz com que seus efeitos saiam de um âmbito restrito e sejam transmitidos globalmente e com uma velocidade ímpar, combinando os fatores de tempo e espaço.

A telemática, diferentemente da eletricidade, não transmite uma corrente inerte, mas veicula informação, e, quando corretamente utilizada, significa poder.[3] Pode-se dizer que isso apresenta dois lados: primeiramente, uma vantagem propiciada pela informática, no sentido de armazenar o conhecimento e transmiti-lo de uma maneira veloz. Por outro lado, há o risco de que as liberdades sejam violadas, e tal possibilidade exige a intervenção do poder público, como forma de proteção dos indivíduos.

Uma das características do mundo contemporâneo, destaca Frosini,[4] é a produção, a circulação e o consumo de informação, que, por suas dimensões, não encontra precedentes em outras épocas. Esse autor assevera que a história da informação humana passa por quatro fases.[5] A primeira é caracterizada pela comunicação oral dos povos primitivos. A segunda surge com o alfabeto, que permite a transmissão do conhecimento para outras gerações. A terceira é marcada pela imprensa, que possibilita que a informação seja difundida mais rapidamente a um grande número de pessoas. Já a quarta ocorre com os meios de comunicação de massa, como o rádio, o cinema, a televisão e os computadores.

Todos esses aparelhos modernos hoje integram a nossa vida cotidiana e caracterizam a denominada sociedade de massa, de onde surge o direito à informação, que apresenta um duplo aspecto: informar e ser informado.

---

[3] Conforme NORA, Simon; MINC, Alain. *Informe Nora-Minc — La informatización de la sociedad.* Madrid: [S.n.], 1982, p. 18. (Colección Popular).

[4] FROSINI, Vittorio. Diritto alla riservatezza e calcolatori elettronici. In: ALPA, Guido; BESSONE, Mario. Banche dati telematica e diritti della persona, *QDC*, Padova: Cedam, 1984, p. 30.

[5] FROSINI, Vittorio. *Cibernética, Derecho y Sociedad*, Madrid: Tecnos, 1982, p. 173 *et seq*. Neste livro, ao tratar dos problemas jurídicos do desenvolvimento da informática e da informação, o autor aponta fases na história da comunicação. Uma primeira seria a palavra oral, a linguagem fonética, em caráter complementar aos gestos. Uma segunda surge com a palavra escrita. Em terceiro lugar, a linguagem matemática, que se complementa com a eletrônica, como um conjunto de sinais simbólicos de palavras e símbolos, por meio das máquinas, configurando-se uma linguagem artificial. A informática representa uma conquista que permite a multiplicação de conhecimento por meio do desenvolvimento científico e social. Tal conhecimento conduz a uma nova forma de poder. O fenômeno do desenvolvimento da informática é comparável com a civilização antes e depois da escrita.

O progresso tecnológico e o direito à informação vão trazer implicações no mundo jurídico em muitos aspectos, *in casu*, o uso das novas tecnologias vai propiciar uma maneira diferente de publicizar os atos da administração, tornando-os mais acessíveis à população.

3. O Estado no contexto atual

Atualmente, o Estado se encontra em crise, pois foi incapaz de funcionar a partir do esquema liberal clássico em que foi concebido, sem que conseguisse desenvolver um projeto constitucional e político capaz de enfrentar as demandas atuais. Fracassou, portanto, ao não conseguir atender o seu projeto original, por meio de Constituições que limitavam os poderes do Estado e garantiam direitos fundamentais. Deste modo, a administração no Brasil não conseguiu vencer os desafios propostos pelo modelo liberal, e tampouco foi capaz de realizar o Estado Social, de maneira a implementar os direitos sociais; e, atualmente, encontra-se completamente descaracterizado do ponto de vista de um projeto político claro. Como conseqüência, os serviços públicos não são prestados ou o são de uma forma deficiente e diante da ineficácia dos controles e da fuga do Estado do direito administrativo, que se desenvolveu durante o século XIX e em mais da metade do XX, a corrupção no país cresce de maneira avassaladora e assustadora. No dizer de Lenio Streck,[6] "o que houve (há) é um simulacro de modernidade. (...) Ou seja, em nosso país as promessas da modernidade ainda não se realizaram. E, já que tais promessas não se realizaram, a solução que o *establishment* apresenta, por paradoxal que possa parecer, é o retorno ao Estado (neo)liberal. Daí que a pós-modernidade é vista com a visão neoliberal. Só que existe um imenso *deficit* social em nosso país, e, por isso, temos que defender as instituições da modernidade contra esse neoliberalismo pós-moderno".[7] Visando a traduzir as deficiências do projeto político neoliberal, na ausência de realização das etapas anteriores, em especial das tarefas a que se incumbia o Estado Social, José Eduardo Faria[8] denomina o fenômeno de "neofeudalismo".

Para melhor compreensão deste momento de crise, fazem-se necessárias algumas considerações, a fim de situar a crise do Estado em uma perspectiva histórica.

O Estado Constitucional surge no final do século XVIII e se inter-relaciona com o Estado de direito (com seus mecanismos de controle clássicos) e os direitos fundamentais. É a função limitadora[9] da Constituição, que

---

[6] STRECK, *op. cit.*, p. 63.

[7] O neoliberalismo na América Latina. Carta dos Superiores Provinciais da Companhia de Jesus da América Latina – documento de trabalho, 1996, p. 13,18 e 19, *apud*, STRECK, *op. cit.*, p. 63.

[8] FARIA, José Eduardo. *O direito na economia globalizada*. São Paulo: Malheiros, 2002, p. 322.

[9] As funções do Estado com relação ao constitucionalismo podem ser dividas no mínimo em três, segundo o Professor Jorge Miranda (MIRANDA, Jorge. *Manual de Direito Constitucional*. Coimbra:

coincide com a idéia de Constituição escrita[10] e encontra seus expoentes máximos na Constituição dos Estados Unidos (1787) e na Constituição Francesa (1791), que têm duas funções básicas: limitar o poder do Estado e garantir os direitos fundamentais. São Constituições com as características do Estado Liberal, sendo o individualismo sua marca. A Constituição consagra direitos públicos subjetivos.[11] As liberdades são negativas,[12] e o cidadão se contenta com que o Estado não interfira na sua liberdade.

A função diretiva surge com o advento do Estado Social a partir da segunda metade do século XIX. Os direitos com cunho individual já não são suficientes, e tem início a questão social. Com o desenvolvimento da indústria, a população, que até então era na sua grande parte camponesa,

---

Coimbra Ed., 1988, p. 179. t. 2). Por primeiro, a função político-institucionalizadora: esse é um período pré-constitucional, no qual não há Constituição tal como se conhece hoje. Começa na Antiguidade, passa pelo absolutismo e se fortalece com o renascimento. A necessidade em toda a sociedade humana de um mínimo de organização política conduz ao aparecimento histórico do Estado. O sentido moderno a que se denomina Estado é uma contribuição de Maquiavel (MAQUIAVEL, Nicolau. *O Príncipe*. 14. ed. Rio de Janeiro: Bertrand Brasil, 1990). Maquiavel é o fundador do realismo político. Estabeleceu a diferença entre política, ética e religião. Separou o político da política. Os gregos já tinham uma concepção de Estado, evidente no pensamento de Platão e de Aristóteles, embora tenham contraponto de idéias. O caráter abstrato de Platão em "A República" (PLATÃO. *A República*. 8. ed. São Paulo: Atena, 1962. Biblioteca Clássica) e caráter o concreto de Aristóteles (ARISTÓTELES. *A Política*. São Paulo: Martins Fontes, 2002), que, para escrever "A Política", pesquisou instituições de mais de cento e cinqüenta Estados – Repúblicas e Monarquias. Suas conclusões não eram oriundas do seu imaginário, mas assim tiradas a partir de soluções concretas das sociedades. Os romanos não teorizaram o Estado, mas desenvolveram uma estrutura de poder: as instituições (a magistratura, o senado, os comícios, com suas formas de poder: Realeza, República e Império). Os romanos não conheciam a noção de direito público subjetivo, o direito romano se funda na *actio*. A palavra latina *jus*, que por vezes é traduzida como "direito", na realidade significava uma "justa relação entre as coisas", VILLEY, Michel. *Leçons d'histoire de la philosophie du droit*. Paris: Dalloz, 1957, citado por ARNAUD, André-Jean. *O Direito entre a Modernidade e a Globalização:* Lições de Filosofia do Direito e do Estado. Rio de Janeiro: Renovar, 1999, p. 44. Com o absolutismo, o poder público passa por uma fragmentação nas mãos dos senhores feudais. Na Inglaterra (MIRANDA, *op. cit.*, p. 119-120), o absolutismo não é tão forte como em outros países (Espanha, França, etc.).

[10] São documentos que antecederam e influenciaram as constituições escritas: a Magna Carta, em 1215, e dois documentos fundamentais: *Petition of Rights*, em 1628, e *Bill of Rights*, em 1689, que começam a desenvolver direitos com relação aos indivíduos. Durante o Renascimento, o homem passa a ser o centro do universo, e os pensadores com essas características desenvolvem suas obras. Nesse contexto, o cidadão reivindica ser titular de direitos, culminando na Revolução Francesa, que, além de um movimento da França, teve o cunho da pretensa universalidade, pelo menos no mundo ocidental.

[11] A expressão direito público subjetivo, deve-se a Georg Jellinek, (JELLINEK, Georg. *System der Subjektiven öffentlichen recht, zweite, duchgesehene und vermehrte auflage, anastatischer neudruck der ausgabe von 1905*. Tübigen: [s.n.], 1919, p. 86 *et seq.*). A classificação dos direitos públicos subjetivos proposta por Jellinek é tripartite. Desta forma, os diferentes estágios da posição do indivíduo frente ao Estado, como forma de limitar o *status* passivo, *status subjectionis,* que consiste na ausência de autodeterminação individual, e portanto, de personalidade, onde há a completa submissão do cidadão com relação ao ente público, são três. A denominação é a seguinte: a) *status* negativo, *status libertatis,* em que o indivíduo é titular de uma esfera de liberdade individual, à margem de intervenção do Estado; b) *status* positivo, *status civitatis,* no qual o indivíduo tem direito a exigir prestações concretas do Estado; c) *status* ativo, *status activae civitatis,* onde o indivíduo é detentor do poder político e, como tal, tem direito a participar no exercício de poder.

[12] BERLÍN, Isaiah. *Dos conceptos de libertad:* Cuatro ensayos sobre la libertad. Madrid: Alianza, 1988, p. 187-243.

vem para as cidades, e passa a ser necessário contestar as reclamações de trabalho e da seguridade social. Nessa fase há dois períodos: o anterior e o posterior à Segunda Guerra Mundial.

A preocupação social nos textos constitucionais esteve presente pela primeira vez na Constituição do México, em 1917.[13] A Constituição de Weimar,[14] em 1919, se compromete sobretudo com o ensino público,[15] além de prever o direito ao trabalho e à seguridade na vida econômica da Constituição.[16] A partir de então, começam as demandas por prestações concretas do cidadão com relação ao Estado.

Depois da aniquilação dos Estados com a Segunda Guerra, foi necessária uma nova organização nas Constituições, que partiu de três textos básicos: a lei Fundamental de Bonn (1949), a Constituição Italiana (1947) e a Constituição Francesa (da V República, do general de Gaulle, de 1958, com a emenda de1962).

Posteriormente, há o denominado constitucionalismo jovem europeu, inspirado nos três grandes modelos citados anteriormente, que ocorre em Portugal depois da ditadura de Salazar, em 1976, e a Constituição Espanhola de 1978, depois de Franco. Essas são as primeiras cartas que prevêem a utilização da informática e o resguardo dos direitos fundamentais. Nesse contexto, a Constituição do Brasil de 1988 surge depois da ditadura militar e se inspira no constitucionalismo jovem europeu.

O direito público moderno se reaproxima dos valores, em especial da ética no direito.[17] De longo tempo, os princípios estão no direito, a novidade é sua normatividade. Os princípios constitucionais[18] fazem uma síntese de

---

[13] A Constituição do México, que ocorreu depois da Revolução de 1910, contempla o direito ao trabalho e a responsabilidade do Estado para garantir uma vida digna a cada um dos cidadãos, com programa social do Estado. Merece referência, também, a Constituição Russa de 1918, depois da Revolução Soviética de 1917, porque em muitos aspectos representou, para o século XX, o mesmo que a francesa significou para o XIX. A Carta incorporou a declaração de direitos do povo operário e explorado, a transformação da ordem social e a ditadura do proletariado. A propósito, *vide* SÁNCHEZ AGESTA, Luis. *Curso de Direito Constitucional Comparado*. 7. ed. Madrid: Facultad de Madrid, 1998, p. 370-371.

[14] A Constituição recebe esse nome porque o movimento de idéias socialistas começa na região de Weimar, no Porto de Kiel, em 3 de novembro de 1918, e depois se desloca para as cidades de Stuttgart e Hamburgo, sendo chamada de "coalizão de Weimar", com três objetivos principais: a) forma republicana do Estado; b) tributos com objetivo de alcançar as grandes fortunas e c) socialização das empresas. Esse texto político alemão assim foi conhecido porque a reunião da Assembléia Constituinte ocorreu na cidade de Weimar, conforme SILVA NETO, Manoel Jorge. *Curso Básico de Direito Constitucional*. Rio de Janeiro: Lumen Juris, 2004, p. 79-81. t. 1.

[15] A Constituição de Weimar se preocupa com o ensino obrigatório para todos, até o cumprimento dos 18 anos. Constituição de Weimar, cap. IV, educação e escola, principalmente os arts. 143, 145 e 146 apud *Textos Constitucionales*. Barcelona: EUB, 1995, p. 55.

[16] Constituição de Weimar, arts. 157, 158 e 161, p. 59.

[17] É o que os alemães denominam de "retorno Kantiano", HÖFFE, Otfried. *Kategorische Rechtsprinzipien. Ein Kontrapunkt der Modern,* citado por TORRES, Ricardo Lobo. *O orçamento na Constituição.* Rio de Janeiro: Renovar, 1995, p. 90.

[18] ALEXY, Robert. *Teoria de los Derechos Fundamentales*. Madrid: Centro de Estudios Constitucionales, 1997, p. 103. DWORKIN, Ronald. *Los derechos en serio.* 2. reimpr. Barcelona: Ariel, 1995, p. 134.

valores no ordenamento jurídico e têm como funções principais, conferir unidade[19] ao sistema e auxiliar a atividade de interpretação, daí a importância da hermenêutica jurídica. A Constituição passa a ser um sistema aberto de princípios e regras, nos quais os princípios de igualdade, dignidade da pessoa humana, pluralismo político[20] e probidade administrativa[21] desempenham um papel central.

A interpretação constitucional possui uma importância fundamental em qualquer Estado Democrático, principalmente com relação aos Estados Democráticos que contam com uma jurisdição constitucional. A Constituição é uma norma qualitativa distinta das demais. Nesse contexto, a obra de García de Enterría[22] – A Constituição como norma –, aponta como função da Constituição informar todo o ordenamento jurídico. A Constituição é, assim, a norma fundamental que rege toda a ordem jurídica.

Modernamente, com a prestação de muitos serviços que tradicionalmente eram prestados pelo poder público e passaram à iniciativa privada, os conflitos não mais se situam na polaridade Estado x cidadão, mas nas relações grupo *x* indivíduo. Isso ocorre porque alguns grupos econômicos possuem poder paralelo ao Estado, decorrente das privatizações, em que muitos serviços públicos são prestados por empresas privadas. O desenvolvimento da *drittwirkung*,[23] também conhecida por eficácia diante de terceiros ou eficácia horizontal,[24] é hoje questão principal. Os litígios foram progressivamente se deslocando do plano das relações públicas para o das privadas. O desenvolvimento da eficácia horizontal se constitui na normatização jurídica que tenta compensar as desigualdades. Nessa conjuntura, um novo desafio está proposto ao jurista, uma vez que as relações se tornaram mais complexas e dissimuladas, e o poder tende a assumir muitas faces.

García-Pelayo[25] utiliza o termo "complexo público-privado", no sentido de que muitas das funções do Estado são levadas a efeito por entidades

---

[19] SMEND, Rudolf. *Constitución y Derecho Constitucional*. Madrid: Centro de Estudios Constitucionales, 1985, p. 106-118.

[20] HÄBERLE, Peter. *Pluralismo y Constitución*. Madrid: Tecnos, 2002.

[21] GARCÍA DE ENTERRÍA. *Democracia, jueces y control de la administración*. 3. ed. Madrid: Civitas, 1997, p. 112. SANTAMARÍA PASTOR. Juan Alfonso. *Principios de Derecho Administrativo*. 4. ed. Madrid: Editorial Centro de Estúdios Ramón Areces, 2002, p. 113. v. 1.

[22] GARCÍA DE ENTERRÍA, Eduardo. *La Constitución como norma y el Tribunal Constitucional*. 3. ed. Madrid: Civitas, 1994.

[23] BILBAO UBILLOS, Juán Maria. *La eficacia de los derechos fundamentales frente a particulares*: análisis de la jurisprudencia del Tribunal Constitucional. 3. ed. Madrid: Centro de Estudios Constitucionales, 1997.

[24] É necessário fazer uma crítica à expressão eficácia horizontal, pois apesar de as relações situarem-se na esfera privada, não estão necessariamente na mesma categoria, ou seja, não há igualdade na relação. Pode-se citar exemplificativamente a situação de uma grande companhia de telefonia e no outro pólo da relação jurídica, o cidadão que recebe prestação do serviço.

[25] GARCÍA-PELAYO, Manuel. *Las transformaciones del Estado Contemporáneo*. 3. ed. Madrid: Alianza, 1982, p. 25.

privadas, ao mesmo tempo que estas não podem cumprir seus fins privados sem participar das decisões estatais. A antiga distinção público e privado cede diante da tendência atual de privatização. Como conseqüência, cada vez mais serviços que eram prestados pelo Estado (saúde, previdência, educação, telefonia, segurança etc.) deixam de ser públicos. Esse fenômeno demanda repensar os temas de direito público. A célebre dicotomia público-privado, que ocorreu no período do Estado Liberal,[26] deve ser redimensionada nos dias atuais. É a denominada fuga do direito administrativo em direção ao direito privado.[27] Depois da criação do Estado constitucional, todo o século XIX foi uma construção jurídica no sentido de normatizar os poderes do Estado, o que se percebe ao final do século XX foi justamente o desmantelamento destes controles e a ausência de construção de mecanismos eficientes, que de uma condição sólida passaram a líquida, parafraseando Zygmunt Bauman.[28] Os mecanismos de controle que foram implementados ao longo de séculos são agora destruídos e nenhuma alternativa eficaz é apresentada.

4. Transformações do Estado: a denominada fuga do direito administrativo em direção ao direito privado

Após a 2ª Guerra Mundial, os Estados começaram a promover um ajuste fiscal por meio do corte de serviços públicos até então prestados. Conseqüentemente, muitas tarefas que eram realizadas pelo setor público passaram a ser desempenhadas pelo setor privado. Deste modo, todo o direito administrativo que tinha se desenvolvido a partir da noção de serviço público, no século XIX, apresenta uma mudança súbita de perfil, sem que novos mecanismos eficientes de fiscalização tenham sido criados. É o que Fritz Fleiner[29] denominou uma fuga do direito administrativo em direção ao direito privado.

Deste modo, saúde, educação, segurança e previdência, somente para citar algumas áreas prioritárias em termos de prestação social são desem-

---

[26] A forma liberal de tratar as relações sociais no período liberal são as distinções entre Estado x sociedade, público x privado, indivíduo x grupo, direito x político, objetivo x subjetivo, etc, que para o debate atual, tem de ser repensadas para uma interpretação não mais contraposta, mas integrada nos conceitos.

[27] MIR PUIGPELAT. *Globalización, Estado y Derecho. Las transformaciones recientes del Derecho administrativo*. Madrid: Civitas, 2004, p. 158. O autor adota a expressão "huida hacia el derecho privado", de FLEINER, Fritz. *Institutionen des Verwaltungsrechts*. 8. ed., 1928, p. 326.

[28] BAUMAN, Zygmunt. *Modernidade Líquida*. Rio de Janeiro: Jorge Zahar, 2001. O autor trabalha com a idéia de que as relações e os produtos de sólidos passaram a líquidos, nesta época. Deste modo, desde as relações afetivas que eram mais duradouras, até as relações de trabalho, que se tornam a cada dia mais precárias e informais e os objetos de consumo, exemplificativamente um copo de vidro e um copo de plástico, tudo isto atesta como as relações e os produtos são mais frágeis. Daí que denomina, utilizando-se da noção de física a passagem do estado sólido para o líquido.

[29] FLEINER, Fritz, *Institutionem des Verwaltungsrechts*, 8ª ed., 1928, p. 326, apud PUIGELAT , *op. cit.*, p. 158.

penhadas pela iniciativa privada. Ressalte-se, porém, que o setor que é passado à iniciativa privada é o que apresenta a possibilidade de lucro, enquanto os setores deficitários são desempenhados pelo setor público. Somente para exemplificar: no setor da saúde no Brasil, 74,2% dos brasileiros são usuários do SUS.[30] Deste modo, as pessoas mais necessitadas têm de fazer uso do sistema de saúde pública, enquanto a fatia de 25,8% que tem condições de pagar recorre a um plano de saúde particular. Assim, é falacioso o argumento de que a iniciativa privada se interessa pela prestação do serviço, o que deseja, em realidade, é o serviço com o qual pode auferir lucro, não se interessando com os demais setores que mais necessitam da prestação, mas que não têm condições de pagá-lo. Tal fenômeno repete-se com relação às demais áreas, veja-se a segurança, enquanto o Estado fica com a tarefa árdua da segurança pública em geral, muitas empresas hoje lucram com a vigilância privada, venda de equipamentos de segurança, tais como cerca elétrica, alarmes etc. Isso faz com que o cidadão gaste enormes quantias com estes utensílios para adquirir uma sensação de segurança e na maioria das vezes, a criminalidade se sofistica, pois ao invés de voltar a violência contra o patrimônio, direciona-se contra a pessoa.

A submissão parcial ao direito privado de administrações encarregadas de funções tipicamente administrativas tem por finalidade liberá-la de rígidos procedimentos administrativos de contratação, de gestão patrimonial, de controle dos gastos e seleção de pessoal, propiciando assim, uma atuação supostamente mais eficiente. Tal argumento também é falacioso, pois quando se conhece o regime dos funcionários públicos, sabe-se que aí não estão os super-salários, mas quando eles decorrem de servidores fora do quadro que cumulam inúmeras vantagens e benefícios.

5. O redimensionamento dos controles clássicos do Estado e a denominada cidadania eletrônica ou *cibercidadania*

Neste contexto, os' típicos elementos do Estado:[31] povo, território e poder (soberano), não subsistem. A Internet muda o clássico conceito de território, permitindo que as limitações geográficas sejam superadas no *ciber* espaço. A noção de soberania também perde sua importância, diante da economia globalizada e dos tratados internacionais.

---

[30] De acordo com a pesquisa mundial sobre saúde, desenvolvida pela OMS e coordenada no país pelo Centro de Informação Científica Tecnológica (CICT) da Fiocruz, em estudo que avalia os sistemas de saúde de 71 nações, consigna que os brasileiros dispensam em média 19% da renda domiciliar mensal com saúde, da parcela da população de 25,8% que têm acesso aos planos de saúde privados, enquanto a maioria 74,2% conta com os serviços do Sistema Único de Saúde – SUS. Disponível em: http://www.ministeriodasaude.gov.br Acesso em: 25nov.2004.

[31] JELLINEK, Georg. *Teoría General del Estado*. 2. ed. [reimpr. de la segunda edición alemana (1905) editada por el Editorial Albatros en el año 1954], Buenos Aires: Julio César Faira Ed., 2005, p. 495-625.

Considerando que os componentes do Estado tidos como essenciais no início do século XX alteraram-se, impõe-se a reinterpretação, também, da doutrina da Separação dos Poderes. Esta é originária a partir da teoria proposta por Montesquieu,[32] e permanece até hoje aceita pelos países em que vigora o Estado Democrático de Direito. O autor não utiliza a expressão *Separação dos Poderes*, porém transmite a idéia de controle recíproco entre os poderes e a idéia da divisão das funções do Estado. Essa idéia de Separação dos Poderes foi incorporada pela Constituição norte-americana e foi expressa no art. 16 da Declaração Universal dos Direitos do Homem e do Cidadão, influenciando até hoje, os Estados Contemporâneos.[33]

Esses mecanismos de fiscalização recíproca entre os Poderes podem ser denominados controles horizontais de poder, pois se situam no mesmo patamar. Como exemplos de horizontalidade conhecidos em nossa Constituição, pode-se citar: a) o controle do Judiciário sobre os atos oriundos do Poder Legislativo, o controle da constitucionalidade das leis (que não foi abordado por Montesquieu, em sua obra, mas que foi desenvolvido a partir do modelo norte-americano e austríaco) art. 102, I, "a"; b) o exercido pelo Poder Legislativo sobre os atos do Poder Executivo, quando proclama os princípios que regem a administração pública, previstos no art. 37, "caput", da CF e, também, quando julga os crimes de responsabilidade do Presidente da República, art. 86, da CF; c) o Poder Executivo tem o poder sobre os atos de produção legislativa, quando se permite ao Presidente da República que vete os projetos de lei, art. 66, § 1º, da CF; d) o Poder Judiciário pode controlar atos emanados das autoridades públicas, por meio das ações constitucionais: mandado de segurança individual, art. 5º, LIX, e coletivo, art. 5º LXX, *habeas corpus*, art. 5º LXVIII, *habeas data*, art. 5º, LXXII, da CF, etc.

Desta forma, é possível propugnar um controle dito vertical, uma vez que se tem buscado a cada dia a democratização do poder. Nesta visualização de controles, seria possível a sociedade fiscalizar os atos praticados pelo Estado nas suas mais diferentes funções. Esta proposição de controles horizontais e verticais foi desenvolvida por Karl Loewenstein.[34] Para o citado autor, os controles horizontais são aqueles que se operam dentro de um determinado poder (intra-orgânico) ou entre diversos detentores de poder (interorgânicos). Os controles horizontais se movem lateralmente, no

---

[32] MONTESQUIEU. *Do Espírito das Leis*. 2. ed. São Paulo: Abril Cultural, 1979, p. 25. (Coleção os Pensadores). Na obra de Montesquieu, encontra-se uma verdadeira revolução metodológica no plano filosófico. Montesquieu é tido como o primeiro sociólogo, uma vez que destituiu da lei a origem divina e colocou-a como, obra da razão humana, da realidade social. Paradoxalmente, não obstante as rivalidades históricas que existiam entre ingleses e franceses, este cidadão francês descreveu o Parlamento Inglês quando viajou para a Inglaterra em 1729. A teoria conhecida como separação dos poderes encontra-se enunciada no Livro XI, denominado da Constituição da Inglaterra.

[33] AGESTA, Luis Sanchez. *Curso de Derecho Constitucional Comparado*. 7. ed. Madrid: Universidad de Madrid, 1988.

[34] LOEWENSTEIN, Karl. *Teoria de la Constitución*. 2. ed. Barcelona: Ariel, 1976, p. 33.

mesmo aparato de domínio, sendo que os controles verticais[35] funcionam em uma linha ascendente e descendente entre a totalidade dos poderes instituídos e a comunidade, por meio de seus componentes.

Nesta linha, merecem ser apontados novos mecanismos de controle. A democracia participativa decorre do Estado Democrático de Direito, que a partir do art. 1º da CF permite uma participação mais direta dos cidadãos nas estruturas de poder.[36] Como conseqüência, alguns mecanismos são, desde logo, instituídos: os mecanismos do art. 14 da CF (plebiscito, referendo e iniciativa popular), caráter democrático da gestão da seguridade social, art. 194, VII, da CF, participação da comunidade nas diretrizes do Sistema Único de Saúde, art. 198, III, da CF, participação da população no controle das ações de assistência social e gestão democrática do ensino público, art. 206, VI, da CF.

Visando a estabelecer o equilíbrio das contas públicas brasileiras, a Lei de Responsabilidade Fiscal veio a disciplinar os gastos do administrador público e, ainda, a divulgar a idéia de transparência na gestão fiscal, como forma de conferir efetividade ao princípio da publicidade, norteador da administração pública. Há a conjugação dos princípios da participação popular e publicidade, podendo ser denominado de controle social.[37]

Contextualizando a problemática, uma das características da sociedade da informação é a tecnologia, que propicia a transmissão do conhecimento para muitos lugares e de uma maneira muito célere. As administrações públicas são detentoras de um grande número de dados,[38] necessário, portanto, que dentro de critérios legais, esta informação seja acessível à população. Por isso, com muita propriedade, Pérez Luño[39] afirma que as relações de cidadania e dos entes públicos sofreram uma profunda transformação devido às novas tecnologias da informação e comunicação, por isso o conceito de cidadania reclama uma redefinição.

A Lei de Responsabilidade Fiscal se pauta pela transparência como norteadora do direito financeiro. Os artigos 48[40] e 49 compõem o capítulo

---

[35] No entender do autor LOEWENSTEIN, *op. cit.*, sob a denominação de controles verticais, agrupam-se três formas: a) o Federalismo; b) os direitos e garantias individuais e c) pluralismo, onde há: c.1) grupos institucionalizados (ex: Igreja, partidos políticos, sindicatos e associações, etc), c.2) manifestações sociológicas-metajurídicas, tais como *lobbies*.

[36] Sobre o tema da participação política, *vide* MOREIRA NETO, Diogo de Figueiredo. *Direito da participação política* legislativa, administrativa, judicial (fundamentos e técnicas constitucionais da legitimidade). Rio de Janeiro: Renovar, 1992.

[37] FREITAS, Juarez. O princípio da democracia e o controle do orçamento público brasileiro. *Revista de Interesse Público,* Porto Alegre, v. 4, N. Esp., p. 11-23, 2002.

[38] GUICHOT, Emilio. *Datos personales y Administración Pública.* Navarra: Editorial Aranzadi, 2005.

[39] PÉREZ LUÑO, Antonio-Enrique. ¿*Ciberciudanía@ o Ciudanía@.com*? Barcelona: Editorial Gedisa, 2004, p. 11.

[40] "Art. 48. São instrumentos de transparência da gestão fiscal, aos quais será dada ampla divulgação, inclusive em meios eletrônicos de acesso ao público: os planos, orçamentos e leis de diretrizes orçamentárias; as prestações de contas e o respectivo parecer prévio; o Relatório Resumido da Execução

de transparência, controle e fiscalização da gestão fiscal. A inspiração do texto legal foi concebida a partir da noção de *accountability*,[41] do direito anglo-saxão. A experiência de direito comparado[42] aponta no sentido de que os países com informação mais transparente são os que apresentam menores índices de corrupção. Deste modo, valendo-se dos mecanismos de divulgação eletrônica, os dados estarão disponíveis à população. Por isso, na lição de Gilmar Ferreira Mendes,[43] "a idéia de transparência possui a importante função de fornecer subsídios para o debate acerca das finanças públicas, o que permite uma maior fiscalização das contas públicas por parte da sociedade. A busca pela transparência é a busca pela legitimidade." Assim, o reforço na legitimação democrática da administração veio, principalmente, da crescente descentralização político-administrativa, e da importância que nos últimos anos adquiriu a publicidade dos atos administrativos e a participação dos cidadãos na atuação da administração. Os objetivos perseguidos pela lei de responsabilidade fiscal são: reduzir a dívida pública, adotar uma política tributária nacional, preservar o patrimônio público e promover a transparência da gestão fiscal.

Um dos grandes objetivos das democracias da atualidade é possibilitar uma rede de comunicação direta entre a administração e os administrados que resulte em um aprofundamento democrático e em uma maior transparência e eficiência da atividade administrativa.

Constitui-se em um desafio, porque muitos dos cidadãos não têm acesso à internet[44] ou os que têm, não se interessam em buscar a informação

---

Orçamentária e o Relatório de Gestão Fiscal; e as versões simplificadas desses documentos. Parágrafo único: A transparência será assegurada também mediante incentivo à participação popular e realização de audiências públicas, durante os processos de elaboração e de discussão de planos, lei de diretrizes orçamentárias e orçamentos."

[41] PEDERIVA, João Henrique. *Accountability*, Constituição e contabilidade. *Revista de Informação Legislativa*, Brasília, v. 140, p. 18, 1998.

[42] A Finlândia é um dos países com menor índice de corrupção do mundo. Em um estudo realizado pela organização não-governamental Transparency Internacional, foram analisados 159 países em 2005. Os países são classificados numa escala de zero a dez. Quanto menor a nota recebida, maior é o índice de corrupção. Desta forma, a Finlândia ficou em 2º lugar (9.6) e o Brasil em 63º (3.7), Disponível em: http://www.transparency.org. Acesso em: 24 abr. 2006. Neste país, muita informação está disponível na Internet. Até mesmo os dados fiscais não são considerados privados, mas de interesse público, assim é possível a consulta por todos os cidadãos, segundo conferência proferida por Ahti Saarenpä no dia 7 set. 2004, das 11h35min. às 12h05min. (SAARENPÄ, Ahti. From the Information Society to the legal Network Society, ID-card and eletronic services. In: *X Congreso Iberoamericano de Derecho e Informática*, Santiago do Chile, 6 a 9 de set. 2004).

[43] MENDES, Gilmar Ferreira. Da transparência, controle e fiscalização. *Comentários à Lei de Responsabilidade Fiscal*. Ives Gandra da Silva Martins e Carlos Valder do Nascimento (Org.). São Paulo: Saraiva, 2001, p. 335.

[44] Exemplificativamente, há mais linhas telefônicas na ilha de Manhattan (Nova Iorque) que em todo o continente africano. Na época, sem a linha telefônica não era possível acessar à Internet. LUÑO, Pérez, p. 91, *apud* Ramonet I. Nos han roubado una esperanza! En : Internet, un bien o una maldición? El País Digital – Debates, 25/2/1997.

disponível. Por isso Pérez Luño[45] assinala a importância do exercício de uma cidadania eletrônica ou cibercidadania, responsável e eticamente comprometida com a utilização das novas tecnologias que trabalhe para a construção de uma sociedade mais solidária, justa e democrática. Neste contexto, as novas tecnologias podem exercer um papel fundamental na democratização da informação.

6. A transparência como decorrência do princípio da publicidade e do direito à informação relacionada ao princípio democrático

A discussão de esfera pública e privada é algo que remonta à Antiguidade, com as especificidades próprias.[46] O Digesto[47] inicia explicando que existem duas posições no estudo da justiça e do direito: a do público e do privado, afirmando que direito público é o que diz respeito ao estado da república, e o direito privado o que diz respeito aos particulares e estatui a respeito das coisas com utilidades pública e/ou particular (Digesto, 1,1,1). Nesta perspectiva, esta diferenciação tem como objetivo estatuir a supremacia do público com relação ao privado (Digesto, 2,14,32).

Para os gregos, o vocábulo utilizado é *ídion*[48] para expressar o privado, em contraste com *koinón*, que designava o elemento comum. O primeiro vocábulo designa uma existência incompleta e imperfeita com relação à comunidade. Daí deriva o vocábulo *idiótes*,[49] que era um homem vulgar, ignorante e sem valor, que somente se interessava por si mesmo. Neste sentido pejorativo, a palavra idiota[50] permaneceu entre nós para expressar uma pessoa pouco inteligente, ignorante, estúpida, sendo que a associação com a preocupação individual desapareceu.

Da lição dos povos antigos, pode-se extrair que a *res publica*, de longa data, traz em si a noção de que a esfera pública deve publicizar os seus atos. Desta idéia conclui-se a importância do cidadão informar-se. Como decorrência, tem-se a in-formação como elemento formador da opinião pública. Quando esta não ocorre, há a des-informação e o não cumprimento do princípio democrático.

---

[45] LUÑO, Pérez. *Ciberciudanía ou ciudadanía.com?* Barcelona: Gedisa Ed., 2003, p. 101.

[46] SARTORI, Giovani. *Teoria democracia*, vol. 2, Madrid: Alianza Ed, 1997, p. 363. No sentido que a liberdade dos antigos é diferente da liberdade dos modernos.

[47] LAFER, Celso. *A reconstrução dos direitos humanos* – um diálogo com o pensamento de Hannah Arendt. São Paulo: Cia das Letras, 1988, p. 243.

[48] SARTORI, Giovani, *op. cit.*, p. 353.

[49] MACHADO, José Pedro. *Dicionário Etimológico da Língua Portuguesa*, vol. III, 8ª ed.,Lisboa: Livros Horizonte LTDA, 2003, p. 258. A etimologia de Idiota, do grego *idiótes*, particular, em oposição a rei, homem público, homem de estado, (...)".

[50] FERREIRA, Aurélio Buarque de Holanda, Novo Dicionário da Língua Portuguesa, 21ª reimp. da 2ª ed., Rio de Janeiro: Ed. Nova Fronteira, 1986, p. 914.

Hannah Arendt,[51] ao discutir a esfera do público, inicia reconhecendo que o termo *público* designa dois fenômenos relacionados: a) o de tudo aquilo que vem a público e pode ser visto e ouvido por todos; e b) o mundo comum a todos, que para ela não se reduz à natureza, mas ressalta o artefato humano, constituído por coisas criadas que se inserem entre a natureza dos homens, unindo-os e separando-os num *habitat* humano. O primeiro significado é o que compõe a transparência, extrai-se, então, a conseqüência de que a esfera pública, comum a todos, deve vir a público, isto é, ao conhecimento de todos.

Norberto Bobbio,[52] ao tratar das relações da democracia com o poder invisível, estatui que a publicidade é entendida como uma categoria tipicamente iluminista na medida em que representa um dos aspectos da batalha de quem se considera chamado a derrotar o reino das trevas. Utiliza-se, por isso, a metáfora da luz, do clareamento para contrastar o poder visível do invisível. A visibilidade vai fornecer a acessibilidade e a possibilidade de controle dos atos públicos. Daí se origina a polêmica do iluminismo contra o Estado absoluto, a exigência da publicidade com relação aos atos do monarca fundados no poder divino. O triunfo dos iluministas tem como resultado o art. 15 da Declaração dos Direitos do Homem e do Cidadão,[53] que prevê o direito da sociedade de pedir contas a todo o agente público incumbido da administração. Este direito evolui e vem consolidado na Carta dos direitos fundamentais da União Européia,[54] que, no art. 41, prevê o direito a uma boa administração.

Quem contribuiu para esclarecer o nexo entre opinião pública e publicidade do poder foi Kant,[55] que pode ser considerado o ponto de partida de todo o discurso sobre a necessidade da visibilidade do poder. No segundo Apêndice à Paz Perpétua, intitulado "Do acordo entre a política e a moral segundo o conceito transcedental de direito público", Kant estatui o seguinte princípio: "Todas as ações relativas ao direito de outros homens, cuja máxima não é suscetível de se tornar pública, são injustas". Kant[56] pretende, a partir deste enunciado, garantir a uniformidade da política e da moral mediante a publicidade.

Bobbio[57] pergunta: o que se constitui em um escândalo, quando este nasce? Para responder que o momento em que nasce o escândalo é o momento

---

[51] ARENDT, Hannah. *A condição humana*, 10ª ed., Rio de Janeiro: Forense Universitária, 2001, p. 59.

[52] BOBBIO, Norberto. *O futuro da democracia*. 7ª ed. São Paulo: Paz e Terra, 2000, p. 103.

[53] RIALS, Stéphane. Que sais-je? Textes constitutionnels français, 11e édition. Paris: Presses Universitaires de France, 1995, p. 5.

[54] Disponível em http://www.europa-convention.eu.in//. Acesso em 31/8/2006.

[55] Kant *apud* BOBBIO, *op. cit.*, p. 103.

[56] Kant *apud* SMEND, Rudolf . *Constitución y Derecho Constucional*. Madrid: Centro de Estudios Constitucionales, 1985, p. 277. No capítulo V, Smend discorre "sobre el problema de lo publico y *la cosa publica*".

[57] BOBBIO, *op. cit.*, p. 105.

em que se torna público um ato ou uma série de atos mantidos em segredo ou ocultos, na medida em que poderiam ser tornados públicos pois, caso o fossem, não poderiam ser concretizados. Nenhuma adminstração confiaria um cargo a um servidor que fosse praticar o crime de peculato, concussão, etc.

Assim, o que distingue o poder democrático do poder autocrático é que apenas o primeiro, por meio da livre crítica, pode desenvolver em si mesmo os anticorpos e permitir formas de desocultamento. A democracia como poder visível, que permite ao cidadão o controle por parte de que quem detém o poder.

A informação possui uma nota distinta no Estado Democrático de Direito se comparado ao modelo liberal. Para este último, é uma conseqüência política do exercício de certas liberdades individuais. Nos Estados democráticos, a livre discussão é um componente jurídico prévio à tomada de decisão que afeta à coletividade e é imprescindível para sua legitimação. Por isso, para Ignácio Villaverde Menéndez,[58] no Estado democrático, a informação é credora de uma atenção particular por sua importância na participação do cidadão no controle e na crítica dos assuntos públicos. Não se protege somente a difusão, como sucedia no Estado liberal, mas se assegura a própria informação, porque o processo de comunicação é essencial à democracia. O ordenamento jurídico no Estado democrático se assenta no princípio geral da publicidade, devendo o sigilo ser excepcional e justificado. Esse preceito é extraído com base no princípio da publicidade e do direito a ser informado do cidadão.

O enunciado proferido pela Lei de Responsabilidade Fiscal não é de publicidade, mas sim de transparência. A partir daí, pode-se perguntar o fundamento da transparência. A primeira tentação a que se submete o jurista é no sentido de dizer que se trata de um novo princípio. Porém, a Constituição, em seu art. 37, *caput*, não foi econômica ao enunciar os princípios que regem a administração pública. Ao contrário, poder-se-ia dizer que foi minudente. Embora a transparência não seja expressa dentre os princípios que regem a administração pública, a partir dos já enunciados, deles pode-se extrair. Desta forma, a transparência demonstra ser uma integração do princípio da publicidade conjugado com o direito à informação (art. 5º, XXXIII) e o princípio democrático. A publicidade visa, por meio da divulgação do fato, a assegurar que o ato foi praticado de acordo com a legalidade, moralidade e os demais preceitos que regem a administração. A publicidade dos atos emanados do Estado faz-se, ainda, tradicionalmente nos diários oficiais do Estado, com destinatários muito específicos e à grande maioria de pessoas é algo estranho e pouco atrativo. Deste modo, os dados veiculados pelos órgão públicos por meio eletrônico fazem com que não apenas os

---

58 VILLAVERDE MENÉNDEZ, Ignácio. *Estado democrático e información: El derecho a ser informado y la Constitución Española de 1978*. Junta General del Principado de Asturias: Oviedo, 1994, p. 33/5.

agentes que trabalham na burocracia do Estado, mas muitos outros cidadãos se interessem por acessar o conteúdo da informação.

Da publicidade e da informação decorre uma forma de o cidadão poder controlar os atos emanados do Estado e aí reside, também, a participação popular. No dizer de Diogo,[59] a publicidade "é um instituto polivalente da participação política, de amplo espectro subjetivo, pois se estende a toda a sociedade, visando tanto à legalidade quanto à legitimidade, mediante a qual, pela divulgação dos atos do poder público, reconhece-se o direito ao conhecimento formal ou informal das suas tendências, decisões, manifestações e avaliações oficiais".

A realização do princípio da publicidade, constitui-se em um dever da administração e se complementa com o direito à informação do cidadão. Desta conjugação, tem-se a satisfação dos demais princípios que regem a administração pública. Constata-se que a administração agiu ao amparo da legalidade, busca-se a moralidade e é satisfeita a efetividade, princípios estes todos que servem à realização do Estado Democrático de Direito.

7. Considerações finais

O direito classicamente atua depois do fato ocorrido, ou seja, é estruturado a partir do aspecto repressivo. Essa não é a melhor alternativa, pois o descumprimento da lei já ocorreu, com conseqüências, na maioria das vezes irreparáveis. A apropriação indevida não foge ao tema, pois corre-se atrás do prejuízo. Por isso, ressalta-se o aspecto preventivo com que pode ser atacado o problema mediante a divulgação dos dados públicos.

No Brasil, aos poucos se desenvolve a consciência com relação à importância da preocupação com o orçamento, que existe há muito tempo em outros Estados, como por exemplo, Inglaterra e EUA. O fato de a informação estar mais disponível faz com que haja um maior cuidado com o trato do dinheiro público. Saliente-se, outrossim, que os Estados em que há maior transparência na informação são aqueles em que o nível de corrupção é menor.

A transparência é uma via de mão dupla: de um lado, a administração tem o dever de dar publicidade aos seus atos e, por outro, o cidadão tem o direito a ser informado. Deste modo, por meio da informação disponível por meio eletrônico, desenvolve-se um controle preventivo, estimula-se a participação popular, torna-se o exercício do poder mais transparente e, portanto, mais democrático. Evita-se que o cidadão desinformado dos assuntos públicos constitua-se num *idiótes* (conforme a nomenclatura dos gregos). Com a diminuição dos desvios de dinheiro gerados pela corrupção, é possível viabilizar a melhoria das prestações sociais, que podem ser oferecidas à população, ou seja, concretizam-se direitos.

---

[59] MOREIRA NETO, Diogo de Figueiredo. *Op. cit.*, p. 103.

— XIII —
Responsabilidade e teoria da justiça contemporânea

VICENTE DE PAULO BARRETTO[1]

Sumário: 1. Introdução; 2. As transformações do agir humano e a responsabilidade; 3. A responsabilidade como questão filosófica: a resposta kantiana; 4. A teoria da responsabilidade e a problemática da justiça.

1. Introdução

Quando falamos em responsabilidade estamos fazendo referência a dois tipos de conceitos: um moral e outro jurídico. Em ambos, entretanto, encontra-se a idéia de que os seres humanos consideram-se uns aos outros como agentes morais, ou seja, seres capazes de aceitarem regras, cumprirem acordos e de agirem obedecendo a essas determinações. Em torno desses compromissos, é que se constitui o tecido de direitos e obrigações regulatório da vida social humana, que tem na pessoa o seu epicentro.

A vida social é objetivada através de atos individuais, que expressam a vontade do indivíduo, agente moral dotado de racionalidade e autonomia. Por essa razão, os atos humanos caracterizam-se por uma necessária dimensão de responsabilidade, que se constitui no eixo das relações sociais e as torna possíveis e previsíveis. A responsabilidade constitui-se, assim, na categoria central do sistema social e jurídico e serve como parâmetro de imputação dos atos individuais. O tema da responsabilidade, por perpassar a multiplicidade dos atos humanos, pode ser analisado sob três perspectivas diferenciadas: a responsabilidade moral, a responsabilidade jurídica e a responsabilidade coletiva.[2]

---

[1] Professor do PPG em Direito da UNISINOS. Livre-Docente pela PUC-RIO.
[2] Ribeiro, Luiz Antônio Cunha (2006). "Responsabilidade", in *Dicionário de Filosofia do Direito*. São Leopoldo/ Rio de Janeiro, Editora UNISINOS e Editora Renovar; Neuberg, Marc (2003). «Responsabilité», in *Dictionnaire d'éthique et de philosophie morale*, sous la direction de Monique Canto-Sperber. Paris, PUF.

Quando Nietzsche refere-se à longa história da responsabilidade humana, acentua o fato de que se tratou de um processo no qual se procurou responder ao desafio de "tornar o homem até certo ponto necessário, uniforme, igual entre iguais, constante, e, portanto, confiável".[3] A construção da moralidade surge neste contexto no qual o homem em período pré-histórico consegue tornar-se confiável. O argumento de Nietzsche é o de que o homem, apesar de conservar na sua personalidade características de tirania, dureza, estupidez e idiotismo, passou a ser confiável através da ajuda da moralidade e da camisa-de-força social.[4] Em torno da confiança, portanto, de uma relação moral, o indivíduo abandona o seu estado primitivo pré-histórico e passa a participar de relações com seus semelhantes, pautadas em valores definidos no patamar da moralidade.

A vida humana, portanto, torna-se possível na medida em que cada indivíduo possa ser considerado responsável moralmente por atos praticados, que tenham repercussões em suas relações sociais. Esses atos são considerados morais porque expressam a manifestação da vontade autônoma do indivíduo, e permitem a atribuição de responsabilidade moral a cada indivíduo. Esse tipo de responsabilidade consiste em estabelecer se os critérios sobre os quais são estabelecidos os julgamentos morais – o "certo" ou o "errado" em face de atos praticados pelos indivíduos – justificam-se racionalmente. O julgamento moral, portanto, ocorre no âmbito da reflexão ético-filosófica, somente sendo possível em virtude das características da pessoa como agente moral, dotada de autonomia de vontade e de liberdade de escolha.

A responsabilidade jurídica, entretanto, tem outras características, pois objetiva-se no contexto de instituições sociais e sistemas de normas jurídicas, exigindo para a sua concretização o estabelecimento de critérios específicos através de normas que determinem os contornos próprios desse tipo de responsabilidade. A hipótese que se pretende desenvolver neste texto é a de que existe uma ligação estreita entre a responsabilidade moral e a responsabilidade jurídica. No quadro da responsabilidade jurídica, vamos encontrar dois tipos de responsabilidade já referidos por Aristóteles:[5] uma que ocorre na relação entre indivíduos e que serve como critério resolutório de litígios ou nas questões indenizatórias; outra forma de responsabilidade jurídica é a responsabilidade penal, quando o ato do indivíduo confronta-se com as normas de toda uma sociedade. A tese problemática que se discute no campo penal, consiste em afirmar-se que uma decisão penal, para ser justa, moralmente certa, necessita originar-se de uma res-

---

[3] Nietzsche, Friedrich (2005). *Genealogia da Moral*, trad. Paulo César de Souza. São Paulo, Companhia das Letras, p. 48.
[4] Ib., p. 29.
[5] Aristote (1990). *Éthique à Nicomaque*, trad. J. Tricot. Paris. Librairie Philosophique J. VRIN. V, 5, 1131 *a* 3.

ponsabilidade moral, mesmo quando atende às finalidades específicas do sistema jurídico.

2. As transformações do agir humano e a responsabilidade

Ainda que a questão da responsabilidade moral tenha se encontrado presente, desde os primórdios da elaboração ético-filosófica na Grécia clássica, somente a partir da sua elaboração como categoria jurídica é que iremos ter condições de falar de uma teoria da responsabilidade moral e jurídica. Essa possibilidade tornou-se possível na medida em que o próprio agir humano sofreu no curso da história radicais transformações, fazendo com que o âmbito da moral ficasse diferenciado do âmbito do direito. A distinção entre a teoria da virtude e a teoria do justo,[6] que perpassa a história do pensamento filosófico, expressa a progressiva separação entre dois tipos de sistemas normativos, ainda que no quadro do estado democrático de direito torne-se imperativo reconhecer a necessária complementaridade entre a moralidade e o direito.

A etimologia da palavra "responsabilidade" mostra como se considerava "responsável" todo o indivíduo que pudesse ser convocado pelos tribunais em virtude de sobre ele pesar certa "obrigação", dívida procedente ou não de um ato de vontade livre. Esse é o significado jurídico original da palavra, encontrado no direito romano. Tratava-se, portanto, de uma obrigação determinada pela lei e que seria finalmente resolvida nos tribunais, caracterizando-se assim a responsabilidade como referida ao futuro tendo em vista uma ação do passado.

O cristianismo iria incorporar o termo jurídico num universo conceitual mais amplo, relacionando-o com a moral do cristianismo.[7] Procurou-se justificar teologicamente essa relação, partindo-se da aceitação de que existia uma prioridade hierárquica da lei divina no sistema normativo da sociedade humana. A lei divina legitimaria a lei humana e traria consigo sanções que estabeleceriam os critérios básicos para o julgamento das ações individuais. Ao contrário da justiça humana, que tem por finalidade decidir litígios entre diversos sujeitos de direito, quando se discutem as relações conflituosas entre indivíduos, grupos sociais ou sociedade, a justiça divina ocupa-se, exclusivamente, de um único sujeito. A originalidade do cristianismo consistiu, assim, em considerar, em primeiro lugar, a responsabilidade como sendo o elo entre um único indivíduo e o Criador, numa relação bilateral em que a pessoa tinha uma posição dependente e subordinada; em

---

[6] O'Neil, Onora (2006). *Em direção à justiça e à virtude* trad. Leila Mendes. São Leopoldo. Editora UNISINOS.

[7] Villey, Michel (1977), "Esquisse historique sur le mot responsable", in *Archives de Philosophie du Droit*, tome 22.

segundo lugar, o cristianismo estabeleceu critérios para considerar alguém responsável por atos a serem definidos em função da intenção subjetiva desse indivíduo em sua relação de consciência com Deus.

A responsabilidade abandona então o campo estrito da juridicidade, como até então fora considerada pelo direito romano, e vai encontrar a sua morada na consciência da pessoa, sendo um dos componentes da "lei moral natural". Como escreve Villey, o homem passou a ser responsável diante da sua consciência, da sociedade e do futuro, "esses substitutos de Deus".[8]

Como o homem destina-se por natureza a conviver com os seus semelhantes, a função primordial da norma jurídica seria regular deveres mútuos, que tornassem possível essa convivência social. O direito passa a ser formulado e pensado como uma legislação para governar a conduta humana. Para que tal sistema pudesse funcionar, o direito passou a utilizar alguns conceitos e categorias, que forneceriam uma base racional para a solução dos conflitos. A idéia clássica de justiça ou da justa distribuição de bens, como se encontrava no direito romano, perdeu nesse contexto o seu sentido. A responsabilidade seria então definida em função da "imputabilidade" da ação do indivíduo ao que se encontra previsto na lei. A atribuição de imputabilidade provocará uma conseqüência lógica na aplicação da lei, qual seja, a de que os atos imputáveis ao indivíduo trazem consigo uma obrigação.

Por sua vez, a responsabilidade penal, que até o Iluminismo era determinada em função de leis morais, ganhou autonomia própria. A pena justificava-se, desde os Dez Mandamentos, como um ressarcimento à violação de uma lei divina. A lei civil, em matéria penal, copiava a lei divina. A influência do Iluminismo no corpo do Direito Penal provocou uma revolução copernicana no Direito e na legislação. O indivíduo torna-se o responsável único por seus atos, sendo que a pena aplica-se em sua pessoa e nela termina, eliminando-se as penas extensivas a familiares. Desde que esteja no uso e gozo de suas faculdades mentais, a pena passar a ser aplicada em obediência ao princípio moral de que a responsabilidade penal tem a ver com ações que são manifestações do exercício consciente da vontade individual.

O direito civil moderno ordenou-se como um prolongamento desse sistema de moralidade. Neste contexto, o jusnaturalismo representou um conjunto sistemático de preceitos morais a serem consagrados pelo sistema jurídico; assim, a regra cristão-estóica de que cada indivíduo deve cumprir a palavra empenhada, irá servir de fundamento para a lei dos contratos – *pacta sunt servanda*. As raízes morais da responsabilidade civil podem, também, ser encontradas em regras jurídicas medievais, como a formulada por Tomás de Aquino,[9] seguida pelos escolásticos espanhóis e os moralistas

---

[8] Ib., p. 54.
[9] Tomás de Aquino, *Suma Teológica*, 2-2. q. 62.

do século XVII, que determinava a obrigação de cada indivíduo "restituir" ou reparar todos os danos provocados por atos culposos ou dolosos.

Esse preceito de natureza estritamente moral foi consagrado como regra de direito. Assim, por exemplo, Grotius estabelece que entre os três axiomas a que se reduz o direito propriamente dito encontra-se o de reparar o dano provocado por sua culpa (*Prolegomenos:* § 8).[10] O *Código de Napoleão*, no art. 1382, incorporou a fórmula grociana e evita mesmo a palavra "responsabilidade". Somente no século XIX é que a doutrina jurídica irá elaborar uma teoria da responsabilidade civil, especificamente jurídica, liberta de seus vínculos morais.

3. A responsabilidade como questão filosófica: a resposta kantiana

A responsabilidade, entretanto, antes de ser jurídica, permanece como uma questão filosófica, pois suscita a indagação a respeito da unidade da pessoa, sobre a identidade pessoal, a respeito de quais são os limites da autonomia racional e como se situa a questão da alteridade. A idéia de responsabilidade justifica-se como sendo a espinha dorsal da vida social em virtude de que os homens concebem-se uns aos outros como pessoas morais, i.e., seres capazes de atos racionais que se formalizam através de direitos e deveres. Considerar alguém responsável, ou não, por um ato, consiste em estabelecer o núcleo moral pétreo da vida social, que se molda por atitudes de aprovação ou reprovação que temos em relação ao outro. O problema filosófico dos fundamentos da responsabilidade encontra-se, assim, em verificar se os critérios sobre os quais atribuímos responsabilidades são critérios morais, racionalmente estabelecidos.

O problema da responsabilidade legal é mais amplo. O papel organizador dos sistemas jurídicos na sociedade exige o estabelecimento de critérios específicos para que se determinem os níveis e as características da responsabilidade, critérios esses a serem positivados em lei. A positivação legal dos critérios de responsabilização representou o passo definitivo dado pela teoria positivista do direito, que rompe com a tradição, onde as raízes da responsabilidade encontravam-se na moralidade.

Neste contexto, a teoria do direito prevê três tipos de responsabilidade legal – civil, penal e coletiva – que suscitam problemas diferenciados para a justificativa dos seus fundamentos. A responsabilidade, entretanto, não consegue separar-se, como pretende o positivismo jurídico em duas esferas de atuação nitidamente separadas, pois mantém uma dupla função: submete a pessoa livre ao julgamento de sua consciência ou faz com que o sujeito de direito responda pelas conseqüências de suas ações nas relações sociais.

---

[10] Grotius, Hugo (1925). *Del derecho de la Guerra y de la Paz*, trad. Jaime Torrubiano Ripoli. Madrid, Editorial Reus.

Tanto a responsabilidade moral, como a responsabilidade jurídica, terminam por encontrar sua justificativa comum na possibilidade de comunicação entre os homens.

A noção de responsabilidade subjacente, na obra de Kant, supõe uma idéia de inter-subjetividade, que rompe os quadros do individualismo abstrato, argumento principal da crítica ao filósofo alemão. A responsabilidade será determinada pela imputação de um ato a um indivíduo. Ocorre a imputação quando o sujeito é considerado como causa livre de uma ação. A imputação jurídica implica a atribuição de efeitos jurídicos, previstos em lei, à ação individual. A idéia de responsabilidade moral, argumenta Kant, refere-se ao princípio do querer, que é bom em si mesmo,[11] enquanto a idéia de responsabilidade jurídica implica a qualificação de um ato interpretado como um fato conforme ou não ao estabelecido na lei positiva.

A idéia de responsabilidade torna-se impensável quando ignoramos a definição de pessoa formulada por Kant: "uma pessoa é um sujeito cujas ações são suscetíveis de imputação", enquanto as coisas são tudo aquilo que não é suscetível de imputação.[12] A imputação moral faz a pessoa responsável por um ato bom ou mal enquanto, essencialmente, ela seja a causa livre e suscetível de ser determinada, a não ser por si mesma. A imputação jurídica, por sua vez, faz a pessoa responsável por um ato justo ou injusto na medida em que transgrida ou não aquilo que deve ser de acordo com a norma jurídica. A responsabilidade moral remete-nos, portanto, à livre subjetividade do agente.

Em conseqüência dessa idéia de pessoa humana, a responsabilidade jurídica tem por condição a possibilidade de mediação de uma legislação externa, mais precisamente, escreve Kant, a mediação realizada através de leis positivas, que exclui todo elemento de moralidade.[13] Kelsen sustenta que em virtude da operação de "qualificação" pela qual as normas jurídicas servem de esquema de interpretação e de avaliação dos fatos, somente essas normas conferem a qualidade de atos legais ou atos classificados como contra o direito.[14]

A nítida separação entre o direito e a moral, operada por Kelsen, tem como conseqüência que: "O julgamento (*Urteil*) que afirma ser um comportamento concreto justo ou injusto representa um julgamento (*Be-urteilung*), portanto, uma avaliação do comportamento. O comportamento que é um fato natural (*Seins-faktum*), existente no tempo e no espaço, é con-

---

[11] Kant, Immanuel (1991). *The Moral Law. Kant's Groundwork of the Metaphusic of Morals.* Trad. H. J. Paton. London and New York: Routledge.

[12] Kant, Immanuel (1971). *Métaphysique des Moeurs. Doctrine du Droit.* Trad. De A. Philonenko. J.Vrin. Paris.

[13] Kant, Immanuel (1971). Ib. § E.

[14] Kelsen, Hans (1987). *Teoria Pura do Direito.* Trad. João Baptista Machado. São Paulo: Martins Fontes.

frontado com uma norma de justiça que estabelece um dever (*Sollen*). O resultado é um julgamento que declara ser o comportamento de tal ordem que está de acordo com a norma de justiça, quer dizer, esse comportamento tem um valor, a saber, um valor de justiça positiva; ou então, pelo contrário, o comportamento não é de tal ordem que possa estar de acordo com a norma de justiça, mas é justamente contrário a ela, permite afirmar que esse comportamento é estranho a qualquer valor, possuindo, assim, unicamente um valor de justiça negativa".[15] Na continuação, Kelsen sustenta que somente a realidade pode ser valorada, somente ela terá ou não terá valor. Essa definição da responsabilidade jurídica, determinada no contexto restrito das relações de imputação, termina, como escreve Goyard-Fabre, por colocar entre parênteses a interioridade da pessoa, pois o ato acaba sendo examinado somente em função de sua conformidade ou não-conformidade exterior a uma norma legal positiva.[16]

4. A teoria da responsabilidade e a problemática da justiça

A insuficiência da fundamentação clássica da teoria da responsabilidade, no âmbito da teoria do direito, evidencia-se pelos impasses encontrados na aplicação das normas jurídicas na sociedade tecnocientífica contemporânea. A reflexão jusfilosófica enfrenta, assim, o desafio de recuperar a dimensão perdida da idéia de responsabilidade e situá-la no espaço da moralidade, que lhe é próprio. Dessa forma, o debate sobre a teoria da justiça contemporânea poderá ser significativamente enriquecido e contribuir para a reformulação da teoria da responsabilidade.

Uma contribuição relevante neste sentido encontra-se no pensamento de Paul Ricoeur (1913-2005). A reflexão de Ricoeur sobre o tema da responsabilidade ganha importância para a cultura jurídica, na medida em que se possam estabelecer as suas relações com uma teoria da justiça justificadora do estado democrático de direito. Situando-se numa vertente kantiana, Ricoeur, como Kant, parte da idéia de pessoa moral, considerada como ente capaz de assumir responsabilidades em virtude do exercício de uma vontade autônoma e racional. Em conseqüência, essas ações, manifestações de uma vontade autônoma, portanto, moral, poderão ser encontradas em duas dimensões diferentes. Na teoria kantiana sobre a responsabilidade vamos encontrar a questão formulada em duas dimensões. Em primeiro lugar, investigando as suas raízes morais e, ao mesmo tempo, diferenciando esse tipo de responsabilidade da responsabilidade jurídica.

---

[15] Kelsen, Hans (1966). "Justicia y Derecho Natural', in *Crítica del Derecho Natural*. Introdução e tradução de Elias Diaz. Madrid: Taurus.
[16] Goyard-Fabre, Simone (1977). "Responsabilité morale et responsabilité juridique selon Kant », in *Archives de Philosophie du Droit*, tome 22, p. 120.

No entanto, a teoria kantiana não desenvolveu o argumento sobre a possível vinculação da idéia de responsabilidade, como formulada por Kant, e a idéia de uma ordem jurídica justa. Essa limitação da teoria kantiana tem a ver com o entendimento de que a questão da responsabilidade se encontra no espaço do indivíduo e das relações intersubjetivas. A própria concepção kantiana do direito leva-nos, entretanto, e ainda que implicitamente, a inserir a responsabilidade moral e jurídica como se constituindo no fundamento último da justiça social.[17]

A fundamentação kantiana, lida de uma ótica social ou coletiva, e não individualista, pode ser utilizada no quadro do projeto de Paul Ricoeur, permitindo que se faça, sob a perspectiva da teoria da justiça, uma nova leitura da responsabilidade moral e jurídica. Na verdade, como procuraremos demonstrar, Ricoeur possibilita, através da análise da idéia de responsabilidade, uma abordagem original da teoria da justiça. Para que se possa chegar ao pleno entendimento do conceito de responsabilidade e suas repercussões para uma teoria da justiça, torna-se necessário atentar para a indagação preliminar de Ricoeur: "quem é o sujeito de direito"?[18]

A tradição do dogmatismo jurídico define o sujeito como a pessoa física ou jurídica capaz de assumir direitos e obrigações, definidos em lei. A crítica preliminar de Ricoeur reside em desconsiderar essa definição, pois, a seu ver, ela é insuficiente para a construção de uma teoria da responsabilidade, que atenda às exigências da sociedade contemporânea. Por essa razão, procura demonstrar como uma leitura contemporânea da teoria da responsabilidade pressupõe uma investigação prévia sobre a especificidade do sujeito de direito no plano da antropologia filosófica.

O sujeito de direito, do ponto de vista antropológico, tem por sua própria natureza um conjunto de valores, consubstanciados no princípio da dignidade humana, que o tornam digno de respeito; ao mesmo tempo, e, também, por sua própria natureza, tem diferentes níveis de capacidade. Segundo Ricoeur, essas capacidades do sujeito de direito podem determinar-se, não exclusivamente, em razão do disposto na lei positiva, mas também, e principalmente, em função da resposta que se dê à seguinte questão geral: "a quem se pode imputar a ação humana?". Note-se, nesse passo, que Ricoeur abandona o espaço restrito da legalidade jurídica – onde sujeito de direito é o ente capaz de direitos e deveres na ordem civil (art. 1º, *Novo Código Civil Brasileiro*) – e remete a questão para uma indagação mais geral e abrangente.

A própria pergunta implica a ressalva de que existem pessoas que não podem ser responsabilizadas por seus atos ou omissões. Dessa forma, a

---

[17] Ver a propósito, o argumento de Höffe, Otfried (1993). *Les Principes du Droit*. Paris : Les Éditions du CERF.
[18] Ricoeur, Paul (1995). *Le Juste. Paris:* Éditions Esprit.

reflexão ético-filosófica parte da constatação de que a pessoa, precisamente por não ser um ente imutável no tempo histórico, somente pode ser concebida no quadro de sua evolução moral. Na análise das raízes da responsabilidade, Ricoeur identifica o tema central em torno do qual podemos acompanhar e avaliar a lenta evolução da consciência moral do ser humano.

O processo de evolução da moralidade iniciou-se na história da humanidade, quando o homem deu o primeiro passo em direção ao seu aperfeiçoamento moral e substituiu os procedimentos de vingança pelas exigências mais complexas da justiça, que irão se evidenciar na adoção do critério de reparação dos danos sofridos. A passagem de um estado vingatório para um estado de justiça – descrito por Ésquilo na trilogia *Oréstia*, escrita no século V a.C. – constitui o que Ost[19] chamou de "ato fundador do direito". A peça de Ésquilo foi representada para uma platéia ateniense, quando Atenas estabelecia as origens da democracia e substituía a lei do talião por um sistema de justiça construído através de argumentos racionais, que exigia provas fáticas dos atos a serem julgados no contexto de uma lei comum. Nesse contexto é que se pode constatar como nas origens da ordem jurídica do Ocidente encontra-se a ligação umbilical entre o Direito e o estado democrático de direito.[20]

Esse momento da história da humanidade representa, assim, a superação do período da culpa grupal e a inauguração do período da personalização da responsabilidade, definida em função e como critério de avaliações, antes de tudo, morais. Essas referências pressupõem, entretanto, duas condições de possibilidade para a sua concretização: a aceitação do outro, como tendo finalidades em si mesmo, e um sistema de direitos e obrigações pré-definidos. O agente moral passa então a ser o indivíduo definido, preliminarmente, como aquele que tem na igualdade o critério valorativo básico para exercer direitos e assumir obrigações.

A análise de Ricouer se desenvolve, no primeiro momento, levando em conta a idéia clássica de responsabilidade, investigando-se o conceito fundador, e assim procura demonstrar que o mesmo extrapola o campo jurídico-conceitual para situar-se no campo da filosofia moral, fora do qual não terá consistência lógico-argumentativa. No segundo momento, toma o caminho oposto, partindo do conceito jurídico, e constata como as interpretações, que lhe tem sido dadas, tornaram a idéia de responsabilidade desenraizada no contexto social, econômico e político da sociedade tecno-científica contemporânea.

A idéia de responsabilidade, por sua vez, desenvolveu-se no direito moderno em duas variantes: a primeira, no direito civil, onde a responsabi-

---

[19] Ost, François (2005). *Contar a Lei – as fontes do imaginário jurídico*. São Leopoldo: Editora UNISINOS.
[20] Romilly, Jacqueline de. (2002). *La Loi dans la Pensée Grecque*. Paris : Les Belles Lettres.

lidade foi definida como a obrigação de reparar a perda (pré-juízo) causada por uma falta pessoal e determinada em lei; a segunda vertente, no direito penal, define a responsabilidade como a obrigação de receber a punição prevista legalmente em virtude de atos delituosos. Ricouer, para demonstrar a necessidade da teoria da responsabilidade ser repensada, argumenta no sentido de que o termo da linguagem jurídica não repercute na linguagem corrente, onde se emprega a palavra de forma imprecisa e abrangente, abarcando diferentes tipos de situações, que não são necessariamente jurídicas. Entretanto, apesar de toda essa elasticidade em seu emprego, a palavra *responsabilidade* conserva uma referência comum à obrigação, que, na concepção de Ricoeur, excede o quadro da reparação civil e da punição penal.

Na filosofia moral contemporânea, o termo *responsabilidade* aparece, por sua vez, como tema central no pensamento de diversos autores. Hans Jonas consagra o "princípio responsabilidade";[21] H. L. A. Hart[22] analisa as raízes morais da punição e suas relações com a questão da responsabilidade; Ronald Dworkin[23] se refere à responsabilidade coletiva; Jean-Marie Domenach[24] situa o conceito de responsabilidade como o fundamento de uma nova civilidade. A responsabilidade, portanto, escreveu Henri Batifol, supõe questões de ordem filosófica, que ultrapassam as possibilidades da teoria jurídica, já que se trata de uma noção que extrapola o próprio direito; a idéia de responsabilidade supõe a idéia de liberdade e suscita a questão da causalidade, que obriga, inelutavelmente, a consideração da problemática da justiça.[25] Ocorre então a evidência da necessária complementação entre a moral e o direito.

Ricoeur procura reformular o conceito jurídico e o conceito moral de responsabilidade, levando em consideração a realidade social e econômica do final do século XX. Desde o ponto de vista do direito, a responsabilidade civil perdeu o caráter de punição do culpável, dando lugar à "responsabilidade sem culpa", nas palavras do filósofo francês,[26] fundamentada na idéia de solidariedade, muito mais do que na necessidade de punição, que atende unicamente o objetivo de seguridade social. Em conseqüência, a imputação da responsabilidade, que no passado se restringia ao autor do ato imputável, na atualidade se volta para a vítima, privilegiando-a e garantindo o direito de indenização. Essa mudança na ênfase da idéia de responsabilidade jurídica expressa a repercussão no campo da teoria do direito de uma transformação no conceito moral de responsabilidade.[27]

---

[21] Jonas, Hans (1995). *Le Príncipe Responsabilité*. Paris : Les Éditions du Cerf.
[22] Hart, H.L.A. (1970). *Punishment and Responsibility*. Oxford: Clarendon Press.
[23] Dworkin, Ronald. (1995). *Law's Empire*. Cambridge, Massachusetts.
[24] Domenach, Jean-Marie (1994). *La Responsabilité*. Paris: Hairiwe.
[25] Batifol, Henri. (1977). "Préface", in *Archives de Philosophie du Droit*. 1977, tome 22.
[26] Ricoeur, op. cit., p. 58.
[27] Husson, Leon. (1947). *Les Transformations de la Responsabilité*. Paris: PUF.

No plano jurídico, o agente torna-se responsável, preliminarmente, por outra pessoa. Desloca-se, portanto, o foco da responsabilidade daquele que é responsável pela ação, para um novo objeto, vale dizer, para aquele que é vítima da ação; já não se menciona a culpa, tampouco, pela via de conseqüência da responsabilidade pessoal, senão da responsabilidade frente ao outro. Dentro dessa perspectiva da moralidade, é possível enquadrar a responsabilidade moral de uma geração para outra, uma responsabilidade que não se personaliza, mas que, na expressão de Ricoeur, "se inflaciona". Todas as questões relativas ao meio ambiente, engenharia genética e energia nuclear podem assim, ganhar sentido moral e repercussão jurídica quando interpretadas sob este ângulo.

Essa nova idéia da responsabilidade traz consigo três tipos de dificuldades, que, ao serem analisadas, permitem estabelecer uma ponte entre a teoria moral e jurídica da responsabilidade e as teorias contemporâneas da justiça. Ricoeur propõe três tipos de aporias: na nova idéia de responsabilidade, torna-se difícil identificar o autor do ato; a segunda dificuldade consiste na manutenção da relação com a determinação no espaço e o tempo de uma responsabilidade que apresenta autores identificáveis e que a assuma, o que remete às dimensões planetárias e cósmicas em que vive o homem contemporâneo; e, finalmente, como assegurar uma reparação quando não existe uma relação de causa e efeito subjetiva entre o autor do ato e suas vítimas? As bases da teoria clássica da responsabilidade jurídica mostram-se claramente insuficientes para responder aos problemas de uma sociedade multicultural, pluralista e democrática, como é a sociedade contemporânea. O desafio para a reflexão jurídica da atualidade consiste, assim, em elaborar uma nova teoria da responsabilidade, que se volte para a realidade social objetiva e estabeleça a sua legitimação moral e jurídica.

As três aporias aqui apresentadas tiveram na teoria clássica respostas diretas e imediatas. No que se refere à identificação do responsável pela ação, o direito civil estabelecia uma relação de causa e efeito entre a ação e seus efeitos danosos. Entretanto, a complexidade das relações sociais contemporâneas fez com que tal idéia da individualização da responsabilidade, em muitas situações, tenha se tornado problemática, pois a vida cotidiana se constitui de uma infinidade de pequenos atos, microdecisões, que se processam dentro de estruturas impessoais e imensas; como o sistema ecológico, a burocracia, tanto estatal como privada, e a rede do sistema financeiro, provocando o surgimento da figura jurídica, todavia pouco estudada, da responsabilidade anônima.

No tocante às repercussões da responsabilidade no tempo e no espaço, Ricoeur recorda a observação de Kant, de que a cadeia dos efeitos empíricos de nossos atos é virtualmente infinita. Essa observação se adapta com perfeição aos tempos modernos, onde as decisões adquirem uma escala cósmica e cujas conseqüências poderão prolongar-se por muitos séculos. O que resulta da idéia de reparação quando não existe relação objetivada entre o autor ou os autores de atos delituosos e as vítimas, desaparecendo aquilo que os juristas chamam de nexo de causalidade?

Neste contexto, pode-se delimitar a reflexão sobre a justiça transportando para a análise do tema às reflexões de Ricoeur sobre o conceito de responsabilidade. À medida que o conceito jurídico e moral de responsabilidade tornam-se insuficientes em seu marco clássico para solucionar os problemas da sociedade complexa e pluralista, fica evidente a necessidade de que sejam repensados. Desde o ponto de vista jurídico, buscou-se substituir a idéia da falta e a pena conseqüente, em virtude da própria impossibilidade objetiva de determiná-las, pela idéia do risco e do seguro a ser pago. Essa noção aparentemente simples, que se encontra na base dos sistemas securitários da atualidade, permitiu que as questões referentes à justiça fossem consideradas de outra maneira. Alguns autores, como, por exemplo, François Ewald,[28] sustentam que, enquanto a idéia de responsabilidade individual constituiu para o estado liberal o princípio de sua regulação social, política e econômica, a idéia de solidariedade, como critério para determinação da responsabilidade, servirá como o núcleo moral do estado do bem-estar social.

Contudo, corre-se o risco de que o direito e a moral busquem superar as deficiências encontradas pela teoria clássica da responsabilidade, através de uma desculpabilidade individual absoluta, o que terá como conseqüência o surgimento de uma sociedade de vítimas, em busca de culpados institucionais e de indenizações para compensar situações socialmente injustas. Assim sendo, trata-se de reavaliar a idéia de que a responsabilidade nasce na obrigação moral individual e de que se realiza, exclusivamente, no campo de uma relação intersubjetiva de onde se poderia determinar a relação de causa e efeito entre o ato, o agente e a vítima.

A proposta de Ricoeur pretende dar ao problema uma orientação prospectiva, em que a idéia da prevenção de danos futuros se agregará à de reparação de danos provocados.[29] Em função dessa idéia agregadora, encontraremos novas respostas às aporias já referidas, que permitirão, por sua vez, um novo entendimento da natureza da justiça. O sujeito da responsabilidade será, como na teoria clássica, o causador do dano, sendo considerado de forma indivisa as pessoas individualmente consideradas e os sistemas nos quais os indivíduos atuam. Quanto à segunda aporia, relativa aos nossos atos em dimensão planetária e repercutindo nas gerações futuras, Ricoeur propõe a elaboração de um novo imperativo categórico, que nos obrigue a agir de tal maneira que se garanta, depois de nossa existência, a

---

[28] Ewald, François (1996). *Histoire de l'État Providence*. Paris: Grasset.
[29] Ricoeur, op. cit., p. 65.

continuação da vida de outros seres humanos. Assim, a segunda formulação do imperativo categórico kantiano – "aja segundo a máxima através da qual a sua ação possa tornar-se lei universal"[30] – se desdobra para além da relação intersubjetiva, aplicando-se não apenas ao *hic et nunc*, senão fazendo com que o agente considere as repercussões de sua ação também no futuro.

É a resposta à terceira aporia que permite a introdução da idéia de solidariedade na reflexão de Ricoeur. O filósofo francês emprega a distinção entre efeitos pretendidos da ação e efeitos não pretendidos ou imprevistos; alguns sociólogos chamam estes efeitos de "perversos",[31] pois seriam conseqüências de ações públicas que se destinavam, não à criação de problemas, senão a suas soluções. A questão consiste em distinguir na ação humana dois tipos de atitude moral: o primeiro, atribuindo à boa intenção ou boa vontade a razão suficiente para que se desculpem todas as conseqüências danosas; e coincide com a clássica atitude dos radicalismos contemporâneos, nos quais as boas causas terminam por justificar a negação dos bons objetivos. Por outra parte, escreve Ricoeur, a assunção de todas as conseqüências de forma indiscriminada retorna para o agente, no limite, tornando-o totalmente irresponsável. Esse fatalismo encontra sua expressão na denúncia da premissa terrorista: "Todos são responsáveis por tudo e culpáveis por tudo!".

A solução de Ricoeur para o problema da responsabilidade no tempo parte da aceitação do fato de que não é suficiente a extensão do imperativo kantiano às gerações futuras, isto porque a vontade do homem tem sua origem no foro interior da pessoa, mas se realiza através de atos que modificam uma dada existência atual, sendo a vontade responsável. Em conseqüência, escreve Ricoeur, a ação humana apenas será possível quando for considerada a dimensão de suas conseqüências previsíveis e, ao mesmo tempo, contemplar uma visão de longo alcance: "a completa negligência dos efeitos laterais da ação a torna desonesta, mas uma responsabilidade ilimitada torna a ação impossível".[32]

A contribuição de Ricoeur para a teoria contemporânea da justiça talvez consista na possibilidade de aplicação do conceito de responsabilidade em sua dupla dimensão ao tema. A mais relevante elaboração teórica sobre a questão – que pode ser encontrada na obra de John Rawls[33] – propõe um modelo procedimental que, na análise de Ricoeur, busca articular uma perspectiva deontológica com uma perspectiva contratualista. Mas, exatamente, o caráter formal da teoria da justiça de Rawls faz com que os dois princípios

---

[30] Kant, Immanuel (1991). *The Moral Law*. Ed. Cit , p. 84.
[31] Boudon, Raymond (1979). *Efeitos Perversos e Ordem Social*. Trad. Analúcia T. Ribeiro. Rio de Janeiro. Zahar Editores.
[32] Ricoeur. p. 68.
[33] Rawls, John (1972). *A Theory of Justice*. Cambridge, Massachusetts. Harvard University Press.

da justiça – nas palavras de seu formulador, "um ponto arquimediano para avaliar as instituições existentes, assim como os desejos e as aspirações por elas produzidas"[34]– necessitem de conteúdos jurídicos para que possam ser aplicados. Assim, torna-se necessária a construção de novos conteúdos jurídicos que, entretanto, não podem ser identificados no quadro da teoria geral do direito civil clássico.

Talvez o conceito de responsabilidade de Ricoeur sirva para se ter uma ponte entre a moral e a política, onde uma concepção do homem e da sociedade, que contemple o individual e o coletivo de maneira integral, venha a ser o conceito fundador dessa ordem jurídica do século XXI. Assim, o princípio da solidariedade ganha um conteúdo jurídico, visto que é em função deste que o outro, o nosso semelhante, surge como uma pessoa com finalidade em si mesma, a ser garantida através da ordem jurídica, que deixa de ser estritamente individualista e incorpora a dimensão da pessoa como agente moral, membro de uma coletividade e, portanto, sujeito da vontade coletiva. Não se pode esquecer e considerar o fato de que a própria crise da teoria da responsabilidade clássica foi provocada tendo em vista novas realidades sociais e econômicas, que passaram a exigir a reavaliação da ordem jurídica individualista da sociedade liberal burguesa.

A reflexão de Ricoeur aproxima-se da análise de poucos teóricos do direito que perceberam a insuficiência da resposta dogmática clássica para a questão da responsabilidade na contemporaneidade. Civilistas perceberam as "transformações da responsabilidade"[35] no direito moderno, ensinando como a sua concepção, herdada do direito romano, através do *Código de Napoleão*, não lograva responder aos desafios sociais e econômicos encontrados na sociedade pluralista e democrática do mundo contemporâneo. Pode-se mesmo explicar a chamada crise do direito contemporâneo como uma crise do conceito fundamental da responsabilidade, que se evidencia nos obstáculos encontrados pela teoria do direito ao tentar utilizar um conceito esgotado na solução dos novos e complexos problemas da pós-modernidade. O direito contemporâneo abre-se, assim, para comportamentos jurídicos valorados, provocando um "corte não vertical, mas transversal do fenômeno jurídico".[36]

A crise conceitual, e por conseqüência normativa, para Ricoeur, poderá ser superada na medida em que se busquem soluções fora do âmbito restrito da dogmática jurídica. A responsabilidade assume, no pensamento do filósofo, a posição de um dos vetores essenciais na construção de uma ordem justa, e, portanto, adquire sentido somente no quadro de uma reflexão moral para que possa, inclusive, servir como categoria jurídica.

---

[34] Rawls, ib. p. 520.
[35] Husson, Leon. Op. cit.
[36] Fachin, Luiz Edson (2003). *Teoria Crítica do Direito Civil*. Rio de Janeiro: Editora Renovar, p. 304.

— XIV —

A filosofia civil em Thomas Hobbes[1]

WLADIMIR BARRETO LISBOA[2]

Sumário: I. Philosophia Prima e a noção de movimento; II. A autopreservação e a noção de bem; III. A condição natural da humanidade; IV. O auto-interesse e a criação do contrato; V. O método e as proposições necessárias da filosofia civil; V. Conclusão.

I. Philosophia Prima e a noção de movimento

Herdeiro e protagonista das mudanças produzidas ao nível das concepções de movimento, matéria e causalidade ao longo dos séculos XVI e XVII, Hobbes tomará como princípio de sua filosofia primeira a premissa segundo a qual todo corpo procura manter um equilíbrio constante de suas diferentes partes preservando sua identidade ou, de outro modo formulado, todo corpo busca perseverar em seu estado de movimento. É o que denominamos, *mutatis mutandis*, o "princípio de inércia":

> (...) o princípio da inércia ocupa um posto eminente na mecânica clássica em contraste com a dos antigos. Está nela a lei fundamental do movimento; reina implicitamente na física de Galileu, explicitamente na de Descartes e Newton. Todavia, deter-se nesta característica parece-me um pouco superficial. Em minha opinião não basta estabelecer simplesmente o fato. Temos que compreendê-lo e explicá-lo: explicar por que a física *moderna* foi capaz de adotar este princípio, compreender por que e como o princípio da inércia, que nos parece tão simples, tão claro, tão plausível e inclusive evidente, adquire este estatuto de evidência e verdade a priori, enquanto que para os gregos, assim como para os pensadores da Idade Média, a idéia de que um corpo, uma vez posto em movimento, continuaria movendo-se sempre, pareceria evidentemente falsa e inclusive absurda.[3]

---

[1] Hobbes denomina o conhecimento dos acidentes dos corpos políticos de "Civil Philosophy". Cf., Thomas. *Leviatã ou Matéria, Forma e Poder de um Estado Eclesiástico e Civil*. Tr. João Paulo Monteiro e Maria Beatriz Nizza da Silva, 3ª ed., São Paulo. Abril, 1983, p. 52.

[2] Doutor em Filosofia Política pela Université de Paris – I, Panthéon/Sorbonne Professor da disciplina "Ética e Fundamentos do Direito" no PPG em Direito – Unisinos.

[3] KOYRÉ, Alexandre, *Estudios de História del Pensamiento Científico*. 2ª ed. Mexico, Siglo Veintiuno, 1978, p. 153-54.

À sua época, Hobbes aparece como um pioneiro, nesse aspecto, no domínio da história da filosofia, na medida em que seu ponto de partida metodológico consiste justamente em considerar o ser humano, antes de tudo, como um ser natural que tem como princípio de seu movimento essa propriedade fundamental partilhada com todos os demais corpos. Hobbes assim a exprime:

> Nenhum homem duvida da verdade da seguinte afirmação: quando uma coisa está imóvel, permanecerá imóvel para sempre, a menos que algo a agite. Mas não é tão fácil aceitar esta outra, que quando uma coisa está em movimento, permanecerá eternamente em movimento, a menos que algo a pare, muito embora a razão seja a mesma, a saber, que nada pode mudar por si só.[4]

Juntamente com as teses acerca das noções de enunciado, necessidade e potência, expostas sobretudo no *De Corpore*, o conceito de movimento apresenta o ponto de partida do sistema de filosofia de Hobbes, descrevendo as propriedades mais universais dos corpos para chegar, por último, a esse corpo animado e racional capaz de construir essa entidade política denominada de *Commonwealth*.

Estabelecido esse ponto, podemos fixar um dos princípios do sistema filosófico hobbesiano, denominado aqui de "axioma da finitude":[5] *todo ser vivo se esforça para perseverar em seu estado de movimento*. Introduziu-se, agora, um novo elemento na análise que não estava presente na primeira definição do movimento dos corpos acima apresentada, a saber, a noção de "ser vivo". Se aceitarmos esse ponto de partida metodológico, chegaremos à conclusão segundo a qual a vida é fundamentalmente definida por relação ao movimento. A vida ela mesma é apenas movimento. O novo elemento introduzido aqui na definição é, pois, "esforçar-se para perseverar em seu movimento". Não existe, em Hobbes, um estado de repouso que consistiria na felicidade de um indivíduo satisfeito. Desse modo, todo ser vivo, *qua* natural, busca manter isso que justamente lhe é próprio enquanto natural, isso é, seu movimento. Para um ser vivo, "manter seu movimento" significa então o mesmo que "manter sua vida". O movimento de preservação da vida é, assim, um movimento de autopreservação. Se aceitarmos as definições precedentes, aparece então como necessariamente verdadeiro que todo ser vivo se esforça para perseverar em seu movimento, isso é, ele busca se autopreservar. É o que Hobbes denomina de *endeavour/conatus*.[6]

Podemos agora passar à análise do modo segundo o qual Hobbes especifica o movimento próprio ao ser vivo humano.

---

[4] HOBBES, Thomas. *Leviatã*, p. 11.
[5] Cf. BARBOSA FILHO, Balthazar. *Condições da Autoridade e a Autorização em Hobbes*, in Filosofia Política, ed. L&PM-UFRGS, 1991, p. 63-75.
[6] Cf. HOBBES, Thomas.. *Elementos da lei natural e política*. São Paulo, Ícone, 2002, p. 48.

II. A autopreservação e a noção de bem

O movimento humano, como o dos animais, é impulsionado pelos apetites e aversões que experimenta em relação às suas sensações. Buscamos o que nos proporciona prazer, evitamos aquilo que nos causa desprazer. Esse movimento a que se chama apetite, notadamente em sua manifestação como *deleite* e *prazer*, parece constituir uma corroboração do movimento vital, e uma ajuda prestada a este. Portanto as coisas que provocam deleite eram, com toda a propriedade, chamadas *jucunda* (à *juvando*), porque ajudavam e fortaleciam; e eram chamadas molesta, ofensivas, as quais impediam e perturbavam o movimento vital.[7]

Assim, o ser humano, enquanto humano, age necessariamente mediante a representação de um fim que julga adequado para manutenção daquilo que é o fim último almejado, isso é, a manutenção da vida.[8] A este fim denominamos "bem". O movimento humano, diferentemente dos demais animais, é mediado pela representação de um fim, vale dizer, o movimento humano é intencional, no sentido de que ele pertence à dimensão do "*parece-me* que P", onde "P" é a descrição de um bem aparente futuro.

O ser humano guarda, portanto, de um lado, o traço característico da classe dos corpos, isso é, a perpetuação de seu movimento, e, de outro (e essa é uma característica propriamente humana do postulado acerca do comportamento dos corpos), acrescenta a mediação da razão na caracterização do fim. O ser humano, e ele apenas, estima as ações mais adequadas para perseguição de um fim dado. Desse modo, aquilo que se busca como um fim, isso é, o que preserva a vida humana, pode ser considerado como relevando do bem.

Devemos agora fazer intervir, para uma compreensão satisfatória do texto hobbesiano, uma definição formal e uma definição material de bem. Definido formalmente, "bem" é tudo aquilo que é buscado como fim da ação. Todavia, a definição material de bem faz intervir uma interpretação acerca do caráter dos bens adequados ao propósito de manutenção da vida. Materialmente definido, "bem" é o conjunto de meios efetivos de que o ser humano dispõe para preservar sua vida.

O ser humano procura, assim, os meios que acredita necessários para a manutenção da vida. A representação de um fim introduz, na esfera humana, a dimensão propriamente racional. Representar-se algo como um fim é julgar que tal coisa é um bem. Tal é, então, a primeira premissa de todo raciocínio prático: "Tal coisa me aparece como um bem".

A razão é definida em Hobbes, fundamentalmente, como faculdade de cálculo. Em um raciocínio prático, isso é, em um pensamento que delibera os meios mais adequados para atingir um fim buscado como um bem, vemos

---

[7] HOBBES, Thomas. Leviatã, *op. cit.*, p. 34. Trata-se aqui do movimento denominado por Hobbes de "voluntário".
[8] Tal fim é, para Hobbes, uma causa eficiente que concerne unicamente os seres que possuem sensação e vontade. Cf. *De Corpore*, OL, I, II, 10, 7, 117 ; EW, 131.

como este cálculo conduz o ser humano a acercar-se dos meios necessários para a preservação de sua vida. A racionalidade prática é, antes de tudo, um cálculo acerca do modo mais eficaz para cumprir o propósito primeiro de qualquer ser racional, isto é, manter o movimento vital.

Isso não explica, contudo, por que o movimento de autopreservação da vida é concebido como competitivo em Hobbes nem por qual motivo o ser humano, a fim de preservar seu movimento, necessita acumular os bens necessários a sua subsistência.

A competitividade pela apropriação e conservação dos bens apenas pode ser compreendida em Hobbes se introduzirmos as noções de *igualdade humana*, *escassez dos bens* e de *poder*.

O ser humano busca, como vimos, acercar-se de um determinado número de bens que o mantenha vivo. Essa procura aparece, entretanto, como cumulativa: O ser humano busca necessariamente o acúmulo de bens porque, dado que a abundância indeterminada de bens não pode ser *a priori* demonstrada, dado o caráter finito do ser humano, então é mais racional, em tal caso, supor a escassez dos bens do que sua abundância. Para um ser racional que calcula os meios adequados para manter sua vida, é mais racional supor que os bens são finitos. Assim, dada esta pressuposição, quanto mais meios dispuser para a manutenção de minha vida, tanto mais estarei assegurado da consecução de meu fim último. Qual a quantidade de bens, então, deverei acumular para estar assegurado da manutenção de minha vida?

Para responder a essa pergunta, convém considerar previamente um segundo axioma fundamental: o da igualdade natural dos seres humanos. Evidentemente, Hobbes define a igualdade entre os seres humanos por referência a uma capacidade específica. A aparência, diz-nos Hobbes, mostra-nos, ao contrário, a pouca evidência desta igualdade. Neste sentido, alguns homens são mais altos que outros, outros mais fortes, alguns mais ágeis. Contudo, é por relação à capacidade de matar, diz-nos Hobbes, que os homens são radicalmente iguais:[9]

> A causa do medo mútuo depende em parte da igualdade natural de todos os homens, em parte da recíproca vontade que eles têm de prejudicarem-se. O que faz com que nós não possamos proporcionar aos outros, nem alcançar a nós mesmos alguma segurança. Pois, se nós considerarmos os homens adultos e prestarmos atenção na fragilidade da estrutura do corpo humano (sob cuja ruína todas as faculdades, a força e a sabedoria que nos acompanha permanecem arruinadas) e quão fácil é ao mais fraco matar o homem mais robusto do mundo, não haverá razão para nos fiarmos em nossas forças, como se a natureza nos houvesse dado deste modo alguma superioridade sobre os outros. São iguais aqueles que podem coisas

---

[9] A igualdade natural dos homens é dupla : quanto às capacidades corporais e intelectuais. Apenas a primeira é explorada aqui. Para uma análise da igualdade quanto à intelectuais, ver LISBOA, W. B. *O direito, a moral e os limites da justiça: algumas dificuldades legadas pelos modernos*. In Coppetti, A., Streck, L. L., Rocha, L. S. Constituição, sistemas sociais e hermenêutica. Porto Alegre, Livraria do Advogado, 2005, p. 281 e seguintes.

iguais. Ora, aqueles que podem o que há de maior e de pior, a saber, matar, podem coisas iguais. Todos os homens são, pois, naturalmente iguais. A desigualdade que reina agora foi introduzida pela lei civil.[10]

Dado que os bens são escassos, o acúmulo de bens engendra inexoravelmente a disputa de bens que ao menos dois homens julgam simultaneamente necessários para a manutenção da vida. Nessas circunstâncias, como age um ser racional? Se age racionalmente, isso é, se busca manter a vida – o movimento – então procurará acercar-se dos meios para a obtenção deste fim. A este acúmulo de bens Hobbes denomina "Poder":

> O poder *de um homem* (universalmente considerado) consiste nos meios de que presentemente dispõe para obter qualquer visível [*apparent*] bem futuro.[11]

A quantidade de poder é diretamente proporcional à quantidade de bens acumulados. E isso se explica, em primeiro lugar, em razão da igualdade humana quanto à capacidade de matar; em segundo lugar, pela disputa dos bens que supomos escassos e, em terceiro lugar, devido ao conflito de poder. Basta que um ser humano apresente uma defasagem de bens em relação a outro ser humano para que essa desvantagem se traduza em uma diminuição potencial da capacidade de manter-se vivo. Como é dito nos *Elements of law*:

> E porque a potência de um homem resiste e obsta os efeitos da potência de outro homem, a potência, simplesmente, nada mais é do que o excedente da potência de um além da potência de outro. Afinal, iguais potências colocadas em oposição destroem umas às outras, e essa oposição entre elas recebe o nome de luta [*contention*].[12]

Utilizando uma terminologia da filosofia política contemporânea, diríamos que o poder é caracterizado em Hobbes como um jogo de soma zero, o que significa que o aumento do poder de um ser humano – os meios de que dispõe para manter sua vida – corresponderá necessariamente a uma diminuição de poder para um outro ser humano e, assim, a uma diminuição nas mesmas proporções da capacidade de conservar sua vida.

É importante ressaltar que a busca do poder não é um aspecto psicológico de um ser histórico particular, mas decorre, segundo Hobbes, de consideração acerca de propriedades necessárias deste corpo racional denominado ser humano. Assim, se todo ser vivo racional busca necessariamente conservar seu movimento, isto é, sua vida, e se um outro ser humano coloca-se como obstáculo, em determinada circunstância, à manutenção dessa vida, então, julgando como bem supremo a manutenção de sua identidade, o agente racional não hesitará em levantar esse obstáculo (como não hesitará em levantar qualquer obstáculo) para se manter vivo, mesmo que

---

10 HOBBES, Thomas. *De Cive ou les fondements de la politique*, Paris, Sirey, 1981, p. 81-82.
11 HOBBES, Thomas. *Leviatã*, p. 53. Texto latino "Mediorum omnium, quae habet ad Bonum aliquod futurum apparens adipiscendum, aggregatum."
12 HOBBES, Thomas. *Elementos da lei natural e política. Op. cit.*, p. 54. Tradução ligeiramente modificada.

para isso seja necessário matar outro ser humano. Essa dedução decorre do fato de que o agente é suposto agir racionalmente.

O ser humano procura, como explicado acima, apropriar-se de um determinado volume de bens a fim de se manter em vida. Por qual razão essa busca é cumulativa? Se os indivíduos humanos procuram sempre um acúmulo de bens, então, visto que o aumento de poder para um sujeito "X" corresponde, *ipso facto*, a uma diminuição na mesma proporção da capacidade do sujeito "Y" de conservar sua vida (ou seu poder), e sendo dado que "Y" age, do mesmo modo, racionalmente, então "Y" procurará um diferencial de poder de modo a estar em vantagem em relação à disponibilidade dos bens presentes para a obtenção de um bem aparente futuro: "Dessa igualdade quanto à capacidade deriva a igualdade quanto à esperança de atingirmos nossos fins. Portanto se dois homens desejam a mesma coisa, ao mesmo tempo que é impossível ela ser gozada por ambos, eles tornam-se inimigos."[13]

Um tal raciocínio permite concluir que essa situação coloca o ser humano em uma condição de busca incessante e crescente de aquisição de poder e mais poder. Assim, é necessariamente verdadeiro, segundo Hobbes, que o ser humano finito, desejante e racional está sempre em busca de poder e mais poder – *power after power*.[14]

III. A condição natural da humanidade

Segundo Hobbes, a busca incessante de poder mostra-se necessariamente conflitante. A condição natural da humanidade[15] é uma situação onde o ser humano pode utilizar irrestritamente seu poder a fim de realizar seu objetivo fundamental que consiste na manutenção de sua vida.

A busca pelo acúmulo de bens é o resultado de uma ação racional, isso é, uma ação motivada pela certeza do cálculo que busca a maximização do bem-estar. Porque procura manter-se vivo, o indivíduo acumula bens.

Contudo, esse acúmulo de bens, dada sua possível escassez, dada a igualdade natural dos homens, dada a caracterização do poder como um jogo de soma-zero, conduz os homens inexoravelmente ao confronto, uma vez que "X" pode ser um empecilho à perpetuação de minha vida. O ser

---

[13] HOBBES, Thomas. *Leviatã*, p. 74.
[14] HOBBES, Thomas. *Leviatã*, p 60: «So that in the first place, I put for a general inclination of all mankind, a perpetual and restless desire of power after power, that ceaseth only in death.».
[15] O *Leviatã* inglês substitui às expressões *estate of liberty* ou *estate of war*, presentes nos *Elements of law* (I, XIV, 12), o termo *condition*. O título do capítulo XIII do *Leviatã* é: "OF THE NATURAL CONDITION OF MANKIND AS CONCERNING THEIR FELICITY, AND MISERY." Essa modificação ajuda a dissipar o equívoco de identificar o denominado estado de natureza hobbesiano a um contexto histórico determinado. Hobbes considera, nos *Elements* como no *Leviatã*, a condição humana uma vez abstraída a existência de um poder político. Trata-se, portanto, de um estudo acerca das paixões e da racionalidade humana em uma situação onde cada indivíduo é a medida do justo e do injusto.

humano ao agir racionalmente busca um constante diferencial de poder em relação aos outros indivíduos. Este diferencial, contudo, dado que os demais indivíduos também agem racionalmente, engendra necessariamente o conflito. A condição natural do homem é, portanto, uma condição de guerra. Uma tal situação é, aparentemente, paradoxal. Ao buscar maximizar sua vida, os indivíduos apenas alcançam uma vida "solitária, pobre, sórdida, embrutecida e curta".[16] Uma tal guerra de todos contra todos de que nos fala Hobbes não é necessariamente um acontecimento que ocorreu ou ocorrerá em determinado período da história.[17] E a razão para isto é evidente: um filósofo como Hobbes não deixaria que uma tese filosófica tão central em sua doutrina política tivesse como condição de sua verdade um dado empírico, um evento contingente do mundo. Para esclarecer este ponto utilizemos as próprias palavras de Hobbes:

> Com isto se torna manifesto que, durante o tempo em que os homens vivem sem um poder capaz de os manter a todos em respeito, eles se encontram naquela condição a que se chama guerra; e uma guerra que é de todos os homens contra todos os homens. Pois a guerra não consiste apenas na batalha, ou no ato de lutar, mas naquele lapso de tempo durante o qual a vontade de travar a batalha é suficientemente conhecida.[18]

A guerra não é, portanto, a efetividade do conflito, mas o período de tempo em que a vontade de se enfrentar na batalha é presumida. Trata-se aqui apenas da possibilidade de que o poder de um homem possa se opor ao de outro, na medida em que ele possa ser um obstáculo à preservação da vida. Assim, se o ser humano é racional, deve garantir-se aumentando seu poder em relação ao outro.

A aporia que está em jogo aqui é a seguinte: quando agimos racionalmente, isso é, quando calculamos os meios mais eficazes para preservar a vida, somos conduzidos a um estado de guerra. O estado de guerra é, portanto, racionalmente necessário para a preservação da vida. Contudo, dada a igualdade natural dos seres humanos, segue-se que a busca por poder e mais poder (estado de guerra) justamente diminui a possibilidade de preservação do movimento, isto é, da vida. Temos, portanto, a situação, ao menos aparentemente contraditória, de gerarmos um estado que julgamos condição de preservação da vida e que é, ao contrário, um estado onde temos nossas vidas mais ameaçadas.

> Todavia, por causa desta igualdade de forças e de outras faculdades que se encontram entre os homens em estado de natureza, isto é, em estado de guerra, ninguém pode estar seguro de sua conservação, nem esperar alcançar longos anos de vida. É por isto que eu coloco entre as leis naturais esta que mostrarei no capítulo seguinte, a saber, que a reta razão nos ensina

---

[16] Cf. *Leviatã*, p. 76.
[17] Acerca da relação entre filosofia e história em Hobbes, ver sobretudo : ZARKA, Y. C., «Histoire et développement chez Hobbes», in BLOCH, O., *Entre forme et histoire*, Paris, Meridiens Klincksieck, 1988, p. 165-79 e ZARKA, Y. C. *Figure du pouvoir*, chap. VIII : Politique et fiction, Paris, PUF, 2001, p. 119-41.
[18] HOBBES, Thomas. *Leviatã*, op. cit., p. 75.

buscar a paz desde que haja alguma esperança de alcançá-la, ou de prepararmo-nos para a guerra, uma vez que seja impossível obtê-la.[19]

IV. O auto-interesse e a criação do contrato

Vimos até aqui que uma das características fundamentais do ser humano, segundo Hobbes, é seu auto-interesse, isto é, o ser racional busca em toda circunstância uma maximização de seus ganhos e uma minimização de seus prejuízos. O raciocínio prático[20] mesura, em última instância, quais os meios são mais adequados para a manutenção da vida. Entretanto, se a razão prática é definida como um instrumento de satisfação dos desejos, sua limitação é introduzida pelo interesse racional de uma maximização global do desejo, isso é, um prolongamento máximo de conservação da vida. Nessas circunstâncias, é racional aceitar uma limitação das satisfações mais imediatas, tendo em vista que é justamente através de uma tal limitação do comportamento que o desejo de prolongar ao máximo a vida será satisfeito. O desejo de prolongar ao máximo a duração da vida é precisamente o que torna possível a prudência. Utilizando uma terminologia de Jon Elster,[21] poderíamos dizer que os agentes racionais são *global maximizers*, e não *local maximizers*, isso é, eles escolhem sempre, entre as diferentes ações alternativas, aquela cuja resultante produz a maximização do desejo no mais extenso período de tempo possível (e não apenas no curto prazo). Isso implica que os agentes estão engajados em abandonar uma parte de sua satisfação no presente se, e apenas se, isso acarrete uma maior satisfação no futuro em relação à perda ou sacrifício exigido no presente.[22]

O auto-interesse conduz, nestas circunstâncias, à composição de interesses. Mas o que, nessa condição natural, pode servir de barganha para a realização do propósito fundamental do indivíduo humano ? O único direto que o ser humano possui em seu estado de natureza, segundo Hobbes, e que pode servir de barganha para os desígnios dos indivíduos, é o chamado Direito Natural.

> O *direito de natureza*, a que os autores geralmente chamam *jus naturale*, é a liberdade que cada homem possui de usar seu próprio poder, da maneira que quiser, para a preservação

---

[19] HOBBES, Thomas. *De Cive ou les fondements de la politique*. Trad. François Tricaud, Paris, ed. Sirey, 1981, p. 88-89; Cf. *Leviatã*, XIV, p. 75.

[20] Como afirma Zarka : «Uma conclusão de um raciocínio teórico torna-se um preceito prático quando ela concerne ao desejo de perseverar no ser», in ZARKA, Y. C., *Hobbes et la pensée politique moderne*, Paris, PUF, 1995, p. 154.

[21] ELSTER, J., *Ulysses and the Sirens. Studies in rationality and irrationality*, Paris, Éditions de la Maison des Sciences de l'Homme, 1984, p. 4-17.

[22] Como afirma Hobbes no *De Cive* : "Portanto, aqueles que não teriam como concordar quanto a um bem presente entram em acordo quanto a um bem futuro – o que na verdade é efeito da razão: pois as coisas presentes são óbvias aos sentidos, e as futuras apenas à razão." HOBBES, Thomas, *De cive*, I, III, XXXI, Tradução de Renato Janine Ribeiro. São Paulo, Martins Fontes, 1998, p. 72.

de sua própria natureza, ou seja, de sua vida; e conseqüentemente de fazer tudo aquilo que seu próprio julgamento e razão lhe indiquem como meios adequados a esse fim.[23]

Portanto, o único direito que o ser humano possui em estado de natureza é o de usar de todos os meios que julgue necessários para a manutenção de sua vida. O ser humano racional, diz-nos Hobbes, percebe que a melhor possibilidade de realizar seu objetivo é através da composição com os outros seres racionais. Que espécie de composição? Um contrato, afirma Hobbes.

Sabemos que um contrato importa, necessariamente, na renúncia[24] por parte de um dos contratantes, de determinado direito em benefício daquele que faz parte do outro pólo do contrato. Ora, dado que o direito natural é o único que possuímos na ausência de um poder civil, apenas ele torna possível a idéia de um contrato, já que apenas na sua suposição tem o ser racional um elemento de negociação possível. Apenas a idéia do direito natural torna possível a saída do estado de natureza. Sem o conceito de direito natural não passamos, portanto, à idéia de contrato.

Mas o que é o contrato? O contrato é uma forma particular de renúncia. É uma renúncia ao direito natural, isso é, uma renúncia a usar indiscriminadamente de todos os meios necessários à manutenção da vida, inclusive o direito aos corpos dos outros. Nesse sentido, afirma Hobbes:

> Conseqüentemente é um preceito ou regra geral da razão, que *todo homem deve esforçar-se pela paz, na medida em que tenha esperança de conseguí-la, e caso não a consiga pode procurar e usar todas as ajudas e vantagens da guerra.*[25]

A renúncia, evidentemente, apenas ocorre na condição que ela seja recíproca. Pois, segundo Hobbes:

> [...] enquanto cada homem detiver seu direito de fazer tudo quanto queira todos os homens se encontrarão numa condição de guerra. Mas se os outros homens não renunciarem a seu direito, assim como ele próprio, nesse caso não há razão para que alguém se prive do seu, pois isso equivaleria a oferecer-se como presa (coisa a que ninguém é obrigado), e não a dispor-se para a paz.[26]

Aceitos os teoremas sumariamente expostos até aqui, somos obrigados a admitir que o contrato é o único instrumento suscetível de superar a condição de guerra, isso é, de permitir ao ser humano cumprir seu propósito primordial – manter-se vivo – sem viver na iminência da guerra.

Apenas o contrato permite resolver o paradoxo do estado de guerra na medida em que apenas ele é recíproco.

Uma questão, todavia, subsiste: em favor de quem se renuncia, já que a caracterização do poder como soma-zero implica que a renúncia de meu direito natural em favor de um dos contratantes aumentaria temerosamente

---

[23] HOBBES, Thomas. *Leviatã*, p. 78.
[24] Renúncia, é claro, mediante uma contraprestação, "Pois é um ato voluntário, e o objetivo de todos os atos voluntários dos homens é *algum bem para si mesmos.*" Idem, p. 80.
[25] Idem, p. 78.
[26] Idem, p. 79.

seu poder em relação aos demais indivíduos ? A renúncia ao direito natural, portanto, só é racional se o contrato recíproco dos seres humanos instituir um indivíduo que não se reduz a nenhum dos indivíduos do contrato, isso é, o contrato só é efetivo se instituir um ente que não é uma pessoa física, ou seja, se ele engendrar um ser fictício. Esse ser fictício, diz Hobbes, é o Soberano.[27]

Todavia, resta ainda mostrar uma tese a mais para justificar a racionalidade da obediência ao Soberano. Convém estabelecer a natureza ontológica daquele em proveito de quem transmitimos[28] o exercício do direito natural.

Hobbes tem uma tese básica acerca do existente: nada pode existir que não tenha extensão. O que existe, portanto, são os corpos ou, parafraseando Aristóteles, o que existe é *este* cavalo, *este* homem, Cálias. A entidade criada através da transmissão do direito natural não tem, assim, uma existência autônoma em relação aos indivíduos, isso é, ela é fruto de um ato de criação. Este ente é produto da deliberação humana e não tem, portanto, uma existência necessária. No caso único da autorização do Estado, a transferência de direito cria o objeto. A este ser artificial chamamos Estado – *Commonwealth*.[29]

Desse modo, a autorização engendrada pelo contrato é *sui generis*, pois o autorizado (o Soberano) é criado no ato em que se transfere a autoridade:

De modo que por autoridade se entende sempre o direito de praticar qualquer ação, e *feito por autoridade* significa sempre feito por comissão ou licença daquele a quem pertence o direito.[30]

Em tais circunstâncias, é mais racional submeter-se à autoridade do Estado do que viver em estado de natureza – onde a expressão "mais racional" significa que pode-se demonstrar *a priori* que o indivíduo que calcula corretamente os meios de atingir seu objetivo preferirá a paz à guerra ou, dito de outro modo, a lei (natural e civil) ao estado de natureza.

---

[27] O conceito de autorização presente no capítulo XVI do *Levitã* permite pensar a vontade do soberano, da qual procede a ordem jurídica da República, não como uma vontade privada, mas como uma vontade pública. Através do pacto, uma multiplicidade de vontades particulares é substituída pela vontade única do representante autorizado. Ver também *Leviatã*, cap. XVII, p. 105-106.

[28] Hobbes realiza uma distinção entre dois modos de se desfazer de um direito, a saber: « By simply RENOUNCING; when he cares not to whom the benefit thereof redoundeth. By TRANSFERRING; when he intendeth the benefit thereof to some certain person, or persons. », *Leviathan*, XIV, p. 191 na edição de MacPherson.

[29] Para uma história da utilização do termo « Estado » em Hobbes, ver FOISNEAU, L., «De Machiavel à Hobbes : efficacité et souveraineté dans la pensée politique moderne.», in RENAUT, A., (dir.) *Naissances de la modernité*, Paris, Éditions Calmann-Lévy, Tome II, 1999, p. 253-55.

[30] HOBBES, Thomas. *Leviatã*, XVI, p. 96. No Leviatã inglês lê-se, na p. 218 na paginação de MacPherson : «So that by Authority, is always understood a Right of doing any act: and *done by Authority*, done by Commission, or Licence from him whose right it is.» Acerca desse ponto, ver BARBOSA FILHO, B. "Condições da Autoridade e a Autorização em Hobbes" in Filosofia Política, ed., L&PM-UFRGS, 1991, p. 63-75. Op. cit., p. 96.

V. O método e as proposições necessárias da filosofia civil

A filosofia política de Hobbes, como de resto a filosofia política em geral, busca, fundamentalmente, justificar enunciados normativos que estabelecem obrigações. No caso de Hobbes, a ação humana, ao lado da geometria e da aritmética, ocupa um lugar privilegiado no domínio dos objetos suscetíveis de uma *épistémé stricto sensu*. E a razão é a seguinte: o raciocínio prático pode estabelecer propriedades de um ente que é criado por uma convenção.

A ação de renúncia, que é necessariamente transitiva, cria o seu correlato – o Estado – no ato da própria renúncia. Assim, esta coincidência justificará a razão pela qual a política pode ser demonstrada *a priori*. As leis de formação do Estado podem ser conhecidas *a priori* tal como um objeto geométrico, pois em ambos o objeto de conhecimento é construído. Quando a geometria determina, por exemplo, a definição de circunferência, ela exibe, simultaneamente, as leis de sua formação (a circunferência será, por exemplo, a figura geométrica que *nasce* mediante movimento de rotação de uma linha reta em torno de um dos pontos extremos considerado como fixo).

Isso indica que a construção do objeto a ser conhecido permite eliminar todo caráter acidental da definição, assim como toda possibilidade de que um outro objeto possua as propriedades atribuídas pela definição ao primeiro. O ato de construção elimina essa dúvida. O objeto construído não surge como genérico e abstrato, mas em sua determinação unívoca e concreta. O método de definição genética ensina, desse modo, uma variedade de conteúdos individuais que surgem conformes a leis universais.[31]

> Ademais, a política e a ética, isto é, a ciência do *justo* e do *injusto*, do *equânime* e do *iníquo*, pode ser demonstrada *a priori*, pois os princípios dos quais são derivados o *justo* e o *equânime*, e, pelo inverso, o *justo* e o *injusto*, nós sabemos o que são eles, isso é, nós mesmo proporcionamos as causas da justiça: as leis e os pactos. Pois, antes da fundação dos pactos e das leis não havia nem justiça nem injustiça, nem a natureza de um bem e de um mal, e isto quer entre os homens, quer entre as bestas.[32]

Hobbes tem por intenção fundamental estabelecer no campo prático teses necessárias e universais sobre as condições de uma associação política. Como vimos, essa condição é a renúncia ao direito natural e a criação do Estado, condição de possibilidade das leis civis e da política.

A política e o direito possuem, portanto, um papel proeminente enquanto instrumentos privilegiados de realização de um fim propriamente humano.

Dito isso, seríamos tentados agora a imaginar que o momento seguinte da teoria hobbesiana consistiria em apresentar um *corpus* jurídico, uma

---
31 Cf. HOBBES, Thomas. *De Homine. Opera Latina* II, ed. W. Molesworth, p. 147. Traduction et commentaire par P.-M. Maurin, préface par V. Ronchi, Paris, Albert Blanchard, 1974.
32 HOBBES, Thomas. *De Homine. Opera Latina* II, ed. W. Molesworth, p. 94.

dedução e uma descrição das condutas conformes às prescrições naturais, isso é, o conjunto das leis que toda ordem política deveria comportar para poder ser considerada enquanto tal. Uma teoria jurídica não apresentaria, então, apenas o conjunto mínimo das regras de direito de toda sociedade civil, mas igualmente o procedimento de sua dedução.

Essa perspectiva pareceria ser justificada pela intenção mesma de Hobbes de ter sido o primeiro autor a fundar a política sobre bases verdadeiramente científicas. A *Epístola Dedicatória* ao *De Corpore* não deixa dúvidas quanto à paternidade, segundo Hobbes, da filosofia civil: ela começa com ele, e, mais precisamente, com seu livro *De Cive*.[33] Nessa perspectiva, poderíamos supor que, na consecução de tal projeto, uma vez demonstrados os conteúdos das leis naturais, distinguiríamos imediatamente as espécies de conduta específicas que realizariam esses conteúdos. Nesse ponto, um esclarecimento acerca da noção de lei natural em Hobbes necessita ser feito.

Apesar do fato de Hobbes conceder a existência de leis naturais, a República dos homens não se encontra ordenada por regras transcendentes que constituiriam o arsenal jurídico mínimo das regras de direito. Ao contrário, a exigência de fundação de um código jurídico do Estado vem substituir uma suposta ordem natural perdida. Conhecemos a célebre e paradoxal (à primeira vista) afirmação de Hobbes segunda a qual "não é a sabedoria, mas a autoridade quem faz a lei".[34] Uma tal afirmação é aparentemente paradoxal porque uma tal concepção de direito parece rejeitá-lo definitivamente ao domínio do puro arbítrio e abandonar ao puro poder discricionário do Soberano a tarefa de dizer a lei. Como é então possível possuir uma ciência política, isso é, uma justificação dos enunciados normativos que estabelecem a racionalidade da sociedade civil e, simultaneamente, deixar apenas ao arbítrio do Soberano-legislador a tarefa de dizer a lei? Diante desse problema, Hobbes parece fazer face a uma dupla perspectiva de respostas possíveis: de um lado, uma certa concepção irracionalista que repousa sobre a hipótese segundo a qual as relações morais e políticas não podem ser organizadas a partir de uma ordenação racional. De outro, uma concepção ultra-racionalista que se apóia sobre a hipótese segundo a qual existe um procedimento para se estabelecer, apenas pela razão, uma ordem jurídica objetivamente válida.

Para bem situar a posição de Hobbes, faz-se necessário recolocar o problema em uma dupla perspectiva: primeiramente, em relação à lei natu-

---

[33] Cf. De Corpore. Elementorum philosophiae sectio prima, édition critique, notes, appendices et index par K. Schuhmann, Paris, Vrin, 1999, Epistola Dedicatoria : «Physica ergo res novitia est, sed philosophia civilis muito ad huc magis ; ut quae antiquor non sit libro quem De Cive ipse scripsi.»

[34] HOBBES, T. *A dialogue between a Philosopher and a Student of the Common Laws of England*, ed. Cropsey, Chicago, University of Chicago Press, 1971, p. 29.

ral e, em seguida, em relação à lei civil. Têm-se aqui duas abordagens que demandarão, em Hobbes, duas respostas diferentes.[35]

Segundo Hobbes, o desacordo entre os indivíduos racionais acerca daquilo que julgam correto fazer em circunstâncias particulares é ineliminável. Na medida em que a razão desempenha um papel instrumental nas deliberações, ela não pode ser um árbitro capaz de estabelecer com imparcialidade quais dos interesses em conflito devem ser prioritários, uma vez que os "raciocínios corretos" das partes em conflito estão a serviço de interesses inevitavelmente parciais. A parcialidade que está aqui pressuposta como inevitável é o resultado da ordenação mesma das preferências individuais que constituem cada uma um "ponto de vista" a partir do qual as leis naturais podem ser interpretadas em circunstâncias particulares.

Isso não implica, entretanto, que a filosofia moral não possa igualmente ser "infalível e certa" como o é, por exemplo, a aritmética, uma vez que há aqui igualmente a possibilidade de um cálculo que é feito a partir de definições e termos gerais. As conclusões serão, desse modo, válidas para os tipos genéricos de ações estratégicas e suas conseqüências. Definições e termos gerais estabelecerão enunciados gerais que servirão como hipóteses de situações gerais permitindo estabelecer esquematicamente o teatro das ações humanas.

As filosofias moral e política seriam assim estabelecidas como um sistema de regras acerca do que é bom ou mal, justo ou injusto, todas as regras sendo estabelecidas com certeza, ou seja, de modo dedutivo a partir de princípios verdadeiros. Uma tal certeza não pode, entretanto, ser obtida no caso das ações particulares, pois não há aqui um "cálculo" realizável por um indivíduo para fazer derivar enunciados universais (regras gerais ou teoremas da razão) válidos para todas as circunstâncias e conseqüências particulares. Nesse sentido, afirma Hobbes: "Sendo conhecidas pelos homens apenas por sua razão natural, elas [as leis naturais] não eram senão teoremas tendentes à paz, e incertos, pois que procedendo das conclusões de indivíduos particulares".[36]

A diversidade de perspectivas na avaliação daquilo que pode ser considerado como bom, obriga o homem a criar um soberano como o garantidor da interpretação da lei natural, como o único investido do poder de instituir a lei civil. Pode-se assim dissolver o aparente paradoxo descrito acima. Que o roubo e o homicídio devam ser interditados em uma associação política,

---

[35] Sobre a relação entre lei natural e lei civil ver ZARKA, Y. C. «Loi naturelle et loi civile : de la parole à l'écriture», in Philosophie, n. 23, 1989, p. 57-79. E também ROUX, L., & TRICAUD, F., *Le Pouvoir et le Droit. Hobbes et les Fondements de la Loi*, Saint-Etienne, Publications de l'Université de Saint-Etienne, 1992.

[36] HOBBES, Thomas. *Of liberty and necessity : A treatise wherein all controversy concerning predestination, election, free will, grace, merits, reprobation, etc., is fully decided in answer to a tretise written by Bishopof Londonderry on the same subject*, EW, IV, 284-85.

todo ser racional convirá. Todavia, determinar o que deve ser considerado como tal é uma outra questão. Diz Hobbes:

> O roubo, o assassínio e todas as injúrias são proibidos pela lei de natureza; mas o que há de se chamar roubo, o que assassínio, adultério ou injúria a um cidadão não se determinará pela lei natural, porém pela civil. Pois roubar não é tirar de outra pessoa qualquer coisa que ela possui, mas apenas o tirar-lhe os bens; ora, o que é nosso e o que é dele compete à lei civil dizer.[37]

Entretanto, não obstante a diversidade de conclusões que se pode extrair de enunciados tão gerais, apesar das divergências nos juízos de valor acerca do que é agradável, útil e bom, todos os seres humanos partilham de um preceito racional comum, a saber: "Por conseguinte, todos os homens concordam que a paz é uma coisa boa, e portanto que também são bons o caminho ou meios da paz".[38]

V. Conclusão

A partir do exposto até aqui, podemos observar a função de uma teoria mais geral acerca da noção de movimento em Hobbes, exposta sobretudo no *De Corpore* e no *De Homine* (mas não exclusivamente) na compreensão de sua filosofia prática. Ela permite pensar sua teoria política – denominada pelo filósofo de Malmesbury de *filosofia civil* – como a última etapa de um sistema de filosofia.[39]

Para bem compreender esta idéia, seria preciso reunir diferentes pedaços de um quadro filosófico complexo e heterogêneo. Para Hobbes, lógica, ontologia e *philosophia prima* reciprocam-se, de modo que os conceitos que daí resultam, tais como os de necessidade, verdade e objetividade compõem um tríptico de noções ao mesmo tempo distintas e indissociáveis.

O indivíduo humano enquanto corpo é, ele também, marcado pelo determinismo universal do movimento. Assim como o rio mantém sua identidade pelo fluxo contínuo das águas desde uma mesma fonte, o ser humano, do mesmo modo, guarda sua identidade na medida em que existe nele esse movimento incessante que chamamos vida.[40]

Uma análise sumária da noção de felicidade em Hobbes mostrará, para concluir, o caráter unitário de sua concepção de filosofia. Afirma Hobbes:

> [...] a felicidade desta vida não consiste no repouso de um espírito satisfeito. Pois não existe o *finis ultimus* (fim último) nem o *summum bonum* (bem supremo) de que se fala nos livros dos antigos filósofos morais. E ao homem é impossível viver quando seus desejos chegam

---

[37] HOBBES, Thomas, *De cive*, II, VI, XVI, Tradução de Renato Janine Ribeiro. São Paulo, Martins Fontes, 1998, p. 112.

[38] HOBBES, Thomas, *Leviatã*, p. 94.

[39] Sobre a querela acerca da relação de dependência da filosofia civil para com a ética e a *philosophia prima* de Hobbes, ver LISBOA, W. B. *Algumas questões acerca dos fundamentos da filosofia civil em Thomas Hobbes*. Estudos jurídicos, São Leopoldo, v. 38, n. 3, 2005.

[40] Cf. HOBBES, Thomas. *De Corpore*, OL, I, II, XI, 7, 122; EW, 137.

ao fim, tal como quando seus sentido e imaginação ficam paralisados. A felicidade é um contínuo progresso do desejo, de um objeto para outro, não sendo a obtenção do primeiro outra coisa senão o caminho para conseguir o segundo. Sendo a causa disto que o objeto do desejo do homem não é gozar apenas uma vez, e só por um momento, mas garantir para sempre os caminhos de seu desejo futuro.

Essa contínua marcha da qual fala Hobbes não é senão a busca da perpetuação do desejo. O fim de todo desejo, no sentido de sua principal causa eficiente, é, assim, a procura sem repouso de sua perpetuação. *Tornar para sempre segura a via de seu desejo futuro* constitui o destino ao qual estamos todos inexoravelmente destinados.

Power after power, eis uma fórmula que concerne o inteiro universo dos corpos e da qual a filosofia de Hobbes procura demonstrar a justeza.

Impressão:
Evangraf
Rua Waldomiro Schapke, 77 - P. Alegre, RS
Fone: (51) 3336.2466 - Fax: (51) 3336.0422
E-mail: evangraf.adm@terra.com.br